Władysław Bartoszewski:
# Aus der Geschichte lernen?
Aufsätze und Reden zur Kriegs- und Nachkriegsgeschichte Polens

Vorwort von Stanisław Lem
Aus dem Polnischen von Nina Kozlowski und Jens Reuter



Deutscher
Taschenbuch
Verlag

dtv

Originalausgabe
Oktober 1986

Umschlaggestaltung: Celestino Piatti
Gesamtherstellung: C.H. Beck'sche Buchdruckerei,
Nördlingen
Printed in Germany · ISBN 3-423-10638-7

## Das Buch

»Unbeugsam friedlich« nennt der Stiftungsrat für den Friedenspreis des Deutschen Buchhandels den Warschauer Publizisten und Historiker Władysław Bartoszewski. Die Spannweite seiner Reden und Aufsätze zur Kriegs- und Nachkriegsgeschichte in Polen reicht von der Analyse der NS-Politik gegenüber Polen und Juden, der polnischen Kultur im Untergrund bis hin zu grundsätzlichen Überlegungen über Tradition und Zukunft im Denken von Polen und Deutschen. Frieden um jeden Preis kann es nach Bartoszewski nicht geben. Er, der nicht nur Theoretiker des Friedens ist, sondern als leidenschaftlicher Christ sich eingemischt hat – als Widerstandskämpfer während der Okkupation, als Mitbegründer der Solidarität – und sich noch heute einmischt, kennt den Preis des Friedens. »Eigentlich beneide ich im Grunde meines Herzens die Menschen, die Zeit haben, die anspruchslos glücklich sind, auch bei uns in Polen. Aber grundsätzlich, wenn ich es so sehe, habe ich mich entscheiden können. Ich habe dieses Land selbst nicht gewählt. Ich habe Auschwitz nicht ausgesucht. Auch habe ich in Polen den Einmarsch der Russen nicht begeistert begrüßt. Ich hätte bei uns lieber die Amerikaner und die Engländer gesehen. Polen wäre mir als neutrales Land lieber. Ich lebe in einem Land, in dem ich zu einer kleinen Minderheit gehöre. Nicht wegen meiner Weltanschauung, meiner Zugehörigkeit zur Katholischen Kirche, ganz im Gegenteil. Sondern aufgrund der Erfahrung.«

## Der Autor

Professor Władysław Bartoszewski wurde 1922 in Warschau geboren. Nach der Verhaftung durch die SS kam er in das Lager Auschwitz. Nach seiner Entlassung beteiligte er sich am Widerstand in der Heimatarmee und in katholischen Organisationen, nahm am Warschauer Aufstand (1944) teil und war später nach dem Krieg Mitarbeiter in der Hauptkommission für die Untersuchung der Nazi-Verbrechen und bei der einzigen oppositionellen Tageszeitung im Nachkriegspolen. Zur Zeit des Stalinismus erhielt er acht Jahre Haft, war danach wieder Publizist, Generalsekretär des polnischen P.E.N.-Zentrums und Mitbegründer der Fliegenden Universität. Als Mitglied der Solidarität wurde er interniert. Zur Zeit ist er Gastprofessor an der Ludwig-Maximilians-Universität in München.

# Inhalt

# Einleitung

Bücher ändern den Lauf der Geschichte nicht. Diejenigen, die das dennoch vermochten, stellen seltene Ausnahmen von der Regel dar, doch auch sie haben nur insoweit Einfluß auf die Geschichte der Menschheit genommen wie ein brennendes Licht, das ins leicht entzündliche Dunkel geworfen wird. Damit will ich sagen: Bücher, die die Weltanschauung des Menschen oder sogar seine Welt verändern, entstanden in einer Zeit, die für diese Werke reif war, ja ihren Inhalt beinahe schon erwartete. Solchen über alle Maßen seltenen Büchern war die Macht eigentümlich, auf ganze Gesellschaften über die Grenzen und die Köpfe der Herrschenden hinweg einzuwirken. Die Konsequenzen solch universeller Wirkungen waren gut oder schlecht, bisweilen mehrdeutig, zumeist jedoch leider entsetzlich. Und zwar deshalb, weil es leichter ist, die Menschen im Namen des angeblich Guten zum Bösen zu überreden, als sie zu einer echten Vervollkommnung des Lebens zu veranlassen.

Mein weit über dreißigjähriger Weg als Schriftsteller stand unter dem Zeichen der Hoffnung – derer ich mir lange selbst nicht bewußt war –, die Welt durch mein Schreiben zumindest in winzigem Maße verbessern zu können. Diese ebenso naive wie ehrenwerte Absicht ist schon längst eine verlorene Hoffnung.

Ich schreibe daher die Einleitung zu einem Sammelband von Essayistik und Publizistik von Władysław Bartoszewski, dem Friedenspreisträger des Deutschen Buchhandels anno 1986, in dem wehmütigen Gefühl, daß ich mich im Namen dieses Buches nicht an jene Deutschen wende, die ich als seine Leser erreichen möchte.

Als Historiker der Neuzeit beschäftigte sich Bartoszewski seit den ersten Anfängen seiner Karriere mit den schrecklichsten Dingen, die im Ostmitteleuropa des zwanzigsten Jahrhunderts geschehen sind – nämlich mit den Tragödien, die über sein und mein Vaterland aus Gründen politischer Nachbarschaft hereingebrochen sind. Die Sammlung von Texten, die zwischen diesen Buchdeckeln enthalten ist, spiegelt die durch diese Nachbarschaft hervorgerufenen drei Abschnitte unseres, doch nicht allein unseres Unglücks wider. Es sind Fragmente und Artikel mit Titeln wie *Die deutsche Okkupation und der polnische Wi-*

*derstand, Das Schicksal der polnischen Juden in der schlimmsten Periode ihrer und unserer Geschichte* und schließlich *Die Gegenwart, betrachtet durch das Prisma der europäischen Sorgen und Hoffnungen.* Diese Überschriften stammen nicht aus der Feder des Autors, sondern von mir.

Wenn die Seiten dieses Buches den geneigten oder zumindest einen Leser finden, der den supranationalen Werten, zu denen ich mich gemeinsam mit dem Autor bekenne, nicht feindlich gesonnen ist, so liefern sie vielleicht Stoff zum Nachdenken und Überlegen.

Indem ich mit der Tradition, in der man Vorworte und Einführungen zu schreiben pflegt, breche und gleichzeitig die realen Chancen dieses Bandes bei der Leserschaft sicherlich weit überschätze, möchte ich mich nicht als Fürsprecher Bartoszewskis, sondern in meiner eigenen Person an jene Deutschen wenden, die dieses Buch nicht zur Kenntnis nehmen oder mit Verachtung von sich weisen werden. Mein Vorhaben ist daher sinnlos und hat keinerlei Aussicht auf Erfolg. Doch darauf kommt es nicht an: Wenn man Zeugnis für die Wahrheit ablegen will, also für das, was man für die Wahrheit hält, dann verliert die Frage nach der Beliebtheit in Leserkreisen völlig an Bedeutung.

Mehr als vierzig Jahre nach dem letzten Weltkrieg sehen wir die Menschheit eingekreist von mehr Gefahren und Drohungen als jemals zuvor in ihrer nach Jahrtausenden zählenden Geschichte.

Man kann ohne Übertreibung sagen, daß nicht ein Damoklesschwert über unseren Köpfen schwebt, sondern eine erschrekkende Vielzahl tödlicher Klingen.

Nichts Originelles steckt in meiner Ansicht, daß von all diesen auf uns gerichteten Schwertern zwei die mörderischsten sind: die militärische und die ökologische Katastrophe.

Mit anderen Worten: Wir leben in Zeiten, in denen es um nichts so schlecht bestellt ist, wie um die gute Hoffnung auf eine Verbesserung der Welt und den Eintritt eines dauerhaften Friedens.

Da ich mich, wie erwähnt, vor allem an jene Deutsche wende, die für den Inhalt dieses Buches blind und taub sein werden, möchte ich mich auf die großen Deutschen berufen, die ihr eigenes Volk auf besondere Weise beurteilt haben.

Hermann Hesse gehörte zu jenen deutschen Schriftstellern, die ihre Heimat verließen, den Grund dafür erwähnte er in einem Brief an Thomas Mann: Als Schöpfer kultureller Güter, schrieb er, sind die Deutschen vielleicht sogar das »Salz der Erde«, doch als politisches Volk sind sie »unmöglich«. Der in diesem Band von Bartoszewski zitierte Golo Mann drückte sich anders, wenngleich ähnlich aus: »Was den deutschen Charakter seit hundert Jahren bezeichnete, war seine Ungeformtheit, seine Unberechenbarkeit. Er konnte einmal hochvernünftig und friedlich erscheinen, und dann wieder plötzlich ganz anders.« »Ganz anders«, das ist mit Abstand »the understatement of this century«. Die »andere Stimme« der Deutschen, das war für Thomas Mann in seinem *Doktor Faustus* die Teufelei, zu der die Urenkel Fausts fähig sind.

Meine Worte sind nicht von dem Wunsch diktiert, die Deutschen mit Hilfe von Zitaten aus ihrem heiligsten Schrifttum zu beschimpfen, obgleich man mir eine derartige Intention leicht unterstellen könnte, da die Deutschen außer Vater und Mutter meine ganze Familie ermordet haben. Ich erinnere mich bis auf den heutigen Tag an den Augenblick, als ich (diese Überzeugung hege ich) vor mehr als dreißig Jahren die Aussöhnung mit den Deutschen erlebte. Damals probierte ich Schuhe in einem Berliner Warenhaus an, als ein vielleicht vierjähriges Kind auf mich zukam und in seinem kindlichen Deutsch auf mich einplapperte, um mir Bilder in einem gerade gekauften Büchlein zu zeigen. Die vollkommene Unschuld des kleinen Jungen, mit dem ich das bunte Bilderbuch betrachtete, erwies sich als definitives Argument für mein Gedächtnis – trotz seiner hermetischen Abgeschlossenheit. Doch das Gedächtnis zu einem weißen, leeren Blatt zu machen, stand nicht in meinen Kräften.

Nach Berichten der westdeutschen Presse beträgt die Gesamtzahl jener jungen Deutschen, die für die Abrüstung, den Verzicht auf Kernenergie, vor allem aber für Frieden unter den Völkern, mit Hilfe von Explosivstoffen, Molotow-Cocktails sowie stählernen und steinernen Geschossen kämpfen, nicht mehr als einige zehntausend. Gleichwohl können sie als Kinder derart reicher Deutscher, wie es sie in der Geschichte noch nie gegeben hat, mit Autos oder Bussen bequem von einem Schauplatz blutiger Demonstrationen zum andern reisen.

Mit Entsetzen erfüllen mich auch die Grünen, weil sie eine Utopie verkünden und gleichzeitig, wie auf ihrem letzten Parteitag geschehen, die Nachricht mit Jubel beklatschen, daß eine erhebliche Anzahl von Polizisten bei einem Zusammenstoß mit (vielleicht weniger grünen) Demonstranten ernsthaft verletzt wurde. Die Erfahrung von Jahrhunderten lehrt, daß der zeitliche Abstand zwischen der Verkündigung einer neuen Utopie und dem Bau neuer Gefängnisse sehr klein ist. Es gibt auch in unserer Zeit Länder, in denen die neuen Regierungen vom Programm der Utopie bereits zum Programm für das Gefängniswesen übergegangen sind.

Da ich im Gegensatz zu Bartoszewski kein Christ bin, kann ich angesichts dieser Veränderungen nicht sagen »Herr, vergib ihnen, denn sie wissen nicht, was sie tun«. Vielleicht wissen sie es wirklich nicht, ich aber, der die frühen, zunächst noch erfolglosen Anfangsphasen von Hitlers »Machtübernahme« in meinem Gedächtnis bewahrt habe, kann mich des Verdachts nicht erwehren, den die Psychologie als »le sentiment de déjà vu« bezeichnet, also des Gefühls, daß ich ähnliche Massenszenen an der Schwelle der dreißiger Jahre *schon einmal* gesehen habe. Alles hat sich verändert, besonders der Inhalt der propagierten Parolen und politischen Programme; selbst von einem »Drang nach Osten« ist dort keine Rede mehr, ausgeprägt hingegen ist die Tendenz zur Vernichtung der Nachkriegsdemokratie in Deutschland. Für die BR Deutschland mit ihren 65 Millionen Einwohnern wären die nach einigen Zehntausenden zählenden Randgruppen, für die die deutsche Sprache die Bezeichnung »Chaoten« gefunden hat, natürlich bedeutungslos, gäbe es da nicht sehr viel bedrohlichere Phänomene. Zunächst ist das die Tendenz der friedlich gegen Aufrüstung, Kernkraft oder für den Frieden demonstrierenden Massen, die blutigen Gewalttäter abzuschirmen und zu schützen. Dabei ist es ganz gleich, ob diese Menschenmengen das mit Absicht oder »einfach so« tun, denn ähnlich *passiv* war die Haltung der Deutschen in der Weimarer Republik gegenüber den Schlägertruppen Hitlers und ähnlich leicht fanden in die Umgangssprache der Deutschen Ausdrücke Eingang, die die verbrecherische Gewalt verharmlosten und entschuldigten, ja sogar schön klangen wie z.B. »Kristallnacht«. Das gibt oder sollte doch zumindest jedem zu denken geben, der sich an jene Zeit erinnert.

Darüber, daß der Wunsch nach unverzüglichem Verzicht auf die Kernenergie de facto der Wunsch nach einer Rückkehr ins 19. Jahrhundert ist, demnach eigentlich in eine Fiktion, weil eine Rückkehr in die Vergangenheit einfach nicht möglich ist – braucht man kein Wort zu verlieren. Lohnend hingegen ist zu beobachten, mit welcher Leichtigkeit die Neigung der Deutschen, *von einem Extrem ins andere zu fallen*, in der Politik um sich greift und wie ein Bazillus sogar ihr Recht infiziert. Ablesen kann man das daran, daß die Gerichte der Bundesrepublik in ihren Urteilen langsam, aber unablässig vor dem Ansturm der »Vergewaltiger des Friedens im Namen des Friedens« zurückweichen, indem sie z. B. bereits zwischen solchen Tatbeständen wie der »passiven Blockade des Straßenverkehrs«, die nicht strafbar sein soll, weil sie nicht unter den Terminus »Nötigung« fällt, und anderen Delikten unterscheiden, die noch eine milde Ahndung in Gestalt einer Geldstrafe oder eines vierundzwanzigstündigen Arrests nach sich ziehen.

Und erneut geht es nicht darum, daß man bei Demonstrationen (gleichgültig welchen) immer ungestrafter Blut vergießen kann. Es geht darum, daß das Recht, das die Demokratie schützen soll, einer Erosion unterliegt. Das geschieht auf andere Weise als nach der »Machtübernahme«, aber es geschieht. Setze ich mich mit solchen Aussagen nicht in Gegensatz zu den Inhalten des Buches, zu dem ich eine ›Einführung‹ schreiben soll? Widerspricht das nicht seinen guten Absichten, Hoffnungen und Wünschen?

Nicht allen, denn der Autor des Buches, ein Pole, der Gefängnisse aller Art, alle Erscheinungsformen der Gewalt, die jede Äußerung der Freiheit oder nur das Streben nach ihr im Keim erstickt, kennengelernt hat, hat zwar sowohl seinen Glauben als auch seine Überzeugung von einer besseren zukünftigen Welt bewahrt, in der Polen und Deutschland gleichberechtigte Plätze einnehmen – doch der Schatten des Zweifels, der ihn insgeheim quält, kam in dem *Fragezeichen* zum Ausdruck, das er hinter den Titel des Buches gesetzt hat.

Sollten wir aus der Geschichte lernen? Zweifellos: Denn wenn wir die Geschichte nicht kennen, werden wir den Tieren gleich, ja sogar schlimmer als sie, weil uns nämlich der Selbsterhaltungsinstinkt der Tiere fehlt.

Lernen die Völker der Welt aus der Geschichte? Auf diese Frage, die im Titel von Bartoszewskis Buch gestellt wird, muß ich schweren Herzens antworten: Wenn es um die Deutschen geht, habe ich meine Zweifel.

Stanisław Lem
Wien, im Juni 1986

## Zum Protokoll

Mein Geburtsort ist Warschau. Hier habe ich im Mai 1939 das Gymnasium absolviert und ein Dokument erhalten, das man »Reifezeugnis« nennt. Ich war siebzehn Jahre alt. Am 1. September 1939 bei Tagesanbruch fielen die ersten deutschen Bomben auf Warschau. Im Schlaf starben Menschen, die nicht wußten, daß der Krieg ausgebrochen war (dieser Gedanke ließ mir lange Zeit keine Ruhe). Dann machten wir drei Wochen Belagerung der Stadt durch, Bombenangriffe, Artilleriebeschuß, Feuersbrünste. Tag für Tag mußten wir uns unser Reifezeugnis aufs neue erwerben, im tödlichen Ernst. Wir – die Jugend, die nach dem Ersten und vor Ausbruch des Zweiten Weltkriegs aufgewachsen war. Das hoffnungslose Ringen im September bedeutete für uns einen Kampf um die Errettung *unserer* Welt. Wir waren nämlich wohl die letzte Generation der europäischen Jugend, die die humanistischen Werte der Zivilisation des 20. Jahrhunderts nicht bezweifelte, jener Zivilisation, die uns mit naivem Stolz und Optimismus füllte. Und gleichzeitig waren wir die erste Generation von Polen, die im unabhängigen Staat erzogen worden war, der anderthalb Jahrhunderte lang nicht existiert hatte.

Am 5. Oktober 1939 nahm Hitler die Siegesparade in der Ujazdowski-Allee ab – dem alten Königsweg Warschaus. Die ersten Gruppen verhafteter Männer und Frauen füllten schon die Gestapogefängnisse. Bald tauchten die roten Bekanntmachungen der Besatzungsbehörden auf, in denen von der Hinrichtung von Menschen »für Ungehorsam«, »für das Abreißen eines Anschlags« die Rede war, von der Erschießung von 53 Einwohnern eines Hauses als Vergeltung für die Ermordung eines Polizisten durch einen Täter, dessen Name bekannt war. Erschütternde, unvorstellbare Tatsachen wurden zur alltäglichen Wirklichkeit. Die äußere, sichtbare Schicht unserer Existenz sollte von nun an der schwierige Kampf ums Dasein werden, ums Durchhalten; alle wesentlichen Werte des nationalen Lebens – Wissenschaft, Bildung, Kultur, organisierte Formen der gesellschaftlichen Aktivität – stiegen in den Untergrund hinab.

Am 19. September 1940 bei Tagesgrauen umstellten SS-Leute mit einer dichten Postenkette einige Wohnblocks in verschiedenen Teilen der Stadt. Man holte mich aus dem Haus. Mein Ausweis eines Angestellten des Polnischen Roten Kreuzes half nichts; nach einer Stunde wurde ich – so wie einige tausend andere Männer im Alter von 16 bis 65 Jahren – auf einen Lastwagen verladen und in die Kasernen des SS-Reiterregiments gebracht. Niemand wurde dort verhört und keiner wurde irgendeines Vergehens beschuldigt. Nach drei Tagen war ich schon in Auschwitz als politischer Häftling Nr. 4427. Von Auschwitz wußten wir damals noch nichts; das Lager Auschwitz I funktionierte erst seit drei Monaten. Außer einigen Dutzend deutscher Krimineller, die die Funktionen von Kapos und Blockältesten ausübten, waren damals fast ausschließlich Polen in Auschwitz inhaftiert, und zwar hauptsächlich Intelligenzler. Es gab noch keine Gaskammern, aber der Kamin des Krematoriums qualmte schon: Hunger, Prügel, Arbeit über alle menschlichen Kräfte verschlangen Tag für Tag Dutzende Opfer. Zum ersten Mal in meinem Leben – wenn auch nicht zum letzten Mal – empfand ich damals das Gefühl völliger Hilflosigkeit angesichts der Mißhandlung von Menschen: als Opfer und als Zeuge. Mehr als einmal sagte man mir: du bist jung, du hast offene Augen, falls du überlebst, mußt du das beschreiben. Man wird dir ohnehin nicht glauben, und falls man dir sogar glauben sollte – wird man es sich doch nicht vorstellen können ...

Als ich im April 1941 von Auschwitz nach Hause zurückkehrte (einige hundert Personen – vorwiegend Opfer von Razzien, gegen die nichts Konkretes vorlag – wurden im Frühling und Sommer dieses Jahres entlassen, infolge intensiver Bemühungen ihrer Arbeitgeber oder Familien), lebten von den dreizehn Männer, die man zusammen mit mir aus einem einzigen Haus im Stadtviertel Żoliborz geholt hatte, zehn oder elf nicht mehr. Sie hatten den ersten Lagerwinter nicht überstanden ...

Bald darauf gelang es mir, dem Informations- und Propagandabüro des Hauptkommandos des Verbandes für Bewaffneten Kampf[1] einen ziemlich ausführlichen Bericht über die Verhältnisse, die im Konzentrationslager Auschwitz I herrschten, zu überweisen. Er wurde zu einer der Quellen, auf Grund derer die ersten Geheimpublikationen über Auschwitz bearbeitet wurden, die Anfang 1942 in Warschau erschienen. Nach der einige Monate währenden »Quarantäne«, die damals aus Sicherheitsgründen verpflichtete – begann ich im Untergrund zu arbeiten. Die Lagererfahrungen übten einen bedeutenden Einfluß auf die Wahl meines weiteren Weges aus. Ich war der Meinung, daß die dringendste und wichtigste Aufgabe in jenem Moment darin bestand, leidenden, isolierten, auf irgendeine Weise verfolgten Menschen zu helfen, und das, was ich *gesehen habe und weiß,* besonders mir die Pflicht auferlegte, unmittelbar und aktiv zu handeln. Und so entschied das Jahr 1942 über die konkrete Richtung meines Einsatzes im Kampf gegen die Okkupanten. Im Sommer dieses Jahres nahm ich die Verbindung mit der Geheimaktion auf, die sich die Aufgabe stellte, den Juden zu helfen. Diese Aktion führte – anfangs im kleinen Kreis von Freunden und Mitarbeitern – die bekannte katholische Schriftstellerin Zofia Kossak. Als Ende September 1942 diese Aktion in bestimmte organisatorische Formen gefaßt und das sogenannte Provisorische Hilfskomitee für die Juden gebildet wurde, beteiligte ich mich an seinen Arbeiten, später – Anfang Dezember 1942 – nahm ich an der Organisierung des Hilfsrates für Juden teil, der der Regierungsdelegatur unterstand. 1942 trat ich auch der Heimatarmee bei: der Informationsabteilung im Informations- und Propagandabüro beim Hauptkommando zugeteilt, erlangte ich bald darauf u. a. Zutritt zu wertvollem Material über verschiedene Formen der von den Okkupanten angewandten Terrorpolitik.

Die Nachrichten und Gerüchte, die über die hohe rote Mauer drangen, welche vom Rest Warschaus das vor zwei Jahren gegründete Ghetto abtrennten (mitsamt dem im Ghettogebiet gelegenen Zentralen Politischen Gefängnis der Sicherheitspolizei – dem Pawiak) weckten in meinen Gedanken und in meiner Phantasie fast automatisch Assoziationen mit den Erfahrungen, die ich aus Auschwitz mitgebracht hatte. Im Juli, August und September 1942 wurden mehr als 310000 Juden aus der Stadt nach dem Vernichtungslager Treblinka II abtransportiert. Immer mehr Flüchtlinge aus dem Ghetto benötigten sofortige Hilfe; viele von ihnen waren schon auf der »arischen« Seite in deutsche Hände gefallen, oftmals gemeinsam mit den polnischen Familien, die ihnen Obdach gewährt hatten. Das bedeutete Folter und Tod. Vom Pawiak gingen unaufhörlich Transporte mit polnischen Gefangenen, Frauen und Männern, ab – nach Konzentrationslagern.

Während der letzten Monate des Jahres 1942 schlug man mir vor, in der sogenannten Gefängnissektion der Regierungsdelegatur zu arbeiten, deren Hauptaufgabe darin bestand, den Häftlingen auf organisierte Weise Hilfe zu leisten, Informationen aus den Gefängnissen und Lagern zu erlangen und Material über die Naziverbrechen an Polen und Juden zu sammeln, um sie – sofort und nach dem Krieg – auf internationalem Forum auszuwerten. Ich verfolgte von da an Tag für Tag viele tragische und verwickelte menschliche Schicksale, nahm auf Entfernung an den Komplikationen im Los der Verhafteten teil, die ich nur dem Namen nach und auf Grund ihrer Gefängniskassiber kannte, wirkte – als kleines Rädchen der großen Geheimmaschinerie – mit, wenn Personen, denen Verhaftung drohte, gewarnt wurden, wenn von Deutschen gesuchte Polen und Juden falsche Papiere zugestellt bekamen, wenn man eine sichere Unterkunft für die Nacht finden mußte – mit einem Wort, bei vielen anscheinend geringen und unbedeutenden Unternehmen, die aber eine notwendige Bedingung unserer damaligen Existenz waren. Diesen alltäglichen Tagesablauf unterbrach erst der Warschauer Aufstand am 1. August 1944. Während der 63 Tage des Aufstands war ich einfach Soldat der Heimatarmee, diente in einer der Funkstationen, redigierte eine der hundert Zeitschriften der Aufständischen, die in jenen Teilen Warschaus herausgegeben wurden, aus denen man die Deutschen vertrieben hatte. Die tragische Einsamkeit und die Unterdrückung des Aufstands, den jähen Untergang der Stadt und der bald zweihunderttausend Einwohner empfanden wir damals als Erschütterung unseres Glaubens an den Sinn des Lebens, als Niederlage jeglicher Hoffnung, als allerpersönlichste Niederlage. Unter den Ruinen ließen wir unsere Nahen und Nächsten zurück, unsere Altersgenossen und Freunde. Angesichts des Todes dieser unzähligen Jungen, Frohen, das Leben Liebenden, schien uns unsere eigene zufällige Errettung fast beschämend.

Als ich im Februar 1945 nach Warschau zurückkam, versuchte ich – so wie Tausende anderer Menschen – die Gräber der verschollenen Freunde und die Spuren der nahen Ereignisse wiederzufinden. Im Umkreis der Ruinen der Gefängnisgebäude, die von den Deutschen in die Luft gesprengt worden waren, zeugten nur noch verbrannte Reste von Menschenknochen, mit Erde und Schutt vermischt, von der Vergangenheit.

Damit endet das Protokoll meiner Aussagen über mein Kriegsschicksal, die ich als Begründung des Weges, den ich nach dem Krieg einschlug, ablege: ich hielt es für notwendig, Materialien und Dokumente zur Geschichte Warschaus während der Okkupationsjahre zu sammeln, die ich vor allem in den Schicksalen einzelner Menschen, ihren Leiden, ihrem Handeln, ihrem Kampfe sah. Mich interessieren Tatsachen, Zahlen, konkrete Angaben über alles, was man hier erlebte, am meisten aber das Problem der Gestaltung menschlicher Haltungen angesichts der Gewalt und Übermacht, die Probleme der patriotischen und menschlichen Selbstbestimmung gerade unter jenen tragisch schweren Bedingungen. Indem ich die Dokumente jener Zeit der Verachtung und des Hasses untersuche und erforsche, suche ich all dem auf den Grund zu kommen, was Menschen verschiedener Anschauungen, verschiedener Abstammung, verschiedener Berufe und verschiedenen Standes damals verband und einte.

Vierzig nach dem Zweiten Weltkrieg durchlebte Jahre haben mir neue, bittere Erfahrungen nicht erspart. Ich war Zeuge vielfältigen Unrechts, das über edle, aufrechte und opferbereite Menschen hereinbrach, Zeuge von brutaler Gewalt und unverdienten Leiden, von Hilflosigkeit und Resignation, aber auch von Charakterstärke und Mut. In den Jahren 1946–54 brachte ich eine schwere Zeit im Gefängnis hinter mich (6 Jahre und 7 Monate), um in der Nacht der Einführung des Kriegszustands in Polen am 13. Dezember 1981 die Freiheit erneut zu verlieren. Das ergab eine runde Summe von acht Jahren hinter Stacheldraht und Gittern.

Der beruflichen Möglichkeiten, die meinen Interessen und Fähigkeiten entsprachen, war ich beraubt. Es gab Jahre, in denen ich weder Bücher noch Artikel veröffentlichen durfte, obwohl das Schreiben mein Beruf ist. Dennoch habe ich in meinem Leben 20 Bücher und mehr als 400 historische Abhandlungen, Beiträge, Essays und Artikel veröffentlicht. Ich bin auf Haß und Zynismus gestoßen, aber auch auf Anerkennung und Freundschaftsbeweise großartiger Menschen, an denen mir gelegen war und liegt. Als Hochschullehrer (an der Katholischen Universität Lublin und im Rahmen der Übungen an der Fliegenden Universität, die 1978 durch die Gesellschaft für Wissenschaftliche Kurse ins Leben gerufen wurde) hatte ich Gelegenheit, mit jungen Menschen zusammenzukommen, deren ganze Lebenseinstellung und patriotisches Engagement mich immer wieder Analogien zu den Erfahrungen meiner Generation herstellen ließen. Freunde und das Wohlwollen vieler fremder Menschen habe ich ebenfalls in Israel, Großbritannien und der Schweiz gewonnen, aber auch – was ich ja nicht erwarten konnte – in Deutschland.

Es war und ist mein Wunsch, daß das, was ich tue und schreibe, nicht allein dem Gedanken an die Vergangenheit dient, sondern auch dem besseren Verständnis der Tatsache, daß vor jedem von uns das Problem des ständigen Suchens und Wählens steht. Ich denke an das Suchen und Wählen von Wegen, die unsere Welt vor Rückfällen in Finsternis, Haß und Barbarei bewahren sollen. Denn nicht nur die Erfahrungen des Zweiten Weltkriegs, sondern auch die vier Jahrzehnte nach dem Krieg haben uns nachdrücklich in Erinnerung gebracht, daß die Errungenschaften der modernen Zivilisation auf höchst unterschiedliche Weise genutzt werden können. Ebenso für eine wahrhafte Entwicklung menschlicher Werte, wie für den Bau von Gaskammern, unmenschlichen Waffen und Systemen.

Ich stand und ich stehe auf der Seite der Schwachen und Entrechteten, gegen Terroristen, auf der Seite der Opfer des Terrors, gegen Unterdrücker und Anhänger gewaltsamer Methoden, wie immer sie diese ideologisch begründen mögen. Ich ertrage Diktatoren und autoritäre Systeme nicht. Ich muß zugeben, das beruht auf Gegenseitigkeit.

[1] ZWZ – eine geheime militärische Widerstandsorganisation, die der polnischen Exilregierung in London unterstand; spätere Heimatarmee (AK).

»Warschau ist und bleibt der Unruheherd«
(Hans Frank)

»Polen soll wie eine Kolonie behandelt werden.« Diese von Hitler noch vor Beendigung des Polenfeldzugs erlassene Weisung[1] übermittelte der künftige Generalgouverneur Hans Frank den Vertretern der militärischen Besatzungsbehörden am 3. Oktober 1939 auf einer Konferenz in Poznań über die zukünftige Behandlung Polens.

Der besetzte Teil des polnischen Staates sollte in eine von Deutschland abhängige Kolonie verwandelt werden. Als grundlegende Voraussetzung für die erfolgreiche Verwirklichung dieser politischen Ziele beschloß man die sofortige Isolierung der gesellschaftlich aktiven Kreise der Bevölkerung – darunter vor allem der Intelligenz. Auf diese Weise wollte man verhindern, daß sie die breiten Kreise der Bevölkerung beeinflußt. In der weiteren Folge aber sollten die potentiellen Führer und Leiter einer zukünftigen Widerstandsbewegung gegen die Besatzer physisch ausgerottet werden.

Von großer Bedeutung für die Realisierung dieser Vorhaben war die Konferenz über die künftige Haltung Deutschlands gegenüber Polen am 17. 10. 1939 in Berlin unter Teilnahme Hitlers und des Chefs des Oberkommandos der Wehrmacht.[2] Die neugegründete Besatzungsverwaltung (Generalgouvernement) sollte sich durchaus nicht mit dem wirtschaftlichen Aufbau des Landes, mit der Gründung einer »Musterprovinz oder eines Musterstaates« befassen. Das einzige Interesse Deutschlands bestehe darin, dem Reich billige Arbeitskräfte zu sichern. Allen Versuchen der polnischen Intelligenz, eine führende Rolle zu spielen, sei vorzubeugen. Daher müsse ein äußerst scharfer, durch keine rechtlichen Rücksichten gehemmter Kampf des deutschen Volkstums geführt werden.

Die Richtung dieses Kampfes wurde u.a. durch einen Erlaß Hitlers zur Festigung des deutschen Volkstums vom 7. 10. 1939[3] abgesteckt, in welchem die Rede ist von der

> Ausschaltung des schädlichen Einflusses von solchen volksfremden Bevölkerungsteilen, die eine Gefahr für das Reich und die deutsche Volksgemeinschaft bedeuten.

Es war auch kein Zufall, daß Hitler die oberste Leitung dieses Kampfes um die Festigung des deutschen Volkstums keinem anderen als dem Reichsführer-SS und Obersten Chef der Deutschen Polizei Himmler selbst anvertraute.

Was die »Ausschaltung der schädlichen Einflüsse« bedeutete, kann man aus der Äußerung Hitlers vom 12. 9. 1939 im Sonderzug in der Ortschaft Ilnau (Jełowa) in Schlesien gegenüber den Generälen der Wehrmacht entnehmen. Nach deutschen Quellen, die in diesem Falle kaum als voreingenommen angesehen werden können, kündigte Hitler den Generälen schon damals an, daß in jedem militärischen Bezirk der Posten einens zivilen Bevollmächtigten geschaffen werden sollte, »... der dann mit der Volksausrottung betraut werden sollte«. Diese Maßnahme bezeichnete Hitler als »politische Flurbereinigung«, was praktisch die Liquidierung aller politischen und kulturellen Führungskräfte Polens bedeutete.[4]

Die breiten Maßstäbe der Zugehörigkeit zur Intelligenz wurden unzweideutig von Dr. E. Wetzel und Dr. G. Hecht, den Autoren der Denkschrift vom 25. 11. 1939 über die »Behandlung der Bevölkerung der ehemaligen polnischen Gebiete nach rassenpolitischen Gesichtspunkten«, dargelegt, die im Rassenpolitischen Amt der Reichsleitung der NSDAP ausgearbeitet wurde:

> Unter den Begriff der polnischen Intelligenz fallen in allererster Linie polnische Geistliche, Lehrer (einschl. Hochschullehrer), Ärzte, Zahnärzte, Tierärzte, Offiziere, höhere Beamte, Großkaufleute, Großgrundbesitzer, Schriftsteller, Redakteure sowie sämtliche Personen, die eine höhere oder mittlere Schulbildung erhalten haben.[5]

Es ist offenkundig, daß sich bei der Anwendung solcher Maßstäbe die Terror- unf Vernichtungspläne auf Millionen Polen bezogen. Das Endziel war eindeutig. Nur die Ausführung in den verschiedenen Perioden des Krieges und in den verschiedenen Teilen des Landes unterlag geringfügigen Änderungen.

[1] Nach dem Material des Feldwirtschaftsamtes. Nürnberger Dokument 344–EC, veröffentlicht in *Nürnberger Hauptkriegsverbrecherprozesse.* Bd. XXXVI, S. 327.

[2] Besprechung des Führers mit dem Chef des OKW über die künftige Haltung Deutschlands gegenüber Polen (vom 17. 10. 1939) Nürnberger Dokument 864–PS.

[3] Erlaß des Führers und Reichskanzlers zur Festigung des deutschen Volkstums, 7. 10. 1939. Nürnberger Dokument NO-3075.

[4] Nach dem Text einer von General Lahousen redigierten Aufzeichnung, die für das Kriegstagebuch von Admiral Canaris bestimmt war. K. H. *Abshagen: Canaris, Patriot und Weltbürger.* Stuttgart 1957. S. 207–211, 213.

[5] Nürnberger Dokument NO–3732.

## Warschau 1939

Vor dem Kriege war Warschau die größte Stadt Polens. Die über 1 300 000 Einwohner der Hauptstadt machten etwa 4 Prozent der Bevölkerung des polnischen Staates in den Grenzen von 1939 aus. Der Anteil der polnischen Hauptstadt an der Entwicklung des gesellschaftlichen Lebens war jedoch in der Zeit vor dem Zweiten Weltkrieg unvergleichlich größer. So betrug z. B. die Zahl der Professoren und Studenten an den Warschauer Hochschulen rund 40 Prozent des Standes in ganz Polen.[1]

Warschau war die erste große Stadt in Europa, die Hitlers Armeen einen entschlossenen und verbissenen Widerstand leistete und die dies mit schmerzlichen Verlusten an Menschen, Gebäuden und Eigentum bezahlen mußte. Die Zahl der Gefallenen und Verwundeten in Warschau im Polenfeldzug betrug ohne Truppenverluste 60 000 Menschen. Wiederholte barbarische Luft- und Artillerieangriffe, die Brandschatzung ganzer Wohnbezirke verfolgten das Ziel, die Bevölkerung zu terrorisieren und ihren Widerstandsgeist zu brechen. So wurden 12 Prozent aller Gebäude, darunter Krankenhäuser, Bibliotheken und Kommunalbetriebe völlig zerstört. Nicht weniger Bauten wurden stark beschädigt. Insgesamt betrugen die materiellen Verluste der Stadt ca. 570 Millionen Dollar.[2] Die deutschen Truppen, die am 30. September und am 1. Oktober 1939 in die Stadtmitte eindrangen, fanden noch rauchende Trümmer vor. Unter den Trümmern befanden sich Hunderte Leichen. Tausende provisorische Gräben in Grünanlagen, auf Plätzen und in den Straßen ergänzten das niederdrückende Bild der Zerstörung.

Die ausgehungerten, dürftig gekleideten Menschen, ohne Arbeit und ohne Obdach, erwarteten mit Unruhe den nahenden Winter. Unter diesen Bedingungen konnte man in den ersten Monaten der Besatzung trotz des allgemeinen Hasses gegen die Eindringlinge nicht mit größeren Aktionen des Widerstandes rechnen. Daher gab es auch keine Provokationen, die den Anlaß für die Unterdrückungs- und Terrormaßnahmen den Deutschen geben könnten, die sie bereits in den ersten Wochen ihrer Herrschaft in Warschau unternahmen. In Wirklichkeit gaben sie jedoch den Auftakt für die Verwirklichung der Ausrottungspolitik, die Hitler als »politische Flurbereinigung« ansah. Dies bedeutete harte, rücksichtslose Schläge gegen den potentiellen Feind, den man anfangs nur in den Reihen der polnischen Intelligenz zu sehen glaubte.

In den ersten Monaten der Besatzung kerkerte die deutsche Polizei die Häftlinge in drei Warschauer Gefängnissen ein: in der Dzielna-Straße 24/26 (der sogenannte »Pawiak« und die Frauenabteilung, die sogenannte »Serbia«), in der Daniłowiczowska-Straße 7 und schließlich in der Rakowiecka-Straße 37 (Gefängnis »Mokotów«). Im April 1940 wurde der Pawiak zur Sammelstelle für politische Häftlinge, die der Sicherheitspolizei unterstanden, während im Strafgefängnis in der Rakowiecka-Straße alle anderen für gemeine Verbrechen verurteilten Häftlinge untergebracht waren. Hier wurden auch solche Personen eingeliefert, die wegen verschiedener Vergehen zufällig verhaftet worden waren. Ins Gefängnis in der Daniłowiczowska-Straße wurden dagegen jene Untersuchungshäftlinge eingeliefert, die nicht im Verdacht standen, Vergehen gegen den Okkupanten begangen zu haben. Ein Symbol der absoluten Macht der deutschen Polizei in Warschau war von Anfang an der Sitz der Sipo und SD im Gebäude des ehemaligen Kultus- und Volkserziehungsministeriums in der Szucha-Allee 25, die die Deutschen in die Straße der Polizei umbenannt hatten. Hier wurden Häftlinge verhört und tage-, ja manchmal wochenlang in Kellern eingekerkert. Durch körperliche Torturen und Folterungen, ohne Rücksicht auf Geschlecht oder Alter, während der Verhöre der Häftlinge, fügte die Gestapo Hunderten Menschen schwere Verletzungen, Krankheiten oder unheilbare Gebrechen zu, oft endeten solche Verhöre mit dem Tode des Häftlings. Die Leichen der während der Verhöre auf der Szucha-Allee ermordeten bzw. der an den Folgen der Foltern im Pawiak verstorbenen Personen wurden gewöhnlich mit gefälschten Angaben über die Todesursache (Unfall, Selbstmord usw.)[3] in das städtische Leichenhaus in der Oczko-Straße eingeliefert.

Daneben wurden die Häftlinge auch in den Kellern der SS-Stauferkaserne in der Rakowiecka-Straße gefangengehalten, ferner in den Kasernen des SS-Reiterregiments in der Podchorążych-Straße sowie im Gefängnis der Abwehr.

Ebenfalls in den Kellern des Sitzes der Kriminalpolizei in der Ujazdowskie-Allee, Ecke Koszykowa-Straße konnte man neben Kriminellen auch politische Häftlinge (meistens von außerhalb von Warschau) antreffen, ferner Personen, die der »nichtarischen« Abstammung verdächtigt waren oder solchen Personen Beistand leisteten, ferner solche, die unter anderen nichtigen Vorwänden festgenommen wurden, um Lösegled zu erpressen. Trotz der im allgemeinen moralisch tapferen Haltung der Häftlinge und zahlreicher Beispiele wahren Heldentums zogen die Untersuchungen eine ganze Reihe von Verhaftungen unter den Bekannten und Berufskollegen der Häftlinge nach sich.

Die ersten amtlichen Mitteilungen über die unter verschiedenen Vorwänden in Warschau vorgenommenen Hinrichtungen erschienen schon im Oktober 1939 in Form von Plakaten oder Mitteilungen im Presseorgan der Besatzungsbehörden, dem *Nowy Kurier Warszawski* (Neuer Warschauer Kurier).[4] Hier einige Beispiele solcher Mitteilungen:

Bekanntmachung
Folgende Personen, bei denen Feuerwaffen und Munition gefunden wurden, wurden vom Standgericht der Polizei zum Tode verurteilt:
1) Jan Siekało, vorm. Polizeipräsident in Poznań und vorm. Landrat von Wągrowiec
2) Józef Sadowski, Chemiker, Warschau
3) Stanisław Lasocki, Arbeiter, Warschau
4) Jude Samson Luksenburg, Warschau
Die Urteile wurden vollstreckt.

Claassen
Polizeipräsident

Warschau, 21. Oktober 1939

Bekanntmachung
22. Oktober 1939
Folgende Personen, bei denen Handgranaten und Sprengstoff gefunden wurden, wurden vom Standgericht der Polizei zum Tode verurteilt:
1) Marian Baranowski – Warschau-Praga
2) Narcyz Gajewski – Warschau-Praga
3) Wiktor Sikorski – Warschau-Praga
Die Urteile wurden vollstreckt.

Claassen
Polizeipräsident

Am 27. Oktober 1939 verhaftete die Gestapo den heldenhaften Verteidiger von Warschau, den Stadtpräsidenten Stefan Starzyński. Am 30. Oktober wurde er ins Gefängnis in der Daniłowiczowska-Straße eingeliefert und später in den Pawiak überführt; am 23.2. 1939 wurde Starzyński ins Konzentrationslager Dachau abtransportiert, wo er im Jahre 1943 starb.

In den ersten Novembertagen wurde in der Stadt eine Bekanntmachung angeschlagen, die das Datum 3. 11. trug und anonym »Kommandantur« gezeichnet war.

Kommandantur Ic
Bekanntmachung
Durch das Feldkriegsgericht wurde die Witwe Eugenia Włodarz und Studentin Elisabeth Zahorska zum Tode verurteilt, wegen Attentat gegen deutsche Wehrmachtsangehörige, bezw. Sabotage (Abreißen von Plakaten)
Warschau d. 3. 11. 1939

Die Kommandantur

Die sogenannte Sabotage beruhte in diesem Fall darauf, daß das Mädchen ein deutsches Propagandaplakat abgerissen hatte, das den Premierminister Großbritanniens Chamberlain vor den Ruinen Warschaus darstellte und die Überschrift trug: »England – dein Werk«.[5] Aus demselben Grund wurde am 7. 12. 1939 Wacława Siwanowicz hingerichtet.[6]

Die Bekanntmachung über die Hinrichtung der zwei Frauen wiederholte am 8. 11. 1939 der *Nowy Kurier Warszawski* (Neuer Warschauer Kurier) in Nr. 25 und brachte gleich daneben noch zwei andere behördliche Mitteilungen:

Wegen Verstecken von Feuerwaffen trotz des Verbots wurde vom Standgericht der Polizei Bronisław Stempień, Arbeiter, 47 Jahre alt, aus Warschau-Praga, Lubelska-Straße 32, zum Tode verurteilt. Das Urteil wurde vollstreckt.

Außerdem verurteilte das Kriegsgericht am 31. 10. 1939 den Zivilisten Ambroziak wegen unerlaubten Waffenbesitzes zum Tode. Das Urteil wurde am gleichen Tage durch Erschießen vollstreckt.

Die Bekanntmachung über die Verurteilung von Bronisław Stempień zum Tode wurde zusätzlich als Plakat mit dem Datum des 3. 11. 1939 angeschlagen. Sie war (in Vertretung des Polizeipräsidenten) mit dem Namen Ziedrich gezeichnet.

Nach einigen Tagen erschienen neue Mitteilungen über vollstreckte Hinrichtungen:

Schon am 19. 11. 1939 brachte der *Nowy Kurier Warszawski* (Nr. 35), die deutsche Zeitung in Warschau, eine weitere Mitteilung über die Hinrichtung von 15 Männern.

Die in der Mitteilung angeführten Beschuldigungen über »Waffenbesitz« oder »Plünderung« waren sowohl im Falle dieser wie auch vieler vorhergehender Hinrichtungen ein nichtiger Vorwand. So wurde z. B. Rafał Blüth, Dr. phil., Russizist, Historiker der polnischen Literatur, Schriftsteller und katholischer Geistesschaffender (u.a. Mitarbeiter der Zeitschrift *Verbum*) am 5. 10. 1939 verhaftet, weil in seiner Wohnung im Laufe einer zufälligen Hausdurchsuchung das Manuskript eines literarischen gegen Hitler gerichteten Werkes gefunden wurde. Das genügte, um ihn zu erschießen.

Am 13. November 1939 kam es auf Nalewki-Straße 9 zu einem Zwischenfall, in dem ein polnischer Polizeibeamter im Dienste der Deutschen von dem zwanzigjährigen Pinkus Zylberryng, der kurz vorher aus dem Gefängnis entlassen worden war, erschossen wurde. Die Deutschen nahmen alle in diesem Haus wohnhaften Männer fest und erschossen sie am 22. November. Ihre Namen wurden nicht bekanntgegeben. Das war die erste Massenexekution im besetzten Warschau, die als Vergeltungsmaßnahme vorgenommen wurde. Sie erregte einhellige Empörung unter der Bevölkerung, so daß die Nazis es für angebracht hielten, bald darauf im *Nowy Kurier Warszawski* (Neuer Warschauer Kurier, Nr. 44 vom 30. 11. 1939) eine Erklärung zu veröffentlichen, aus der übrigens eindeutig hervorging, daß 53 unschuldige Menschen ermordet worden waren.

Der Kommandant der Polizei und des Sicherheitsdienstes für den Distrikt Warschau gibt bekannt:

Am 13. dieses Monats erschoß im Hause Nr. 9 auf der Nalewki-Straße eine jüdische Verbrecherbande einen polnischen Polizisten in Uniform während Ausübung seiner dienstlichen Tätigkeit und verwundete einen zweiten Polizeibeamten durch einen Schuß lebensgefährlich.

Die Aufdeckung der flüchtigen Täter war durch den Widerstand der Einwohner des Hauses Nr. 9 auf der Nalewki-Straße erschwert. Trotzdem konnte festgestellt werden, daß der Mörder der jüdische Berufsverbrecher, Pinkus Jankiel Zylberryng, geb. 6. 7. 1919 in Warschau und wohnhaft Nalewki-Straße 9, Tür 5, ist. Er wurde bei Kriegsausbruch vorzeitig aus dem Gefängnis entlassen. Der Revolver, aus welchem er auf den Polizeibeamten schoß, befindet sich noch in seinem Besitz.

Wegen der strafwürdigen Haltung der Bewohner des Hauses Nalewki-Straße 9 bei der Polizeifahndung wurden am 22. dieses Monats 53 Juden erschossen, die in dem erwähnten Haus wohnten. Alle Einzelheiten, die Licht auf diesen Vorfall werfen können, sind der Kriminalpolizei in Warschau, Daniłowiczowska-Straße 3, mitzuteilen.

Das Vorgehen der Behörden beweist, daß jeder Versuch, die Ordnung und Sicherheit zu gefährden, mit aller Strenge erstickt werden wird. Andererseits geht daraus hervor, daß polnische Polizeibeamte, die im Auftrag der deutschen Behörden ihren Dienst erfüllen, unter ihrem Schutz stehen und daß jedem, der diese Polizeiorgane an der Erfüllung ihrer dienstlichen Pflichten hindert oder ihr Leben bedroht, eine strenge Strafe droht.

Charakteristisch für die in diesem Falle angewandten Nazimethoden ist der Umstand, daß im Zusammenhang mit diesem Vorfall dem Judenrat in Warschau eine Kontribution von 300000 Złoty auferlegt wurde, wobei, wie Ludwik Landau in seiner Chronik unter dem Datum vom 30. November 1939 verzeichnete,

von der Entwicklung dieser Kontribution angeblich das Leben der Verhafteten abhängen sollte. Als sich jedoch die Vertreter der Gemeinde meldeten, wurde die Kontribution mit der Erklärung angenommen, daß die Verhafteten schon erschossen worden seien.[7]

Anfang Dezember wurde eine neue Serie von Hinrichtungen bekanntgegeben.

Von den diesmal 31 in dieser Liste angeführten Männern (davon 11 aus der Stadt Warschau) wurden die meisten unter der nicht näher erläuterten Anschuldigung der Beteiligung an »Sabotageakten« hingerichtet, was zu den ständigen Vorwänden für den Terror der Hitlerpolizei gehörte.

Unter den in Warschau schon in den ersten drei Monaten der Besatzung, also im Oktober, November und Dezember hingerichteten Personen, deren Namen öffentlich bekanntgegeben wurden, befanden sich sowohl Polen als auch Juden, Vertreter der schaffenden Intelligenz, Offiziere, Gutsbesitzer, Beamte, Studenten, Schüler, Handwerker und Arbeiter. Dazu ist zu bemerken, daß zur gleichen Zeit streng geheim Hinrichtungen kleiner Gruppen von Häftlingen bis zu zwanzig Personen im Parlamentgarten stattfanden. Sie wurden von den im Parlamentgebäude stationierten deutschen Polizisten des 301. Bataillons der Schutzpolizei

auf den zur Weichsel führenden Böschungen des Gartens vorgenommen – schreibt Janusz Gumkowski, in Anlehnung an Zeugenaussagen, die sich in den Untersuchungsakten des Warschauer Gouverneurs Ludwig Fischer-Prozesses befinden.[8] – Sie betrafen meist bis zu zwanzig Opfer, die gewöhnlich in kniender Stellung aufgereiht wurden. Ihre Hände waren nicht gefesselt, die Augen nicht verbunden. Die Leichen der Ermordeten wurden in der ersten Zeit an Ort und Stelle vergraben, später wurden sie in unbekannter Richtung abtransportiert. Es ist natürlich unmöglich, die Zahl der im Parlamentgarten erschossenen Opfer festzustellen, aber auf Grund der gesammelten Angaben kann man annehmen, daß sie mindestens 1000 Personen beträgt.

Am 11. November 1939 machten die Deutschen eine Razzia auf die Siedlung Zielonka bei Warschau. Elf verhaftete Männer wurden sofort in den naheliegenden Wald gebracht, wo sie hingerichtet werden sollten. Zweien gelang es unterwegs zu fliehen, neun wurden ermordet, darunter drei Jungen im schulpflichtigen Alter (16 und 17jährige).

Das Verbrechen in Zielonka war einer der ersten Massenmorde, die die Nazis in der Warschauer Umgebung verübten. Als Vorwand diente die Tatsache, daß in dieser Siedlung in der Nacht vom 10. zum 11. 11. 1939 aus Anlaß eines vor dem Kriege begangenen Nationalfeiertags ein handgemaltes Plakat mit den ersten Worten des Gedichtes der Schriftstellerin Konopnicka angeschlagen wurde: »Kein Deutscher wird ins Gesicht uns speien, noch unsere Kinder germanisieren.«

Einen größeren Widerhall nicht nur in Warschau, sondern im ganzen Lande und auch im Ausland fand jedoch das Verbrechen, das die deutsche Polizei am 27. Dezember 1939 in der Ortschaft Wawer bei Warschau verübte.[9]

Am 26. Dezember abends wurden zwei Unteroffiziere des in Wawer stationierten 538. Baubataillons in einer Gastwirtschaft von den in der Gegend berüchtigten Banditen Marian Prasuła und Stanisław Dąbek erschossen. Auf Befehl von Oberstleutnant Max Daume, dem stellvertretenden Kommandeur des 31. Regiments der Ordnungspolizei in Warschau (auch Polizeiregiment Warschau genannt), unternahm die 2. und 3. Kompanie des VI. Bataillons dieses Regiments unter dem Kommando von Major Friedrich Wilhelm Wenzel in der Nacht vom 26. zum 27. Dezember eine Sonderaktion im Raum von Wawer und dem nahegelegenen Anin. Zirka 120 Männer im Alter von 16–70 Jahren wurden aus den Wohnungen geholt. Unter den Festgenommenen befanden sich Arbeiter, Handwerker, Kaufleute und Geistesarbeiter, auch ein Journalist und Berufsoffizier. Da waren Polen, Juden und ein Russe.

> Sie alle wurden aus den Betten geholt und hatten nicht die geringste Ahnung, was in der Gastwirtschaft vorgefallen war ... Alle mußten sich für eine Tat verantworten, die sie nicht begangen hatten. Ihr einziges Vergehen war, daß sie sich zufällig in dem von der Razzia umfaßten Raum aufhielten.[10]

In Wirklichkeit befanden sich unter den Festgenommenen außer den ständigen Einwohnern von Wawer und Anin einige Personen, die während der Weihnachtsfeiertage zu Verwandten oder Bekannten auf Besuch gekommen waren.

An Ort und Stelle wurde unter dem Vorsitz des erwähnten Majors Wenzel und in Anwesenheit von Oberstleutnant Daume ein Gericht gebildet, was eine wahre Parodie der Gerichtsbarkeit war. Die 114 Männer wurden zum Tode verurteilt, wobei das »Gericht« nur ihre Personalien aufnahm, jedoch keinerlei Aussagen zuließ.[11] Der Gastwirt Antoni Bartoszek wurde noch vor der Verkündung des sogenannten »Urteils« an der Tür seines Lokals aufgehängt. Die anderen Verurteilten wurden auf einen unbebauten Platz zwischen der Błękitna- und Spiżowa-Straße abgeführt, wo sie mit einem Maschinengewehr niedergemäht wurden. Auf dem Weg zur Hinrichtung gelang es einem der Männer zu entkommen. Sieben andere, die von den Deutschen verwundet und nicht getötet wurden, kamen dank einem ungewöhnlichen Zufall mit dem Leben davon. Eine der schwer geprüften Bewohnerinnen von Wawer, Frau Janina Przedlacka, die bei dem Massaker Mann und Sohn verloren hatte, erzählt:[12]

... Sechs Mann kamen in die Wohnung. Sie befahlen meinem Mann und meinem Sohn, sich rasch anzuziehen. Auf die Frage, wohin sie sie mitnehmen wollten, antworteten sie: zur Kommandantur. – Mein jüngerer Sohn Janusz war 16 Jahre alt, der ältere Mieczysław 20. Wir begannen zu bitten, sie sollten wenigstens den Jüngeren zu Hause lassen, weil es so kalt und er schwer krank sei. Nach langem Bitten und Flehen gaben sie nach. Sie nahmen also meinen Mann und den älteren Sohn mit. Ich lief hinter ihnen her, um zu sehen, wohin sie wirklich hingingen, aber sie verboten mir, ihnen zu folgen. Ich kehrte ins Haus zurück. Nach einer Weile lief ich jedoch wieder hinaus, was ich mehrmals wiederholte. Schließlich fand ich sie ... Am Platz vor der Kommandantur standen die zusammengetriebenen Männer. Es waren viele. Eine Kette von Deutschen hatte sie eingekreist. Die Männer standen ruhig da. Die Deutschen brüllten und schlugen ununterbrochen auf sie ein. Wieder lief ich nach Hause und bereitete Glühwein vor, nahm etwas Kuchen und eilte zurück auf die Poprzeczna-Straße, in der Hoffnung, daß ich ihnen was zustecken könnte, damit es ihnen warm wird. Es begann schon zu tagen. Es war kurz vor sechs. Als ich zur Kommandantur kam, führten sieben Deutsche zehn Polen in Richtung des Bahnhofs ab. Mir schien, mein Sohn sei darunter. Ich lief hinterher und schrie: Mein Junge! – Die Deutschen begannen zu schimpfen und jagten mich mit Karabinerschlägen fort. Ich mußte stehenbleiben, wollte aber nicht nach Hause zurückkehren. Ich bemerkte, daß auf dem Bahnhof ein D-Zug stand. Ich war sicher, daß sie meine Liebsten dort hineingesteckt hatten. Wie irr lief ich auf den Bahnhof, um sie wenigstens noch einmal zu sehen, ihnen etwas zu sagen, ihnen den Wein zu geben. Da hörte ich einen durchdringenden Schrei und dann: »Es lebe Polen!« – und beinahe gleichzeitiges lautes Beten, und später oder vielleicht in demselben Moment eine Maschinengewehrsalve und Stöhnen, so schreckliche Schreie, daß ich sie heute noch höre.

Ich verstand alles ... Ich riß mich zusammen und lief rasch in der Richtung, aus der die Schreie, Gebete und Schüsse drangen, d.h. auf die andere Seite des Bahnsteigs und weiter auf die Felder von Wawer. Aber schon nach einigen Schritten kehrte ich nach Hause um. Ich beschloß mit meinem Sohn Janusz auf den Todesacker zu gehen. Er sollte es sehen und für sein ganzes Leben in Erinnerung behalten ... Er sollte die Verbrecher verdammen. Am Hinrichtungsort war außer mir und meinem Sohn Janusz kein Lebender. Ein Teil der Ermordeten kniete am Zaun, andere lagen auf dem Boden in verschiedenen Positionen, auf der Seite, auf dem Rücken, zusammengekrümmt. Ich suchte die Meinen. In der Eile, halb irr vor Grauen, konnte ich sie nicht finden. Ich begann schon zu hoffen, daß sie nicht unter den Ermordeten sind. Ich rief Janusz zu, daß sie gewiß nicht darunter seien, daß sie entkommen seien, daß sie nach Hause kommen würden, ja vielleicht schon zu Hause seien. Ich wartete, daß er mir zustimmen würde. Aber Janusz stand wie versteinert da und blickte mit ungeheurem Entsetzen auf eine Gruppe von Ermordeten, unter denen er seinen Vater und seinen Bruder erkannt hatte.

Sie lagen nebeneinander. Das Gesicht meines Mannes war bis zur Unkenntlichkeit massakriert. Ein Auge ausgeschlagen, die Nase flachgedrückt. Der Pelzkragen des Mantels war zerfetzt. Er lag zusammengekrümmt, als fühlte er unerträglichen Schmerz. Er war schon kalt. Mein Sohn lag dagegen ausgestreckt da, die Mütze auf dem Kopf, die Augen offen, als wolle er gleich aufstehen. Mir schien, als ob er noch lebte. Ich knöpfte sein Hemd auf, sein Körper war noch warm und in Schweiß gebadet. Ich begann ihn abzutrocknen und zu massieren. Ich wollte um jeden Preis ihn zum Leben erwecken. Ich wartete auf ein Wunder...

Da nahten schon Menschen. Unsägliche Verzweiflung erfaßte alle. Die Leute liefen wie irr hin und her. Sie weinten, heulten vor Schmerz und Ratlosigkeit, schworen Rache... Sie wollten die Ermordeten mit nach Hause nehmen. Sie stellten sie auf die Beine, beschworen sie, ein Lebenszeichen von sich zu geben, ein Wort zu sagen... Wir mußten uns aber um jeden Preis zusammenreißen. Einer sagte, man könne Leichen noch nicht mitnehmen, man müsse sie an Ort und Stelle begraben. Wir legten also unsere Männer, Väter, Söhne in die Gruben, einen neben dem anderen, bedeckten ihre Gesichter, womit wir konnten, mit Hüten, Schals, Taschentücher, damit ihnen der Sand nicht in die Augen fiel...

Ich blieb allein, schmerzerfüllt und verzweifelt, mir war ein Leid angetan worden, das keine menschlichen Worte auszudrücken vermögen...

Unter den Ermordeten befand sich Daniel Gering, ein vierzigjähriger Beamter der Landwirtschaftsbank in Warschau, der hätte sich retten können. Er war deutscher Abstammung und sprach gut deutsch.

Als die Deutschen bei »Gericht« die Personalien der »Schuldigen« aufschrieben, stellten sie erstaunt fest, daß einer von ihnen den Namen des Reichsmarschalls trug – berichtete nach dem Krieg *Dziennik Zachodni* (Westzeitung) (in Nr. 61 vom 30. 7. 1964) – »Noch mehr erstaunt waren sie, als er, obwohl er seine deutsche Abstammung nicht abstritt, betonte, Pole zu sein.

– Wissen Sie, was Ihnen droht? –

– Ja, aber ich bin Pole. –

Noch zweimal riefen die Deutschen ihn aus der Reihe der Verurteilten heraus. Sie erklärten, es verpflichte ihn zu nichts, aber er müsse laut sagen, daß er Deutscher sei. Die letzte Frage fiel, als er schon am Hinrichtungsplatz stand. Seine letzten Worte waren: – Ich bin Pole...

– Der damalige Gemeindevorsteher von Wawer Stanisław Krupka sagte während des Prozesses gegen Daume vor dem Obersten Volkstribunal in Warschau aus, daß Gering wegen seiner unbeugsamen Haltung besonders schlecht behandelt wurde. Als er sagte, daß er Pole sei, wurde er schrecklich massakriert...«

Die Opfer dieser Hinrichtung wurden erst auf einem provisorischen Friedhof in Massengräbern bestattet und nach der Exhumierung zwischen dem 25. und 27. Juni 1940 von den Familien teils auf dem neuen Friedhof Glinki in Wawer begraben, teils nach Warschau überführt.

Die Erinnerung an das Verbrechen von Wawer blieb, trotz der vielen späteren Massenhinrichtungen und anderen berüchtigten Terrorakte, bis zum Ende des Krieges wach. Am ersten Jahrestag der Schreckensnacht von Wawer brachte die Wochenschrift der Untergrundbewegung *Biuletyn Informacyjny* (Informationsbulletin) vom 19. 12. 1940 einen Leitartikel unter dem Titel ›Wawer‹, in dem es u. a. hieß:

kein Pole darf dieses unschuldig und in schrecklichen Qualen vergossene Blut auch nur für einen Augenblick vergessen.

Gleichzeitig wurden an vielen Stellen mit Farbe und Kreide Aufschriften: »Wawer! Wawer! Wawer!« angebracht. Dies war die erste Aktion einer Widerstandsgruppe, die im Dezember 1940 von ehemaligen Pfadfindern gegründet worden war. Zum Gedenken an die in Wawer Ermordeten wurde sie Organisation der kleinen Sabotage – »Wawer« genannt. Ihre Mitglieder bewiesen im Laufe der nächsten dreieinhalb Jahre, daß die Besatzer mit dem Verbrechen in Wawer die Bevölkerung nicht eingeschüchtert und ihren Widerstandswillen nicht gelähmt hatten.

Seit diesem Verbrechen verstärkte sich von Monat zu Monat die Überzeugung, daß der Naziterror ohne Unterschied die aktiven Mitglieder der Untergrundorganisation als auch diejenigen, die nicht beteiligt sind, trifft, und daß unter diesen Umständen niemand seines Lebens sicher ist.

In einem Abstand von mehreren Wochen begannen bereits Häftlingstransporte aus dem Pawiak nach den Konzentrationslagern im Reich abzugehen. Nur wenige Häftlinge kehrten vor Kriegsende nach Warschau zurück, alle Häftlinge, denen es gelang, diese Schreckensjahre zu überleben, wurden erst 1945 von den Armeen der Alliierten befreit. Doch aus den Warschauer Gefängnissen – dem Pawiak, in der Rakowiecka-Straße und Daniłowiczowska-Straße – gingen auch Transporte von Männern und Frauen ab, von denen niemand wieder zurückgekehrt ist. Da der Hinrichtungsort im Parlamentgarten mittlerweile bekannt geworden war, wurde er außerhalb von Warschau, in die Wälder der Umgebung verlegt. Das war eine größere Garantie, daß die Öffentlichkeit nichts davon erfährt.

Es waren 7 Männer genannt.

[1] Nach *Maly rocznik statystyczny 1939* (Kleines Statistisches Jahrbuch 1939), Warschau 1939, und nach dem Gutachten von Brunon Malachowski, Sachverständiger im Prozeß von Ludwig Fischer und Mitangeklagten, Stenogramm des Prozesses Band IV, S. 628, 684 im Archiv der Hauptkommission zur Untersuchung der Naziverbrechen in Polen. Vgl. auch Szymon *Datners* Beitrag ›Die Zerstörung Warschaus‹ in *Polens Kriegsverluste* 1939–1945, Presseagentur West, Poznań–Warschau 1962.

[2] Nach der Schätzung von Prof. Marian Lalewicz von der Technischen Abteilung des Oberkommandos der Bürgerwehr im Jahre 1939.

[3] Ausagen der als Zeugen vernommenen Ärzte, ehem. Häftlinge im Pawiak und anderer Gefängnisse im Archiv der Hauptkommission zur Untersuchung der Naziverbrechen in Polen, Signatur 96/OB; Anna *Czuperska-Śliwicka: Cztery lata ostrego dyżuru. Wspomnienia z Pawiaka 1940–1944* (Vier Jahre Bereitschaftsdienst. Erinnerungen vom Pawiak 1940–1944),Warschau 1965; Leon *Wanat: Za murami Pawiaka* (Hinter den Mauern des Pawiak), dritte Ausgabe, Warschau 1960; *Wspomnienia wieżniów Pawiaka* (Erinnerungen von Pawiakhäftlingen), Warschau 1964; Berichte der Gefängniskontaktzelle der Untergrund-Delegatur der Polnischen Exilregierung London aus den Jahren 1943 bis 1944 im Archiv des Instituts für Parteigeschichte, Sign. 202/II, Band 17.

Die Delegatur der Exilregierung im besetzten Polen war im Untergrund die Vertretung der Londoner Exilregierung. An der Spitze der Delegatur stand der Delegierte (Bevollmächtigte) für das besetzte Polen, im Rang eines Stellvertretenden des Ministerpräsidenten der polnischen Exilregierung. Die Delegatur war in Hauptabteilungen gegliedert, die die Entsprechung der Ministerien der Londoner Regierung darstellten.

[4] Die Deutschen bemühten sich, den gegen die polnische Bevölkerung angewandten präventiven Terror mit dem Schein von Legalität zu bemänteln, indem

sie schon in den ersten Wochen der Besatzung entsprechende Verordnungen erließen. Noch während des Polenfeldzuges führte der Befehlshaber des Heeres am 12. 9. 1939 die Todesstrafe für den Besitz von Waffen, Munition oder Kriegsgerät sowie für Gewaltakte gegen das deutsche Heer und deutsche Soldaten ein. Nach der Gründung (26. 10. 1939) des Generalgouvernements erließ Hans Frank als erste die Verordnung zur Bekämpfung von »Gewalttaten im Generalgouvernement« (vom 31. 10. 1939), die im *Verordnungsblatt des Generalgouverneurs für die besetzten polnischen Gebiete* veröffentlicht wurde (Nr. 2 vom 2. 11. 1939). Laut dieser Verordnung wurden die SS und die Polizei als die einzig zuständige Behörde für alle Fragen erklärt, die alle strafbaren Handlungen gegen die Besatzungsmacht betrafen, oder auch als solche willkürlich angesehen wurden, wie z.B. die Aufforderung zum Ungehorsam, das Verschweigen solcher strafbaren Handlungen usw. In allen solchen Fällen sieht die Verordnung vom 31. 9. 1939 die Todesstrafe vor. Die Gerichte der SS und der Polizei sollen »nach Bedarf« einberufen werden. Sie setzten sich aus drei Personen zusammen: dem Regiments- oder Bataillonskommandeur der Ordnungspolizei oder dem Führer des Einsatzkommandos der Sicherheitspolizei und zwei Beamten der betreffenden Einheit als Beisitzer. Die Prozedur dieser Gerichte war ad absurdum vereinfacht. Die erwähnte Verordnung empfahl nur (§ 12), die Namen der Richter, die Namen der Verurteilten und der eventuellen Zeugen, das Datum der Urteilsfällung und der Urteilsvollstreckung aufzunehmen. Von der Notwendigkeit einer Untersuchung, die die Umstände der Tat festgestellt hätte, oder vom Recht des Angeklagten auf Verteidigung war überhaupt keine Rede. In der Praxis wurden die Todesurteile überhaupt ohne Untersuchung, meist in Abwesenheit des Angeklagten gefällt. – Vgl. Martin *Broszat: Nationalsozialistische Polenpolitik 1939 bis –1945*, Frankfurt a.Main. – Hamburg 1965, Kap. III ›Die organisatorische und personelle Struktur der deutschen Herrschaft‹.

5 Nach einer anderen Version soll es sich um einen Anschlag mit der Bekanntmachung Franks über die Gründung des Generalgouvernements gehandelt haben. Elżbieta Zahorska war die Tochter einer bekannten Dichterin und Romanschriftstellerin (›Savitri‹), die später ebenfalls verhaftet und im Jahre 1942 in Auschwitz zu Tode gefoltert wurde. Der Geistliche, der bei der Erschießung Elżbietas anwesend war, benachrichtigte die Familie über die heldenmütige Haltung des Mädchens vor dem deutschen Hinrichtungskommando. Damit die Deutschen sie verstehen, rief sie in deutscher Sprache: »Noch ist Polen nicht verloren!« Vgl. Zuzanna *Rabskas* Erinnerungen: *Moje życie z książką* (Mein Leben mit dem Buch) – II, Wrocław 1964, S. 297 sowie Karol *Irzykowski: Notatki z życia, obserwacje i motywy* (Aufzeichnungen aus dem Leben, Beobachtungen und Motive), Warschau 1964, S. 378–79.

6 Ausagen des Zeugen Janina Kozak vom 21. 5. 1946, im Archiv der Hauptkommission zur Untersuchung der Naziverbrechen in Polen.

7 Ludwik Landau (1901–1944), ein hervorragender polnischer Wirtschaftswissenschaftler und Sozialforscher führte seine Chronik, die 1600 Tage umfaßte, vom September 1939 bis zum 28. Februar 1944, d.h. bis zum Zeitpunkt seiner Verhaftung. Dann ist er spurlos verschwunden. Landau schrieb in ihr alles nieder, was seiner Meinung nach für den zukünftigen Geschichtsforscher dieses Zeitabschnitts von Bedeutung sein konnte. Seine Notizen beziehen sich sowohl auf die Ereignisse an den Fronten und die »Große Politik« als auch auf die Verordnungen der Besatzungsmächte, Fragen des Wirtschaftslebens, Terrorakte und die Stimmungen in der Bevölkerung. Dieses und alle folgenden Zitate Landaus nach: Ludwik *Landau: Kronika lat wojny i okupacji* (Chronik der Kriegs- und Besatzungsjahre), Band 1/3, Warschau 1962–63.

Landau notierte am 30. 11. 1939, daß persönlich verantwortlich für dieses

Verbrechen der Kommandeur der Sicherheitspolizei und des Sicherheitsdienstes für den Distrikt Warschau, Josef Meisinger, war, der am 3. 3. 1947 vom Obersten Volkstribunal in Warschau zum Tode verurteilt wurde. In der Urteilsbegründung werden die Umstände des im November 1939 an den Bewohnern des Hauses auf der Nalewki-Straße begangenen Verbrechens erwähnt. Vgl. *Siedem wyroków Najwyższego Trybunalu Wojskowego* (Sieben Urteile des Obersten Volkstribunals), bearbeitet von Tadeusz *Cyprian* und Jerzy *Sawicki*, Poznań 1962.

[8] Janusz *Gumkowski:* »Egzekucje ludności cywilnej w Warszawie« (Hinrichtungen der Zivilbevölkerung in Warschau) in *Eksterminacja ludności w Polsce w czasie okupacji niemieckiej 1939–1945* (Vernichtung der Bevölkerung in Polen während der deutschen Besatzung 1939–1945), Poznań–Warschau 1962;

Aussagen des Zeugen Rychlik vom 20. 2. 1945 in den Untersuchungsakten im Prozeß gegen Ludwig Fischer und andere. Archiv der Hauptkommission zur Untersuchung der Naziverbrechen in Polen.

[9] Frühere Sommerfrische am rechten Weichselufer, heute gehört sie zu Groß-Warschau.

[10] Henryk *Pawłowicz: Wawer 27 grudnia 1939* (Wawer, 27. Dezember 1939), Warschau 1962, S. 30.

[11] Die deutschen Behörden wußten genau, daß in Wawer unschuldige Menschen ermordet wurden. General Blaskowitz, Oberbefehlshaber Ost, stellte in einer Anlage zum Tagesbericht vom 6. 2. 1940 über die militärisch-politische Lage über Wawer u.a. fest, daß das VI. von der Verwaltung gesandte Polizeibataillon auf die Nachricht der Mordtat, den Inhaber des Gasthauses vor dem Lokal, wo die Mordtat geschah, aufhängen sowie 114 Polen aus dem Villenviertel Anin, welche mit dem Verbrechen nichts gemeinsam hatten, erschießen ließ. Mehr noch, wie Blaskowitz weiter feststellt, die Handlungsweise des an dieser Aktion teilnehmenden Polizei-Bataillons wurde auf Befehl des 31. Polizei-Regiments vollkommen approbiert und erhielt ein besonderes Lob. Das Lob wurde jedem im Bataillon zur Kenntnis gegeben. Der Bericht von Blaskowitz spricht davon, daß die von der Polizei durchgeführte Exekution eine Bedrohung auf unverantwortliche Weise und ohne Nutzen für die Sicherheit des Heeres und die Exploitation des Ostens bedeutet.

Diese Art von Einschätzung der Verbrechen von Wawer durch den General der Wehrmacht ergab sich natürlich aus der Befürchtung vor den Folgen unbedachter Terrorakte, welche einzig und allein die Verstärkung des Widerstandes gegen den Okkupanten verursachen konnten. (Aus dem Bericht von Blaskowitz gemäß dem veröffenlichten Text von Stanisław *Płoski* im Artikel ›Wawer‹ im Bulletin der Hauptkommission zur Untersuchung der Naziverbrechen in Polen. B. VI., Warschau 1951) vgl. auch: M. *Broszat, Nationalsozialistische Polenpolitik* ... S. 41–45.

Max Daume, Mitverantwortlicher für das Verbrechen in Wawer, wurde am 3. 3. 1947 vom Obersten Volkstribunal in Warschau zum Tode verurteilt. Im November 1947 verurteilte das Woiwodschaftsgericht für die Hauptstadt Warschau auch Friedrich Wilhelm Wenzel, den Polizeioffizier, zum Tode, der von den Sowjetbehörden an der Jahreswende 1949/1950 an Polen ausgeliefert wurde. So ereilte die beiden Hauptschuldigen an dem Massenmord in Wawer die verdiente Strafe.

[12] Text der Aussage nach *H. Pawłowicz,* a.a.O., S. 57–60.

Auf der Sitzung des Reichsverteidigungsausschusses am 2. März 1940 im Palais Brühl in Warschau sagte Hans Frank u. a.:

...so haben wir die ungeheure Verantwortung, daß dieser Raum fest in der deutschen Macht bleibt, daß die Polen für die Zukunft das Rückgrat gebrochen erhalten und daß niemals wieder aus diesem Gebiet auch nur der geringste Widerstand gegen die deutsche Reichspolitik bestehen kann.[1]

Wie »das Rückgrat gebrochen werden sollte«, trug der Generalgouverneur schon einen Monat zuvor während eines dem Völkischen Beobachter gewährten Interviews anschaulich vor. Auf die Frage, worauf der Unterschied zwischen dem Protektorat von Böhmen und Mähren und dem Generalgouvernement beruhe, antwortete er nämlich:

Einen plastischen Unterschied kann ich Ihnen sagen. In Prag waren z.B. große rote Plakate angeschlagen, auf denen zu lesen war, daß heute 7 Tschechen erschossen worden sind. Da sagte ich mir: wenn ich für je sieben erschossene Polen ein Plakat aushängen lassen wollte, dann würden die Wälder Polens nicht ausreichen, das Papier herzustellen für solche Plakate.[2]

Die Ausrottungsaktion in Polen wurde in der Tat ohne überflüssige Plakate und Kundmachungen, systematisch und mit verbrecherischer Gründlichkeit durchgeführt. Als Beispiel mag die in aller Stille erfolgte Verhaftung der Professoren der Jagiellonen-Universität in Krakau am 6. November 1939 und ihre Einlieferung ins Konzentrationslager Sachsenhausen dienen, ferner der Mord in Wawer und die geheimen Exekutionen in Warschau. Im März 1940 machte Himmler die Kommandanten der Konzentrationslager darauf aufmerksam, daß es ihre Hauptaufgabe sei Polenführer unschädlich zu machen:

...Es ist daher erforderlich, daß alle unsere Mitarbeiter und Mitarbeiterinnen ihre haupt- und vordringliche Aufgabe darin sehen, alle gewissenlosen Polenführer festzustellen, damit diese unschädlich gemacht werden! Sie als Lagerführer wissen ja am besten, wie diese Aufgabe durchgeführt werden soll.[3]

Ende April 1940 besuchte der Reichsführer SS Warschau. Der Gouverneur des Warschauer Distrikts Dr. Fischer informierte Frank am 7. 5. 1940 wie folgt darüber:

Der Reichsführer SS habe weiter die Anordnung gegeben, daß 20000 Polen in Konzentrationslager gebracht würden ...[4]

Am 8. Mai 1940 wurden in Warschau zum ersten Mal große Straßenrazzien auf Männer vorgenommen, die nach Himmlers Anordnung in Konzentrationslager ins Reich gebracht werden sollten. Ähnliche Razzien wurden am 12. August, 19. September und 6. Dezember desselben Jahres durchgeführt. Tausende Männer wurden nach Auschwitz abtransportiert.

Nachrichten über diese und andere Terrormaßnahmen der Okkupanten gab die illegale Presse sofort bekannt, unter anderem die damals meistgelesene Zeitung *Polska Żyje* (Polen lebt) und *Biuletyn Informacyjny* (Informationsbulletin). Diese Wochenschrift wurde während der ganzen Besatzungszeit 1939 bis 1945 in der Auflage von 40000 Exemplaren herausgegeben als Presseorgan des ZWZ–AK (Bund des Bewaffneten Kampfes – Heimatarmee). Über die Kanäle der polnischen Untergrundbewegung gelangten diese Informationen ins Ausland und wurden von der antifaschistischen Propaganda in Rundfunk und Presse ausgewertet.

Über die Razzia vom 12. 8. 1940 informiert *Polska Żyje* (in Nr. 65 vom 17. 8. 1940):

Drei Tage lang vor dem 15. August tobten im rekordbrechenden wütenden Menschenfang auf den Straßen nicht nur das SS- und Gestapogesindel, sondern auch – o Schmach – die regulären deutschen Truppen. Menschen wurden aus Straßenbahnen und Lokalen gezerrt, Arbeiter, Friseure, Schuster, Jugendliche direkt vom Arbeitsplatz oder der Straße weggeschleppt und wie Vieh in die Reiterkaserne abgeführt, wo sich im Laufe des Tages 6500 Personen ansammelten. Während der Nacht wurden sie gruppenweise abtransportiert.

Nicht sofort war jedoch bekannt, daß die am 12. August und 19. September 1940 festgenommenen Männer zusammen mit den Häftlingstransporten vom Pawiak nach Auschwitz gebracht wurden. Das waren die ersten zwei Warschauer Transporte in das Lager, das erst seit dem 14. 5. 1940 existierte.

Als im Mai 1940 die Offensive in Frankreich, Belgien und Holland einsetzte, wurde die öffentliche Meinung im Westen von den polnischen Fragen abgelenkt. Hans Frank und SS-Obergruppenführer Krüger, der Höhere SS- und Polizeiführer im GG, erblickten darin einen besonders günstigen Umstand, um unverzüglich eine terroristische Sonderaktion von großem Umfang gegen die führenden Bevölkerungskreise in Polen einzuleiten. Jetzt wurden alle, von irgendwelchen taktischen Rücksichten diktierten Hemmungen über Bord geworfen. Die Massenverhaftungen mutmaßlicher Gegner des Reiches durch die Sicherheitspolizei umfaßten das ganze Generalgouvernement.

Den Verhaftungen folgten geheime Massenhinrichtungen und Deportationen in die Konzentrationslager. Ohne auf das Ende des Krieges und die Verwirklichung der langfristigen Pläne der deutschen Politik gegenüber Polen zu warten, rotteten die Okkupanten jeden aus, den sie als potentiellen Feind ansahen.

Diese völkermörderische Aktion, von ihren Urhebern selbst »Außerordentliche Befriedungsaktion« genannt, ging als »Aktion A–B« in die Geschichte der Okkupation ein.

Den Plänen dieser Aktion und ihrer Verwirklichung waren besondere Polizeisitzungen am 30. Mai 1940 in Krakau unter Vorsitz von Hans Frank gewidmet. Seine diesbezüglichen Aufzeichnungen im Tagebuch geben einen ungemein interessanten Einblick in die von Hitler betriebene Ausrottungspolitik:

Jetzt müssen wir den Augenblick benutzen, der uns zur Verfügung steht. Wenn jetzt in jeder Minute und Sekunde im Westen Tausende des besten deutschen Blutes geopfert werden müssen, dann haben wir als Nationalsozialisten die Pflicht, daran zu denken, daß sich nicht etwa die polnische Nation auf Kosten dieser deutschen Opfer erhebt. Daher war es auch der Zeitpunkt, wo ich in Anwesenheit des SS-Obergruppenführers Krüger mit dem Kameraden Streckenbach dieses außerordentliche Befriedungsprogramm besprach, ein Befriedungsprogramm, das zum Inhalt hatte, nunmehr mit der Masse der in unseren Händen befindlichen aufrührerischen Widerstandspolitiker und sonst politisch verdächtigen Individuen in beschleunigtem Tempo Schluß zu machen und zu gleicher Zeit mit der Erbschaft des früheren polnischen Verbrechertums aufzuräumen. Ich gestehe ganz offen, daß das einigen tausend Polen das Leben kosten wird, vor allem aus der geistigen Führerschicht Polens. Für uns alle als Nationalsozialisten bringt aber diese Zeit die Verpflichtung mit sich, dafür zu sorgen, daß aus dem polnischen Volk kein Widerstand mehr emporsteigt. Ich weiß, welche Verantwortung wir damit übernehmen. Aber es ist klar, daß wir das tun können, und zwar gerade aus der Notwendigkeit heraus, den Flankenschutz des Reiches im Osten zu übernehmen. Aber mehr noch: SS-Obergruppenführer Krüger und ich haben beschlossen, daß die Befriedungsaktion in beschleunigter Form durchgeführt wird...

Wer bei uns verdächtig ist, der soll gleich liquidiert werden. Was sich draußen in den Konzentrationslagern des Reiches an Häftlingen aus dem Generalgouvernement befindet, das soll uns zur AB-Aktion zur Verfügung gestellt oder dort erledigt werden.[5]

SS-Brigadeführer Bruno Streckenbach, Befehlshaber der Sicherheitspolizei und des Sicherheitsdienstes im GG, erstattete auf dieser Sitzung Bericht über den aktuellen Stand der Durchführung der Aktion A–B und betonte in der Einleitung, daß die Sicherheitspolizei von Beginn der Okkupation darauf vorbereitet war, den polnischen politischen Widerstand planmäßig und damit endgültig zu ersticken und gleichzeitig die verbrecherischen Elemente im GG unschädlich zu machen.

Wir brauchen diese Elemente nicht erst in die Konzentrationslager des Reiches abzuschleppen, denn dann hätten wir nur Scherereien und einen unnötigen Briefwechsel mit den Familienangehörigen, sondern wir liquidieren die Dinge im Lande.

Die außerordentliche Befriedungsaktion umfasse zwei Kreise: einmal den Kreis der politisch gefährlichen Menschen im Generalgouvernement, der politischen geistigen Führerschaft des polnischen Widerstandes und zweitens den Kreis von Verbrecherelementen, die auf Grund früherer Taten und ihres früheren Lebens unter Beweis gestellt haben, daß sie sich niemals als irgendwie brauchbare Glieder der Gesellschaft, auch der polnischen Gesellschaft einfügen werden.

In den Händen der Sicherheitspolizei hätten sich zu Beginn der außerordentlichen Befreiungsaktion etwa 2000 Männer und einige hundert Frauen befunden, die als irgendwie geartete Funktionäre der polnischen Widerstandsbewegung in Haft gesetzt worden seien. Sie stellten wirklich eine geistige Führerschicht der polnischen Widerstandsbewegung dar. Natürlich sei diese Führerschicht nicht auf die 2000 Personen beschränkt. In den Akten und Karteien des Sicherheitsdienstes befänden sich weitere etwa 2000 Namen von Personen, die diesem Kreis zuzurechnen seien. Das seien Personen, die angesichts ihrer Tätigkeit und ihres Verhaltens ausnahmslos ohnehin unter die für das Generalgouvernement geltende Standrechtsverordnung fielen. Die summarische Aburteilung dieser Leute habe in dem Augenblick begonnen, in welchem die außerordentliche Befriedungsaktion angeordnet worden sei.[6]

Mit der Durchführung der Aktion A–B im Raum von Warschau und Distrikt wurde SS-Standartenführer Meisinger, Kommandeur der Sicherheitspolizei und des Sicherheitsdienstes für den Distrikt Warschau, betraut. Im Urteilsspruch des Obersten Volkstribunals vom 3. 3. 1947, das Meisinger zum Tode verurteilte, wurde zu Recht hervorgehoben, daß

...der Anteil der Warschauer Sicherheitspolizei und des Sicherheitsdienstes in der Ausführung des allgemeinen Plans hervorragend und in Ziffern überwiegend war, weil die August- und Septembertransporte im Jahre 1940 schon zum Teil ein Ergebnis eben dieser Aktion waren und allein aus dem Warschauer Distrikt mehr als 3000 Menschen lieferten, ohne die Personen zu zählen, die an Ort und Stelle oder in Palmiry liquidiert wurden.[7]

[1] Tagebuch von Hans *Frank*, Arbeitssitzungen 1940, Nürnberger Dokument PS = 2233.

[2] Tagebuch von Hans *Frank*, wie oben.

[3] Aus der Ansprache an die Kommandanten der Konzentrationslager am 15. 3. 1940. Text in den Akten der Kreiskommission in Krakau im Fall Bühler, Band VI, S. 57, Archiv der Hauptkommission für die Untersuchung der Naziverbrechen in Polen.

[4] Tagebuch von Hans *Frank*, 1940, a.a.O.

[5] Tagebuch von Hans *Frank*, a.a.O.

[6] Ebenda.

[7] Nach dem Text der Urteile im Prozeß gegen Ludwig Fischer, Ludwig Leist, Josef Meisinger und Max Daume in Warschau, veröffentlicht in der Arbeit von T. *Cyprian* und J. *Sawicki*, a.a.O.

Im Dezember 1939 verließen zum ersten Mal Lastwagen Warschau mit Menschen, die zum Tode verurteilt waren. Sie fuhren nach Norden, in Richtung Modlin. Nach 22 Kilometern zweigten sie auf einen Weg nach links, in südöstlicher Richtung ab. Vor dem Krieg befanden sich in der Nähe des kleinen Dorfes Palmiry am Rande der Kampinos-Heide Munitionslager, die von der örtlichen Bevölkerung »Pulverfaß« genannt wurden. Dieses Pulverfaß versorgte während der Belagerung Warschaus im September 1939 die Stadt mit Munition. Zu den im Kiefernwald versteckten Gebäuden führte ein Nebengleis der Eisenbahn. In den ersten Monaten der Besatzung trugen die Deutschen die Gebäude bis auf die Fundamente ab und entfernten die Eisenbahnschienen. Sie schlugen auch den Wald kahl, der etwa 7 km von der Landstraße nach Modlin entfernt am Weg zum Dorf Pociecha lag, und erweiterten so das Gelände. Diese Lichtung sollte nun zum geheimen Hinrichtungsort werden, der unter dem nicht ganz zutreffenden, nach dem benachbarten Dorf Palmiry benannten Namen in die Kriegsgeschichte Warschaus eingehen sollte.

Alle Hinrichtungen in Palmiry wurden von der Gestapo gründlich vorbereitet. Einige Tage vor dem Eintreffen des Transports und manchmal noch früher, hob eine Abteilung des auf der anderen Seite der Landstraße nach Modlin im Dorf Łomna einquartierten Arbeitsdienstes oder der Hitlerjugend, die nicht weit von Palmiry zeltete, in der Todeslichtung Gruben aus, in denen die Opfer verscharrt werden sollten. Diese Gruben waren 2,5–3 m tief und 30 m lang, oft noch länger und erinnerten an Laufgräben. Nur manchmal, wenn weniger Verurteilte erwartet wurden, wurden unregelmäßige Gräber ausgehoben, die natürlichen Bodenunebenheiten oder Bombentrichtern ähnelten. Die Opfer wurden aus dem Pawiak-Gefängnis in der Dzielna-Straße, manchmal auch aus dem Mokotów-Gefängnis in der Rakowiecka-Straße hierher gebracht. Die Transporte wurden meist bei Tagesgrauen zusammengestellt. Man ließ den Menschen die Illusion, daß sie in ein Konzentrationslager überführt werden. Man erlaubte ihnen Koffer, Rucksäcke, Bündel mit ihrer persönlichen Habe, Lebensmittelpakete und manchmal sogar eine zusätzliche Brotration mitzunehmen. Oft wurde den Häftlingen auch gestattet, alle Dokumente und die im Gefängnisdepot hinterlegten Gegenstände einzustecken. Die so beruhigten Gefangenen wurden in LKWs verladen und abtransportiert. Erst als die LKWs in den Feldweg einbogen und in den Wald hineinfuhren, begannen die Gefangenen Verdacht zu schöpfen. Am Waldrand, beim Dorf Palmiry, pflegten sie Zettel, Gebetbücher, irgendwelche kleine Andenken aus den LKWs zu werfen, in der Hoffnung, jemanden auf ihre Spur zu lenken.

Die Autos hielten im Wald bei der Lichtung an. Die Häftlinge mußten aussteigen, manchmal wurden ihnen die Hände gefesselt und die Augen verbunden. Man nahm ihnen jedoch weder das mitgebrachte Gepäck noch ihre Dokumente und kleine Andenken ab. Den Juden ließ man die Armbinden mit dem Davidstern, den Sanitätern die Armbinden mit dem Roten Kreuz. Die Deutschen führten die Verurteilten in Gruppen zur Lichtung und ließen sie dort am Rande der ausgehobenen Grube in dichten Reihen antreten, um sich die Arbeit mit den Leichen zu erleichtern. Eine Einheit der Polizei oder SS mähte sie mit einem Maschinengewehr nieder. Nach der Salve wurden etwaige Verwundete mit der Pistole erschossen. Andere, die noch lebten, aber kein Lebenszeichen von sich gaben, erhielten keinen Gnadenschuß. Die Erschossenen fielen gewöhnlich direkt in die Grube.

Der eigenartige Ordnungssinn der SS-Schergen fand in verschiedenen technischen Verbesserungen bei der Ausführung der Hinrichtungen seinen Ausdruck. So wurden z. B. die Verurteilten entlang der Grube aufgestellt und hinter ihren Rücken eine lange Stange oder Leiter angebracht. Nachdem die Salve verklungen war, ließen die Deutschen die Stütze los und die Leichen fielen schön ordentlich in das Grab (in einigen Gräbern wurden im Jahre 1946 bei der Exhumierung solche Stangen vorgefunden). Die nächste Gruppe wurde an derselben Stelle erschossen, so daß die Leichen eine neue Schicht bildeten. Die vollen Gruben schaufelten die Deutschen zu, tarnten sie vorsorglich mit Moos und Kieferästen und pflanzten dann in der Lichtung schnurgerade Reihen junger Kiefern an. Danach fuhren sie ab, überzeugt, daß alles gut durchdacht war und die Wahrheit nie an den Tag kommen würde. An die Familien der Ermordeten sandte die Gestapo kurze Mitteilungen, wobei sie manchmal Herzschlag als Todesursache, meist aber keine Ursache angaben.[1]

In den ersten anderthalb Jahren der Besatzung hatten die

Deutschen keine Ahnung, wie reibungslos die polnische Untergrundbewegung funktionierte. Sie wußten nicht, daß die geheime Todesstätte Palmiry in Warschau schon berüchtigt war, daß man »draußen« Nachricht über jeden Transport aus dem Pawiak hatte, daß das Wort »Palmiry« bald landläufig wurde und daß man mit der Zeit begann, alle Todestransporte zu Hinrichtungsorten außerhalb der Stadt »Transport nach Palmiry« zu nennen. Dabei trafen die Deutschen an den Exekutionstagen im weiten Umkreis der Todesstätten alle Vorsichtsmaßnahmen, um unberufene Zeugen fernzuhalten. Sie patroullierten im Wald rings um die Lichtung, befohlen die bei der Demontierung der Eisenbahnlinie beschäftigten Arbeiter in einen abgelegenen Teil des Geländes oder gaben ihnen sogar einen arbeitsfreien Tag. Trotzdem beobachteten die Einwohner der Umgebung, insbesondere der Dörfer Palmiry und Pociecha, sowie die Forstarbeiter die Deutschen systematisch und verfolgten – meist unter Lebensgefahr die Ankunft fast eines jeden Transports. Während der Hinrichtung hörten die im Wald verborgenen Zeugen wiederholt das Stöhnen der Opfer und das Echo der Salven, ja manchmal sahen sie, wie Gruppen von Verurteilten mit verbundenen Augen an das offene Grab geführt wurden. Nach jeder Hinrichtung, meist in der darauffolgenden Nacht, bemühten sich der Förster Adam Herbański und andere Angestellte des polnischen Forstdienstes, den Ort des Verbrechens genau zu bestimmen. Obwohl die Deutschen die Gräber tarnten, konnte man an der frisch aufgewühlten Erde die Umrisse der Gräber genau erkennen. Größere Schwierigkeiten bereitete es dagegen, unter diesen Bedingungen die Grabstätten mit dauerhaften Zeichen zu markieren. Die Förster zeichneten mit nur ihnen bekannten Mitteln die Stämme der nächsten Bäume, schlugen Patronenhülsen in die Baumrinden ein, die sie am Hinrichtungsplatz gefunden hatten, und prägten sich manche Stellen einfach ein. Das erleichterte nach dem Kriege die Exhumierung, die in Palmiry vom Polnischen Roten Kreuz im Beisein von Vertretern der Hauptkommission zur Untersuchung der Naziverbrechen in Polen vom 25. November 1945 bis zum 6. Dezember 1945 und nach der Winterpause vom 28. März 1946 bis zum Herbst des gleichen Jahres durchgeführt wurde. In Palmiry wurden 24 Massengräber gefunden. Im Gerichtsprotokoll von der Inspizierung der Exhumierung vom 30. 3. 1946 stellte Richter Stanisław Rybiński fest:

Alle 24 Gräber, sowohl die noch nicht geöffneten wie die ausgehobenen, aus denen Menschenleichen geborgen wurden, liegen auf einem Waldgelände von 1,5 $km^2$ verstreut, wobei sich einige Gräber im Walddickicht befinden, so daß in den Rinden der nächsten Bäume noch Spuren von Kugeln stecken. Die Mehrzahl der Gräber befindet sich jedoch in der Lichtung, die heute mit einer jungen Kiefernschonung bepflanzt ist. Die Bäume sind nicht höher als 0,5 m. Zum Waldgelände von Palmiry führt von Warschau eine besondere Landstraße. Im Wald von Palmiry befinden sich rechts von dieser Landstraße 17 Gräber und links 6 Massengräber und ein Einzelgrab.[2]

Im Verlauf der Exhumierung konnte ein Teil der Leichen auf Grund der bei ihnen gefundenen Dokumente bzw. der Empfangsbescheinigungen aus dem Gefängnisdepot sowie mit Hilfe der Familienangehörigen identifiziert werden. Die Aussagen der Familienangehörigen der Ermordeten halfen auch bei der Feststellung der Umstände der Verhaftung und der Hinrichtungsdaten. Die Gegenüberstellung dieser Informationen mit den Namenslisten der aus dem Pawiak abgegangenen Transporte gestattete es wiederum, das Schicksal ganzer Gruppen von Häftlingen über jeden Zweifel hinaus festzustellen.

Die ersten Hinrichtungen in Palmiry, über die genaue Informationen vorliegen, fanden schon am 7. und 8. Dezember 1939 statt. Der Zeuge Ignacy Cofta, der vor dem Kriege das Munitionslager der Armee in Palmiry betreute und der sich später, seit dem Frühjahr 1940, in diesem Gebiet angesiedelt hatte, bemerkte am 7. Dezember 1939 drei Lastkraftwagen, die Menschen in Zivilkleidern in den Wald beförderten. »Den Autos fuhr ein Motorradschütze mit einem Maschinengewehr voraus.« Die Eskorte bestand darüber hinaus aus »zwei Personenkraftwagen mit bewaffneten Deutschen«. Am 8. Dezember 1939 sah Cofta vor dem Mittagessen wiederum

> drei Lastkraftwagen mit schwarzen Buden, in denen sich Menschen in Zivilkleidern befanden, Männer und Frauen ... Diese Autos kamen aus Warschau und fuhren in Richtung des Munitionslagers in der Nähe von Palmiry. An den bei allen Autos herabgelassenen Ladeklappen saßen bewaffnete Deutsche in Uniform ..[3]

Joseph Meneges, Wilhelm Kaiser und Wilhelm Hefschen, Soldaten einer Wachkompanie der Wehrmacht, die die ehemaligen polnischen Lager bei Palmiry bewachten (»der im Range eines Leutnants stehende Kompaniechef hieß Jacobs, ich habe jedoch mit ihm nicht gesprochen« – sagt Ignacy Cofta), erzählten anschließend, daß am 7. Dezember im Wald von Palmiry 80 Menschen erschossen worden seien, und daß am 8. Dezember 1939 wiederum 70 Personen hingerichtet worden seien. Diese Mitteilung wurde von Jan Mazur bestätigt, der der Kompanie des Arbeitsdienstes angehörte, die vor der Hinrichtung die Gräber ausschachten mußte (»Mazur kannte die polnische Sprache und stammte aus Wrocław«).

Die Führung befahl den Soldaten der Wachkompanie die Nachricht zu verbreiten, daß es sich bei den Erschossenen um Juden gehandelt habe. Ob dies in Wirklichkeit auch zutraf, ist nicht festzustellen. Dieselben Soldaten erzählten damals u.a. auch, daß unter den Erschossenen »ebenfalls zwei Diplomaten unbekannter Nationalität waren, die zusammen mit ihren Gattinnen erschossen wurden«.

Als man im Jahre 1946 aus den Massengräbern in Palmiry die Leichen barg, wurden in zwei Fällen – in der Kleidung der im Juli 1941 Hingerichteten – Zettel gefunden, die auf alle bei der Exhumierung Anwesenden einen erschütternden Eindruck machten. Im Anzug eines der ermordeten Männer wurde ein Gebetbuch gefunden und darin ein Zigarettenpapier mit der Aufschrift: »Witold Kornawolski, erschossen in Palmiry am 17. Juli 1941«. Dieselben Worte befanden sich auf der Rückseite des Fotos eines Mädchens, das mit kindlicher Hand »Danusia Kornawolska« gezeichnet war.

An einer anderen Leiche wurde – ebenfalls im Gebetbuch – die Notiz gefunden: »Wojciechowski Zygmunt, erschossen 17.7.1941, Sohn des Cyprian«.[4]

Beide Fälle zeugen von der bewunderswerten Willenskraft, dem klaren Denkvermögen und dem Wunsch, eine Spur von sich zu hinterlassen. Wir werden nie erfahren, in welchem Augenblick die Pawiakhäftlinge Wojciechowski und Kornawolski erfuhren, was sie erwarte und wann sich die Möglichkeit bieten würde, diese wenigen Worte niederzuschreiben. Jedenfalls sind ihre Aufzeichnungen ein bezeichnender Beweis dafür, wie allgemein bekannt schon im Jahre 1941 der Name Palmiry als Symbol dieser Todesstätte war. Die Todgeweihten, die in geschlossenen Kraftwagen aus Warschau in einen unbekannten Wald abtransportiert wurden, wußten genau, wohin die LKWs fuhren.

Die Exekution im Juli 1941 war anscheinend der letzte Akt des Massenverbrechens in der Waldlichtung bei Palmiry. Es wäre interessant festzustellen, inwieweit die immer lauter werdenden Gerüchte über die Todestransporte in die Kampinos-Wälder den Entschluß beeinflußten, die Henkersstätte zu wechseln.

Die nach dem Kriege durchgeführte Exhumierung und die damit verbundenen gerichtlichen Untersuchungen durch die Hauptkommission zur Untersuchung der Naziverbrechen in Polen beweisen unwiderlegbar, daß, obwohl bis 1941 Palmiry der Haupthenkersplatz für Häftlinge aus Warschau war, dennoch in derselben Zeit Massenhinrichtungen an anderen Orten in der Nähe der Stadt stattfanden.

In Palmiry wurden mehr als 1700 Leichen gefunden, davon etwa 170 Frauen. Mehr als 400 Personen konnten entweder während der Exhumierung oder unmittelbar danach auf Grund der in der sandigen Erde verhältnismäßig gut erhaltenen Kleidungsstücke, Gebrauchsgegenstände, Notizen, Postkarten und sogar Personalausweise identifiziert werden. Im Lichte der Angaben aus den Archiven der Untergrundorganisationen kann man jedoch die Namen von ca. 860 in Palmiry umgebrachten Personen mit Sicherheit feststellen. Demnach fehlen immer noch die Namen von über der Hälfte der Opfer.

Bekannt sind auch Fälle, in denen wir zwar die Namen von Menschen kennen, die in den Jahren 1940–1941 ermordet wurden, jedoch nicht mit Gewißheit sagen können, ob sie in Palmiry hingerichtet und in welchem Todestransport sie dorthin gebracht wurden. Das betrifft unter anderem solche Personen wie:

Maksymilian Lewin, geb. 1886, Major, Mitglied der Untergrund-Organisation *Służba Zwycięstwu Polski* (Dienst für den Sieg Polens, die erste polnische Untergrundorganisation, die im Jahre 1939 gleich nach der Kapitulation Warschaus gegründet und später in die ZWZ und AK umgestaltet wurde), verhaftet am 30. 11. 1939, hingerichtet Ende Januar oder Februar 1940;

Kazimierz Jaroszyński, Ingenieur, führendes Mitglied der Untergrund-Organisation KOP (Deckname »Korsak«), festgenommen im September 1940;

Stanisław Ludwicki, führendes Mitglied der Untergrund-Organisation KOP (Deckname »Jarząb«), verhaftet am 14. 1. 1941 und in demselben Jahr erschossen;

Henryk Landau, Dr. med., verhaftet unter dem Namen Henryk Stypiński und hingerichtet im Jahre 1941.

An der Hinrichtungsstätte bei Palmiry wurde nach dem Kriege ein Mahnmal errichtet, wo in langen Gräberreihen die sterblichen Überreste jener Märtyrer ruhen, die in Todestransporten aus Warschau in die Kampinos-Wälder, in die Kabaty-Wälder, in die Chojnów-Wälder und in die Sękocin-Wälder gebracht, und die Männer und Frauen, die in Palmiry, in den Dünen von Luże, in Szwedzkie Góry, in Laski, in Wólka Węglowa, in Stefanów und Magdalenka ermordet wurden.

[1] Aussagen in den Akten des Informationsbüros des Polnischen Roten Kreuzes in Warschau.

[2] Untersuchungsakten im Ludwig Fischer-Prozeß, Band III, S. 32, Archiv der Hauptkommission zur Untersuchung der Naziverbrechen in Polen.

[3] Die Aussagen von Ignacy Cofta befinden sich in den Akten der Hauptkommission zur Untersuchung der Naziverbrechen, Signatur Ko 28/66.

Cofta behauptet ebenfalls auf Grund seiner Beobachtungen, daß bis zum Frühjahr 1940 in Palmiry »mindestens 20 Hinrichtungen vorgenommen worden seien«. Es ist sehr wahrscheinlich, daß damals ein Teil jener Gruppe erschossen wurde, deren Überreste im Verlauf der Exhumations-Arbeiten nach dem Kriege im Wald bei Palmiry aufgefunden wurden, ohne daß es jedoch gelungen wäre, das genaue Datum ihres Todes zu ermitteln.

[4] Nach dem Protokoll der Exhumierung in den Akten des Informationsbüros des Polnischen Roten Kreuzes, sowie nach der Autopsie des Autors.

Der totale Terror gegenüber der Warschauer Bevölkerung nahm in den Jahren 1939–1944 verschiedene Erscheinungsformen an, die im Laufe der Zeit einander abwechselten. Es änderten sich jedoch lediglich die Methoden und die Schärfe der Polizeiaktion. Das Prinzip der rücksichtslosen Unterdrückung und der stufenweisen Ausrottung von Polen und Juden war jedoch von Anfang bis zum Ende der Besatzung unverändert gültig. Dies fand in den folgenden Maßnahmen seinen Ausdruck:

– Straßenjagden auf die männlichen Einwohner von Warschau und in verschiedenen Fällen auch auf Frauen. Die Opfer dieser Straßenjagden auf Menschen wurden dann zu Tausenden in Konzentrationslager oder Zwangsarbeitslager eingeliefert. Dies geschah ohne jegliche Verhöre oder Gerichtsverhandlungen und betraf zufällig ergriffene Menschen.

– Straßenjagden auf Menschen, die sofort nach ihrer Ergreifung in den Straßen von Warschau erschossen wurden, um der Bevölkerung Schrecken und Angst einzujagen.

– Massenweise Absperrungen von Häusern und Haussuchungen, in deren Verlauf in der Regel viele hundert Personen verhaftet (und anschließend in die Konzentrationslager verschleppt oder hingerichtet) wurden, die aus diesem oder jenem Grunde den Verdacht der Polizei erregten.

– Verhaftungen von Tausenden und aber Tausenden nach Namenslisten oder wegen ihrer vermutlichen Zugehörigkeit zur Widerstandsbewegung, oder auch nur wegen des Verdachts der Zusammenarbeit mit solchen Organisationen. Schon die vermutliche negative Einstellung zu den Besatzern war ein ausreichender Verhaftungsgrund. Diesen Verhaftungen fielen auch politisch »unzuverlässige Elemente« zum Opfer, darunter Vertreter von bestimmten Berufsgruppen, die von den Besatzern besonders gehaßt wurden (Wissenschaftler und Lehrer, Schriftsteller und Künstler, Priester und Richter, Offiziere der Reserve, hervorragende Vertreter des öffentlichen Lebens und Politiker verschiedener Parteien). Diese Personengruppen wurden nach ihrer Verhaftung entweder in Konzentrationslager verschleppt oder im Rahmen von geheimen Massenexekutionen hingerichtet.

– Die brutale Folterung aller Häftlinge ohne Rücksicht auf Geschlecht und Alter durch die deutsche Polizei sowohl wärend der Verhöre als auch in den Gefängnissen der Sicherheitspolizei.

– Die Verschleppung von Häftlingen (seit Herbst 1941) nach dem Zwangsarbeitslager in Treblinka I (dem sogenannten SS- und Polizeiführer-Arbeitslager Treblinka) und in den Jahren 1943–1944 nach den Arbeitslagern in der Gęsia-Straße und in der Litewska-Straße (den sogenannten Arbeitserziehungslagern) unter den geringfügigsten Vorwänden von Wirtschafts- und Verwaltungsvergehen.

– Die restlose Ausrottung der jüdischen Bevölkerung von Warschau – anfänglich (vom Herbst 1940 bis zum Sommer 1942) durch die bewußte Verschlechterung der Bedingungen im Warschauer Ghetto und anschließend (vom 22. Juli 1942 bis zur Unterdrückung des bewaffneten Widerstandes im Ghetto im Mai 1943) durch die Vernichtung von fast 400000 Männern, Frauen und Kindern im Vernichtungslager Treblinka II sowie an anderen Orten und unmittelbar in den Straßen des Ghettos.

Charakteristisch für den ersten Abschnitt der Besatzung vom Oktober 1939 bis Ende April 1940 (d.h. bis zum Beginn der sogenannten »Aktion A-B« im Mai 1940) war die große Verhaftungswelle insbesondere in den Kreisen der Intelligenz sowie die Aufnahme von geheimen Massenmorden: im Parlamentgarten (Herbst 1939 – Winter 1939/40), in Palmiry (seit Dezember 1939), in Szwedzkie Góry am Rande der Kampinos-Heide (6. 1.1940), im Kabaty-Wald und wahrscheinlich noch an vielen anderen bisher noch nicht entdeckten Hinrichtungsorten.

Die »Aktion A-B«, die formell nie beendet wurde, wurde in Warschau im wesentlichen im Mai und Juni 1940 verwirklicht. Eine Fortführung ihrer Methoden stellten die Terrormaßnahmen im Spätsommer, d.h. im August und September 1940 dar. Im Verlauf dieser wenigen Monate wurden in Warschau die ersten großen Straßenjagden auf Menschen veranstaltet (8. 5., 12. 8. und 19. 9.). Die ersten Transporte verließen Warschau nach Sachsenhausen (2. 5.) und Auschwitz (14. 8. und 21. 9.), wobei nur ein Drittel der Verschleppten aus Häftlingen des Pawiak-Gefängnisses bestand, während zwei Drittel auf Menschen entfielen, die zufällig auf der Straße ergriffen und ohne jegliche Verhöre und konkrete Anklagen direkt ins Lager abtransportiert wurden. In Palmiry wurden zahlreiche Hinrichtungen vorgenommen, wobei die größten (von 358 Menschen) am 20. und 21. Juni 1940 stattfanden.

In der dritten Phase der Ausrottung, die zwei Jahre, vom Herbst 1940 bis zum September 1942 dauerte, waren die Massenmorde an Häftlingen der Warschauer Gefängnisse in den Wäldern rings um Warschau an der Tagesordnung (vor allem an den Häftlingen aus dem Pawiak-Gefängnis sowie aus den Gefängnissen in der Rakowiecka Straße 37 und in der Daniłowiczowska-Straße 7). Neben Palmiry kommen nun viele neue Hinrichtungsorte hinzu, und zwar in der Kampinos-Heide, im Kabaty-Wald und im Sękocin-Wald (Magdalenka, Mai 1942). Gleichzeitig steigt die Anzahl der Transporte nach den Konzentrationslagern. Die erste größere Frauengruppe geht am 22. 9.1941 aus Warschau nach Ravensbrück und am 25. 8.1942 nach Auschwitz ab.

In den letzten Wochen dieses Zeitabschnitts (seit dem 22. Juli bis Mitte September 1942) erreichen die Ereignisse ihren Wendepunkt. Über 310000 Juden aus dem Warschauer Ghetto werden unter dem Vorwand einer Umsiedlungsaktion in das Vernichtungslager Treblinka II eingeliefert. Dieser Umstand beschleunigt die Kristallisierung der Widerstandszentren unter den überlebenden Juden und führt der gesamten polnischen Bevölkerung den Schrecken der Nazi-Ausrottungspolitik in ihrer endgültigen Konsequenz vor Augen.

Der nachfolgende Zeitabschnitt von Oktober 1942 bis Mai 1943 zeichnet sich vor allem durch folgende Maßnahmen aus:

– Die Erweiterung der massenhaften Repressalien und Vorbeugungsaktionen der Besatzer gegen das großstädtische Proletariat von Warschau, das im ersten Zeitabschnitt verhältnismäßig weniger gelitten hatte als die Intelligenz. Dies stand zweifellos mit der Gründung der Polnischen Arbeiterpartei im Jahre 1942 sowie mit der für Deutschland ungünstigen Lage an der Ostfront im Winter 1942/43 besonders wegen des Verlaufs der Schlacht bei Stalingrad im Zusammenhang.

– Neue große Straßenjagden auf Menschen mit dem Ziel, weitere Transporte für die Konzentrationslager zusammenzustellen (Januar 1943).

– Die ersten Transporte von Männern und Frauen nach dem Konzentrationslager in Majdanek bei Lublin (Januar und März 1943).

– Der Beginn öffentlicher Hinrichtungen von Häftlingen, die bisher in Warschau nicht üblich waren (die Erhängung von 50

Häftlingen aus dem Pawiak-Gefängnis am 16. 10.1942), wobei die geheimen Massenmorde (im Chojnów-Wald bei Stefanów Januar – Februar 1943) nicht unterbrochen wurden.

Der Widerstand gegen die Besatzer steigerte sich, was durch eine höhere Anzahl von Anschlägen und Diversionsakten zum Ausdruck kam (Organisator dieser Aktionen waren Diversions-Abteilungen der Heimatarmee und Kampfgruppen der Volksgarde). Sie wurden am 7. u. 8. Oktober 1942 durch die Heimatarmee mit der Aktion *Wieniec* (Kranz) eingeleitet, in deren Verlauf die wichtigsten Eisenbahnstrecken des Warschauer Knotenpunktes gesprengt wurden. Die Aktionen wurden im Oktober 1942 und Januar 1943 von der Volksgarde fortgesetzt,. die die sogenannten Vergeltungsaktionen (»Café-Club«, »Mitropa«, die Druckerei des *Nowy Kurier Warszawski* [Neuen Warschauer Kuriers] u.a.) organisierte. Die Heimatarmee befreite am 26. 3.1943 im Verlauf eines bewaffneten Überfalls eine Gruppe von Häftlingen in der Nähe des Warschauer Arsenals. Der Kulminationspunkt dieses aktiven Widerstandes der Warschauer Bevölkerung war der Aufstand im Warschauer Ghetto, der durch die Versuche neuer »Umsiedlungen« der überlebenden Bevölkerungsteile ausgelöst wurde. Der Aufstand war durch mehrwöchige hartnäckige Kämpfe gekennzeichnet (19. 4.–16. 5.1943).

Die fünfte Phase des nazistischen Terrors gegenüber der Warschauer Bevölkerung dauerte vom Mai bis Oktober 1943. In dieser Zeit geht die Anzahl der Transporte aus den Warschauer Gefängnissen in die Konzentrationslager merklich zurück. An ihre Stelle treten hastig organisierte Massenmorde von Häftlingen im Ergebnis überaus kurzer Verhöre oder überhaupt ohne Verhöre. Die Hinrichtungen wurden in aller Stille in den Ruinen des verlassenen Ghettos vorgenommen, vor allem in der Dzielna- und der Nowolipki-Straße, d.h. in der unmittelbaren Nähe der Gefängnisse. In der Gęsiea-Straße wurde ein Zwangsarbeitslager eingerichtet, das in Wirklichkeit ein Konzentrationslager war. Seine Insassen rissen die Überreste der abgebrannten Häuser ab. Gleichzeitig nahmen die Selbstverteidigungs-Aktionen der Untergrundbewegung immer größere Ausmaße an. Es gelingt der Heimatarmee, erfolgreiche Anschläge gegen besonders gefährliche Führer der Sicherheitspolizei (Lechner, Bürckl, Weffels, Kretschmann) und gegen höhere Beamte des Arbeitsamtes zu organisieren, die direkte Verantwortung für viele Terrorakte trugen (Hofmann, Dietz, Geist).

Den Auftakt zu diesem neuen Zeitabschnitt, der sich deutlich von allen anderen abhebt, gaben öffentliche Hinrichtungen, d.h. Exekutionen in den Straßen von Warschau, die Tag für Tag oder mit Intervallen von mehreren Tagen in der Zeit vom 16. Oktober 1943 bis zum 15. Februar 1944 vorgenommen wurden. Diese Monate gehörten zu den blutigsten in der Geschichte des besetzten Warschau. Die Zahl der öffentlich und geheim im Ghetto Hingerichteten erreicht 270–300 Menschen wöchentlich. Ein charakteristisches Merkmal des Vorgehens der Besatzer in dieser Zeit ist die psychologische Beeinflussung der gesamten Bevölkerung durch die Veröffentlichung aller Namen der Hingerichteten und Geiseln mittels Anschlägen und Lautsprechern. Dabei wurde die Bevölkerung immer wieder aufgerufen, mit der deutschen Polizei zusammenzuarbeiten. Diese Methode war jedoch ein gänzlicher Fehlschlag. Die Solidarität der Bevölkerung und ihr Widerstandswille wurden gestärkt und die immer zahlreicheren Aktionen der Untergrundbewegung erhielten allgemeine Unterstützung.

Die letzte Phase des Terrors dauerte von Mitte Februar 1944, d.h. seit der Einstellung der bisherigen öffentlichen Hinrichtungen in ihren bisherigen Formen und Umfang, bis zum 1. August 1944, d.h. bis zum Ausbruch des Warschauer Aufstandes, welcher der deutschen Besatzung von Warschau faktisch ein Ende machte. (Alles was danach im Zusammenhang mit dem unglücklichen Ausgang des Aufstandes und seiner Unterdrückung geschah sowie die Folgeerscheinungen dieser Entwicklung für die Bevölkerung gehören einer ganz anderen Problematik an). Im Vorfrühling, Frühling und Sommer wurden wiederum in den Ruinen des Ghettos, ähnlich wie in der Zeit vor dem Oktober 1943, zahlreiche geheime Exekutionen vorgenommen (über einige dieser Exekutionen wurde die Bevölkerung in einer allgemein gehaltenen Form in Kenntnis gesetzt). Wiederum gingen zahlreiche »Evakuierungs-Transporte« in die Konzentrationslager ab. Ihre Bestimmungsorte waren die Lager in Groß-Rosen und Stutthof. Die Frauentransporte gingen ausschließlich nach Ravensbrück. Die letzten Transporte verließen Warschau einige Stunden vor Ausbruch des Aufstandes.

Die seit den ersten Stunden des Warschauer Aufstandes bis Ende September 1944 verübten massenhaften Verbrechen an Tausenden und aber Tausenden Einwohnern von Warschau waren eine logische und konsequente Fortsetzung der deutschen Vernichtungspolitik, die im Herbst 1939 in Warschau eingeleitet worden war. Der Warschauer Aufstand kostete 180000–200000 Opfer. Die von Hitler und Himmler im August 1944 angeordnete Aktion der vollkommenen Vernichtung von Warschau war nichts anderes als eine planmäßige Verwirklichung der seit langem bestehenden Pläne.

Schon im Dezember 1943 wies Hans Frank darauf hin:

Wir haben in diesem Lande einen Punkt, von dem alles Unheil ausgeht: es ist Warschau ... Warschau ist und bleibt der Unruheherd, der Punkt, von dem alle Unruhe in dieses Land hineingetragen wird. Warschau ist nun leider auch der Punkt, auf den alle Leute das größte Gewicht legen.[1]

Am 5. Tage des Aufstandes, d.h. am 5. 8.1944 versicherte Generalgouverneur Frank dem Reichsminister Lammers:

Nach diesem Aufstand und seiner Niederschlagung wird Warschau dem verdienten Schicksal seiner völligen Vernichtung mit Recht anheimgefallen sein oder unterzogen werden.[2]

Nach einigen Wochen äußerte sich der Reichsführer SS Himmler in einer Rede in Jägershöhe am 21. 9.1944 vor den Befehlshabern der Wehrkreise und Kommandeuren der Kriegsschulen in derselben Weise:

Wir führen seit fünf Wochen den Kampf um Warschau ... Der Kampf ist der härteste, den wir seit Kriegsbeginn durchgeführt haben. Er ist vergleichbar mit dem Häuserkampf um Stalingrad ... Der Engländer hat doch diesen Aufstand ausgelöst, und zwar zu einem für uns absolut unsympathischen Zeitpunkt. Wie ich die Nachricht von dem Aufstand in Warschau hörte, ging ich sofort zum Führer. Ich darf ihnen das als Beispiel dafür sagen, wie man eine solche Nachricht in aller Ruhe auffassen muß. Ich sagte: »Mein Führer, der Zeitpunkt ist unsympathisch. Geschichtlich gesehen, ist es ein Segen, daß die Polen das machen. Über die fünf, sechs Wochen kommen wir hinweg. Dann aber ist Warschau, die Hauptstadt, der Kopf, die Intelligenz dieses ehemaligen 16–17-Millionenvolkes der Polen ausgelöscht, dieses Volkes, das uns seit 700 Jahren immer wieder im Wege liegt. Dann wird das polnische Problem geschichtlich für unsere Kinder und für alle, die nach uns kommen, ja schon für uns kein großes Problem mehr sein.[3]

[1] Wortlaut der Rede an die Offiziere der Luftwaffe vom 14. 12.1943. *Tagebuch Hans Frank*, Nürnberger Dokument PS-2233.

[2] Wortlaut eines Telegramms des Generalgouverneurs Frank an den Reichsminister Lammers. *Tagebuch von Hans Frank*, Nürnberger Dokument PS-2233.

[3] Rede des Reichsführers-SS vor den Wehrkreisbefehlshabern und Schulkommandeuren. Photokopie in den Prozeßakten gegen Paul Otto Geibel, Archiv der Hauptkommission zur Untersuchung der nazistischen Kriegsverbrechen, Signatur 1101/z/II Position 17.

Bevor die Schüsse fielen. Im Jahr des Ausbruchs des Zweiten Weltkrieges hatte Warschau, die Hauptstadt des 35-Millionen-Staates, ca. 1300000 Einwohner, darunter über 375000 Juden. Auf einer Fläche von 125 $km^2$ erhoben sich in der Stadt 25500 Wohnhäuser und gemeinnützige Objekte. Warschau war der wahre Mittelpunkt des geistigen und kulturellen Lebens in Polen: über 20000 Studenten waren an den Hochschulen immatrikuliert, es gab 900 Grund-, Ober- und Berufsschulen, 200 Museen, Archive, Bibliotheken, Theater, Konzertsäle, Kinos. 50 Prozent der Zeitungen und Zeitschriften des Landes erschienen in Warschau. Die Stadt war auch ein wichtiges Zentrum des Wirtschaftslebens: In den Warschauer Industriebetrieben arbeiteten ca. 90000 Personen, es gab hier 23000 handwerkliche Werkstätten verschiedener Branchen und Fachgebiete, die Handelsumsätze der Hauptstadt überschritten 20 Prozent der Handelsumsätze des ganzen Landes.

Krieg ... Die Warschauer fielen den Bomben der Luftwaffe zum Opfer, ohne überhaupt zu wissen, daß Krieg ist. Zum ersten Mal wurde Warschau am Morgen des 1. September 1939 mit Bomben belegt, noch bevor die Bevölkerung erfuhr, daß Hitlers Wehrmacht die polnischen Grenzen überschritten hatte. Am 8. September rückten die ersten deutschen Panzerabteilungen in die südwestlichen Vorstädte Warschaus ein. In den Stadtvierteln Ochota und Wola wurden sie aufgehalten. In den nächsten Tagen schloß sich jedoch der Ring der deutschen Streitkräfte um Warschau. Trotz des großen Mißverhältnisses der Kräfte und der Kampfmittel setzte sich die Stadt 20 Tage lang verzweifelt zur Wehr. Am 25. und 26. September wurde sie aus 1150 Flugzeugen beschossen. Trotzdem gelang es nicht, Warschau im Sturm zu nehmen. Erst am 28. September mußte sich die brennende Stadt ergeben, da jeder weitere Widerstand sinnlos war, als Waffen, Wasser und Lebensmittel ausgingen. Die Verluste der polnischen Armee bei der Verteidigung von Warschau betrugen ca. 2000 Tote und 16000 Verletzte, die Verluste der zivilen Bevölkerung waren viel größer: über 10000 Tote und 50000 Verletzte. 12 Prozent der Gebäude und Mobilien von großem Wert wurden völlig vernichtet.

Okkupation. »Wir haben in diesem Lande einen Punkt, von

dem alles Unheil ausgeht: es ist Warschau. Wenn wir Warschau nicht im Generalgouvernement hätten, dann hätten wir vier Fünftel der Schwierigkeiten nicht, mit denen wir zu kämpfen haben. Warschau ist und bleibt der Unruheherd, der Punkt, von dem alle Unruhe in dieses Land hineingetragen wird.« (Aus der Rede von Hans Frank vor den Offizieren der Luftwaffe am 14. 7. 1943)

*Das erste Jahr – 1939*

Am 28. 9. wurde die Kapitulation der Garnison von Warschau unterzeichnet. In der Nacht zum 3. 10. gehen die letzten polnischen Einheiten in die deutsche Gefangenschaft, aber in der Stadt beginnt schon die Führung der geheimen polnischen Widerstandsbewegung zu wirken. Das Einsatzkommando der Sicherheitspolizei und des SD verhaftet sofort die ersten paarhundert Geiseln. Am 5. 10. nimmt Hitler in der Ujazdowski-Allee die Siegesdefilade ab. Auf den Straßen befindet sich außer den Einheiten der Besatzerarmee und der Polizei keine Menschenseele. Am 11. 10. erscheint die erste nazistische Zeitung in polnischer Sprache (»Nowy Kurier Warszawski«), aber gleichzeitig werden schon Exemplare der neuentstandenen geheimen Presse vertrieben: bis Ende 1939 erscheinen in der Stadt ca. 30 neue Titel geheimer Publikationen (im Jahre 1940 werden es schon 130, im Jahre 1942 – 240 und im Jahre 1944 – 270 sein; die meistgelesenen erreichen eine Auflage von 40000 bis 50000 Exemplaren). Mitte Oktober sind die ersten Bekanntmachungen über die Vollstreckung von Todesurteilen an Bürgern der Stadt wegen »Waffenbesitz« zu lesen. 20. 10. – Verordnung über die Konfiskation der Rundfunkgeräte bei allen Polen. 26. 10. – Text der Proklamation von Hans Frank über die Bildung des »Generalgouvernements in den besetzten polnischen Gebieten«; an diesem Tage verhaftet die Gestapo Stefan Starzyński – den Präsidenten der Stadt, der auch die Verteidigung im September organisiert hatte. Die Preise für Bedarfsartikel steigen auf dem freien Markt um das Fünf- bis Sechsfache der Vorkriegspreise; die Gehälter der Polen bleiben unverändert. Auf den Straßen, Grünanlagen und in den Parks unzählige Gräber. Am 2. 11. zündet die Bevölkerung auf ihnen Tausende Kerzen an. Am 3. 11. wurde eine Bekanntmachung plakatiert, daß zwei Frauen zum Tode verurteilt wurden: eine, weil sie sich einem deutschen Soldaten widersetzte, und eine, weil sie ein nazistisches Propagandaplakat von der Mauer riß. Die Polizei führt ständig im geheimen nächtliche Exekutionen der Personen durch, die im Garten beim Sejmgebäude, das jetzt Kaserne ist, verhaftet wurden. Eine andere Polizeieinheit stationiert in der Warschauer Universität. Die Halle des modernen Gebäudes der juridischen Fakultät wird als Pferdestall benützt. Am 15. 11. befehlen die nazistischen Schulbehörden den sofortigen Abbruch des Unterrichtes in allen polnischen Gymnasien, die im Oktober ihre Tore geöffnet hatten. Sie bleiben von nun an bis zum Ende der Okkupation geschlossen. Erlaubt ist nur der Unterricht in Grund- und Berufsschulen mit beschränktem Unterrichtsprogramm. Mitte des Monats werden 53 jüdische Einwohner des Hauses Nalewki-Str. 9 ermordet, als Vergeltung für die Erschießung eines Polizeibeamten in diesem Haus durch einen Berufsverbrecher. Am 1. 12. tritt eine Verordnung in Kraft, laut der alle Juden und Personen jüdischer Abstammung (im Sinne der Nürnberger Gesetze – ungeachtet der Konfession) einschließlich der Kinder ab 12 Jahren Armbinden mit dem Zionstern tragen müssen. Am 2. 12. wurde die Erschießung weiterer Bürger wegen »Waffenbesitz« oder »Arbeitsverweigerung« amtlich bekanntgegeben. Am 7./8. 12. erfolgt im Wald beim Dorf Palmiry in der Nähe von Warschau die erste (unter den bekannten) Exekution der aus den Warschauer Gefängnissen dorthin transportierten Häftlinge; 36 Menschen werden erschossen. Ein strenger Winter, Heizmaterial gibt es nicht, auch keine Verdienstmöglichkeiten, Elend breitet sich in der zerstörten Stadt aus. Die amtliche Lebensmittelzuteilung betrug für die Polen zu den Feiertagen 15.–31.12 – 600 Gramm Zucker, 300 Gramm Salz und 2000 Gramm Schwarzbrot pro Person. Am 26. 12 wurden in einer Kneipe im Vorort Wawer zwei Unteroffiziere des deutschen Baubataillons erschossen. Die Täter waren zwei der Polizei gut bekannte notorische Verbrecher. Der Oberkommandierende des 6. Bataillons des 31. Regiments der Ordnungspolizei Friedrich Wenzel führt laut Befehl des Polizeiobersten Max Daume in der Nacht eine Vergeltungsaktion gegen die unschuldigen Einwohner von Wawer durch: der Gasthausbesitzer wurde erhängt, und am 27. 12. wurden 114 Männer im Alter von 16–70 Jahren wahllos während der nächtlichen Razzia aus den Wohnungen geschleppt und erschossen. Das Verbrechen von Wawer war der Anfang einer langen Reihe von Exekutionen und blieb bis zum Ende der Okkupation ein Symbol der nazistischen Bestialität.

*Das zweite Jahr – 1940*

Auf unerlaubtes Backen und Verkauf von Brot stand für Polen und Juden die Todesstrafe. Seit dem Februar müssen sich alle Juden vom 12. Lebensjahr an zur Zwangsarbeit registrieren. Ende April besucht Himmler Warschau und visitiert den Pawiak – das politische Gestapogefängnis. Am 2. 5. geht aus Warschau der erste große Transport von Männern in das Konzentrationslager Sachsenhausen ab. Es waren 1120 Personen, fast alle aus Intelligenzlerkreisen. Die Deutschen schlagen das Chopin-Denkmal in Stücke und transportieren es in unbekannter Richtung ab. Es beginnt die große gegen die polnische Intelligenz gerichtete Polizeiaktion unter dem Decknamen A–B (Außerordentliche Befriedungsaktion), zahlreiche Verhaftungen in den Wohnungen, Straßenrazzien auf junge Männer und Frauen, die sofort in die Arbeitslager ins Reich verschickt werden. Am 14. 6. sowie am 20.–21. 6. wurden in Palmiry 378 Personen erschossen, darunter 80 Frauen. Unter den Hingerichteten sind viele hervorragende Vertreter des polnischen öffentlichen Lebens, wie der Redakteur der sozialistischen Zeitung *Robotnik* Mieczysław Niedziałkowski, der ehemalige Sejmmarschall und Bauernführer Maciej Rataj, der Vizepräsident von Warschau Jan Pohoski, Ingenieure, Rechtsanwälte, hohe Staatsbeamte, Lehrer, Ärzte, katholische Geistliche und auch der bekannte Sportler Janusz Kusociński, Goldmedaillenträger bei den XI. Olympischen Spielen. Mitte Juni legt die Jugend die ersten konspirativen Reifeprüfungen ab; sie erhielt seit dem Herbst, d.h. seit Schließung der polnischen Oberschulen durch die Deutschen, geheimen Gymnasialunterricht. Im Herbst wird die nazistische Terroraktion mit großer Intensität forgesetzt: am 30. 8. werden in Palmiry 87 Personen ermordet, am 17. 9. – 198 Personen, darunter 20 Frauen; am 12. 8. und 19. 9. wurden in großen Straßenrazzien über 3000 Männer verhaftet und ohne Anklage sofort in das neugeschaffene Lager Auschwitz verschickt; im Lager erhielten sie rote Winkel aufgenäht, das Zeichen der politischen Häftlinge. Am 14. 8. wurden alle pensionierten Offiziere und Reserveoffiziere der polnischen Armee aufgefordert, sich »unter Todesstrafe« bei der deutschen Polizei zu melden (derselben Strafe unterliegen alle, die zur Meldung verpflichtete Personen versteckt halten). Ende September läuft die Frist für die Zwangsregistrierung der Schriftsteller, bildenden Künstler, Musiker, Schauspieler und anderer schöpferischer Berufe in der nazistischen Propaganda-Hauptabteilung ab, ohne die die Ausführung des Berufs verboten ist. Alle Künstler (mit einigen wenigen Ausnahmen) boykottieren diese Verordnung, lehnen die Zusammenarbeit mit der nazistischen Propaganda in welcher Form immer ab und suchen sich einen anderen Erwerb, oft durch körperliche Arbeit. Es erscheinen kleine Inserate in der Art: »Ehemalige Schauspielerin sucht Anstellung als Kellnerin, Verkäuferin oder ähnliches.« Alle Lesesäle in der Stadt sind geschlossen, aus den Bibliotheken werden die von den Okkupanten verbotenen Bücher entfernt; seit diesem Augenblick sind sie Gegenstand des illegalen Verleihs und Handels. Mitte Oktober organisieren die Professoren Julian Krzyżanowski, ein hervorragender Philologe, und Tadeusz Manteuffel, ein bekannter Historiker, in Privatwohnungen der Hörer und Lektoren ein geheimes Studium der Humanistischen Fakultät der Warschauer Universität. Auch die Juridische Fakultät, die Mathematisch-Naturwissenschaftliche und andere Fakultäten der Universität beginnen den Geheimunterricht. Warschau passieren im Oktober große Transporte polnischer Bauern, die von den Deutschen aus den Bauernhöfen der Woiwodschaft Poznań unter Zurücklassung des ganzen Vermögens ausgesiedelt wurden; diese Transporte werden vornehmlich in die Lubliner Gegend geleitet. Am 19. 10. wird ein für die polnische Bevölkerung bestimmtes Spielkasino eröffnet. Vor dem Kriege waren Hasardspiele in Polen verboten – die Untergrundpresse ruft die Bevölkerung zum Boykott des Kasinos auf und unterstreicht die soziale und moralische Schädlichkeit des Hasardspiels, besonders in Zeiten des allgemeinen Elends. Die Deutschen richten in der Stadt ein jüdisches Wohnviertel ein und ordnen die Umsiedlung von ca. 75 000 Polen und 140 000 Juden an (»die Juden dürfen nur Handgepäck und Bettwäsche mitnehmen«). Die Arbeiten an der in Eile aufgebauten Ghettomauer, welche viele Straßen des Zentrums quer durchschneidet, gehen zu Ende. Am 16. 11. wird das Ghetto endgültig abgesperrt; es wird dort der Jüdische Ordnungsdienst berufen, der die Pflichten einer Polizei erfüllt. Einige Professoren der Universität Poznań, die nach Warschau ausgesiedelt wurden (unter ihnen der hervorragende Romanist Prof. Roman Pollak), eröffnen hier den geheimen Unterricht der zweiten Universität, Universität der Westgebiete genannt. Infolge der kritischen wirtschaftlichen Lage der Bevölkerung nehmen 150000 Personen die öffentliche Speisung der Sozialen Fürsorge in Anspruch. Die Norm der Brotzuteilung wird für Polen auf 1500 Gramm wöchentlich und für Juden auf 750 Gramm wöchentlich reduziert. Vor Weihnachten steigen die Lebensmittelpreise auf 800 Prozent (Butter) und 1000 Prozent (Brot, Mehl, Zucker) der Vorkriegspreise bei unveränderten Löhnen. Eine Tonne Kohle kostet im Winter soviel wie ein drei- bis viermonatiges Angestelltengehalt. Im Ghetto ist alles noch drei- bis viermal teurer.

## *Das dritte Jahr – 1941*

In Warschau wohnen 1355328 Personen, davon 401818 (30 Prozent) im Ghetto. Die ökonomischen und gesundheitlichen Bedingungen führen zu einem erschreckenden Anstieg der Sterblichkeit in der Stadt; z.B. im Januar: 2339 Todesfälle bei 1264 Geburten. Das Jahr fängt mit einem neuen großen Transport am 6. 1. (über 500 Männer) nach Auschwitz an und einem zweiten am 31. 1. (593 Männer). Am 7. 3. wird der Schauspieler Igo Sym wegen Kollaboration mit der nazistischen Spionage auf Grund des Urteils des polnischen Untergrundgerichts erschossen. Die Gestapo verhaftet sofort ca. 120 Personen, die aber mit dieser Sache nichts zu tun hatten; nach Auschwitz verschickt werden u.a. einer der größten Schauspieler Stefan Jaracz und der berühmte Regisseur Leon Schiller; am 21. 3. kommen 21 Geiseln ums Leben, unter ihnen Professoren der Warschauer Universität – der Historiker Dr. Kazimierz Zakrzewski und der Biologe Dr. Stefan Kopeć. Ähnliche Exekutionen wurden bis Jahresende noch einige durchgeführt – Hunderte Menschen kamen dabei ums Leben, u.a. die bekannten Intellektuellen Witold Hulewicz und Stanisław Piasecki. In den systematischen Transporten in die Konzentrationslager wurden aus Warschau nach Auschwitz, Buchenwald und Ravensbrück von Februar bis Dezember mindestens 3600 Männer und Frauen verschickt; unter ihnen Hochschulprofessoren – der Jurist Dr. Roman Rybarski und der ehemalige Rektor der Landwirtschaftlichen Hochschule Witold Staniszkis, Politiker verschiedener Richtungen, Vertreter der freien Berufe, Mönche (Pallottiner, Kapuziner, Franziskaner und andere), unter ihnen der Franziskanerpater Maksymilian Kolbe. Der Einfall der Deutschen in Jugoslawien und Griechenland ruft große Bewegung und die baldige Niederlage dieser beiden Staaten Mitgefühl und Bedrückung hervor. Der Angriff der Naziarmee auf die UdSSR am 22. 6. wird hier allgemein als ein Wendepunkt in der Geschichte des Krieges betrachtet. Die geheime Presse gibt die Losung aus, den passiven Widerstand und die Sabotage in den für die Besatzer arbeitenden Industriebetrieben zu verstärken. Auf den Mauern erscheinen Zeichnungen von Schildkröten – dem Symbol langsamer Arbeit. Im Sommer und im Herbst erscheinen die ersten Nummern der deutschsprachigen antinazistischen Zeitungen. *Der Hammer* und *Der Soldat*, als deren Herausgeber die deutsche Widerstandsbewegung figuriert. In den nächsten Jahren erscheinen noch viele solcher Zeitungen und eine große Menge Flugblätter, die an die deutschen, italienischen, ungarischen usw. Soldaten gerichtet sind. Im Zusammenhang damit, daß russischen und anderen alliierten flüchtigen Kriegsgefangenen oft Hilfe erteilt wird, erinnert die Nazipresse daran, daß darauf strenge Strafen stehen. Im November erscheint die Verfügung des Gouverneurs des »Warschauer Distrikts« Fischer über die Schaffung eines Arbeitslagers in Treblinka (dorthin werden anfänglich nur Polen geschickt) sowie eine andere Verfügung, auf Grund derer »Juden, die ohne Erlaubnis den ihnen zugewiesenen Stadtteil verlassen, mit dem Tode bestraft werden. Derselben Strafe unterliegt, wer solche Personen wissentlich Zuflucht gewährt«. Am 26. 11. beginnt in Warschau ein Zyklus von Veranstaltungen, die das erste Mal unter dem Aushängeschild »Deutsche Kulturtage in Warschau« organisiert werden; am selben Tage veröffentlicht die Presse ein Kommuniqué, daß 8 Juden, darunter 6 Frauen, wegen »unerlaubten Verlassens des jüdischen Viertels in Warschau« zum Tode verurteilt wurden. Der passive Widerstand der Geistlichen und der Bevölkerung gegen die zwangsweise Requirierung der Kirchenglocken führt dazu, daß 70 Prozent aller von den Deutschen zum Bruch bestimmten Glocken in der Warschauer erzbischöflichen Diözese versteckt werden. Während der Weihnachtsfeiertage werden im Ghetto Pelze und Skiausrüstungen für den Bedarf der deutschen Armee requiriert.

Im ersten Quartal wurden aus Warschau nach Auschwitz ca. 600 Personen verschickt und bis Ende des Jahres in verschiedene Konzentrationslager weitere 1700 Männer und Frauen in 20 Transporten. Skier für die Wehrmacht wurden unter der Million Einwohner nur etwas über 300 Paar gesammelt; wer sie nicht rechtzeitig versteckte, heizte den Ofen damit. Im Januar gingen im Ghetto die Lager mit den bei der Bevölkerung geraubten Pelzen in Flammen auf. In zwei großen Exekutionen der Gestapo am 2. 3. und 28. 5 kommen wieder fast 400 Vertreter der polnischen Intelligenz ums Leben. Unter den Ermordeten befinden sich der Schriftsteller und Kenner der Volkskultur Jędrzej Cierniak sowie der Literaturkritiker Stefan Essmanowski. Die Nazis, wütend darüber, daß die Tafel mit deutscher Aufschrift vom Kopernik-Denkmal im geheimen von Pfadfindern abgenommen wurde, revanchieren sich durch Zerstörung des Denkmals von Jan Kiliński – einem Führer des Freiheitskampfes Warschaus im Jahre 1794. Das Kulturleben im Untergrund entwickelt sich stürmisch, besonders unter der studierenden Jugend. Es beginnen einige seriöse literarische Zeitschriften zu erscheinen, in den Geheimdruckereien werden Anthologien der zeitgenössischen Poesie in schönster Ausgabe gedruckt, ja, sogar polnische Ausgaben mancher zu jener Zeit im Westen erscheinenden Arbeiten, wie z. B. das Werk *Auf den Wegen der Niederlage* von Maritain. Am 22. 7. beginnen die Deutschen die große Aktion der völligen Ausrottung der Einwohner des Warschauer Ghettos. Unter dem Vorwand der Umsiedlung nach Osten werden täglich einige tausend Menschen in die Gaskammern des vorläufig in Treblinka II organisierten Todeslagers abgeschoben. Gleich zu Beginn der Aktion begeht der Vorsitzende des Judenrates, Ing. Adam Czerniakow, zum Zeichen des Protestes Selbstmord. Kinder und Greise, Politiker, Schriftsteller, Gelehrte gehen zugrunde. Janusz Korczak wird zusammen mit den Kindern seines Waisenhauses verschickt. Bis zum 12. 9. wurden insgesamt 310000 Personen aus dem Ghetto nach Treblinka abgeschoben. Die polnischen Untergrundorganisationen rufen die Bevölkerung auf, den Verfolgten Hilfe zu leisten. Es entsteht z. B. der geheime Rat für Juden. In der zweiten Hälfte des Jahres wird die Untergrundbewegung viel aktiver: Einheiten der Heimatarmee[1] sprengen am 7./8. 10. die Bahnstrecken um die Stadt an 7 Stellen in die Luft; Gruppen der kommunistischen Volksgarde[2] werfen als Antwort auf die Greueltaten der Gestapo am 24. 10. Granaten in drei deutsche Lokale. Am 15. 10. werden von den Deutschen 50 verhaftete Mitglieder der kommunistischen und sozialistischen Untergrundbewegung öffentlich gehängt und eine ebensolche Zahl insgeheim ermordet. Alle paar Tage gehen Transporte von je 2000 bis 3000 Personen zur Zwangsarbeit ins Reichsinnere ab. Die ständigen Razzien auf den Eisenbahnen und den Märkten erschweren die Versorgung mit Lebensmitteln und haben weitere Preissteigerungen zur Folge. Ende des Jahres überflutet eine neue Welle von Verhaftungen die Stadt. Unter Hunderten anderen werden der Rektor des Warschauer Priesterseminars Dr. Roman Archutowski und der ehemalige Rektor der Warschauer Universität Prof. Dr. Mieczysław Michałowicz verhaftet und ins Konzentrationslager verschickt. Pfarrer Dr. Roman Archutowski wird später in Majdanek zu Tode gequält.

### *Das fünfte Jahr – 1943*

Am 7. 1. erweckt die Nachricht allgemeine Empörung, daß einige tausend polnische Kinder aus dem Gebiet von Zamość den Eltern entrissen und über Warschau in unbekannter Richtung abtransportiert wurden. Auf Anordnung Himmlers finden Mitte des Monats große Straßenrazzien und Blockaden der Häuser statt. Einige tausend auf diese Weise verhaftete Männer wurden nach Majdanek deportiert. Bis Ende des Jahres werden darüber hinaus noch zumindest 4000 Männer und Frauen nach Auschwitz verschickt. Das Warschauer Ghetto leistet der neuen Aussiedlungsaktion der Deutschen am 18. 1. aktiven Widerstand. Die Deutschen ziehen sich zeitweilig zurück, marschieren aber am 19. 4. von neuem im Ghetto ein. Es kommt nun zu einem offenen Aufstand, der von dem 23jährigen Mordechaj Anielewicz angeführt wird. Die erbitterten Kämpfe dauern bis Mai. Eine Gruppe der Führer des Aufstandes verübt am 8. 5. Selbstmord, da weiterer Widerstand nicht mehr möglich ist. Unter den Ruinen des Ghettos und in den Transporten nach Treblinka gehen ca. 60000 Menschen zugrunde. Die polnischen Geheimorganisationen versuchen mehrmals den Kämpfenden militärische Hilfe zu leisten, was Dutzende Opfer erfordert. Die deutsche Niederlage bei Stalingrad im Februar hebt in bedeutendem Maße die Stimmung in der Stadt, trotz der Last der Okkupation: am 4. 3. explodieren Bomben im Sitz des Gouverneurs des Warschauer Distrikts und im Arbeitsamt; am 26. 3. befreit eine illegale Pfadfindergruppe über 30 polnische Gefangene, die aus dem Sitz der Gestapo ins Gefängnis überführt wurden, indem sie am hellichten Tag den Gefängniswagen mitten in der Stadt demoliert. Im April und Mai vollstrecken Soldaten der Heimatarmee Todesurteile an zehn führenden Funktionären der Polizei und des Arbeitsamtes, die persönlich für an der Bevölkerung verübte Terrorakte verantwortlich waren. Am 15. 7. werden in der Ujazdowski-Allee vorbeimarschierende Formationen der Nazis von einer Abteilung der Volksgarde mit Granaten beworfen als Vergeltung für das kürzliche Massaker unter den Gefangenen im Pawiak-Gefängnis. »Die deutsche Polizei hat das Recht, auf jeden Vorübergehenden zu schießen, wenn er ihm verdächtig vorkommt«, so lautet der offizielle Kommentar zur Lage der Dinge. Bis Ende des Jahres kommen in Straßenexekutionen ca. 2000 Personen um, nicht gerechnet ca. 1000, die in nichtöffentlichen Exekutionen Anfang des Jahres ermordet wurden. Die Bevölkerung bestreut die Richtplätze mit Blumen. Im menschenleeren und völlig zerstörten Ghetto werden tagtäglich Leichen der Ermordeten verbrannt. Im Sommer führt die deutsche Baufirma »Willy Meyer« die Abtragung der Ruinen des Ghettos durch und bedient sich hierbei der Sklavenarbeit von ca. 2000 Juden, die zu diesem Zweck aus Auschwitz hierhergebracht wurden. Trotz Terror und täglicher Lebensgefahr wird der geheime Gymnasial- und Universitätsunterricht fortgesetzt, es erscheinen illegal im Druck die Verse der jungen Dichter der Kriegsgeneration Tadeusz Gajcy, Tadeusz Borowski, Krysztof Baczyński, sowie wissenschaftliche Arbeiten der Professoren Zygmunt Wojciechowski, Bogdan Suchodolski, Stanisław Kasznica und anderer, es werden geheime Diskussionsabende und literarische Wettbewerbe organisiert. Es kommen sogar einige den Problemen der Kultur und der Ideologie gewidmete periodische Zeitschriften hinzu.

## *Das sechste Jahr – 1944*

In den ersten zwei Monaten fallen den alle paar Tage organisierten Straßenexekutionen wieder über 2000 Personen zum Opfer. Hunderte Menschen, die morgens zur Arbeit gehen, kehren nie mehr heim. Am 1. 2. wird auf einer der belebtesten Straßen der Innenstadt das vom polnischen Untergrundgericht verhängte Todesurteil über den Kommandeur der SS und der Polizei in Warschau, Franz Kutschera, der für alle hier verübten Verbrechen die unmittelbare Verantwortung trägt, vollstreckt. Der Terror flaut daraufhin etwas ab, trotzdem aber kommen von Anfang März bis Ende Juli in den Exekutionen noch ca. 2000 Menschen um. In die Konzentrationslager Auschwitz, Groß-Rosen, Stutthof und Ravensbrück werden in den ersten sieben Monaten ca. 4000 Männer und Frauen verschickt. Das vierte akademische Jahr (1943/44) im Untergrund geht zu Ende: am geheimen Studium an der Warschauer Universität nehmen schon über 2000 Hörer teil, weitere 2000 studieren an der Universität der Westgebiete in Warschau, über 1500 betreiben technische, landwirtschaftliche und andere Studien. Den geheimen Organisationen in der Stadt gehören mehr als 50000 Personen an, die Zahl der mit ihnen Zusammenarbeitenden erreicht aber einige hunderttausend.

## *Der Aufstand und die Zeit nachher*

Der am 1. 8. um 17 Uhr begonnene Aufstand wurde von der gesamten Bevölkerung ohne Rücksicht auf politische Ansichten unterstützt. In den ersten Tagen beherrschen die polnischen Abteilungen in einem großen Teil der Stadt die Lage. Die nazistischen Formationen kämpfen unter dem Oberkommando des SS-Obergruppenführers Von dem Bach 63 Tage gegen den Aufstand an, wobei sie konsequent den Befehl Hitlers und Himmlers, Warschau mitsamt der Bevölkerung dem Erdboden gleichzumachen, befolgen. Insgesamt kommen in Warschau, unabhängig von den Teilnehmern des bewaffneten Kampfes, über 150000 Menschen der wehrlosen Zivilbevölkerung ums Leben. Ein großer Teil davon fällt dem Blutbad zum Opfer, das in einigen Stadtvierteln von den Truppen unter Reinefarth, Dirlewanger, Geibl, Hahn und den östlichen Kollaborantenformationen in deutschem Dienst angerichtet wurde. Die militärische

Kapitulation des Aufstandes erfolgte am 2. 10. 1944. Nachdem die noch am Leben gebliebene Bevölkerung teilweise zur Zwangsarbeit nach Deutschland und teilweise in die Konzentrationslager verschleppt wurde, vollendeten die dem SS- und Polizeiführer Geibl und dem Kommandeur der 9. Armee von Lüttwitz unterstehenden Verbände die Vernichtung der Stadt, sprengten historische Bauten, Paläste, Kirchen, Denkmäler in die Luft, verbrannten zahlreiche Büchersammlungen, Archive, Dokumente einer jahrhundertealten Kultur, raubten öffentliches und privates Vermögen von unschätzbarem Wert und beförderten es nach Deutschland. Am 17. Januar 1945 fanden die Truppen der Roten Armee und der I. Armee des Polnischen Heeres, nachdem sie im Verlauf der Winteroffensive die Ruinen Warschaus eingenommen hatten, Zerstörungen vor, die 80 Prozent des bebauten Geländes betrugen. 90 Prozent der Warschauer Industrie sowie der historischen Bauten und Kirchen waren zerstört, 80 Prozent der Museen, Archive, Bibliotheken, Theater, Krankenhäuser und anderer sozialer Objekte, 80 Prozent auch aller Art von Schulgebäuden. Außerdem waren alle Weichselbrücken gesprengt, alle Bahnhöfe zerstört, das Stromnetz sowie Wasserleitung und Kanalisation völlig vernichtet. Am empfindlichsten hatten Warschau jedoch die Menschenverluste getroffen: 650000 bis 700000 Menschen, d. h. 50 Prozent der Einwohnerzahl der polnischen Hauptstadt vom 1. 9. 1939 fielen in den Jahren 1939 bis 1945 der nazistischen Exterminationspolitik zum Opfer. Ihren Verlust beklagen wir noch heute.

[1] Heimatarmee – Organisation der Untergrundbewegung, die den Befehlen der Londoner Exilregierung unterstand.

[2] Volksgarde, später Volksarmee, kleine Untergrundorganisation, die kommunistische Gruppen umschloß.

# Der Polnische Untergrundstaat

## Der polnische Untergrundstaat 1939–1945
## Problemskizze

Der Text enthält die grundlegenden Fragmente meiner Antrittsvorlesung im akademischen Studienjahr 1979/80 im Rahmen der »Fliegenden Universität« der Gesellschaft für Wissenschaftliche Kurse in Warschau. Gehalten wurde die Vorlesung in einer Privatwohnung am zweiten November 1979, wofür der Autor zur Verantwortung gezogen und mit einer hohen Geldbuße bestraft wurde. In Polen wurde der Text in den Jahren 1980–86 einige Male in Untergrundverlagen veröffentlicht: in Warschau, Posen, Danzig, Breslau und Lublin.

Ihm Rahmen des gesellschaftlich-politischen Organismus, den wir gewöhnlich als den polnischen Untergrundstaat bezeichnen, kommen bestimmte Fähigkeiten zum pluralistischen und eigenverantwortlichen gesellschaftlichen Handeln zum Ausdruck und nehmen konkrete Gestalt an. Im Zentrum dieser Aktivitäten stehen Menschen unterschiedlicher Klassen und unterschiedlichen gesellschaftlichen Milieus, die auf das öffentliche Leben in unterschiedlicher Weise vorbereitet sind. Das Beispiel des polnischen Untergrundstaats kann zur Ableitung einer Reihe von Schlüssen führen, die Analogien und Besonderheiten unterschiedlichen Typs betreffen. Dabei geht es um die Frage, welche grundlegenden Haltungen diese Gesellschaft einnahm, inwieweit sie politisch reif, zum Gemeinsinn erzogen und in welchem Maße ihr Staatsempfinden entwickelt war – wenngleich das nur die Generationen betrifft, die ihre politisch prägenden Erfahrungen vor Eintritt des uns interessierenden Phänomens gemacht hatten. In den verschiedenen Situationen unter fremder Herrschaft mußte man ja Ersatzwerte und Institutionen schaffen, und zwar gesellschaftlicher, wirtschaftlicher, pädagogischer und kultureller Art. Der polnische Untergrundstaat der Jahre 1939–1945 hatte aber recht spezifische Eigenschaften, und die Umstände, unter denen er entstand und zu funktionieren begann, waren ebenfalls höchst besonderer Natur.

Vor allem entstand er, nachdem fast 21 Jahre lang eine polnische Staatlichkeit, d.h. ein Staat, existiert hatte, der – trotz aller Beschränkungen, denen er wegen seiner materiellen Schwäche und seiner politischen Fehler unterlag – unabhängig und souverän war. Und folglich entstand der Untergrundstaat, nachdem die Gesellschaft fast 21 Jahre lang einen Erziehungsprozeß durchlaufen hatte, der nicht nur von staatlichen Institutionen getragen wurde, sondern auch von zahlreichen gesellschaftlichen und politischen Selbstverwaltungsinstitutionen, die auf ihre eigene und spezifische Weise – bisweilen auch widersprüchlich – handelten und unterschiedliche pädagogische Ideale in den Vordergrund stellten, jedoch alle mit Selbstverständlichkeit (bis auf sehr wenige Ausnahmen) auf dem Boden der Unabhängigkeit und Souveränität der Republik Polen standen. Wie zahlreiche Forscher heute feststellen, blieben diese erzieherischen Prozesse nicht ohne positiven Einfluß auf viele Phänomene im Bereich des politischen und gesellschaftlichen Lebens in der Periode der Okkupation, wobei die Auswirkungen im Bereich von Bildung und Kultur jedoch eine besondere Berücksichtigung erfahren müssen. Während des Zweiten Weltkriegs traten die Früchte des Erziehungs- und Bildungsprozesses, den eine bis anderthalb Generationen in den Jahren 1918–1939 durchlaufen hatten, unmittelbar zutage.

All das sind folglich Umstände, die in der nationalen Geschichte von größtem Interesse sind, und dabei bilden sie doch ein völlig abgeschlossenes Kapitel, weil die Republik Polen, die mit der Liquidierung des polnischen Untergrundstaats im Jahre 1945 in dieser Form und Ausprägung zu existieren aufgehört hatte, wahrscheinlich in dieser oder einer analogen Form nie wieder existieren wird. Und folglich bildet das Jahr 1945 hier eine bestimmte Zäsur, die schon heute eine strikt historische ist, nicht nur in der Geschichte der internationalen politischen Beziehungen, sondern auch auf anderen Gebieten des Lebens.

Zu verzeichnen ist heute, ganz besonders in den letzten Jahren, ein sehr großes Interesse der jungen Generation (nicht nur der akademischen Jugend) an der mit dieser Periode verbundenen Problematik. Das findet seinen Ausdruck u.a. darin, daß Memoirenliteratur verschiedener Art, ja selbst fragmentarische Bearbeitungen, die das Funktionieren der polnischen Staatlichkeit in den Jahren 1939–1945 zum Gegenstand haben, sehr gefragt sind und viel gelesen werden. Wenn es um das Gesamtgepräge des politischen Lebens, ja sogar des Vorkriegslebens geht, das unter den Bedingungen des Krieges im geheimen fortgesetzt wurde, muß man sagen, daß keine polnische politische Gruppierung oder Partei in dem Sinne wissenschaftlich erforscht worden ist, daß eine abgeschlossene Monographie ihrer Geschichte aus jenen Jahren vorgelegt worden ist. In vielen Arbeiten kann man eine Reihe nützlicher Elemente finden – Feststellungen, Fakten, einige Zahlenangaben, die als Orientierungshilfe dienen können, und doch kann keine dieser Arbeiten Anerkennung als eine wissenschaftliche Synthese dieser Periode unserer Geschichte erfahren – einer Zeit, die in vielfältiger Hinsicht kompliziert ist, nicht nur auf politischem, sondern auch auf gesellschaftlichem, wirtschaftlichem und kulturellem Gebiet, weil sich damals bestimmte Phänomene wandelten, indem die einen aufhörten und die anderen begannen.

Der Begriff »polnischer Untergrundstaat« wird heute von einigen unserer Historiker für zulässig erachtet, von anderen aber negiert oder mit Schweigen übergangen. Faktisch ist es jedoch so, wenn man akzeptiert, daß es damals keinen polnischen Untergrundstaat gab, dann wäre eine ganze Reihe von Schritten und Aktionen unerklärlich, wie z. B. die Versuche der kommunistischen Polnischen Arbeiterpartei, im Februar 1943 mit der Delegatur der Exilregierung im Lande zu verhandeln. Wozu hätte man letztlich mit der Delegatur verhandeln sollen, wenn sie niemanden repräsentiert hätte?

Ich möchte an Ereignisse erinnern, die formalrechtlich die Grundlage für die Entstehung des polnischen Untergrundstaates bildeten. Hier ist ein eigentümliches Paradox zu verzeichnen: Diesem Phänomen, das von der Mehrheit der Polen im allgemeinen positiv betrachtet wurde, lagen nämlich bestimmte Phänomene zugrunde, die von der Mehrheit der Polen im allgemeinen negativ betrachtet wurden. Man muß daran erinnern, daß die damals gültige Aprilverfassung von 1935 in Polen vor dem Krieg (nicht nur von der linksgerichteten Opposition, sondern von sehr unterschiedlichen Gruppen und Strömungen im gesellschaftlichen Leben, darunter auch vom Zentrum und der Rechten) als eine undemokratische Verfassung angesehen wurde, die im Vergleich zur vorher gültigen Märzverfassung des Jahres 1921 keinen Fortschritt, sondern eher einen Rückschritt darstellte. Nichtsdestoweniger waren gerade in dieser Verfassung von 1935 gewisse Bestimmungen enthalten, deren formalrechtliche Ausnutzung bewirkte, daß die Regierung der Republik Polen, die nach der Septemberkatastrophe in Paris berufen wurde, nach internationalem Recht eine völlig legale Regierung war, und zwar als einzige unter all den in der Emigration tätigen. Angesichts dessen wurden ihre verschiedenen Vertretungen im Ausland und in der Heimat auch von der ganzen gegen

Hitlerdeutschland kämpfenden Welt anerkannt. Zur Erinnerung – in aller Kürze, ohne daß ich mich in diesem Moment auf eine Erörterung der entsprechenden Verfassungsprobleme der Republik vor dem Krieg einlassen möchte: Die Verfassung von 1935, die in Polen beim Ausbruch des Zweiten Weltkriegs gültig war, erkannte dem Präsidenten der Republik besonders große Befugnisse zu. Der Präsident konnte im Rahmen seiner persönlichen Befugnisse u.a. nach seinem Gutdünken den Vorsitzenden des Ministerrats (ungehindert von Wahlergebnissen oder der Meinung des Parlaments) ernennen und entlassen; er konnte den Sejm und den Senat vor Ablauf der Legislaturperiode auflösen. Er konnte auch seinen Nachfolger für Kriegszeiten bestimmen (Art. 13 der Verf.). Art. 24 besagte hingegen, daß sich »im Kriegsfall die Amtsperiode des Präsidenten der Republik bis zum Ablauf von drei Monaten nach Friedensschluß verlängert; der Präsident der Republik bestimmt in einem gesonderten Akt, der im Amtsblatt veröffentlicht wird, sogleich seinen Nachfolger für den Fall, daß sein Amt vor dem Friedensschluß vakant wird«; und unter Punkt 2 desselben Artikels 24 heißt es: »Im Falle der Übernahme des Amtes des Präsidenten der Republik durch dessen Nachfolger verlängert sich seine Amtsperiode bis zum Ablauf von drei Monaten nach Friedensschluß.« Kurz gesagt: Der Präsident der Republik Polen, im gegebenen Fall Prof. Ignacy Mościcki, war voll und ganz berechtigt, während des andauernden Krieges seinen Nachfolger zu ernennen. Der Nachfolger wurde in dem Augenblick, da er die Wahl annahm und den Eid ablegte (keine anderen rechtlichen Akte waren erforderlich) zum verfassungsmäßigen Präsidenten der Republik, und als legaler Staatspräsident hatte er das Recht, bis zum Kriegsende und Abschluß eines Friedensvertrags zu regieren; in diesem Zeitraum standen ihm sämtliche persönlichen und amtlichen Befugnisse zu, u.a. das Recht, den Vorsitzenden des Ministerrats nach Gutdünken zu entlassen und zu ernennen. Im gegebenen Fall waren diese Ausnahmebestimmungen der Verfassung, deren demokratischen Charakter man zweifellos in Frage stellen könnte, zu einer geeigneten Brücke geworden, auf der man den Schritt in einen echten Ausnahmezustand machen konnte, wie er durch die Okkupation des gesamten polnischen Territoriums und die Internierung der Regierung in Rumänien geschaffen worden war.

Die Ernennung der neuen polnischen Regierung mit Sitz in Paris am 30. September 1939 lag der Entstehung des polnischen

Untergrundstaates zugrunde. Da wir jedoch über einen Staat sprechen, muß man darüber nachdenken, bis zu welchem Grade dieser Begriff damals im Bewußtsein der Bürger des besetzten Landes, der Nachbarstaaten und der anderen Staaten der damaligen Welt verankert war.

Im Bewußtsein der Bürger spielte er eine prinzipielle Rolle, weil sich die polnischen Bürger in ihrer Masse im Grunde nicht mit der Okkupation des Territoriums des polnischen Staates abfanden und diese Tatsache als einen elementaren Gewaltakt gegen ihre persönlichen und nationalen Rechte ansahen. Doch wenn das nicht gleich von Anfang an bewußt formuliert wurde, wenn man daraus nicht unverzüglich die organisatorischen Schlüsse zog, so war diese Empfindung doch ein Gefühl, das alle teilten.

Am 8. September brachte der deutsche Rundfunk zu einer Zeit, da sich die deutsche Armee Ochota (einer südlichen Vorstadt von Warschau) näherte, eine voreilige Sondermeldung des Oberkommandos der Wehrmacht, die lautete: »Deutsche Panzertruppen sind heute um 17$^{15}$ Uhr in Warschau eingedrungen.« Das war die Wahrheit und auch die Unwahrheit. Es stimmte, daß eine deutsche Panzerabteilung an einem Punkt die Stadtgrenze von Warschau überschritten hatte, die damals zwischen Ochota und Okęcie, mehr oder weniger auf der Höhe von Rakowiec verlief. Die voreilige Meldung, die gleichsam die symbolische Beendigung einer wichtigen Etappe des Ostfeldzugs suggerierte, rief eine augenblickliche Reaktion hervor. Noch am selben Abend brachte die Nachrichtenagentur TASS die Meldung, und in der Nacht vom 8. auf den 9. September 1939 übermittelte der Ministerpräsident der UdSSR, Wjatscheslaw Molotow, dem deutschen Botschafter in Moskau, Schulenburg, telephonisch einen Text, den dieser natürlich sofort nach Berlin weiterleitete: »Ihre Meldung über den Einzug deutscher Truppen in Warschau habe ich erhalten. Übermitteln Sie der deutschen Reichsregierung meine Glückwünsche und Grüße. Molotow.«[1]

Wenn wir einmal von jeder emotionalen Beurteilung dieser Tatsache abstrahieren, bleiben die politischen Konsequenzen bemerkenswert. Am 10. September 1939 nämlich berichtete der deutsche Botschafter in Moskau nach Berlin: »... Die sowjetische Regierung hat die Absicht, im Zusammenhang mit dem weiteren Vordringen deutscher Truppen zu erklären, Polen sei zerfallen, und angesichts dessen sei es notwendig geworden, daß die Sowjetunion ›den von den Deutschen bedrohten Ukrainern und Weißrussen‹ zur Hilfe käme. Eine derartige Argumentation wird der Intervention der Sowjetunion den Schein des Rechts gegenüber den Massen verleihen und gleichzeitig verhindern, daß man die Sowjetunion als Aggressor bezeichnen wird ... Unterschrieben: Schulenburg.« Am 14. September 1939 wiederum: »Molotow bat mich heute um 16 Uhr zu sich und erklärte, daß die Rote Armee den Stand der Gefechtsbereitschaft eher als vorgesehen erreicht hat. Daher werde auch die sowjetische Aktion früher beginnen können, als er zur Zeit unseres Gesprächs annahm. Für die politische Untermauerung der sowjetischen Aktion (Zusammenbruch Polens und Schutz der ›russischen‹ Minderheiten) sei es eine Sache von größter Wichtigkeit, daß die Aktion nicht vor dem Fall des polnischen Regierungszentrums, der Stadt Warschau, stattfindet. Deshalb hat Molotow auch um möglichst genaue Informationen gebeten, wann mit der Einnahme Warschaus zu rechnen ist ...«

Man muß hier daran erinnern, daß der Hauptstoß des deutschen Angriffs auf Warschau zwischen dem 17. und 25. September erfolgte, der unmittelbare Angriff von allen Seiten jedoch erst am 25. September. Warschau war noch immer in einem keineswegs üblen Zustand. Der Ring um die Stadt hatte sich definitiv erst am 13./14. September geschlossen, und die ersten Bomben z.B. auf das Königsschloß fielen am Sonntag dem 17. September gegen Mittag.

Ebenfalls am 17. September 1939, als die militärische Intervention bereits ein Faktum geworden war, erklärte der Ministerpräsident der Sowjetunion über den Rundfunk: »Warschau existiert nicht mehr als Hauptstadt des polnischen Staates. Niemand weiß, wo sich die polnische Regierung aufhält ... der polnische Staat und seine Regierung haben faktisch aufgehört, zu existieren. Angesichts dieser Situation haben die Verträge ihre Gültigkeit verloren, die zwischen der Sowjetunion und Polen bestanden.«[2] Hier also tritt zum ersten Mal die Behauptung auf, der polnische Staat habe angeblich aufgehört, zu existieren. Ähnliche Behauptungen erfolgten sodann von deutscher Seite und wurden mehrfach wiederholt.

Bekanntlich drang die Rote Armee am 17. September 1939 im Morgengrauen auf polnisches Staatsgebiet vor, und zwar – von Norden her gerechnet – in die Wojewodschaften Wilna, Nowogródek, Polesie, Wolhynien, Stanisławawów, Tarnopol und Lemberg (und in der Folge auch Białystok). Die Rote Armee besetzte diese Gebiete aufgrund der Vereinbarungen, die im geheimen Zusatzprotokoll zum Nichtangriffspakt zwischen den Regierungen der UdSSR und des Deutschen Reichs am 23. August 1939 getroffen worden waren. Die Regierung der Republik Polen verließ das Land ungefähr 12 Stunden nach der offiziellen Erklärung der sowjetischen Seite, eine polnische Regierung und ein polnischer Staat existierten nicht mehr; und zwar geschah dies zu einem Zeitpunkt, da die Spitzen der sowjetischen Panzerverbände einige Dutzend Kilometer von dem Ort entfernt waren, an dem sie sich befand: dicht an der polnisch-rumänischen Grenze, jedoch noch auf dem Territorium Polens.

Hätte die polnische Regierung das polnische Staatsgebiet zu früh verlassen, so hätte das überhaupt der Existenz einer legalen Regierung der Republik Polen ein Ende bereitet. Man muß nämlich annehmen, daß diese Regierung – vorsichtig ausgedrückt – der Internierung nicht entgangen wäre, und daß es dem Präsidenten der Republik nicht mehr möglich gewesen wäre, irgendjemandem die Macht zu übertragen, d.h. eine konstitutionell gültige und legale Regierung zu bilden, die ihre Bündnisverpflichtungen gegenüber Großbritannien und Frankreich erfüllen und die in Frankreich, England, im Nahen Osten und an weiteren Fronten kämpfenden Polnischen Streitkräfte organisieren konnte, so daß sie dadurch – zumindest in gewissem Umfang – zu einem Partner auf der internationalen Bühne werden konnte.

Inzwischen hatten die deutschen militärischen Aktionen gegen das immer noch kämpfende Warschau zu einer Situation geführt, in der die weitere Verteidigung der Hauptstadt im Hinblick auf das Schicksal der Bevölkerung sinnlos und inhuman geworden war, zumal das gesamte Territorium des Landes (außer einigen wenigen Enklaven) bereits von fremden Truppen überschwemmt war, und es keinerlei militärische Chancen oder politische Gründe mehr gab, die Verteidigung fortzusetzen. Als nun am 26. September nach internen Beratungen die Entscheidung getroffen war, Verhandlungen mit den Deutschen aufzunehmen, wurde Gen. Michał Karaszewicz-Tokarzewski bei Gen. Juliusz Rómmel vorstellig und schlug vor, unverzüglich eine geheime militärische Organisation zu bilden. Gen. Rómmel verschob die Entscheidung bis auf die Nacht vom 26. zum 27. September, danach übertrug er Karaszewicz-Tokarzewski die vom Oberbefehlshaber erhaltene formale Vollmacht zur

Fortsetzung des bewaffneten Kampfes auf dem Territorium des Landes. Und so war der 27. September 1939 gleichzeitig der Beginn des Waffenstillstands zwischen der Garnison Warschau und den sie belagernden Deutschen wie auch das Gründungsdatum der ersten militärischen Organisation, die die Kontinuität des polnischen Widerstands durch den gesamten Zweiten Weltkrieg hindurch wahrte. Im übrigen entstanden bald auch andere militärische und militärisch-politische Organisationen, doch hier geht es mir darum, auf die Hauptströmung hinzuweisen, die vom Gesichtspunkt der Kontinuität der Aktionen der Polnischen Armee im Lande legal war.

Am selben Tag, am 27. September, fanden in Moskau zwischen Molotow und Ribbentrop Gespräche statt, deren sichtbares Ergebnis am 28. September 1939 die Unterzeichnung des Grenz- und Freundschaftsvertrags zwischen den Regierungen der UdSSR und Deutschlands war. Insoweit in polnischer wissenschaftlichen Literatur der Nichtangriffspakt zwischen Deutschland und der UdSSR vom 23. 8. 1939 überhaupt erwähnt wird (wobei man ihn auf ganz bestimmte Weise interpretiert), führt man in diesem Zusammenhang den Grenz- und Freundschaftsvertrag nicht an, obwohl er im Grunde genommen – was für wissenschaftliche Zwecke nicht gleichgültig ist – die logische Fortsetzung einer bestimmten Politik und die Konsequenz einer wenige Wochen zuvor getroffenen Wahl ist.

Art. I des Vertrags vom 28. 9. 1939 lautet: »Die Deutsche Reichsregierung und die Regierung der UdSSR legen als Grenze der beiderseitigen Reichsinteressen im Gebiete des bisherigen polnischen Staates die Linie fest, die in der anliegenden Karte eingezeichnet ist und in einem ergänzenden Protokoll näher beschrieben werden soll.«

Hier ging es um die Teilung des polnischen Staatsgebiets. Art. II besagt, daß beide Seiten diese Grenze als »endgültig anerkennen und jegliche Einmischung dritter Mächte in diese Regelung ablehnen«. Und Art. III legt fest, daß »die erforderliche staatliche Neuregelung in den Gebieten westlich der in Artikel I angegebenen Linie die Deutsche Reichsregierung übernimmt, in den Gebieten östlich dieser Linie die UdSSR.«

Die »erforderliche Neuregelung« wurde mit Dekreten Hitlers vom 8. und 12. Oktober 1939 über die Einverleibung bestimmter polnischer Wojewodschaften ins Reich und über die Gründung des »Generalgouvernements für die besetzten polnischen Gebiete« eingeleitet. Auf sowjetischer Seite wurde die Neuregelung durch die Eingliederung von sieben Wojewodschaften in die Ukrainische und Weißrussische Republik vollzogen, und im Juli 1940 wurde das Gebiet der Wojewodschaft Wilna, das die UdSSR zuvor an die Republik Litauen abgetreten hatte, in die neugeschaffene Sowjetrepublik Litauen inkorporiert.[3]

Dieser Akt setzt bereits die Nichtexistenz des polnischen Staates, seine definitive Streichung von der Karte Europas voraus; selbst von der partiellen Existenz solch eines Staates ist nicht mehr die Rede, wenngleich derartige Konzeptionen auf deutscher Seite noch gewisse Zeit Gegenstand von Überlegungen waren. Doch der Annex zu diesem Vertrag besagte u.a.: »Beide Teile werden auf ihren Gebieten keine polnische Agitation dulden, die auf die Gebiete des anderen Teils hinüberwirkt. Sie werden alle Ansätze zu einer solchen Agitation auf ihren Gebieten unterbinden und sich gegenseitig über die hierfür zweckmäßigen Maßnahmen unterrichten.«

Der nächste äußere Akt, der die Existenz der polnischen Staatlichkeit betraf, war Hitlers Rede im Reichstag vom 6. Oktober 1939. Hitler behauptete, mit der Liquidierung des polnischen Staates sei »eine der unsinnigsten Taten von Versailles beseitigt worden«.[4]

Knapp vier Wochen später, am 31. Oktober 1939, als die »neue Ordnung« auf dem gesamten Territorium des polnischen Staates eingeführt worden war, äußerte sich der Ministerpräsident der Sowjetunion in der uns interessierenden Angelegenheit der polnischen Staatlichkeit wie folgt:

»Die führenden Kreise in Polen haben sich oft und lautstark der ›Stabilität‹ ihres Staates und der ›Macht‹ ihres Heeres gerühmt. Jedoch genügten zwei, *erst* von der deutschen Wehrmacht *und dann* von der Roten Armee, rasch geführte Schläge gegen Polen, und nichts blieb mehr übrig von diesem unschönen Produkt des Versailler Vertrages, das die Unterdrückung nichtpolnischer Nationalitäten zur Folge hatte.«

»Heute« – fuhr Molotow fort – »nimmt Deutschland im Rahmen der europäischen Großmächte die Position eines Staates ein, der danach strebt, den Krieg so früh wie möglich zu beenden und den Frieden wiederherzustellen, während Großbritannien und Frankreich, die noch gestern gegen die Aggression gewettert haben, heute für die Fortsetzung des Krieges und gegen einen Friedensschluß sind. Die Rollen wechseln, wie Sie sehen. Die Bemühungen der britischen und französischen Regierung, diese ihre neue Haltung mit ihren Verpflichtungen Polen gegenüber zu begründen, sind natürlich unsinnig. Jedermann sieht ein, daß eine Wiederherstellung des alten Polen überhaupt nicht in Frage kommt. Es ist daher absurd, den gegenwärtigen Krieg unter dem Motto der Wiederherstellung des früheren polnischen Staates fortzusetzen.«

Indessen wurden am 30. September 1939 in Rumänien und im Westen politische Akte vollzogen, die das Funktionieren der polnischen Staatlichkeit gewährleisteten. Im einzelnen waren dies: der Verzicht von Präs. Mościcki auf das Präsidentenamt, die Ernennung (nach der ursprünglichen, jedoch rasch revidierten Entscheidung, Gen. Bolesław Wieniawa-Długoszowski zum Nachfolger zu ernennen) des ehemaligen Senatsmarschalls, Władysław Raczkiewicz, zum Präsidenten der Republik, und zwar auf der Grundlage des bereits erwähnten Artikels der gültigen Verfassung, Raczkiewiczs Ablegung des Amtseides am 30. 9. 1939 in der Botschaft der Republik Polen in Anwesenheit des Botschafters der RP in Paris sowie des Generals Władysław Sikorski, des Oberbefehlshabers der im Aufbau befindlichen Polnischen Streitkräfte in Frankreich. Am selben Tag, am 30. 9. 1939, nahm der neue Präsident der Republik Polen die Demission des bisherigen Kabinetts an und berief im Rahmen der ihm zukommenden Befugnisse Gen. Władysław Sikorski in das Amt des Vorsitzenden des Ministerrats und ernannte ihn gleichzeitig zum Kriegsminister. Sikorski bildete ein Kabinett, das die erste polnische Regierung im Exil darstellte. Diese Regierung wurde sogleich von Frankreich, Großbritannien und den Ländern des Commonwealth als die legale und souveräne Vertretung des polnischen Volkes anerkannt. Am 2. Oktober 1939 erkannten die Vereinigten Staaten von Amerika, die damals noch nicht am Krieg teilnahmen, diese Regierung an. Auch die Türkei und der Vatikan, und außerhalb Europas China sowie zahlreiche Länder Lateinamerikas, erkannten ohne Vorbehalte die rechtliche Kontinuität der Existenz der polnischen Staatlichkeit und die polnische Exilregierung an. Einige Staaten lavierten angesichts des Drucks und der Drohungen Berlins hin und her, ließen jedoch in ihren Hauptstädten die Tätigkeit polnischer diplomatischer Vertreter aus London zu.

In den okkupierten polnischen Territorien wurde inzwischen beginnend mit dem Herbst 1939 auf unterschiedliche Art und Weise die neue Ordnung eingeführt. Ihre ersten Merkmale waren Massendeportationen (in der Regel von Westen nach Osten), und zwar auf dem gesamten Gebiet des polnischen

Staates, zunächst in Großpolen und Pommern, dann im Gebiet von Wilna und Kleinpolen. Einige hunderttausend Polen und Juden aus den größeren und kleineren in die Verwaltungsbezirke des Reiches einverleibten Städten – hauptsächlich aus den Wojewodschaften Pommern, Posen sowie z.T. Lodz und Schlesien – stehen plötzlich mit einem Koffer in der Hand auf der Straße, irgendwo in Zentralpolen. Es kommt zur Pauperisierung von vielen hunderttausend Menschen, von zehntausenden ganzer Familien. In den östlichen Wojewodschaften wird eine Aktion zur prophylaktischen Umsiedlung der Polen (aber teilweise auch der Juden, Weißrussen und Ukrainer) in die Sowjetunion durchgeführt; sie erfolgt in einigen Wellen, beginnend mit dem Winter 1939/40 und findet ihren Abschluß im Juli 1941. Betroffen sind 1,6–1,8 Millionen polnischer Bürger.

Währenddessen wird auf deutschem Besatzungsgebiet, insbesondere auf dem Territorium Zentralpolens, das Gerüst des polnischen Untergrundstaats errichtet. Anfänglich sind das natürlich die Ansätze zur militärischen Konspiration, deren formale Grundlagen ich schon früher dargestellt habe und mit deren detaillierter Geschichte – d.h. der Entstehung zahlreicher Organisationen und ihrer allmählichen Inkorporierung in eine Untergrundarmee – ich mich hier nicht befassen werde. Stattdessen ist über das Funktionieren der Zentralen des Untergrundstaats zu sprechen. Hier herrschte von Anfang an Streit über den Kompetenzbereich der Organe im Exil und in der Heimat, und darüber hinaus – auf einer anderen Ebene – über den Machtbereich der militärischen Organisationen und der zivilen, administrativen und politischen Organe. Der *Dienst am Siege Polens* (SZP), ein Vorläufer des *Bunds für den Bewaffneten Kampf* (ZWZ) und der *Heimatarmee* (AK), war nach der Intention der Organisatoren ursprünglich eine militärisch-politische Organisation und sollte eigentlich – wie das im übrigen Gen. Karaszewicz-Tokarzewski offen zum Ausdruck brachte – dem Vorbild der *Polnischen Militär-Organisation* (POW) entsprechen, die Piłsudski 1914 ins Leben gerufen hatte. Vergessen wir nicht, daß zu dieser Zeit die Generation der Polen, die in den Jahren 1905, 1914–18 oder 1920–21 um die Unabhängigkeit gekämpft hatte, wenig über vierzig oder höchstens mehr als fünfzig Jahre alt war, folglich standen diese Leute im besten Mannesalter und hatten ganz bestimmte Erfahrungen hinter sich, die eine erhebliche Rolle bei der praktischen Gestaltung der konspirativen Tätigkeit im Zweiten Weltkrieg spielen mußten. Denn gerade diese Männer, die im übrigen alle politischen Strömungen repräsentierten, organisierten den polnischen Untergrundstaat. Nur die Jugendorganisationen hatten unter ihren Führern keine Leute, die sich an den Kampf um die Grenzen Vorkriegspolens hätten erinnern können: an die Aufstände in Großpolen und Schlesien, das Plebiszit, den Krieg der Jahre 1919–20 oder sogar an weiter zurückliegende Phänomene. Unter den höheren Truppenführern überwogen Offiziere, die ihre prägenden Erfahrungen im Ersten Weltkrieg gemacht hatten. Inzwischen waren nur etwas mehr als zwanzig Jahre vergangen. Das, was heute aus der Perspektive der Zeit heraus verblaßt ist, war damals ein sehr wesentliches psychologisches oder soziologisch-politisches Moment: die Übertragung alter Anschauungen, Methoden und taktischer Konzepte verschiedenen Typs, aber auch politischer Antagonismen auf die polnische Untergrundbewegung der Jahre des Zweiten Weltkriegs. Daher rührt der starke Antagonismus zwischen der zur *Endecja* (Partei der Nationaldemokratie) zählenden *Nationalen Militär-Organisation* und dem *Verband für den Bewaffneten Kampf* im Hinblick auf die Herkunft der Männer, für die dies alles zu einer Fortsetzung des Streits aus der Zeit des Ersten Weltkriegs, und sogar noch aus der Zeit des illegalen Kampfs – z. B. der PPS (Polnische Sozialistische Partei) – vor dem Ersten Weltkrieg wurde. Ohne Berücksichtigung der Faktoren dieser Art wären die Probleme bestimmter Vorurteile, verbissener Auseinandersetzungen und Fraktionskämpfe unverständlich, die zwar keineswegs die Oberhand gewannen, jedoch ein echtes Lebenselement im pluralistischen polnischen Untergrundstaat waren und bisweilen zu extremistischen und bedauerlichen Phänomenen, ja sogar zu gegenseitigen Verdammungen führten.

Die Sturktur des polnischen Untergrundstaates kristallisierte sich im Laufe des Jahres 1940 heraus. Seine zivile Vertretung stützte sich letztlich auf die Verständigung von vier Parteien: der Polnischen Sozialistischen Partei, der Volkspartei, der Nationalpartei und der Christlich-Demokratischen Arbeitspartei, die sich zum Politischen Verständigungskomitee (PKP) zusammenschlossen.[5] Wir hatten einen Delegierten der Regierung, der vom Premier Gen. Władysław Sikorski am 3. 12. 1940 in dieses Amt berufen wurde. Es war der 65jährige Cyryl Ratajski, langjähriger Bürgermeister der Stadt Posen, 1924–1925 Innenminister, ein erfahrener Politiker christlich-demokratischer Orientierung, seit 1937 Mitglied im Präsidium der Arbeitspartei. Seine Ernennung rief bei der PPS (Polnischen Sozialistischen Partei) und der SL (Volkspartei) erhebliche prinzipielle Vorbehalte hervor; beide Parteien schlugen in ihrem Briefwechsel mit der polnischen Regierung in London C. Ratajski zwar als einen der stellvertretenden Delegierten vor, befürworteten jedoch für das Amt des Delegierten der Regierung die Kandidatur des Mitglieds der Volkspartei, Prof. Jan Piekałkiewicz, Ökonom und Statistiker von Beruf. Wegen der Ernennung Ratajskis, die von London oktroyiert wurde, kam es zu Empfindlichkeiten und Reibereien, doch Ratajski übernahm die ihm anvertraute Funktion.[6] Und folglich hatten wir bis zum Dezember 1940 im besetzten Polen einen legalen Delegierten der Regierung, ein Politisches Verständigungskomitee (mit beratender und begutachtender Stimme) und das Hauptkommando des Verbands für den Bewaffneten Kampf (eine im Januar 1940 anstelle des Dienstes am Siege Polens gegründete Organisation), an deren Spitze Gen. Stefan Rowecki (»Grot«=»Speerspitze«) stand.[7]

Diese drei Faktoren waren ausschlaggebend für die Gestaltung des Lebens im Untergrund. Man darf hier die Rolle der politischen Parteien nicht vergessen, die zu einem Element der Kontinuität bei der Bildung der öffentlichen Meinung wurden. Die vor dem Krieg zahlenmäßig stärkste *Nationalpartei* hatte in der jetzt entstandenen Situation ihre Hauptbasis in Großpolen und Pommern verloren, wo die Möglichkeit zum politischen Handeln praktisch auf ein Minimum reduziert war, angesichts des Terrors, den die Nazi-Regierungen in den jetzt dem Reich einverleibten Gebieten entfachten. Die aus diesem Gebiet ins Generalgouvernement ausgesiedelten Mitglieder und Anhänger der Bewegung konnten sich in der neuen Umgebung erst nach Ablauf einiger Zeit und nur zum Teil zu politischen Aktivitäten zusammenschließen.

Die *Polnische Sozialistische Partei* (PPS) der Vorkriegszeit war organisatorisch gespalten in die PPS-WRN (WRN steht für Freiheit, Gleichheit und Unabhängigkeit) und die Organisation der Polnischen Sozialisten, die im Herbst 1941 auf der Basis der bestehenden Gruppe »Barrikade der Freiheit« und anderer Gruppen konstituiert worden war. An Bedeutung gewonnen hatten somit vor allem zwei Parteien: Die *Volkspartei*, die ihre natürliche Mitgliederbasis und ihre Anhänger unter der Landbevölkerung hatte, besetzte eine Reihe wichtiger Posten des Untergrundlebens im Lande selbst und entsandte in die Londoner Regierung nicht wenige ihrer kompetenten Politiker mit

Stanisław Mikołajczyk an der Spitze; sodann ist die *Arbeitspartei* zu nennen, der der damals äußerst populäre und alle Hoffnungen des Landes verkörpernde Premier der Regierung, Władysław Sikorski, angehörte.

Die *Christliche Demokratie* (ChD) gehörte vor dem Krieg nicht zu den einflußreichen politischen Parteien: außerhalb des Gebiets von Schlesien, eines Teils von Pommern und der Stadt Krakau hatte sie keine ernstzunehmende Wählerklientel und wenig Unterstützung in der Bevölkerung. Doch zum Vorsitzenden des im Dezember 1939 in Frankreich gegründeten und später nach England verlegten polnischen Exilparlaments wurde Ignacy Paderewski gewählt, ein herausragender Vertreter eben dieser ideologisch-politischen Strömung, der sein Amt bis zu seinem Tode im Juni 1941 innehatte. Die Rolle der christlich-demokratischen *Arbeitspartei* kam im besetzten Polen u.a. durch ihren gewichtigen Anteil an den organisatorischen Gremien des polnischen Untergrunds zum Ausdruck. Denn aus dieser Partei kamen neben dem Delegierten der Exilregierung Ratajski einige Direktoren von Departements, die in der Delegatur in etwa die Funktion von Ministern hatten, wie auch Delegierte der Bezirksregierung (Wojewoden).

Der Beamtenapparat, der für die Vorbereitung der wichtigsten Angelegenheiten im Hinblick auf die Zukunft verantwortlich war, war oftmals Gegenstand boshafter innerer Kritik. Das betraf u.a. die Besetzung der Wojewoden- und Starostenämter für »die Zeit nach dem Krieg«. Aus der Perspektive historischer Forschungen sieht die Sache etwas anders aus und erscheint absolut seriös. Nach dem Krieg hat sich nämlich gezeigt, daß gerade die Leute am besten auf die Erfüllung ihrer beruflichen Aufgaben vorbereitet waren, die zur Zeit der Okkupation im Spezialistenapparat der Delegatur der Exilregierung aktiv gewesen waren. Diese kompetenten Männer bewiesen ihre Fähigkeiten als Mitarbeiter des nach dem Krieg in Volkspolen gegründeten »Ministeriums für die Zurückgewonnenen Gebiete« oder des Landwirtschaftsministeriums und auch des Bildungsministeriums. Viele dieser Männer haben in der Zeit des Wiederaufbaus eine bedeutende Rolle in Volkspolen gespielt, bis man sie aus ihren Positionen entfernte, die sie zumeist gegen eine Gefängniszelle tauschen mußten.

Heute negieren auch die marxistischen Historiker nicht die Bedeutung der Untergrundtätigkeit des Departements für Bildung und Kultur der Delegatur der Exilregierung oder auch des

Büros für die Neuen Gebiete, das die administrativen Grundlagen ausarbeitete und Fachleute für die Gebiete schulte, die Polen im Westen angegliedert werden sollten und dies letztlich ja auch wurden. Unter diesen Leuten gab es Spezialisten aller Fachgebiete – vom Hydrologen und Förster bis zum Ökonomen, vom Viehzüchter bis zum Transportspezialisten. Ihre Tätigkeit zur Zeit der Okkupation war in jedem Falle konstruktiv und nicht ohne tieferen Sinn, selbst wenn man die damalige psychologisch-moralische Bedeutung einmal außer acht läßt. Man sollte auch an andere Aktivitäten auf gesellschaftlichem Gebiet erinnern, wie z.B. an das Departement für Arbeit und Sozialfürsorge der Delegatur der Exilregierung, das u.a. die öffentlich tätigen Organisationen unterstützte: Das Polnische Rote Kreuz, den Hauptrat für Sozialfürsorge (RGO) oder das Patronat für Gefangenenfürsorge (während der Okkupation existierte in Polen ein legales Patronat der Gefangenenfürsorge, das sehr begrenzte Handlungsmöglichkeiten hatte, jedoch sogar bis zu den Gestapogefängnissen in der Pawia-Straße vordrang). Und so wurden öffentliche Institutionen, wie das erwähnte Polnische Rote Kreuz, der RGO, Obdachlosenasyle und Altenheime in gewissem Ausmaß vom Departement für Arbeit und Sozialfürsorge mitfinanziert. Diese Hilfe trug zweifellos zur Erhaltung der biologischen Substanz und zur Stärkung des Gefühls nationaler Zusammengehörigkeit bei.[8]

Es fehlte in Polen auch nicht an stillen Helden, die als gewöhnliche Beamte der Republik unter den Bedingungen der Okkupation verschiedene alltägliche, jedoch alles andere als leichte Aufgaben erfüllten. Hierzu gehörten z.B. die in deutschen Gefängnissen beschäftigten Gefangenenwärter der Vorkriegszeit, die bei ihrem täglichen Gang durch die Gestapokontrollen, im vollem Bewußtsein der Gefahr die Aufgaben erledigten, die ihnen von Spionagezellen oder Selbsthilfezellen der militärischen und zivilen Untergrundbewegung aufgetragen waren. Ihre durch die Republik Polen erfolgte Einstellung und die Erneuerung des in der Vorkriegszeit abgelegten Amtseids, dem polnischen Staat treu zu dienen – hatten eine magische Bedeutung, so wie einstmals das Siegel der Nationalregierung im Jahre 1863; doch es war nicht allein die Kraft des Symbols, sondern auch das praktische Gefühl, in enger Verbindung mit anderen in der Gemeinschaft des Volkes, in einem organisierten Ganzen zu handeln.

Eine Charakterisierung aller Tätigkeitsfelder des polnischen

Untergrundstaates ist hier nicht möglich. Erwähnen sollte man zumindest noch die in den Jahren 1941–1943 aktive Leitung des Zivilen Kampfes, die im Juni 1943 in die Leitung des Untergrundkampfs umgewandelt wurde; sie war das Organ, das sämtliche Aktionen im Kampf gegen die Besatzungsmacht koordinierte, sie erarbeitete die Regeln, nach denen sich die Polen unter diesen spezifischen Bedingungen verhalten sollten und sie war einer der Mitorganisatoren der Rechtsprechung im Untergrund.[9]

Wichtig im polnischen Untergrundleben erscheinen auch die Bemühungen zur pluralistischen Zusammenarbeit von Parteien und Gruppierungen mit unterschiedlichen Anschauungen und Programmen; es ist das letzte Beispiel für die spontan entstandene Fähigkeit, Gemeinsinn zu entwickeln, die spezifischen Anschauungen anderer zu respektieren und dennoch zu versuchen, um übergeordneter Ziele willen eine Art von Junctim zu finden, das der Gemeinschaft dienen sollte. In dem bereits erwähnten Vierparteiengremium – dem Politischen Verständigungskomitee (das seit Sommer 1943 in die Politische Vertretung für das Land, und seit Januar 1944 in den Rat der Nationalen Einheit umgewandelt wurde) – erfolgte im Laufe von fünf Jahren nur eine wirklich wichtige Änderung: als sich nämlich die PPS-WRN für den Zeitraum vom Herbst 1941 bis zum Frühjahr 1943 (folglich für etwa 20 Monate) aus der Arbeit des Gremiums zurückzog und durch Repräsentanten und Organisation der Polnischen Sozialisten ersetzt wurde (das war die Konsequenz aus der negativen Haltung der PPS in London und der PPS-WRN im besetzten Land im Hinblick auf den Wert und die eventuellen Konsequenzen des Abkommens zwischen Sikorski und Majski vom 30. Juli 1941; dieses Abkommen betraf die Aufnahme der diplomatischen und sonstigen Beziehungen zwischen dem polnischen Staat, repräsentiert durch die Regierung der Republik in London, und der Regierung der Sowjetunion).

Das erwähnte Verständigungsgremium der Parteien des sogenannten »Londoner Lagers« publizierte eine Reihe programmatischer Deklarationen, bei denen es um die Prinzipien und Ziele der Zusammenarbeit ging, um die Kriegsziele und die gesellschaftlich-politische Konzeption des polnischen Staats der Nachkriegszeit. Zu den wichtigsten proklamierten Akten der Verständigung unter den Parteien gehörten zweifellos: die Deklaration über die politische Verständigung der vier Parteien, die am 15. 8. 1943 die Politische Vertretung für das Land bildeten und die Deklaration des Rats für Nationale Einheit vom 15. 3. 1944 unter dem Titel: ›Worum kämpft das polnische Volk?‹

Ich möchte mich hier überhaupt nicht mit der nationalsozialistischen Politik im besetzten Polen sowie gegenüber Polen und Juden beschäftigen, und auch nicht mit der Problematik der Ausrottung der polnischen Elite und des völligen Untergangs der jüdischen Bevölkerung. Wir verfügen über Dutzende zugänglicher und zuverlässiger Bücher zu diesem Thema. Es erscheint jedoch angebracht, sich daran zu erinnern, daß das System zur Ausrottung von Menschen in den polnischen Gebieten schon seit den ersten Monaten der Okkupation funktionierte, und daß der erste Akt der im Lager Auschwitz (das bekanntlich seit Juni 1940 in Betrieb war) verübten Massenverbrechen darin bestand, daß man im Juli 1941 einige hundert sowjetische Kriegsgefangene mit Gas tötete, weil man die neue Tötungsmethode ausprobieren wollte. Es ist eine historische Tatsache, daß die Gaskammern von den Nazi-Deutschen zum ersten Mal nicht gegen Juden und nicht gegen Polen, sondern gegen sowjetische Gefangene eingesetzt wurden. Die Gaskammern sollten in der Folgezeit, beginnend mit dem Jahr 1942, das Werk der Vernichtung der Juden und auch die Ermordung selektierter Angehöriger aller Nationalitäten (Schwacher, Kranker und Arbeitsunfähiger) in unvergleichlich größerem Maßstab durchführen.

Das Jahr 1941 brachte eine Veränderung der politischen Situation des polnischen Staates und der Regierung der Republik Polen mit sich. Im Jahre 1940 war Polen der *einzige* Verbündete, der in erheblichem Ausmaß aktiven Anteil an den Kämpfen der alliierten Luftwaffe und Kriegsmarine hatte und der in der Lage war, in Frankreich und im Nahen Osten eine ca. 80000 Mann starke Armee aufzustellen; und später – nach der Niederlage im Frankreichfeldzug und dem Verlust von 40000 Mann, die in deutsche Gefangenschaft geraten, in der Schweiz interniert, gefallen oder versprengt waren – vermochte Polen in Großbritannien erneut eine Armee von einigen zehntausend Mann aufzustellen. Frankreich schied im Juni 1940 aus dem Krieg aus, die legale französische Regierung schloß mit den Deutschen einen erniedrigenden Friedensvertrag und wurde in der Praxis zu dessen politischem Verbündeten, halb Frankreich war besetzt. Polen blieb die ganze Zeit hindurch der einzige vertrauenswürdige Partner des Commonwealth, bis die Vereinigten Staaten in den Krieg eintraten.

Die wortbrüchige und durch nichts gerechtfertigte deutsche Aggression gegen die Sowjetunion vom 22. 6. 1941, Hitlers krasse Mißachtung des Grenz- und Freundschaftsvertrags zwischen beiden Staaten vom 28. 9. 1939, der von der anderen Seite loyal eingehalten wurde – bewirkten eine bedeutende Veränderung der militärischen Lage. Es war eine offenkundige Tatsache, daß kein Land das militärische Potential der UdSSR, die wirtschaftliche Kraft und das Menschenmaterial dieses großen Staates geringschätzen durfte, und zwar ohne Rücksicht auf vorübergehende Verluste oder anfängliche Mißerfolge an der Front. Und so unternahm auch Großbritannien mit der der britischer Politik eigenen Flexibilität, die durch jahrhundertelange Erfahrung diktiert wird, unverzüglich Schritte auf ein britisch-sowjetisches Abkommen, das schon am 15. 7. 1941 geschlossen wurde, also nicht einmal volle drei Wochen nach der Aggression des Dritten Reiches gegen die UdSSR. Ebenso übte England einen sehr starken Druck auf die Regierung Gen. Sikorskis zur Normalisierung der polnisch-sowjetischen Beziehungen aus, was schließlich am 30. 7. 1941 durch den Abschluß eines entsprechenden Abkommens von Erfolg gekrönt wurde. Das Abkommen wurde durch Verhandlungen im Kreml und eine gemeinsame Deklaration der polnischen Regierung und der Regierung der UdSSR, die am 4. 12. 1941 verkündet wurde, bekräftigt. Als Resultat erfolgte die Freilassung eines erheblichen Teils der polnischen Truppen (Berufssoldaten und Angehörige der Reserve) sowie vieler internierter und verhafteter Polen. Das rettete Tausenden von Menschen das Leben, die in verschiedenen Lagern, Gefängnissen und Verbannungsorten steckten. Das Sikorski-Majski-Abkommen vom 30. 7. 1941 wurde auch zur Grundlage der Aufstellung einer polnischen Armee in der UdSSR im Laufe der folgenden Monate, die dann unter im Rahmen dieser Vorlesung nicht zu erörternden Umständen im März und August 1942 in zwei Schüben evakuiert wurde. Sie wurde nach Stalins Willen und mit Unterstützung Großbritanniens in das Gebiet des Mittleren und Nahen Ostens (Iran, Irak, Syrien und Palästina) verlegt.

Der erwähnte Umschwung in der internationalen Lage – die Hineinziehung der UdSSR in den Krieg – ein zweifellos positiver Faktor vom Standpunkt der globalen alliierten Ziele, blieb nicht ohne Einfluß auf die internationale Lage und die Situation

Polens. Positiv war zweifellos die de facto-Anerkennung der polnischen Regierung in London durch die UdSSR als die legale Vertretung des existierenden, wenngleich besetzten polnischen Staats. Zu einem Faktor von entscheidender Bedeutung für die Engländer wurde jetzt aber der militärische Erfolg der UdSSR im Kampf gegen das Dritte Reich und die Stärkung der britisch-sowjetischen Beziehungen, ohne Rücksicht auf den eventuellen politischen Preis dieses Prozesses.

Die nächste Zäsur in der Geschichte des polnischen Untergrundstaats und der polnischen Sache auf der internationalen Bühne bildet das Frühjahr 1943. Denn im April dieses Jahres hatte die deutsche Seite die Tatsache bekanntgegeben, daß sie nahe der Ortschaft Katyn, in den Wäldern der Region Smolensk, Massengräber mit den Leichen polnischer Offiziere (Berufssoldaten und Angehörige der Reserve) entdeckt hatte, die von der Roten Armee im Zuge des Septemberfeldzugs nach dem 17. 9. 1939 gefangengenommen worden waren. Die polnische Regierung unter Gen. Sikorski traf in dieser Angelegenheit die moralisch und politisch gerechtfertigte, jedoch taktisch sicherlich unbesonnene Entscheidung, die offizielle Untersuchung dem Internationalen Roten Kreuz anzuvertrauen. Dasselbe forderte die deutsche Regierung, die sich allem Anschein nach ihrer Sache sicher war. Das lieferte der Regierung der UdSSR einen Vorwand, um sehr scharfe Vorwürfe an die Adresse der polnischen Regierung zu formulieren und sie der Zusammenarbeit und der Verschwörung mit Hitler zu bezichtigen. Am 25. 4. 1943 erfolgte von sowjetischer Seite der einseitige Abbruch der diplomatischen Beziehungen zwischen der Regierung der UdSSR und der polnischen Regierung in London.

Diese Sache ist mitsamt ihren verschiedenen politischen Konsequenzen recht genau bekannt. Ich möchte mich folglich auf eine kalendarische Erinnerung der wichtigsten Fakten beschränken: Ende April 1943 (das genaue Datum ist nicht bekannt) richtet Wanda Wasilewska einen Brief an Stalin mit der Bitte um seine Zustimmung zur Aufstellung eines polnischen Heers in der UdSSR. Am 8. Mai 1943 wird diese Zustimmung erteilt, und es beginnen die Rekrutierungen zur Bildung der I. Division »Tadeusz Kościuszko«. Am 15. 7. 1943 werden die ersten polnischen Militäreinheiten vereidigt, und am 12. 10. 1943 nehmen sie – wie man weiß – an den Operationen bei Lenino teil. Dieses Faktum hat natürlich eine ungeheure politische Bedeutung, es stellt eigentlich die entscheidende Wende in den Beziehungen zwischen Polen und der UdSSR dar; so sahen das sicherlich auch die Organisatoren der neuen militärischen Formation und die politisch Verantwortlichen in der Sowjetunion. Neben den polnischen Soldaten, der ununterbrochen seit September 1939 an vielen Fronten der Welt kämpft und einen unerhört hohen Blutzoll entrichtet hat, treten jetzt also (im Oktober 1943) neue aus Polen gebildete Einheiten in die Arena des Krieges, die sowjetischem Oberbefehl unterstellt sind. Erinnern wir uns, daß dies der Beginn des fünften Kriegsjahrs war.

Im Laufe des Jahres 1942 erfolgt eine deutlich ausgeprägte politische Polarisierung des polnischen Untergrundstaats. Im Januar dieses Jahres gründen die Mitglieder einer auf dem Luftweg aus Moskau eingetroffenen Initiativgruppe eine bis dato nicht existierende kommunistische Partei, die sich Polnische Arbeiterpartei nennt. Als ihr militärisches Organ wird die Volksgarde (GL) gegründet, die später (seit Januar 1944) in die Volksarmee umgewandelt wird. Auf der Rechten kommt es infolge der Opposition gegen die Vereinigung der Nationalen Militärischen Organisation (NOW) mit der Heimatarmee (Oktober 1942) zur Gründung der Nationalen Streitkräfte. Man kann bereits von der Existenz und Aktivität einer linken und einer rechten Opposition im Untergrund sprechen, die unterschiedliche Formen des künftigen Staates und seiner verfassungsmäßigen Ordnung postulieren.

Ein bedeutsames Gebiet der gesellschaftlichen Tätigkeit des polnischen Untergrundstaats war die Organisation des geheimen Unterrichts für 8–10000 junge Leute auf Hochschulniveau und für 60–70000 Jugendliche auf Gymnasialniveau. Vom zusätzlichen Unterricht im Bereich des allgemeinen Schulwesens (Grundschulwesens), der in ganz Zentralpolen in sehr breitem Maßstab durchgeführt wurde, wurde praktisch eine nicht zu zählende Gruppe von Kindern erfaßt. All diese Aktivitäten bildeten im Rahmen der damaligen Möglichkeiten eine Ergänzung zum staatlichen Unterricht und waren vom Gedanken an die Zukunft der Gesellschaft beseelt.

Große Bedeutung hatte auch der erzieherische Einfluß der Jugendverbände, vor allem der Organisation der Pfadfinder für Jungen und für Mädchen »Szare Szeregi« und »organizayà Harcerek«. Ein Faktor der politischen Erziehung und der Erziehung zum Gemeinsinn sowie zur Bildung der öffentlichen Meinung und zur Ermutigung der Menschen unter den schwierigen

Bedingungen der Opposition, war auch die geheime Presse. Dem Phänomen der geheimen Presse in den Jahren des Zweiten Weltkriegs wurde bisher eine Reihe von Publikationen gewidmet. Hier genügt es, darauf hinzuweisen, daß man im Lichte des heutigen Forschungsstandes etwa 1500 Titel geheimer Periodika nachweisen kann, die während des Krieges auf dem Gebiet der Republik Polen über kürzere oder längere Zeit erschienen. Mehr als 20 Zeitungen wurden im Laufe von ca. fünf Jahren ununterbrochen herausgegeben. Für den Bereich der Geheimpresse läßt sich feststellen, daß hier die zentralen und lokalen Organe aller Parteien der Vorkriegszeit erschienen: der Nationalpartei, der Volkspartei, der Sozialistischen Partei, der Christlichen Demokratie, des Piłsudski-Lagers. Seit 1942 entwickelt sich auch die geheime kommunistische Presse (der Polnischen Arbeiterpartei, der Volksgarde, und seit 1943 auch des Kampfbunds der Jugend).

Einer besonderen Popularität und ungeheuren Autorität erfreute sich die zentrale und lokale Presse des Verbands für den Bewaffneten Kampf, und später der Heimatarmee: das ›Informationsbulletin‹, das Wochenblatt der Heimatarmee, seit Beginn (November 1939) bis zum Zusammenbruch des Warschauer Aufstands (Oktober 1944) von Aleksander Kamiński redigiert (und nach dem Aufstand in den letzten paar Monaten der deutschen Okkupation von Kazimierz Kumaniecki in Krakau), war die meistgelesene Zeitung innerhalb der Intelligenz und der konspirativ organisierten Jugend. Zur Redaktion gehörten zeitweilig auch solche Männer wie Antoni Szymanowski, Witold Kula, Stanisław Herbst, Stanisław Berezowski, Bolesław Srocki, Maria Straszewska und andere, die im wissenschaftlichen und gesellschaftlichen Leben Polens nach dem Krieg eine wichtige Rolle spielten. Wie man sieht, ihrer ideologisch-politischen Herkunft nach sehr unterschiedliche Leute, alle jedoch traten für einen unabhängigen, souveränen und demokratischen polnischen Staat ein. Im übrigen waren auch in der Heimatarmee selbst, die nach den Mitgliedslisten 350000 bis 380000 Kämpfer zählte, absolut alle politischen Anschauungen anzutreffen, von der entschiedenen Linken bis zur entschiedenen Rechten.

Wenngleich die politischen Trennungslinien sehr scharf ausgeprägt waren, führten sie im Prinzip nicht zu Degenerationserscheinungen. Man darf jedoch nicht verschweigen, daß das Leben des polnischen Untergrunds leider von gewissen, äußerst schmerzlichen Randerscheinungen nicht frei war – ich denke an Denunziationen und Brudermorde. Alle herausragenden Führer der Heimatarmee, die in die Hände der deutschen Polizei fielen, waren das Opfer von Denunziationen, begangen von Polen, die manchmal sogar zur gesellschaftlichen Elite gehörten. Das trifft zumindest auf die Verhaftung von Gen. Stefan Rowecki, dem Oberkommandierenden der Heimatarmee, wie auf die Verhaftung des Sektionschefs beim Oberkommando der Heimatarmee, Oberst Berek und anderer zu. Es ist jedoch eine Tatsache, daß alle Schichten der Bevölkerung – vom Bauern bis zum Universitätsprofessor – das Phänomen der Denunziation, ja sogar die weniger drastischen Formen der Zusammenarbeit mit der Besatzungsmacht, einhellig als schändlich, ekelerregend und in jeder Hinsicht verdammenswert ansahen, und daß sie die vom Gerichtswesen des Untergrunds ausgesprochenen Todesurteile gegen Verräter mit Befriedigung zur Kenntnis nahmen. Im Laufe der Jahre 1942–1943 wurde das System der Rechtsprechung im Untergrund vereinheitlicht, indem man – neben den Militärischen Sondergerichten der Heimatarmee, zu deren Kompetenz es gehörte, Verstöße gegen die Sicherheit der Streitkräfte im Lande (d.h. der Heimatarmee) sowie von den eigenen Soldaten begangene Vergehen zu ahnden – zivile Sondergerichte gründete, die ihre ersten Urteile im Winter 1942–1943 fällten. In ihre Kompetenz fielen alle Verbrechen des Verrats, der Provokation, der Beteiligung an der Verfolgung der Bevölkerung (einschließlich der Denunzierung und Erpressung sich versteckt haltender Juden) und außerhalb dieser Kategorien die Delikte, die ansonsten von militärischen oder zivilen Sondergerichten geahndet worden wären.

Das Hauptereignis im Leben des polnischen Untergrundstaats war im Jahre 1944 der Warschauer Aufstand, ein allzu vielschichtiges Problem, um es im Rahmen dieses Vortrags zu besprechen. Man muß jedoch feststellen, daß der Warschauer Aufstand das Ergebnis einer gemeinsamen Entscheidung war – im großen Rahmen wie im Detail. Beteiligt an dieser Entscheidung waren der damalige Premierminister der Regierung in London, Stanisław Mikołajczyk (der übrigens expressis verbis nach dem Krieg in Warschau öffentlich bestätigt hat, daß er für diese Entscheidung die Mitverantwortung übernimmt), der Bevollmächtigte der Regierung für das Land, Vizepremier Jan Stanisław Jankowski sowie der Oberkommandierende der Heimatarmee, Gen. Tadeusz Bór-Komorowski, und einige Mitglieder seines Stabes (u.a. Oberst – später General – Tadeusz Pełczyński, Gen. Leopold Okulicki, und Oberst Jan Rzepecki). Und so war das keine von Großbritannien, den Vereinigten Staaten, Deutschland oder der Sowjetunion angeordnete oder veranlaßte Aktion, unabhängig davon, welche – positiven oder negativen – politischen, militärischen und politischen Folgen dieses Ereignis für jede der genannten Mächte hatte. Zur Zeit des Warschauer Aufstands manifestierte sich zum letzten Mal, auf dem relativ kleinen befreiten Gebiet in Warschau, die Eigeninitiative und Selbständigkeit des polnischen Volkes, mit all seinen typischen Schwächen und Tugenden, als die Menschen nämlich versuchten, nach fünf Jahren eines Schattendaseins ihr inneres Gleichgewicht wiederzufinden und die Grundlagen für ein neues Leben aufzubauen. Die Tragödie des Warschauer Aufstands war eine biologische, psychologische und politische Tragödie, somit eine vielfältige. Sie stellt ein Phänomen dar, das die Gesellschaft bis heute heftig bewegt.

Die Ereignisse des Warschauer Aufstands stellten die mehrtägige Schlacht um Wilna und die Aktion »Burza« (Gewitter) im Gebiet von Rzeszów und Podlasie in den Schatten; sie überschatteten auch viele Situationen, in denen Soldaten von Partisaneneinheiten und Frontsoldaten der Heimatarmee bis zum Eintreffen der Roten Armee ausharrten, gemeinsam mit ihr kämpften und ihr die eroberten Objekte gutgläubig übergaben. Das geschah in Warschau nicht. Doch es geschah in anderen von mir bereits erwähnten Orten, wobei ich Lublin nicht ausschließe. Der Fall Lublin ist ein besonders heikles Phänomen.

Bekanntlich fand am 22. Juli 1944 unter der Ägide des Bunds Polnischer Patrioten in Moskau die konstituierende Sitzung des Polnischen Komitees der Nationalen Befreiung (PKWN) statt, auf der der Text des ›Manifests an das polnische Volk‹ sowie das Dekret über die Gründung des PKWN angenommen wurde. Am selben Tag nach dem Mittag begannen Einheiten der Heimatarmee vom Stadtrand her den Straßenkampf gegen die Deutschen, der an Heftigkeit zunahm, als gegen Abend in den Vorstädten sowjetische Panzerkolonnen auftauchten. Letztlich eroberten die Einheiten der Roten Armee Lublin in der Nacht vom 23. auf den 24. Juli 1944, die letzten deutschen Widerstandsnester in der Stadt wurden am 25. 7. liquidiert. Der erste Vertreter des PKWN, der in Lublin am 28. 7.1944 (sechs Tage nach der Gründung des Komitees) eintraf, war der damalige Leiter des Ressorts für innere Sicherheit – Stanisław Radkiewicz.

Der letzte Kriegswinter 1944/45 bringt das Ende des polnischen Untergrundstaats, das ebenso durch die mit dem Zusammenbruch des Warschauer Aufstands zusammenhängende politische und psychologische Krise verursacht wird, wie auch durch die Verschiebung der Ostfront. Am 19. Januar 1945, d.h. zu einem Zeitpunkt, da die deutschen Besatzungstruppen durch die nach Westen vordringenden Streitkräfte der Roten Armee aus den meisten Städten Zentralpolens verdrängt waren, löst der damalige Oberkommandierende der AK, Gen. Leopold Okulicki »Niedźwiadek«, die Heimatarmee auf. Ende März 1945 wird er unweit Warschaus von den sowjetischen Sicherheitsbehörden verhaftet – gemeinsam mit dem Bevollmächtigten der Regierung für das Land, Jan Stanisław Jankowski, drei Mitgliedern des Landesministerrats: Adam Bień (»Walkowicz«) von der Volkspartei, Stanisław Jasiukowicz (»Opolski«) von der Nationalpartei und Antoni Pajdak (»Traugutten«) von der Polnischen Sozialistischen Partei sowie weiteren Mitgliedern des Rats für Nationale Einheit, der die demokratischen Kräfte des polnischen Untergrundstaats repräsentierte.

An diesen Verhaftungen trug Außenminister Eden eine moralische Mitschuld, da er seitens der britischen Regierung kategorisch zu Verhandlungen mit den sowjetischen Machthabern riet, weil er darin eine Etappe zur Realisierung der Beschlüsse der Konferenz von Jalta vom 4.–11. Februar 1945 erblickte. In Jalta hatten sich die Führer der drei alliierten Mächte – Churchill, Roosevelt und Stalin – unter anderem auf die Bildung einer neuen polnischen Regierung verständigt, die ebenso die Provisorische Regierung (am 31. 12.1944 auf der Basis des Polnischen Komitees der Nationalen Befreiung gegründet), wie auch die Regierung in London repräsentieren sollte, wobei das neue Regierungsgremium »unter Einschluß der demokratischen Führer aus Polen selbst« entstehen sollte. Die Pressionen Edens und die dadurch veranlaßten Direktiven der Londoner Regierung brachten die Führer des polnischen Untergrunds letzten Endes dazu – obwohl einige von ihnen, darunter auch Okulicki, entgegengesetzter Meinung waren – die Einladung zu Verhandlungen anzunehmen, die jedoch – wie sich herausstellte – von sowjetischer Seite absolut nicht als Verhandlungen gedacht waren. Als Stanisław Mikołajczyk, der ehemalige Premierminister der Regierung in London – der aber jetzt bereits in Opposition zu dieser seit November 1944 von Tomasz Arciszewski geleiteten Regierung stand – im Januar 1945 in Moskau weilte, um dort Verhandlungen über die Bildung einer Regierung der Nationalen Einheit zu führen, fand gleichzeitig in Moskau (vom 18.–21. 6.1945) ein Prozeß gegen 15 herausragende Politiker des polnischen Untergrundstaates statt, in dem das Militärkollegium des Obersten Gerichts der UdSSR 12 dieser Männer zu langen Haftstrafen verurteilte.[10] Infolgedessen starben in Gefängnissen der UdSSR: Gen. Leopold Okulicki, der Bevollmächtigte der Exilregierung Jan Stanisław Jankowski und das Mitglied des Landesministerrats Stanisław Jasiukowicz. Die übrigen kehrten in die Heimat zurück, wo einige von ihnen für eine Reihe von Jahren eingekerkert wurden; der ehemalige Vorsitzende des Rats für Nationale Einheit, ein verdienter Politiker der Polnischen Sozialistischen Partei, Kazimierz Pużak, starb am 30. 4. 1950 im Gefängnis von Rawicz (Posen).

Indessen übte im Lande selbst der Rechtsanwalt und Angehörige der Volkspartei, Stefan Korboński – der sich während der deutschen Okkupation Verdienste als Leiter des Zivilen Kampfs erworben hatte – die Funktionen des Bevollmächtigten der Exilregierung anstelle von Jan Stanisław Jankowski bis zum Juni 1945 aus. Am 28. Juni 1945 setzt die Bildung der Provisorischen Regierung der Nationalen Einheit – ein Resultat der in Moskau getroffenen Beschlüsse der Vertreter der drei Großmächte – dem Funktionieren des polnischen Untergrundstaats ein Ende. Die Liqudierung der Amtsgeschäfte der Delegatur der Exilregierung führte der damalige Vorsitzende des Rats für Nationale Einheit, Jerzy Braun, durch, der im Rahmen der beschlossenen periodischen Rotation in dieses Amt gelangt war. Anfang Juli 1945 wurde die letzte Nummer der geheimen Zeitschrift ›Die Republik Polen‹, des offiziellen Organs der Delegatur der Exilregierung, herausgegeben. In den ersten Julitagen des Jahres 1945 erfolgte die Anerkennung der Provisorischen Regierung der Nationalen Einheit durch die meisten Staaten der Welt, während gleichzeitig der Regierung in London die Anerkennung entzogen wurde.

An die Spitze der Provisorischen Regierung der Nationalen Einheit trat Edward Osóbka-Morawski, früher Vorsitzender des Polnischen Komitees der Nationalen Befreiung und Repräsentant jener Sozialisten, die sich schon während der Okkupation durch enge Zusammenarbeit an die Polnische Arbeiterpartei gebunden hatten; Vizepremiers wurden Władysław Gomułka und Stanisław Mikołajczyk. In die Regierung trat u.a. Władysław Wycech ein, der ehemalige Direktor des Departements für Bildung und Kultur, und war so für mehr als vier Jahre einer der mit einer wichtigen Funktion bedachten Politiker des polnischen Untergrundstaats.

Gemäß den Beschlüssen der Konferenz von Jalta hatte die Provisorische Regierung der Nationalen Einheit »die Pflicht, möglichst rasch freie und ungehinderte Wahlen, gestützt auf allgemeines und geheimes Stimmrecht durchzuführen«, bei denen »alle demokratischen Parteien« das Recht haben sollten, Kandidaten aufzustellen.

Die gesellschaftlich-moralische Bilanz des polnischen Untergrundstaats – eines in der Geschichte Polens und wohl auch in der Weltgeschichte einzigartigen Phänomens – ist entschieden positiv, trotz der infolge der Ergebnisse des Zweiten Weltkriegs gescheiterten politischen Konzeption, Polen als souveränen, demokratischen Staat mit einer pluralistisch-parlamentarischen, am westlichen Modell orientierten Struktur wiederaufzubauen. Zu den noch zu erforschenden Problemen gehört zweifellos das Phänomen der psychologischen und politischen Auswirkungen des polnischen Untergrundstaats auf die Geschichte des Denkens und Handelns der polnischen Gesellschaft nach 1945. Es bleibt eine offene Frage, in welchem Maße die Erfahrungen dieser Jahre, und insbesondere des letzten Abschnitts des polnischen Untergrundstaats, des Warschauer Aufstands und des Regierungswechsels 1945, Einfluß auf die Einstellung der Menschen sowie die Wahl von Wegen und Methoden des Handelns – sowohl in den ersten Jahren nach dem Zweiten Weltkrieg, als auch im Jahre 1956 und der darauffolgenden Zeit, bis hin zur Gegenwart – ausgeübt haben.

[1] Vgl. die Dokumentation der Beziehungen zwischen der UdSSR und Deutschland gestützt auf die Publikationen *Documents on Polish-Soviet Relations 1939–1945*. Vol. 1: 1939–1943, London 1967; Vol. 2: 1943–1949, London 1967 sowie das *Weißbuch* in der Bearbeitung von Wiktor W. Sukiennicki, Paris 1964.

[2] Die Verträge, von denen hier die Rede ist, sind zum einen der im Jahre 1939 gültige Nichtangriffspakt zwischen Polen und der UdSSR vom 25. 7. 1932, sowie ein Protokoll vom 5. 5. 1934, das die Geltungsdauer dieses Pakts bis zum Jahre 1945 verlängerte.

[3] Im Ergebnis gerieten unter deutsche Okkupation 188602 $km^2$, d.h. 48,4% der Fläche des polnischen Staats in seinen Vorkriegsgrenzen, in den Bereich der UdSSR gerieten (unter Berücksichtigung des 1940 der UdSSR angeschlossenen Gebiets von Litauen) 201118 $km^2$ (d.h. 51,6% des polnischen Staatsgebiets).

[4] Der Text ist der amtlichen Publikation *Der großdeutsche Freiheitskampf. Reden Adolf Hitlers*, Bd. 1, München 1940, entnommen.

[5] Das Politische Verständigungskomitee war seit März 1943 aktiv, als es zwar seinen Namen (jedoch nicht die personelle Zusammensetzung und seine Kompetenzen) änderte und jetzt »Politische Vertretung für das Land« (KRP) hieß. Zur nächsten organisatorischen Form der Verständigung der Parteien des polnischen Untergrundstaats wurde der »Rat für Nationale Einheit« (RJN), der durch ein Dekret der Delegatur der Exilregierung vom 9. 1. 1944 anstelle des KRP ins Leben gerufen wurde. Zum Rat für Nationale Einheit gehörten je drei Vertreter der vier wichtigsten Parteien (der Polnischen Sozialistischen Partei, der Volkspartei, der Nationalpartei und der Arbeitspartei) sowie je ein Vertreter der Demokratischen Vereinigung (der früheren Demokratischen Partei), der an Piłsudski orientierten Gruppe »Olgierda« (unter Führung von Henryk Józewski), der Organisation Racławice (die konspirative Fortsetzung des Siew aus der Vorkriegszeit), der autonomen, nationalkatholischen Gruppe aus den polnischen Westgebieten »Ojczyzna«, der Geistlichkeit und der Genossenschaften. Aus technisch-konspirativen Gründen handelte die Hauptkommission des Rates in kleinerer personeller Besetzung, wobei Vorsitzender sowohl des Rats für Nationale Einheit als auch der Hauptkommission Kazimierz Pużak war, ein verdienter Politiker der Polnischen Sozialistischen Partei.

[6] Cyryl Ratajski (»Wrzos«, »Wartski«, »Górski«) trat im August 1942 von seinem Amt zurück. Er starb am 19. 10. 1942 eines natürlichen Todes in Warschau. Sein Nachfolger, Jan Piekałkiewicz, amtierte auf dem Posten des bevollmächtigten Delegierten der Regierung der Republik vom September 1942 bis zu seiner Verhaftung durch die Gestapo am 19. 2. 1943; er starb im Juni 1943 im Gestapogefängnis in Warschau. Zum nächsten Bevollmächtigten der Regierung für das Land, der auch in den Rang eines Vizepremiers aufstieg, wurde Ing. Jan Stanisław Jankowski, der bis zum März 1945 in diesem Amt blieb, d.h. bis zum Tag seiner Verhaftung durch den NKWD und seiner Verschleppung nach Moskau.

[7] Stefan Rowiecki war Oberkommandierender des Verbands für den Bewaffneten Kampf, und vom Februar 1942 bis zum Juni 1943 auch der Heimatarmee. Diese Funktion übte er bis zum Tage seiner Verhaftung aus, d.h. bis zum 30. Juni 1943. Zu seinem Nachfolger wurde der bisherige stellvertretende Kommandant Gen. Tadeusz Komorowski (Pseudonym »Bór«), der die Funktionen des Oberkommandierenden der Heimatarmee bis zum 5. 10. 1944 innehatte, d.h. bis er sich nach dem Warschauer Aufstand den Deutschen gefangengab. Zum letzten Kommandanten der Heimatarmee nach dem Warschauer Aufstand wurde Gen. Leopold Okulicki, Pseudonym »Niedźwiadek«, der faktisch seit Oktober 1944 in Tschenstochau im Amt war und formell durch die Londoner Regierung im Dezember 1944 bestätigt wurde.

[8] Zur organisatorischen Gliederung der Delegatur der Exilregierung gehörten neben dem Präsidialbüro: das Departement für Innere Angelegenheiten, das Departement für Information und Presse, das Departement für Bildung und Kultur, das Departement für Arbeit und Sozialfürsorge, das Departement für Industrie und Handel, das Departement für Landwirtschaft, das Departement für Justiz, das Departement zur Beseitigung der Kriegsfolgen, das Departement für Öffentliche Arbeiten und Wiederaufbau, das Departement für Finanzen, das Departement für das Post- und Telegraphenwesen, das Departement für Kommunikation und in den letzten Monaten der Okkupation auch das Departement für Nationale Verteidigung im Organisationsstadium.

[9] An der Spitze der Leitung für den Zivilen Kampf stand der gemeinsame Bevollmächtigte des Delegierten der Regierung und des Oberkommandierenden der Heimatarmee. Das war die ganze Zeit hindurch Stefan Korboński (»Nowak«, »Zieliński«); sein Stellvertreter war der Universitätsprofessor Marian

Gieysztor (»Krajewski«). Der Führungsstab für den Zivilen Kampf war in folgende Abteilungen gegliedert: Gerichtswesen, Sabotage und Diversion, Rundfunkinformation, Bewaffnung, Chemie, Gesetzgebung und Registrierung der Nazi-Verbrechen. In den einzelnen Bezirken des Landes waren Bezirksleitungen für den Zivilen Kampf tätig. Nach der Konstituierung der Obersten Leitung des Untergrundkampfes gehörten zu diesem Gremium: der Oberkommandierende der Heimatarmee als Vorsitzender, der Stabschef, der Chef der Diversionsabteilung (Kedyw), der Chef des Büros für Information und Propaganda (BIP) sowie der bisherige Chef der Leitung des Zivilen Kampfes als Leiter des gesamtgesellschaftlichen Widerstands.

[10] Ein Bericht über den Prozeß ist in polnischer Sprache u. a. in einer offiziellen Publikation unter dem Titel veröffentlicht worden *Bericht über den Prozeß gegen Organisatoren, Leiter und Teilnehmer des polnischen Untergrunds im Rücken der Roten Armee auf dem Territorium Polens, Litauens sowie der westlichen Bezirke Weißrußlands und der Ukraine*, Juristischer Verlag des Volkskommissariats für Justiz der UdSSR, Moskau 1945. – Gen. Leopold Okulicki, der Oberkommandierende der Heimatarmee, wurde zu 10 Jahren Gefängnis verurteilt; Ing. Jan Stanisław Jankowski, Vizepremier der Regierung der Republik Polen und ihr Delegierter im Lande, zu acht Jahren Gefängnis; die Minister Adam Bień und Stanisław Jasiukowicz zu fünf Jahren Gefängnis; der Vorsitzende des Rates für Nationale Einheit, Kazimierz Pużak, zu anderthalb Jahren Gefängnis; der Vorsitzende der Nationalpartei, Aleksander Zwierzyński, zu acht Monaten Gefängnis; der Vorsitzende der Demokratischen Vereinigung, Eugeniusz Czarnowski, zu sechs Monaten Gefängnis; Stanisław Mierza, Mitglied des Rats für Nationale Einheit, zu vier Monaten Gefängnis; Zbigniew Stypułkowski, ebenfalls Mitglied dieses Gremiums, zu vier Monaten Gefängnis; der Vorsitzende der Arbeitspartei, Jósef Chaciński, zu vier Monaten Gefängnis; Franciszek Urbański, Mitglied des Rats für Nationale Einheit, zu vier Monaten Gefängnis. Stanisław Michałowski, Kazimierz Kobylański und Józef Stemlers wurden freigesprochen. Minister Antoni Pajdak, einen Politiker der Polnischen Sozialistischen Partei, verurteilte man in einem abgetrennten Verfahren zu fünf Jahren Gefängnis.

Das Gebiet des polnischen Staates (vor 1939 389720 km²), das im September 1939 durch das Dritte Reich und die Sowjetunion besetzt wurde, wurde nach dem deutsch-sowjetischen Abkommen vom 23. August und 28. September 1939 so aufgeteilt, daß 48,6% seines Gebietes (188602 km²) mit 62,9% der Bevölkerung (20258600 von 32156600) unter die deutsche Besatzung fielen. Die restlichen 51,4% des polnischen Territoriums mit 37,1% der Bevölkerung (11898000) wurden an die drei angrenzenden Sowjetrepubliken angegliedert. Ein Drittel (oder 15,7% der Fläche Vorkriegspolens) der von den Deutschen besetzten Gebiete wurde auf Grund der einseitigen Entscheidung Hitlers, unter Verletzung des internationalen Rechts, im Oktober 1939 dem Reich angegliedert. Aus den restlichen zwei Dritteln der von den Deutschen okkupierten Gebiete (32,7% der Fläche Vorkriegspolens) wurde das sog. Generalgouvernement mit dem administrativen Zentrum (»Hauptstadt«) Krakau gebildet. Dort residierte Hitlers Statthalter Hans Frank. Das Generalgouvernement wurde verwaltungstechnisch in vier Kreise, sog. Distrikte, eingeteilt, denen deutsche Gouverneure mit Sitz in Krakau, Warschau, Radom und Lublin vorstanden. Im August 1941 – nach dem deutschen Überfall auf die Sowjetunion – wurde aus einem Teil der restlichen Gebiete des polnischen Staates ein fünfter Distrikt gebildet – Galizien mit dem Verwaltungszentrum in Lemberg. Der größere Teil wurde als administrativ gesondertes Reichskommissariat Ukraine und Reichskommissariat Ostland behandelt.

Die Prämissen und die Praxis der deutschen Okkupationspolitik in den im Oktober 1939 dem Reich einverleibten Gebieten war in vielen Aspekten anders als die Politik im Generalgouvernement. In den einverleibten Gebieten galt das Programm der sofortigen vollständigen Germanisierung, im Generalgouvernement sollte dagegen die Beseitigung des Polentums, nach den Vorstellungen der NSDAP und den Plänen des Reichsführers SS, Heinrich Himmler, spätestens in zehn Jahren erfolgen. In ihren Plänen gingen sie davon aus, daß der Einfluß der polnischen Intelligenz, der potentiellen Führungsschicht, eingeschränkt, und letztendlich diese Schicht vernichtet werden sollte. Die physische Vernichtung der geistigen Elite des Volkes durch präventive Maßnahmen, Verschickung in Konzentrationslager und andere Unterdrückungsmaßnahmen bildeten die Voraussetzung zur Vernichtung der polnischen Kultur. Die deutsche Kultur in ihrer nationalsozialistischen Auslegung sollte die polnische Kultur in den eroberten Gebieten zwischen Warthe, Weichsel und Bug ersetzen.

Aus den dem Reich einverleibten Westgebieten Polens wurden im ersten Halbjahr der Okkupation 325 000 Polen, vorwiegend Intelligenz, in das Generalgouvernement zwangsausgesiedelt. Während der gesamten Besatzungszeit wurden aus den dem Reich einverleibten Gebieten etwa 1 Million Menschen zwangsausgesiedelt. Die meisten davon stammten aus dem sog. Wartheland. Die grundlegenden Richtlinien bezüglich der Bildungs- und Wissenschaftsproblematik, oder allgemein gesprochen, der Kultur im okkupierten Polen, wurden von dem neuernannten Generalgouverneur Hans Frank am 31. Oktober 1939 auf einer Konferenz in Lodz vor den Reichsministern Goebbels und Seyß-Inquart eindeutig formuliert: Den Polen dürften nur solche Bildungsmöglichkeiten zur Verfügung gestellt werden, die ihnen die Aussichtslosigkeit ihres völkischen Schicksals zeigen. Einige Monate später, im Verlauf der sog. Außerordentlichen Befriedungsaktion (genannt Aktion A–B), die zu dem Vorhaben zur Vernichtung der polnischen Intelligenz gehörte, sagte Frank – unter Berufung auf einen Hitlerbefehl – am 30. Mai 1940 bei einer Besprechung mit den Vertretern der Polizei in Krakau folgendes: »Was wir jetzt an Führerschicht in Polen festgestellt haben, das ist zu liquidieren, was wieder nachwächst, ist von uns sicherzustellen und in einem entsprechenden Zeitraum wieder wegzuschaffen.« Die bekannte Denkschrift von E. Wetzl und G. Hecht *Die Frage der Behandlung der Bevölkerung der ehemaligen polnischen Gebiete nach rassenpolitischen Gesichtspunkten* sah vor: »Die Universitäten und sonstigen Hochschulen, die Fachschulen wie die höheren und mittleren Schulen sind stets Mittelpunkt polnisch-chauvinistischer Erziehung gewesen und deshalb grundsätzlich zu schließen. Allein Volksschulen werden gestattet, sie haben jedoch nur einfachstes Grundwissen, Rechnen, Lesen, Schreiben, zu vermitteln. Ein Unterricht in den völkisch wichtigen Fächern Erdkunde, Geschichte, Literaturgeschichte, sowie im Turnen ist ausgeschlossen. Dafür aber ist eine Vorbereitung auf landwirtschaftliche, forstwirtschaftliche und einfache industrielle und handwerkliche Berufe durch die Schule vorzunehmen.

Da der polnische Lehrer und zum Teil noch stärker polnische Lehrerinnen hervorragende und politisch sehr ernst zu nehmende Träger des polnischen Chauvinismus sind, wird man sie kaum im Volksschuldienst belassen können [...].«

In der Konsequenz sollte für die Polen lediglich die vierklassige Volksschule zugänglich sein, dort sollte nach Heinrich Himmlers Empfehlungen (*Einige Gedanken über die Behandlung der Fremdvölker im Osten* 15. Mai 1940) folgendes gelehrt werden: »[...] einfaches Rechnen bis höchstens 500, Schreiben des Namens, eine Lehre, daß es göttliches Gebot sei, den Deutschen gehorsam zu sein. Lesen halte ich nicht für erforderlich.«

In bezug auf die polnische Jugend in den dem Reich einverleibten Gebieten (Großpolen, Pommern, Oberschlesien), wurde dieses Programm vollständig verwirklicht. Durch die Schulpflicht waren dort polnische Kinder vom 9. bis 12. Lebensjahr erfaßt. Der Unterricht dauerte zwei Stunden täglich und wurde in deutscher Sprache durchgeführt. Im Juni 1940 führte man für diese Gebiete die Verordnung über die Arbeitspflicht der polnischen Kinder ab dem 12. Lebensjahr ein. In der Praxis bedeutete dies einen 10- bis 12-Stundentag. In manchen Regionen waren die Kinder ab dem 8. Lebensjahr zur Arbeit verpflichtet.

Die Deutschen waren sich, als sie den konsequenten Kampf gegen die polnische Kultur aufgenommen hatten, der außergewöhnlichen Rolle der Kulturwerte und der einmaligen Funktion der polnischen Nationalkultur bewußt. Ein Volk, das vom Ende des 18. Jahrhunderts bis 1918 seiner eigenen Staatlichkeit beraubt war, sah in der Nationalkultur, der Sprache, Literatur und den Geisteswissenschaften ein Integrationsmoment, das den in drei Staaten lebenden Polen das nationale Überleben ermöglichte. Noch mehr: diese Werte ermöglichten einen harmonischen Wiederaufbau der nationalen Einheit in dem nach 1918 wiedererstandenen polnischen Staate. Wenn wir die menschliche Kultur und die Kultur der verschiedenen Gesellschaften als ein Mittel der Weltinterpretation betrachten, dann spielen im Falle Polens die historische Tradition in Gestalt des Nationalbewußtseins und in dem aktuellen Wirklichkeitsbezug eine besonders starke Rolle.

Diese psychologischen Bedingungen der Kriegsumstände, vor allem jedoch das von Anfang der Okkupation an blutig verwirklichte Vernichtungsprogramm des nationalsozialistischen Deutschland gegen Polen (Tausende polnischer Intellektueller, darunter 180 Professoren und Lektoren der Jagiellonen-Universität in Krakau, wurden in den ersten Wochen der Besatzung von der Gestapo verhaftet, in die Konzentrationslager gesteckt, erschossen oder anderen Akten des Terrors ausgesetzt), verursachten, daß in dem Bestreben die Substanz zu bewahren – d.h. die geistigen und intellektuellen Werte der Nation, die materiellen Güter (Denkmäler, Kunstwerke, Bibliotheken, Museen, Archive) und die Erzeugnisse vieler Jahrhunderte der Nationalkultur – der Rückgriff auf die noch lebendige Tradition aus der Zeit vor 1918, also auf die konspirative Tätigkeit zum Schutz der Kulturwerte automatisch erfolgte.

Im weitesten Sinne des Wortes manifestierte die polnische Kultur ihre Existenz während des Zweiten Weltkrieges überall dort, wo sich Polen in größerer Zahl befanden, so z.B. in den polnischen Truppenverbänden, die an den verschiedenen Fronten an der Seite der Alliierten kämpften, in den Emigranten- und Flüchtlingskreisen. Hunderttausende von Polen, die sich wegen der Kriegsereignisse in Frankreich, Großbritannien, der Sowjetunion, im Nahen Osten, aber auch in anderen Ländern Europas, Asiens und Afrikas sowie in den Vereinigten Staaten von Amerika befanden, entwickelten unter diesen so veränderten Lebensbedingungen neue kulturelle Werte, wobei sie aber auch das Erbe der polnischen Kultur und die ihr eigenen Traditionen pflegten. Wir sind uns der Besonderheit dieses Phänomens bewußt. Dennoch wollen wir uns bei unseren Betrachtungen auf die polnische Kultur in der Konspiration während der deutschen Besatzung beschränken, die sich zwar verborgen vor den Augen des Besatzers entfaltete, aber nicht weniger vielseitig und vielfältig war und die sich sowohl in spontanen Formen äußerte, als auch in organisierter, initiierter und geleiteter Weise. Besonders beachtenswert erscheint die Tatsache des Schutzes, der Bildung und der Verbreitung kultureller Inhalte in einer Gesellschaft, die nach dem Willen des Besatzers zur geistigen Verkümmerung, intellektuellen Degenerierung und völligen kulturellen Auslaugung verurteilt war, ehe die sog. Führungsschichten endgültig physisch vernichtet werden sollten. Der Begriff der Führungsschichten wurde in der nationalsozialistischen Praxis sehr weit ausgelegt und umfaßte bekanntlich alle Polen von der mittleren Schulbildung an aufwärts.

Zum Zeitpunkt des Kriegsausbruchs bestanden in Polen 28

Hochschulen mit ungefähr 50000 Studenten, 824 Professoren und Dozenten und 1836 Assistenten, Lektoren und anderen wissenschaftlichen Mitarbeitern. Jährlich wurden in Polen nahezu 6200 akademische Abschlußdiplome verliehen. Allein in den vier größten Universitätsstädten – Warschau, Krakau, Lublin und Posen, die als erste die Grausamkeit der nationalsozialistischen Besatzung zu spüren bekommen sollten – studierten an 17 Hochschulen über 35000 junge Leute, davon ca. 1400 an der Katholischen Universität Lublin. Über 200000 Schülerinnen und Schüler wurden an 850 allgemeinbildenden Oberschulen und pädagogischen Akademien unterrichtet[1]. Alle erwähnten Schulen, Akademien und Hochschulen wurden von der Besatzungsmacht geschlossen und jeglicher Privatunterricht wurde verboten. Die Zahl der Grundschulen, die für Kinder bis 14 Jahre bestimmt waren, wurde auf ein Drittel des Vorkriegsstandes verringert, so daß auf einen Lehrer 60, 70, ja sogar 100 Kinder entfielen. In den noch bestehenden Grundschulen wurde der Unterricht in polnischer Literatur, Geschichte und Erdkunde verboten. Eine konsequente physische Vernichtung der Lehrerschaft begleitete diesen Kampf mit dem Schulwesen. Im Laufe der fünf Besatzungsjahre fielen den nationalsozialistischen Exterminationsaktionen 28,5% der Professoren und wissenschaftlichen Mitarbeiter an Hochschulen zum Opfer, sowie 13,1% der Gymnasial- und Oberschullehrer. Die Verluste an Gebäuden und Ausstattung der Hochschulen, Schulen und wissenschaftlichen Institute betrugen 43% im Vergleich zum Vorkriegsstand. Zerstört wurden über 14% der damals existierenden Museen und 34% der 103 Theatergebäude. Die Verluste der wissenschaftlichen Bibliotheken betrugen mindestens 1700000 bibliographische Einheiten; diese Bestände wurden entweder geraubt und nach Deutschland ausgeführt oder aber planmäßig vernichtet. In ähnlicher Weise verschwanden 8,5 Millionen Bände aus Schulbibliotheken[2]. Die Verluste der privaten Sammlungen waren nicht geringer, manchmal aber sogar noch höher. Einen empfindlichen Schlag erlitten die polnischen Archive. Ein Teil der wertvollen Archivbestände wurde bereits in der ersten Phase der Besatzung ausgegliedert und nach Deutschland überführt. 10–15% aller in Warschau befindlichen Archivalien sind während des Warschauer Aufstandes im August und September 1944 ein Raub der Flammen geworden. Nach der Kapitulation Warschaus haben die Nationalsozialisten gezielt einige der wichtigsten und noch nicht zerstörten

Archive mit allen darin gelagerten Beständen in Brand gesteckt. Allein in den sechs größeren Archiven der polnischen Hauptstadt betrugen die unwiederbringlichen Verluste 4412000 archivalische Einheiten.

Bereits vor dem Polenfeldzug wurde ein Programm zur Ausraubung polnischer Kunstsammlungen erstellt. Nationalsozialistische Kunsthistoriker haben planmäßig polnische Museen durchforscht. So wurden beispielsweise wertvolle Kunstschätze im besetzten Warschau auf der Grundlage der vor dem Kriege erstellten Notizen von Professor Dagobert Frey aus Breslau konfisziert. Unter den Institutionen, die zu verschiedenen Zeitpunkten mit dem Ziel gegründet wurden, Kunstgüter und Archive in den besetzten Ländern Europas für eine eventuelle Konfiszierung zu registrieren, spielte in Zentralpolen eine Gruppe von Kunsthistorikern unter der Leitung von SS-Obergruppenführer Dr. Kajetan Mühlmann eine besondere Rolle. Mühlmann, der im Oktober 1939 auf Geheiß von Göring zum »Sonderbeauftragten für die Erfassung und Sicherung der Kunst- und Kulturschätze Polens« ernannt und mit dem hohen Rang eines Staatssekretärs ausgestattet wurde, leitete zwei Fachgruppen, die die Raubaktionen realisierten. Der Gruppe, der die nördlichen Gebiete des Generalgouvernements oblagen und die ihren Sitz in Warschau hatte, stand sein Bruder, Josef Mühlmann, ein Kunsthistoriker aus Salzburg, vor. Unabhängig von dieser Gruppe durchforstete Dr. Hans Posse die Warschauer Sammlungen. Posse, der Direktor der Dresdner Gemäldegalerie war, verfügte über besondere Vorrechte und durfte die wertvollsten Kunstschätze zur Ausstattung des Führermuseums in Linz aussuchen. Wenn sich aber eine Gelegenheit bot, versuchte er gute Stücke nach Dresden bringen zu lassen, so z.B. die geretteten Teile der Inneneinrichtung des Warschauer Königsschlosses. In Warschau sah sich auch SS-Sturmbannführer Wolfram Sievers um, der einerseits im Namen des Generalbevollmächtigten zur Sicherung deutschen Kulturgutes in den eingegliederten Ostgebieten auftrat, andererseits Direktor der angeblich wissenschaftlichen Forschungsgesellschaft »Das Ahnenerbe e.V.« war, einer bereits 1937 gegründeten Gesellschaft, die der Festigung der These von der deutschen »Herrenrasse« durch »Erforschung des geistigen Raumes, der Taten und des Erbes der nördlichen Rasse der Indogermanen« dienen sollte. Während des Krieges gehörten u.a. auch Kunstraubaktionen zu den Aufgaben dieser Institution. Ihr diesbezügliches Betätigungsfeld umfaßte hauptsächlich, aber nicht ausschließlich die ins Reich eingegliederten Gebiete.

Die nationalsozialistischen Wissenschaftler stellten die Ergebnisse der ersten Phase ihrer Plünderungsaktion 1940 in einem dickleibigen, reich illustrierten Katalog der wertvollsten Objekte dar, der sog. »Ersten Wahl«. Der Katalog trug den unschuldigen Titel *Sichergestellte Kunstwerke*. Unter den Verfassern des Katalogs befanden sich auch einige der am Kunstraub direkt beteiligten Personen: Dr. Gustav Barthel aus Breslau, Dr. Anton Kraus aus Wien, Dr. Werner Küdlich aus Troppau, Dr. Erich Meyer-Heisig aus Breslau, Dr. Josef Mühlmann aus Salzburg, Dr. Günther Otto aus Breslau, Dr. Karl Pollhammer aus Wien und Rudolf Prihoda aus Troppau.

Die polnischen Massenmedien – Presse und Rundfunk – wurden von der Besatzungsmacht vollkommen lahmgelegt. Bekanntlich war es Polen verboten einen Rundfunkempfänger zu besitzen. Verlautbarungen und Verordnungen des Okkupanten wurden mit Hilfe von öffentlich aufgestellten Lautsprechern bekanntgegeben. Alle polnischen Verlage, die vor dem Kriege jährlich 8700 Buchtitel (so beispielsweise im Jahre 1938) in einer Gesamtauflage von 30 Millionen Exemplaren auf den Markt brachten, wurden geschlossen; ebenso die polnische Presse, die 1939 rund 2700 Zeitungs- und Zeitschriftentitel mit einer Auflage von ca. 11 Millionen Exemplaren umfaßte. Ihre Stelle sollten Zeitungen einnehmen, die der Okkupant in polnischer Sprache herausgab. Sie erreichten aber zu keinem Zeitpunkt eine Auflagenhöhe von mehr als 700000 Exemplaren. Bei den von den Deutschen herausgegebenen Publikationen überwogen propagandistische Broschüren mit antisemitischem und antikommunistischem Inhalt[3]. Auch andere Institutionen des polnischen Kulturlebens wurden zerstört und geschlossen. Schauspiel und Theater waren verboten, die polnische Filmproduktion wurde eingestellt. Erlaubt war dagegen – nicht von ungefähr – reines Unterhaltungstheater mit trivialen Stücken und politisch zensierte deutsche Filme.

Alle wissenschaftlichen, künstlerischen und kulturellen Vereine, Gesellschaften und Verbände mußten ihre Arbeit einstellen, ähnlich wie alle anderen Institutionen des polnischen öffentlichen Lebens. Lediglich die katholische Kirche, die in Polen traditionsgemäß eine große Rolle spielt, konnte sich einen gewissen, sehr begrenzten Handlungsfreiraum bewahren – und auch das nur im Generalgouvernement innerhalb der Kirchenmauern. Ständige Repressionen gegenüber der Geistlichkeit und den Klöstern waren die Folge. Über 2600 katholische Geistliche haben hierbei – nach unvollständigen Angaben – ihr Leben verloren; das entspricht 27% der Geistlichkeit. Viele waren zeitlich begrenzten Repressionen ausgesetzt (Verhaftungen, Umsiedlungen), wobei die Diözesen am stärksten betroffen waren, die in den dem Reich inkorporierten Gebieten lagen[4].

Die beschriebenen Lebensbedingungen machen deutlich, daß jedwede polnische kulturelle Tätigkeit nur unter Wahrung strengster Geheimhaltung möglich war, wobei zur Tarnung selbstverständlich andere Beschäftigungen vorgeschoben werden mußten.

Um das Funktionieren des vielfältigen kulturellen Lebens im besetzten Polen zu verstehen, ist es notwendig sich über die Grundeinstellung der Menschen – und zwar nicht nur der Intellektuellen, sondern auch der Arbeiter und Bauern – im klaren zu sein. Diese Grundeinstellung läßt sich in folgenden Punkten festhalten: Polen ist besetzt, nachdem es dem Aggressor nicht hatte standhalten können, obwohl es im September 1939 sein Recht auf Unabhängigkeit, Souveränität und Freiheit des Einzelnen zu verteidigen suchte. Der deutsche Aggressor repräsentiert nicht nur eine fremde Übermacht, sondern auch ein totalitäres System mit ausgesprochen degenerierten Zügen. Die Besatzung ist eine vorübergehende Erscheinung, auch wenn sie schwer zu ertragen, schmerzlich, ja tragisch ist. Es müssen – wenn notwendig – auch schwerste Opfer voller Zuversicht auf einen raschen Sieg der gerechten Sache, d.h. der Wiedererlangung der Unabhängigkeit auf sich genommen werden. Es gibt keine politische Verständigung mit dem Okkupanten und es kann keine geben. Es existiert keine polnische politische Kollaborationskörperschaft in Form eines Regierungsersatzes. Dagegen besteht eine legale und handlungsfähige Repräsentation des polnischen Staates. Diese besteht aus dem Präsidenten der Republik Polen und einer in Übereinstimmung mit dem geltenden Recht einberufenen polnischen Regierung, die ihren Sitz zeitweise in der Emigration auf dem Gebiet befreundeter und mit Polen durch politische und militärische Verträge verbundener Staaten hat – vom 30. 9. 1939 bis zur Niederlage Frankreichs in Paris und Angers, seit dem 19. 6. 1940 in London. Dieser Regierung untersteht die im Herbst 1939 in Frankreich und anschließend in Großbritannien wiederaufgestellte polnische Armee, die bereits seit 1940 an verschiedenen Fronten in Frankreich und Norwegen, aber auch auf dem Meere und in der Luft in den Kämpfen gegen das Dritte Reich eingesetzt worden war. Im polnischen Untergrund wirken – im unterschiedlichen Ausmaß – alle vor dem Kriege bekannten politischen Parteien und Gruppierungen. Zugleich entstehen neue Zentren politischen Denkens. Das konspirative Leben im besetzten Polen ist durch einen politischen und weltanschaulichen Pluralismus gekennzeichnet. Dies spiegelt sich auch im Verhältnis zur Regierung und ihren Entscheidungen wider. Alle Parteien und politischen Gruppen würdigen jedoch vollauf die Bedeutung der Tatsache, daß in der freien Welt eine Vertretung der polnischen Interessen besteht. Im besetzten Warschau wirken die Regierungsdelegatur und der ihr untergeordnete zivile Verwaltungs- und Planungsapparat. Der Drang sich der geheimen militärischen Widerstandsbewegung anzuschließen ist weit verbreitet. Die konspirativ aufgebaute, mehrere hunderttausend Mann starke Heimatarmee untersteht dem Obersten Befehlshaber der Polnischen Armee. Die zahlreichen spontanen Widerstandsinitiativen, die bereits in den ersten Okkupationswochen entstanden, verbanden sich im Laufe der Zeit mit den von der zivilen und militärischen Untergrundbewegung organisierten und geleiteten Aktionen. Dies trifft vor allem auf Aktivitäten im kulturellen Bereich zu.

Das polnische Kulturleben im Untergrund bestand und entwickelte sich auf drei Ebenen, die jedoch zusammen ein Ganzes darstellten:

1. Dem Bestreben die kulturelle Substanz der vom Untergang bedrohten Nation zu erhalten; das bedeutete also einerseits, die besonders von der physischen Vernichtung bedrohten Persönlichkeiten des Kulturlebens zu retten, andererseits aber auch das Kulturbewußtsein in der Bevölkerung zu bewahren und schließlich die Kulturgüter – Denkmäler, Kunstschätze, Archivalien und Bücher in öffentlichen und privaten Sammlungen – vor Vernichtung und Raub zu schützen.

2. Den aktuellen Aktivitäten, die sich in der Einbeziehung von Kunst und Kultur im weitesten Sinne des Wortes in den Widerstand gegen die Besatzungsmacht äußerten. Das Beispiel des Kampfes und Widerstandes beherrschte nämlich das Kulturleben; die militärische und politische Tätigkeit in den bereits erwähnten Formationen der polnischen Untergrundbewegung förderte die Entwicklung bestimmter Normen in Haltung und Handlungsweise sowie die Festigung des Bewußtseins nationa-

ler Würde; sie förderte außerdem die Herauskristallisierung einer klaren Hierarchie der Ziele und eine Hebung der persönlichen Verantwortung sowohl der Kulturschaffenden, als auch aller am kulturellen Leben Interessierter.

3. Der Zukunftsarbeit, also der Entwicklung von Perspektiven für das Leben der Nation in einem künftigen freien polnischen Staat und der Erarbeitung von Konzeptionen und Programmen für Bildung und Wissenschaft, Kunst und Kultur.

Eine besondere Rolle sollte in Ebene 1 und 3 das weitverbreitete geheime Schulwesen spielen. Das Gros der Lehrerschaft hatte nämlich die von der Besatzungsmacht angeordnete Schließung der Schulen und das Verbot von Privatunterricht schlicht nicht zur Kenntnis genommen. Der Unterricht wurde nach wenigen Wochen oder Monaten, manchmal sogar nach wenigen Tagen in Privatwohnungen wiederaufgenommen. In kleinen Gruppen, die nur selten mehr als zehn Kinder oder Jugendliche umfaßten, wurde Mittelschul- und Gymnasialunterricht erteilt und es wurden Universitätsvorlesungen und Seminare abgehalten. Diese spontane Aktion, die von der Vereinigung aller vor dem Kriege in Polen bestehenden Lehrerverbände koordiniert wurde, übernahm nach mehreren Monaten das Departement für Bildung und Kultur der Regierungsdelegatur.

Das allgemeinbildende Schulwesen erreichte im Untergrund imponierende Ausmaße. Im Schuljahr 1942/43 unterrichteten in vier Distrikten des Generalgouvernements in allgemeinbildenden, geheimen Schulen 5625 Lehrer 48608 Schüler, im darauffolgenden Schuljahr 1943/44 waren es schon 7168 Lehrer und 60660 Schüler. Zum Vergleich sei hier angemerkt, daß vor dem Kriege in den selben Gebieten ca. 90000 Schüler allgemeinbildende Schulen besuchten. Das geheime polnische Schulwesen hat also in der Zeit des größten Terrors im besetzten Zentralpolen ca. 70% der Vorkriegsschülerzahl erreicht. Unterricht wurde während geheimer Treffen in Privatwohnungen erteilt, aber auch – und zwar von Jahr zu Jahr in stärkerem Maße – in als Berufsschulen getarnten Räumlichkeiten, denn Berufsschulen wurden da und dort von der Besatzungsmacht zugelassen. Die Schüler und Absolventen geheimer Schulen erhielten vorläufige Zeugnisse, in denen der Abschluß bestimmter Klassen bestätigt wurde; es wurden auch Reifeprüfungen abgelegt und Abiturzeugnisse mit der Versicherung ausgestellt, daß sie nach dem Kriege in Polen voll anerkannt sein werden.

In einigen von einander unabhängigen Zentren erfolgte die

Ausbildung der Mittelschul- und Gymnasiallehrer, wie auch die Fortbildung künftiger Pädagogikdozenten. Allein im Kreis Warschau wurden in der Form anfangs ungefähr 200 Kandidaten ausgebildet. Daraufhin wurde diese Aktion auf das ganze Generalgouvernement ausgeweitet.

In ähnlicher, streng konspirativer Weise wurden Universitätsstudien durchgeführt. Vorlesungen und Übungen fanden in kleinen, einige wenige Personen umfassenden Gruppen in Privatwohnungen statt. Nach den tragischen Erfahrungen der ersten Besatzungswochen erwiesen sich solche Vorsichtsmaßnahmen als notwendig. Die ersten Verhaftungen von Universitätsdozenten erfolgten nämlich in Posen bereits einen Tag nach der Besetzung der Stadt durch die Deutschen am 10. September 1939. Viele der verhafteten Gelehrten fanden im Gefängnis den Tod. Ermordet wurden u.a. der hervorragende Physiker und Dekan der medizinischen Fakultät der Universität Posen, Prof. Stanisław Kalandyk, der in Europa hochgeschätzte Geograph und Verfasser von ca. 300 wissenschaftlichen Arbeiten, Prof. Stanisław Pawłowski sowie die Professoren Edward Klich von der philosophischen Fakultät und Romuald Paczkowski von der juristisch-ökonomischen Fakultät, der Pädagoge Dr. Ludwik Posadzy und der Strafrechtler Dr. Tadeusz Kuczma. Es folgten bald weitere Opfer, so daß die Zahl der Ermordeten, Gefallenen, in Lagern und Gefängnissen zu Tode gequälten und infolge unmittelbarer Kriegseinwirkungen gestorbener Professoren und Dozenten der Posener Universität auf 39 Personen anstieg. Zu beklagen war darüber hinaus der Tod von 26 Lehrbeauftragten und weitere Opfer unter dem Verwaltungspersonal. Im Winter 1939/40 wurden die meisten Wissenschaftler zusammen mit allen übrigen Angehörigen der Intelligenzschicht zwangsweise aus Posen ins Generalgouvernement umgesiedelt. Diese Umsiedlungsaktion fand unter unmenschlichen Bedingungen in unbeheizten Güterwaggons bei klirrendem Forst statt. Nicht alle waren solchen Strapazen gewachsen. So starb u.a. Prof. Michał Sobeski, ein bekannter Philosoph und Mitbegründer der Posener Universität am 14. Dezember 1939 an einer Lungenentzündung, die er sich bei dieser »Reise« zuzog.

Die Räume der Universität wurden mit aller Brutalität nach dem Motto: »Weg mit dem polnischen Dreck!« verwüstet. Die Universitätsbibliothek wurde durch die Gestapo versiegelt, das Collegium Medicum in einen Sitz der deutschen Polizei umgewandelt: die neuen Hausherren verbrannten die polnischen Bücher, warfen die Mikroskope aus dem Fenster, vernichteten die im Hause und in den anderen Gebäuden der Universität befindlichen Sammlungen, bevor die Reste der Apparaturen und der wissenschaftlichen Ausstattung nach Deutschland überführt wurden.

Am 20. April 1941 – dem Geburtstag Adolf Hitlers – wurde unter großer öffentlicher Anteilnahme die Gründung der Reichsuniversität Posen verkündet. SS-Sturmbannführer Dr. Peter Johannes Carstens wurde zum Rektor der neuen Hochschule ernannt. Er war vom Beginn der Besatzung Posens an im dortigen Siedlungsstab, einer Außenstelle des Rasse- und Siedlungshauptamtes in Berlin, beschäftigt und zeichnete sich bei der Zwangsvertreibung der Polen und Juden aus. Einige Dutzend der neuernannten Professoren, meistens fanatische Nationalsozialisten, bekamen ihre ersten Lehrstühle.

Im Anatomischen Institut dieser deutschen Universität verbrannte man etwa 8000 Leichen, nämlich die der von der Gestapo füsilierten und erhängten Polen und Juden. Als Ausdruck der moralischen Haltung mancher deutschen Wissenschaftler zu diesen Ereignissen auf dem Gelände der Universität kann man die Notizen des Anatomieprofessors der Medizinischen Fakultät der Reichsuniversität Posen Prof. Dr. Hermann Voss (bis 1939 wissenschaftlicher Mitarbeiter des Anatomischen Institutes Leipzig) aus seinem unversehrt gebliebenen Tagebuch entnehmen: »Gestern habe ich mir den Leichenkeller und den Verbrennungsofen, der auch im Keller ist, angesehen. Dieser Verbrennungsofen war für die Beseitigung von Leichenteilen bestimmt, die von den Präparierübungen übrigblieben. Jetzt dient er dazu, um hingerichtete Polen zu veraschen. Fast täglich kommt jetzt das graue Auto mit den grünen Männern, d.h. SS-Männern von der Gestapo, und bringt Material für den Ofen. Da er gestern nicht in Betrieb war, konnten wir hineinschauen. Es lag drin die Asche von 4 Polen. Wie wenig doch von einem Menschen übrigbleibt, wenn alles Organische verbrannt ist! [...] Die Polen sind augenblicklich wieder sehr frech und infolgedessen hat unser Ofen viel zu tun. Wie schön wäre es, wenn man die ganze Gesellschaft durch solche Öfen jagen könnte!« (15. 6. 1941) Vier Tage später schrieb derselbe deutsche Wissenschaftler: »Gestern wurden zwei Wagen voller Polenasche abgefahren. – Vor meinem Arbeitszimmer blühen jetzt wunderschön die Robinien, gerade so wie in Leipzig.« (19. 6. 1941)[5]

In Krakau, der nach Warschau zweitgrößten – und wichtigsten polnischen Universitätsstadt, hatte der Akademische Senat der Jagiellonen-Universität die Eröffnung der Vorlesungszeit im November 1939 verordnet. Daraufhin verlangte Obersturmbannführer Müller von der Krakauer Einsatzgruppe der Sicherheitspolizei vom Rektor, für den 6. November 1939 eine Vollversammlung der Professoren und Lehrbeauftragten einzuberufen, um – wie er sagte – ihnen »den deutschen Standpunkt zur Wissenschaft und zum Hochschulwesen zu erläutern«. Die versammelten 183 Personen – Professoren, Dozenten, Assistenten der Jagiellonen-Universität und der Bergbau-Akademie, einer anderen Hochschule Krakaus – wurden dabei heimtückisch verhaftet.

Dieser Terrorakt gegenüber dem Lehrkörper einer der ältesten Universitäten Europas bewegte nicht nur die öffentliche Meinung im besetzten Polen, sondern auch in vielen anderen Ländern des Westens, die sich bereits im Krieg mit Deutschland befanden oder sich noch neutral verhielten. Im Konzentrationslager äußerte sich Prof. Stanisław Estreicher, ehemals Rektor der Jagiellonen-Universität in Krakau, im Dezember 1939 – kurz vor seinem Tode – zu einigen seiner mitgefangenen Kollegen sehr treffend über die eingetretene Lage: »In der Geschichte der Krakauer Alma Mater ist ein ehrenvolles Blatt aufgeschlagen worden. Von euch allen, die ihr hier gefangen seid, wird es abhängen, wie dieses Blatt zu Ende geschrieben sein wird. Die ganze zivilisierte Welt blickt auf euch. Ihr dürft euch unter keinen Umständen der Übermacht beugen.«[6]

Wie wir heute wissen, hatten die Deutschen – die damals noch bemüht waren, einen gewissen Schein zu wahren – unter dem Druck der zivilisierten Weltöffentlichkeit zwischen Februar 1940 und Oktober 1941 die Mehrheit der am 6. November 1939 verhafteten Personen entlassen. Nichtsdestoweniger verloren 15 der führenden Persönlichkeiten der polnischen Wissenschaft aus Krakau durch menschenunwürdige Lebensbedingungen ihr Leben, oder wurden ermordet; weitere 16 Personen verstarben bald danach an den Folgen der Lagerhaft.

Unter den Opfern dieses Verbrechens befanden sich u. a. die Professoren Ignacy Chrzanowski, ein hervorragender Kenner der polnischen Literaturgeschichte, Stanisław Estreicher, ein führender Forscher auf dem Gebiet der westeuropäischen Rechtsgeschichte, Stefan Kołaczkowski, ein bekannter Literaturhistoriker, Kazimierz Kostanecki, ein ausgezeichneter Anatom und Chirurg, ehemaliger Vorsitzender der Polnischen Akademie der Wissenschaften und Rektor der Jagiellonen-Universität in Krakau, Jan Nowak, ein berühmter Geologe und Paläontologe, Leon Sternbach, weltweit geachteter Altphilologe, Michał Siedlecki, Zoologe und ehemaliger Rektor der Stefan-Batory-Universität in Wilna, Władysław Takliński, ehemaliger Rektor der Bergbauakademie, Jan Włodek, eine Autorität auf dem Gebiet der Agronomie sowie der Philosophiedozent Joachim Metallmann, der Geograph Wiktor Ormicki und der Astronom und Entdecker eines Kometen Antoni Wilk. Alle waren sie Mitglieder zahlreicher europäischer wissenschaftlicher Gesellschaften[7].

Einige Tage nach den lautstarken Ereignissen in Krakau führten die Deutschen eine ähnliche – obwohl in ihrem Umfang geringere – Terroraktion in Lublin gegen die Professoren der Katholischen Universität durch, die ihren Lehrbetrieb nach einem Beschluß des Senats bereits am 6. Oktober aufgenommen hatten. Am 9. November wurden der Rektor Dr. Antoni Szymanski sowie 14 Professoren und Dozenten verhaftet und in das Gefängnis im Schloß eingeliefert. 10 von ihnen wurden nach einigen Monaten wieder freigelassen. Der Rechtsphilosoph Czesław Martyniak und der Geistliche und Theologieprofessor Michał Niechaj wurden zusammen mit einer Gruppe der Lubliner Intelligenz am 23. Dezember 1939 ermordet. Im Konzentrationslager Sachsenhausen verblieb bis 1945 der in Fachkreisen hochgeschätzte Sprachwissenschaftler Władysław Kuraszkiewicz. Das Universitätsgebäude wurde in eine Kaserne und später in ein Militärkrankenhaus umgewandelt. Die Bibliothek wurde zum größten Teil vernichtet.

Nach der Besetzung Lembergs wiederholten sich dort Anfang Juli 1941 die bereits aus anderen polnischen Städten bekannten Terrorakte gegen Wissenschaftler. Das Vorgehen wurde jedoch verbessert. Um Überraschungen und eventuelle Publizität zu vermeiden, wurden am 4. Juli 1941 in aller Heimlichkeit 41 Personen – Professoren der Jan-Kazimierz-Universität, der Lemberger Technischen Hochschule und der Veterinärakademie zusammen mit ihren Familienangehörigen – erschossen. Unter den in Lemberg ermordeten Professoren befanden sich weltberühmte Gelehrte, wie z.B. Dr. Antoni Cieszyński, eine Kapazität auf dem Gebiet der Stomatologie, Verfasser von über 370 wissenschaftlichen Beiträgen, Dr. Stanisław Pilat, Spezialist in der Erdöltechnologie, die Mathematiker Włodzimierz Stożek und Antoni Łomnicki, die Ärzte Dr. Władysław Dobrzaniecki, Prof. Jan Grek, Prof. Witold Nowicki, Prof. Tadeusz Ostrowski, Prof. Adam Sołowij und Prof. Włodzimierz Sieradzki, der Rektor der Lemberger Technischen Hochschule Prof. Włodzimierz Krukowski und der Universitätsrektor Prof. Roman Longchamps de Berrier mit dreien seiner Söhne, sowie der bekannte Schriftsteller, Übersetzer und Professor für französische Literatur, Tadeusz Boy-Żeleński[8].

Die Akte der Gewalt und des Unrechts vermochten jedoch nicht die Schar der Professoren der Warschauer Universität sowie die ausgesiedelten Gelehrten aus Posen einzuschüchtern. Mittellos, ihrer Arbeitsstätten beraubt und von Zwangsmaßregeln bedroht waren sie entschlossen ihre wissenschaftlich-erzieherische Arbeit fortzusetzen. Einige Professoren begannen bereits im November 1939 in ihren Privatwohnungen mit Vorlesungen für Vorkriegsstudenten der letzten Semester. Zu Beginn des Jahres 1940 studierten auf diese Weise kaum hundert Studenten. In der Zwischenzeit wuchs die Zahl der Studienanwärter. Die Abiturienten des Jahres 1939 sowie die jüngeren Semester waren der Möglichkeit beraubt, ihr Studium fortzusetzen; im Juni 1940 aber führte man bereits die ersten konspirativen Reifeprüfungen durch mit den Schülern der geheimen Unterrichtsgruppen (Komplets). Also organisierten die Professoren der Warschauer Universität im Herbst 1940 geheime Komplets für die Anwärter des ersten Studienjahres.

Die Organisatoren des geheimen Unterrichts mußten viele Schwierigkeiten überwinden: das Auftreiben von Finanzmitteln, das Auffinden von konspirativen Räumlichkeiten, das Ausarbeiten geeigneter Methoden für die Kandidatenauslese und vor allem die Ausarbeitung von didaktischen Methoden für Vorlesungen und Übungen ohne wissenschaftliche Hilfsmittel. Bibliotheken und Laboratorien befanden sich unter deutscher Kontrolle. In dieser Situation nahmen zunächst die Professoren der philosophischen Fakultät ihre Arbeit wieder auf, wobei mehrere selbständige Sektionen geschaffen wurden. Zahlenmäßig am stärksten war die Sektion der polnischen Philologie, die Prof. Julian Krzyżanowski initiierte, organisierte und leitete. Im Herbst 1940 sammelte Prof. Krzyżanowski eine kleine Gruppe von einem guten Dutzend junger Studenten der Polonistik um sich. Nach drei Jahren umfaßte die polonistische Sektion schon ca. 200 Hörer aller Studienjahrgänge. Gleichzeitig wurden Studiengänge in Geschichte, Kunstgeschichte, Pädagogik, Philosophie, Altphilologie und Romanistik eingerichtet. In der mathematisch-naturwissenschaftlichen Fakultät wurden allmählich Studienmöglichkeiten im Bereich der Mathematik, Physik, Chemie, Geographie und Biologie geschaffen. Unter Leitung von Prof. Piotr Chojnacki reaktivierte sich im Untergrund auch die Fakultät der katholischen Theologie.

Parallel zur Entwicklung der konspirativen Tätigkeit der Warschauer Universität, konstituierten sich im besetzten Warschau auch einige Fakultäten der Posener Universität. In Warschau ließen sich nämlich nicht nur viele der aus Großpolen ausgesiedelten Professoren und wissenschaftlichen Mitarbeiter nieder, sondern auch eine große Zahl der akademischen Jugend aus Pommern, Großpolen und Schlesien. Das geheime Organisationskomitee der Posener Hochschule in Warschau, dem der Geistliche Maksimilian Rode als Leiter des Schul- und Bildungsbüros der Regierungsdelegatur für die Westgebiete, die Professoren Roman Pollak und Ludwik Jaxa-Bykowski sowie die Dozenten Władysław Kowalenko und Witold Sawicki angehörten, beschloß im Herbst 1940 eine möglichst rasche Wiederaufnahme der wissenschaftlichen und pädagogischen Arbeit. Diese neue konspirative Hochschule wurde »Universität der Westgebiete« genannt. In dieser Bezeichnung wurde die Überzeugung ausgedrückt, daß »der Kampf mit den Deutschen um die seit alters her bestehenden Rechte der polnischen Nation geführt wird, in den Westgebieten Polens leben und arbeiten zu können«; aus diesem Grunde sollte sich – nach dem Bericht eines der Mitbegründer dieser konspirativen Hochschule, W. Kowalenko – »dieser politische und ideologische Gesichtspunkt im Namen, aber auch im Lehrprogramm dieser Hochschule widerspiegeln, insbesondere in den humanistischen Fächern.«[9] Die Pflichten des Rektors der Universität der Westgebiete übernahm zunächst Prof. Ludwik Jaxa-Bykowski und später Prof. Roman Pollak. Ähnlich wie auf der Warschauer Untergrund-Universität bildete auch hier die philosophische Fakultät den Mittelpunkt und galt als beispielhaft für die Arbeit der anderen Fakultäten. In kurzer Zeit fanden sich ungefähr 200 Studenten ein, die ein Studium in den Fachrichtungen Polonistik, Romanistik, Geschichte, Philosophie, Psychologie, Pädagogik und Soziologie aufnahmen.

Eine besondere Rolle spielte in Warschau die juristische Fakultät, die vor dem Kriege zu den zahlenmäßig stärksten gehörte. Die Professoren Roman Rybarski und Józef Rafacz, beide waren vor dem Krieg längere Zeit Dekan ihrer Fakultät, organisierten die Fortsetzung der Universitätsarbeit im Untergrund. Im Mai 1941 wurde Prof. Rybarski von der Gestapo verhaftet und ins Konzentrationslager Auschwitz gebracht; er fand dort im März 1942 den Tod. Die von ihm begonnene Arbeit entwikkelte sich jedoch weiter, so daß sich in Warschau gegen Ende der Okkupation nahezu 600 Studenten unter Leitung von Prof. J. Rafacz – bei gleichzeitiger Verbindung der beiden Universitäten, der Warschauer und der Posener – der Jurisprudenz widmeten. 54 konspirativ abgelegte Magisterexamen und eine Promotion bildeten die Krönung dieser Bemühungen.

Im Jahre 1942 wurde an der Universität der Westgebiete zum ersten Mal in der Geschichte der polnischen Wissenschaft ein dreijähriges, ökonomisch-meereskundliches Spezialstudium eingerichtet, das für die Nachkriegszeit ökonomisch-administrative Arbeitskräfte für den Bereich der Ostseeküste ausbilden sollte.

Die Medizinstudenten, die bereits vor dem Kriege ihr Studium begonnen hatten, befanden sich in den ersten Okkupationsmonaten in einer etwas besseren Lage als Hörer anderer Fächer. Es gelang nämlich für sie konspirative Übungen und Vorlesungen unter dem Vorwand einer Arbeit im Krankenhaus zu organisieren. Um die Schulung neuer, in großer Zahl nachdrängender Kandidaten für den Arztberuf zu ermöglichen, wurden Versuche unternommen eine behördlich genehmigte Berufsschule in einer der Medizin verwandten Fachrichtung aufzubauen. Schließlich gelang es Jan Zaorski, der sein Vorgehen mit dem konspirativen Abteilungsrat der Medizinischen Fakultät der Warschauer Universität abstimmte, im Frühjahr 1941 von den deutschen Behörden eine Erlaubnis zur Eröffnung einer zweijährigen privaten Berufsschule für sanitäres Hilfspersonal zu bekommen. Die wissenschaftliche Leitung übernahm Prof. Franciszek Czubalski, mehrmaliger Dekan der medizinischen Fakultät und ehemaliger Prorektor der Warschauer Universität. Das Schulprogramm, das theoretisch Feldschere und Laboranten ausbilden sollte, entsprach in der Tat den beiden ersten Medizinstudienjahren an der Universität. Als das hohe Unterrichtsniveau der Schule entdeckt worden war, griff der Okkupant zum Mittel der Schikane: es wurden alle Unterrichtshilfen konfisziert und die Schule wurde öfters zwangsweise verlegt. Dennoch studierten hier in den Jahren 1941–1944 insgesamt ca. 2000 Studenten, von denen ein großer

Teil nach dem Krieg das Medizinstudium abschloß. Unabhängig davon wurde an der Universität der Westgebiete ein konspiratives Medizinstudium eingerichtet, das unter Leitung von Prof. Adam Wrzoska über 600 Studenten hatte. Die Studenten der konspirativen Kurse und die Hörer der Berufsschule absolvierten gemeinsam ein Praktikum in einigen Warschauer Krankenhäusern. Sie konnten dort Übungen abhalten und sogar manche Prosektoriumsarbeiten ausführen. Dies alles war nur dank einer breiten Mitarbeit der Ärzteschaft möglich. In ähnlicher Weise wie die sog. Zaorski-Schule entstanden in Warschau noch einige weitere, vom Okkupanten zugelassene Berufsschulen mit technischer, kaufmännischer und gärtnerischer Ausrichtung, an denen in Wirklichkeit Vorlesungen und Übungen auf akademischem Niveau nach dem normalen Studienplan der Warschauer Technischen Hochschule, der Handelsakademie oder der Landwirtschaftsakademie abgehalten wurden. Die Arbeitserfolge dieses Unterrichts waren beachtlich. Zur Illustration sei erwähnt, daß 186 Personen das Abschlußdiplom der im Untergrund arbeitenden Warschauer Technischen Hochschule erlangten, darüber hinaus wurden 18 Promotions- und 14 Habilitationsverfahren durchgeführt. An der Landwirtschaftsakademie, einer vergleichsweise kleinen Lehranstalt, wurden während der Zeit der konspirativen Tätigkeit 27 Ingenieurdiplome (der niedrigste akademische Grad dieser Lehranstalt) und Doktorgrade vergeben[10].

In Krakau, das von den Nationalsozialisten zum Sitz des Generalgouverneurs Hans Frank erkoren worden war, konnte der konspirative Universitätsunterricht wegen der empfindlichen Verluste, die die Professorenschaft der Jagiellonen-Universität erlitten hatte, erst mit Verspätung aufgenommen werden. Dennoch begann Prof. Mieczysław Małecki im Frühjahr 1942 auch in Krakau mit dem Aufbau einer Geheim-Universität. Mit der Zeit beteiligten sich an dieser Aktion ca. 130 Dozenten, die über 800 Hörer in der juristischen, theologischen, medizinischen, landwirtschaftlichen und philosophischen Fakultät hatten[11].

Andere Hochschulorte, die in den Grenzen Vorkriegspolens lagen – Lemberg und Wilna –, wurden von den Deutschen erst im Sommer 1941 im Zuge der aggressiven Kriegshandlungen gegen die Sowjetunion besetzt. Der geheime Unterricht an der Jan-Kazimierz-Universität in Lemberg, die vor dem Krieg über 6000 Hörer hatte, und an der Stefan-Batory-Universität in Wilna, die vor dem Krieg über 3500 Hörer hatte, wurde von Gruppen der dort verbliebenen polnischen Gelehrten 1942 organisiert. Trotz bedeutender Verluste der polnischen Intelligenz in diesen Zentren während der sowjetrussischen Besatzung 1939 bis 1941, studierten im Frühjahr 1944 bereits konspirativ in Lemberg ungefähr 150 Personen und in Wilna an die 260.

Insgesamt wird die Zahl der Studenten, die über einen längeren Zeitraum oder auch nur vorübergehend an den geheimen polnischen Hochschulen während der deutschen Besatzung studierten, auf 7000–9000 Personen geschätzt. Die konspirativen Studien konnten sich nur auf Grund einer enormen Anstrengung und Opferbereitschaft der Dozenten, einer ungewöhnlichen persönlichen Disziplin der Hörer und einer allgemeinen, solidarischen Unterstützung der ganzen Gesellschaft so entwickeln und so weite Kreise ziehen. Unter den Organisatoren und Dozenten der geheimen Hochschulen befanden sich nahezu alle polnischen Gelehrten, die noch im Lande waren und die mehrere Wissenschaftlergenerationen verkörperten. An dieser Aktion war sowohl Prof. Tadeusz Kotarbiński beteiligt, nach dem Kriege Präsident der Polnischen Akademie der Wissenschaften, als auch die damals jungen Wissenschaftler Aleksander Gieysztor oder Gerard Labuda, die im Untergrund ihre Doktorexamen ablegten und heute zu den Kapazitäten auf ihrem Gebiet gehören.

Das konspirative Studium wurde gemäß den Studienplänen der Vorkriegszeit für die polnischen Hochschulen durchgeführt, wobei die Pflichtstundenzahl für alle Hörergruppen durchschnittlich 8–10 Wochenstunden betrug. Mit Rücksicht auf die Sicherheit versammelte man sich in kleinen Gruppen bis zu 20 Personen; auf die Professoren und Dozenten entfielen ungefähr 18 Stunden didaktischer Arbeit in der Woche. Dies war eine ungeheuere Leistung unter den Bedingungen fortwährender Razzien, Polizeikontrollen auf den Straßen und äußerst schwieriger Verkehrsbedingungen. Denn die Vorlesungen fanden an verschiedenen Punkten der Stadt statt, manchmal auch am Stadtrand; auch die frühe Polizeistunde brachte Probleme mit sich. Im Herbst und im Winter schränkten die Deutschen die Stromzufuhr für die Stadtviertel ein, die von Polen bewohnt waren, und es fehlte an Heizmaterial für die Wohnungen. Man war gezwungen, die Zeit aufzuteilen zwischen Studium und Erwerbstätigkeit, sehr häufig schwerer physischer Arbeit. Dies betraf sowohl den größten Teil der studierenden Jugend als auch die Hochschullehrer.

Die beschriebenen Anstrengungen dienten sowohl der Bewahrung der kulturellen Substanz als auch einer Vertiefung der Motivation zum Widerstandskampf. Man muß an dieser Stelle bemerken, daß fast die gesamte studierende Jugend und häufig auch die Professoren gleichzeitig mit geheimen Unabhängigkeitsverbänden in Verbindung standen. Die Studenten und Studentinnen nahmen teil an der konspirativen militärischen Schulung, an Kampfhandlungen und Diversionstätigkeiten der Widerstandsbewegung, an den Arbeiten des geheimen Nachrichtendienstes und des Gesundheitswesens, am Redigieren und der Verbreitung der Untergrundpresse. Diese Umstände schufen eine zusätzliche Bedrohung sowohl für sie selbst als auch für ihre nächste Umgebung. Die Deutschen waren zwar nur schwach informiert über den tatsächlichen Umfang der konspirativen Hochschultätigkeit in Polen, aber es gibt Beweise, daß entsprechende Informationen an sie gelangten. Jedoch allein schon die Tatsache, daß Gruppen junger Leute in Privatwohnungen zusammentrafen, war im Falle der Entdeckung ausreichend, um von der Gestapo verhaftet, ins Konzentrationslager verschickt oder gar erschossen zu werden, und das ohne Rücksicht auf die Art der Versammlung. So ist es verständlich, daß angesichts derartiger Umstände die akademische Jugend eine Reife über das Alter hinaus aufwies, und dies gestaltete wiederum ihr hohes Verantwortungsbewußtsein. Viele Dozenten und Hörer der Hochschulen gelangten in die Hände der Gestapo in Zusammenhang mit ihren Tätigkeiten in den verschiedenen Organisationen der polnischen Untergrundbewegung. Nie jedoch geschah es – trotz grausamer Verhörmethoden –, daß auf diesem Wege Informationen über das geheime Unterrichtswesen, Namen von Hochschullehrern oder Anschriften von Unterrichtsorten preisgegeben wurden.

Das Verhältnis der Jugend zum Studium war von hohem Verantwortungsbewußtsein gekennzeichnet. Professoren der konspirativen Hochschulen waren einmütig der Meinung, daß das Niveau der Hörer häufig den Stand der Jugend, die unter normalen Bedingungen vor dem Kriege studierte, übertraf. Die Ursachen für diese Tatsache muß man zweifelsohne tiefer suchen: das illegale Erringen von Wissen, die gemeinsam gemeisterten Schwierigkeiten, die gemeinsame Bedrohung seitens der Gestapo, erzeugten ein besonders festes Band zwischen der Professorenschaft und den Studenten.

Und tatsächlich erbrachte die Gesamtheit der polnischen

Wissenschaftler in den Jahren der Besatzung ehrenvolle und vielseitige Beweise für die Werte von Geist und Gesinnung. Dies fand seinen Ausdruck nicht allein in der aufopferungsvollen erzieherischen Arbeit, sondern auch in zahlreichen Initiativen und Unternehmungen auf dem Gebiet von Wissenschaft und Forschung sowie in Autorenarbeiten, die unter den widrigsten Bedingungen hartnäckig durchgeführt wurden, und schließlich bei der Pflege der vom Besatzer geplünderten Museums- und Bibliotheksbestände und in den organisatorischen Anstrengungen bei den Vorbereitungen von Programmen für die Hochschulen nach dem Kriege. Diese vielseitige Aktion – anfänglich spontan und seit 1942 koordiniert durch die Hochschulsektion der Abteilung für Wissenschaft und Hochschulwesen bei der Delegatur der polnischen Regierung – brachte bedeutende Ergebnisse. Die Kommission für Wissenschaftsarbeiten und Hochschullehrbücher plante und stimmte mit Gelehrten die Vorbereitung der notwendigsten Hochschullehrbücher für die Zeit nach dem Kriege ab. Den Autoren gelang es 470 Lehrbücher und monographische Werke in den verschiedensten Wissensgebieten vorzubereiten. Manche Wissenschaftler erreichten geradezu ungewöhnliche Ergebnisse. Der von der Gestapo verfolgte, durch den Tod seines Sohnes im Konzentrationslager heimgesuchte Prof. Józef Kostrzewski bearbeitete in dieser Zeit ohne geeignete wissenschaftliche Hilfsmittel sein grundlegendes Werk *Die Kultur Urpolens (Kultura prapolska),* das nach dem Krieg veröffentlicht wurde. Der Historiker Zygmunt Wojciechowski bereitete ein weit zugeschnittenes Programm historischer Untersuchungen für die Nachkriegszeit vor; er schrieb und verlegte sein Buch *Polen – Deutschland,* das zehn Jahrhunderte gemeinsamer Geschichte beider Völker darstellte, und sammelte Material für etliche andere Arbeiten von fundamentaler Bedeutung. Der Rechtswissenschaftler Prof. Stanisław Kasznica bearbeitete und verlegte konspirativ ein neues Lehrbuch des polnischen Verwaltungsrechts. Der Literaturwissenschaftler Prof. Julian Krzyżanowski bearbeitete trotz besonders großer Belastungen durch die laufende Arbeit an der Untergrund-Universität weitere Teile seiner *Geschichte der polnischen Literatur* und das erste *Literarische Wörterbuch* und setzte seine Forschungen auf dem Gebiet der Volksmärchen fort. Der ausgezeichnete polnische Philosoph Prof. Władysław Tatarkiewicz schrieb die erste Fassung seines Werkes *Über das Glück.* Das Buch wurde nach dem Krieg in mehrere Sprachen übersetzt. Prof. Wacław Sierpiński vollendete 40 (sic!) mathematische Arbeiten und Prof. Stefan Pieńkowski 15 Forschungsarbeiten auf dem Gebiet der Physik. Dies sind nur einige stichprobenartige Beispiele.

Prof. Stanisław Kutrzeba, der damalige Präsident der Polnischen Akademie der Wissenschaften setzte in Krakau einige Arbeitsbereiche dieser hochverdienten Institution im Untergrund fort. Die einzelnen Kommissionen der Akademie hielten im Geheimen Sitzungen, Beratungen und Diskussionen ab. Es gelang das reichhaltige Material zur *Polnischen Bibliographie* von Estreicher in Sicherheit zu bringen, ebenso die Manuskripte für die weiteren Bände des vor dem Kriege begonnenen monumentalen *Polnischen Biographischen Wörterbuchs*, das Material zum *Altpolnischen Wörterbuch* und zum *Wörterbuch des mittelalterlichen Latein in Polen*. Darüberhinaus konnte auch das Material der Orientalistischen Kommission der Polnischen Akademie der Wissenschaften gerettet werden und manches andere. Dies ermöglichte nach dem Kriege die sofortige Wiederaufnahme der Forschungs- und Editionstätigkeit der Akademie. Im Untergrund wurde sogar der vor Ausbruch des Krieges begonnene Druck einiger wichtiger wissenschaftlicher Werke aus dem Bereich der Geschichte und der Bibliographie zu Ende geführt.

In Warschau hielten die Mitglieder zweier Sektionen der »Warschauer Wissenschaftlichen Gesellschaft« ein gutes Dutzend Sitzungen mit Vorträgen und Diskussionen ab und die »Literarische Adam-Mickiewicz-Gesellschaft« veranstaltete an die 20 Geheimversammlungen. Unabhängig von den Geheimveranstaltungen der Hochschulen fanden sich in Privatwohnungen Fortbildungs- und Wissenschaftsgruppen zusammen und es wurden Vortrags- und Diskussionsveranstaltungen mit bekannten Wissenschaftlern organisiert. Ebenso hat die traditionsbewußte »Gesellschaft der Mittelschul- und Gymnasiallehrer« ihre Tätigkeit auch im Untergrund nicht vernachlässigt. Besonders groß war der Wirkungskreis des »Verbandes der polnischen Lehrerschaft«, der bedeutenden Berufsorganisation der Lehrer aus der Vorkriegszeit, der während der Okkupation die Bezeichnung »Geheime Lehrerorganisation« benutzte.

Die Mitarbeiter des Nationalmuseums in Warschau haben unter Leitung des Direktors Stanisław Lorentz während der ganzen Besatzungszeit wertvolle Kunstgegenstände aus öffentlichen und privaten Sammlungen, denen Vernichtung oder

Raub durch den Okkupanten drohte, in den Museumsmagazinen versteckt und gesichert. Auf diese Weise ist es gelungen mehrere tausend wertvolle künstlerische Details aus dem Warschauer Königsschloß und dem Palais in Łazienki bei Warschau zu retten. Die Wege der ausgeführten und geraubten Kunstschätze wurden ausgekundschaftet und deren Verstecke ausfindig gemacht. Um die unwiederbringlichen Schätze der Nationalkultur zu retten, nahmen die Mitarbeiter des Museums das Risiko schwerster Strafen auf sich.

Ähnliche Rettungsaktionen unternahmen die Bibliotheks- und Archivangestellten, die nicht nur die öffentlichen Sammlungen, sondern auch private Bibliotheken vor der Vernichtung zu bewahren suchten.

Während des Warschauer Aufstandes vom August-September 1944 wurden sehr viele Kulturgüter in der bombardierten und brennenden Stadt zerstört. Nach Niederringung des Aufstandes verpflichtete sich die deutsche Seite in der Kapitulationsurkunde vom 2. Oktober 1944 die noch erhaltenen Kunstdenkmäler und Sammlungen zu schonen. Diese Verpflichtung wurde weder durch die nationalsozialistische Besatzungsadministration, noch durch die deutschen Polizeistellen eingehalten. Nach der zwangsweisen Evakuierung der ganzen Bevölkerung aus der Stadt wurden zahlreiche Objekte von kulturhistorischem Wert – Gebäude, Denkmäler, Bibliotheken und Archive inklusive der darin befindlichen Bestände – gesprengt und in Brand gesetzt. Im ungleichen Kampf mit diesem Vernichtungswerk nahm ein kleiner Kreis von ca. 300 Personen – Museumsangestellte, Archiviste, Bibliothekare, Kunsthistoriker und Wissenschaftler unter Leitung des bereits erwähnten Stanisław Lorentz – die Rettungsaktion auf und suchte mit eigenen Händen die Überreste der noch in Warschau verbliebenen Kulturgüter in Sicherheit zu bringen. Die dafür notwendige Erlaubnis der Besatzungsbehörden mußte nahezu erzwungen werden. Um die für die Auslagerung der wertvollsten Stücke polnischer und europäischer Kunst sowie der Reste der Museums- und Archivbestände in die Umgebung von Warschau notwendigen Transportmittel von den Deutschen zu erhalten, schreckte man auch vor Bestechung nicht zurück. Im strengen Winter 1944/45 arbeiteten freiwillige Gruppen polnischer Wissenschaftler und Intellektueller unter deutscher Aufsicht in hartem physischen Einsatz wortwörtlich von früh bis spät und luden Kunstgegenstände, die anschließend nach Deutschland überführt werden sollten (und auch wurden) auf Lastwagen. Man ging dabei von der – wie sich später zeigte richtigen – Annahme aus, daß dies die einzige Möglichkeit wäre, die verbliebenen Kulturwerte zu erhalten. Nach dem Kriege wurden sie zum größten Teil wiedergefunden und revindiziert. Diese Aktion, die in Polens Geschichte der Besatzungszeit unter der Bezeichnung »Aktion von Pruszków« (nach dem Namen des Warschauer Vorortes Pruszków, von wo aus dieses Unternehmen geleitet wurde), eingegangen ist, hatte alle Eigenschaften eines aktiven Kampfes unter frontähnlichen Bedigungen mit dem Ziel, das Erbe der Vergangenheit zu retten.

Für den Bestand und die Entwicklung kultureller Werte in der Konspiration während der deutschen Besatzung spielten – wie es scheint – Bildung und Wissenschaft, Bibliotheken, Archive, Museen und die in diesem Umfeld tätigen Menschen eine besondere Rolle: sie wirkten inspirierend, hielten ein bestimmtes Niveau des intellektuellen Lebens aufrecht und knüpften gleichzeitig an die Tradition der geheimen Bildungsarbeit vor dem Ersten Weltkrieg an, also an die Konspirationstätigkeit während der Zeit der Teilungen, als Polen als Staat nicht existierte.

Die Schriftsteller im besetzten Polen setzten die traditionelle Rolle der polnischen Literatur fort, die sich im Laufe mehrerer Generationen des Kampfes mit fremder Übermacht um nationale Selbstbestimmung und Authentizität, um die Würde der Unterdrückten und eine bessere Zukunft herausgebildet hatte. Die ersten Keime eines beginnenden literarischen Lebens entwickelten sich unter diesen Umständen in den konspirativ veranstalteten literarischen Abenden, bei denen Gedichte, Essays und Novellen vorgetragen und diskutiert wurden. Den ersten Platz nahmen in der literarischen Produktion das Lied und die Poesie ein. Die Satire schlüpfte in die Rolle der Verteidigerin der nationalen Moral. Satire, ironische Gelegenheitsgedichte und Witz haben in den ersten Monaten der Besatzung das Leben und die Beurteilung der Ereignisse zumindest in breiten Kreisen der Stadtbevölkerung erheblich geprägt. Sie wurden zum Faktor einer eigentümlichen, sich im Lachen äußernden, psychischen Selbstverteidigung. So haben denn auch viele begabte Schriftsteller der älteren und mittleren Generation diese literarische Form benutzt. Die polnischen Schriftsteller haben – mit nur einigen wenigen Ausnahmen – eine ausgesprochen harte Haltung gegenüber jeglichen Versuchen, sie zur Kollaboration zu überreden, eingenommen. Sie schrieben »für die Schublade« oder für die Untergrundpresse.

Einige private Verlagsfirmen und literarische Agenturen kauften insgeheim von vielen Schriftstellern fertige Manuskripte oder in Vorbereitung befindliche Werke auf. Das war für die verarmten Literaten einerseits eine wertvolle und rasche materielle Hilfe, und stellte andererseits einen Ansporn dar zu kreativer Arbeit, trotz äußerst widriger Umstände. Das auf diese Weise angelegte Kapital sollte nach dem Kriege Früchte tragen.

Ein bedeutender Teil der Schriftsteller war mit verschiedenen politischen Gruppierungen, Parteien oder den militärischen Organisationen eng verbunden. Sie sahen in jener Zeit ihre schöpferische Rolle vor allem in der Erfüllung der allgemeinen, zeitbedingten Bedürfnisse der Gesellschaft. So wurden sie meist zu politisch aktiven Schriftstellern. Dies führte trotz aller Anonymität der Handlungen unter den Besatzungsbedingungen zu einer Steigerung der persönlichen moralischen Verantwortung des Schriftstellers gegenüber dem Leser und der Gesellschaft. Dabei muß betont werden, daß es die meisten Schriftsteller verstanden, den zeitbezogenen Dienst, der sich aus dem historischen und politischen Denken ergab, mit den künstlerischen Erfordernissen in Einklang zu bringen.

Kazimierz Wyka meinte im Mai 1945: »Es ist ein Zeugnis der Lebendigkeit und Treue gegenüber der Kunst, daß die polnische Poesie dem Feind sogar in der schlimmsten Zeit nicht erlaubt hat, die künstlerischen Werte zu zermalmen.«[12] Diese Werte repräsentierten im konspirativen Kulturleben nicht nur die Dichter der älteren und mittleren Generation, sondern auch die jüngsten, nach 1920 geborenen Poeten. Die Namen der damals debütierenden Dichter, wie z. B. Krzysztof Baczyński, Tadeusz Borowski, Tadeusz Gajcy, Andrzej Trzebiński, Zdzisław Striński, Wacław Bojarski u. a. erlangten nach dem Krieg in der neuesten Literaturgeschichte einen ebenbürtigen Platz neben den Größen der Vorkriegsepoche wie Leopold Staff, Antoni Słonimski, Julian Tuwim, Władysław Broniewski, Stanisław Babiński, Mieczysław Jastrun, Czesław Miłosz, Jerzy Zagórski oder Wojciech Bąk. Neben der Dichtung, dem Lied und dem Chanson erfreute sich die Novelle, das Essay und die Erzählung sowie die Reportage – eine Gattung an der Grenze zwischen Belletristik und Journalismus – immer größerer Beliebtheit.

Ein Charakteristikum der Zeit war die in den Jahren 1942–43

aufgenommene Problematik der Ethik in Gefängnissen, Ghettos und Konzentrationslagern. Einen besonderen Rang erreichten auf diesem Gebiet die in zahlreichen Abschriften von Hand zu Hand weitergereichten Novellen von Jerzy Andrzejewski, sowie einige Werke von Zofia Kossak.

Mit der Zeit, vorwiegend aber in den Jahren 1943–44, entstanden in Warschau und Krakau festgefügte literarische Gruppen, denen meist Dichter und Kritiker der jüngsten und mittleren Generation angehörten. Diese Gruppen drückten häufig nicht nur ihre eigenen Ansichten in bezug auf die Formen und Aufgaben der Literatur, sondern auch – manchmal sogar überwiegend – eigene gesellschaftlich-politische und weltanschauliche Konzeptionen aus. Sie sammelten und entwickelten sich gewöhnlich im Umkreis von konspirativen, literarischen Zeitschriften. In den in diesen Zeitschriften publizierten Artikeln und Polemiken spiegelte sich denn auch das im Untergrund pulsierende, normale schöpferische Leben wider – ein Leben trotz allem. Eine Besonderheit des polnischen literarischen Lebens während der Besatzungszeit waren literarische Wettbewerbe, die in den Jahren 1941–1944 in der Untergrundpresse mehrmals ausgeschrieben wurden und sich stets großen Erfolges erfreuten. Gegenstand der Wettbewerbe waren Gedichte, Lieder, dramatische Werke und sogar Memoiren. Die anonymen Autoren schickten auf konspirativen Verbindungswegen an die anonymen Juroren ihre Werke, die später – wie bei Wettbewerben üblich – beurteilt, mit Preisen ausgezeichnet und in den Untergrundverlagen publiziert wurden.

An die Stelle des vom Okkupanten völlig liquidierten polnischen Verlagswesens trat nun im konspirativen Modell des gesellschaftlichen und kulturellen Lebens der im Geheimen agierende Verleger und Drucker und das geheime Kolportationssystem. Die polnische Untergrundpresse entwickelte sich ungewöhnlich stürmisch. Aus den ersten Monaten der Besatzungszeit im Jahre 1939 sind an die 30 Zeitschriftentitel bekannt, die gedruckt oder hektographiert erschienen; bereits 1940 waren es schon über 200, 1941 nahezu 300, 1942 – 380, 1943 rund 500 und 1944 ca. 600. Es sind 17 Untergrundzeitschriftentitel bekannt, die trotz ständiger Repressionen und Verhaftungen in den über fünf Besatzungsjahren ununterbrochen erschienen. Insgesamt wurden im besetzten Polen ca. 1500 Periodika von unterschiedlich langer Lebensdauer herausgegeben. Fast die Hälfte davon entfällt auf die Millionenstadt Warschau. Es überwogen informative, politische und militärische Zeitschriften. Manche Wochenschriften erreichten eine Auflage von über 10000 Exemplaren. Das *Informationsbulletin (Biuletyn Informacyjny)* erschien sogar wöchentlich in einer Höhe von 47000 Exemplaren. Dabei ist zu bedenken, daß jedes Exemplar gewöhnlich von mehreren Familien gelesen wurde. Es fehlte auch nicht an Spezialschriften. So gab es neben den bereits erwähnten literarischen Zeitschriften (von denen über zehn einen ausgesprochen satirischen Charakter hatten) auch Jugend- und Frauenzeitschriften, sowie Periodika, die sich mit technischen, ökonomischen, politischen und weltanschaulichen Problemen beschäftigten. Die Untergrundpresse repräsentierte eine sehr breite Skala an Haltungen, Ideen, Anschauungen und programmatischen Vorschlägen. Sie war ein getreues Spielgelbild der Unabhängigkeits- und Freiheitsbestrebungen der Bevölkerung und zugleich auf der Suche nach neuen Zukunftswegen. Die Zahl der in Polen während der Besatzungszeit konspirativ herausgegebenen Flugblätter ist bis jetzt nicht genau festgestellt, aber man kann davon ausgehen, daß sie die Zahl der Zeitschriften überstieg. Die konspirative Buchproduktion war ebenfalls ungewöhnlich und unerwartet reichhaltig. Die Zahl der in dieser Zeit im Untergrund erschienenen Bücher und Broschüren wird auf 1400 – 1500 Positionen geschätzt. Als Herausgeber betätigten sich sowohl die politischen und militärischen Geheimorganisationen, als auch die in den Untergrund gegangenen wissenschaftlichen und verlegerischen Institutionen der Vorkriegszeit und schließlich Privatpersonen und Gesellschaften. Es wird geschätzt, daß im besetzten Polen ungefähr 400 geheime Druckereien und Vervielfältigungsanstalten tätig waren. Nahezu die Hälfte davon entfiel auf Warschau.

Die Untergrundpublikationen hatten zwar in einem bedeutenden Ausmaß eine dienende Funktion gegenüber den politischen und militärischen Bedürfnissen des Augenblicks, denn die konspirativen Autoren und Verleger stillten den Informationshunger, lieferten Instruktionen für den bewaffneten Kampf und suchten ihre Leser für die verschiedenen politischen Programme zu überzeugen. Es fehlten jedoch auch nicht wissenschaftliche Publikationen von bleibendem Wert aus den Bereichen der Geschichte, Geographie, Ökonomie, Jurisprudenz und Soziologie, sowie Bücher und Broschüren mit rein literarischem Charakter. In dieser letzten Kategorie wurde die Poesie eindeutig bevorzugt (hauptsächlich Anthologien mit Gedichten von überwiegend aktueller Thematik), bei der Prosa aber die knappen Formen, wie Essay und Reportage.

Zu den populärsten Anthologien gehörten: *Das unabhängige Lied (Pieśń niepodległa)*, 1942 erschienen und von Czesław Miłosz bearbeitet, *Das wahre Wort (Słowo prawdziwe)* unter der Redaktion von Jan Bajkowski, Jerzy Zagórski und Wiktor Trościanko unter Mitarbeit von Jan Dobraczyński in zwei verschiedenen Ausgaben 1942 und 1943 erschienen, *Der freie Geist im Lied (Duch wolny w pieśni)* in der Bearbeitung von Stanisława Sawicka (1942) und die als Reihe herausgegebenen poetischen Hefte *Trommeln der Freiheit (Werble wolności)*. Die wohl erste derartige Publikation war die *Anthologie der zeitgenössischen Dichtung*, die Jan Janiczek und Stanisław Miłaszewski 1941 vorbereiteten.

Selbstverständlich beschränkten sich die Lesegewohnheiten während des Krieges nicht ausschließlich auf die Lektüre der Untergrundschriften, obwohl diese eine sehr bedeutende Rolle spielten, vor allem für die Meinungsbildung und die Entwicklung von Verhaltensnormen. Die Liste der verbotenen Schriftsteller, deren Bücher im Generalgouvernement weder verkauft noch verliehen werden durften (aufgefundene Exemplare wurden konfisziert) umfasste an die 1500 Namen. Darunter befanden sich polnische Klassiker und auch zeitgenössische, nicht nur polnische Autoren[13]. In der Praxis haben diese Bestimmungen der Besatzungsmacht nur den Widerstand bei den Menschen vertieft, die beruflich mit der Verbreitung von Büchern zu tun hatten. Im großen Stil wurde vorwiegend, aber nicht ausschließlich in Städten wie Warschau und Krakau der Vertrieb neuer und antiquarischer Bücher verbotener Autoren durchgeführt. Sowohl dieses Schrifttum, als auch populärwissenschaftliche Arbeiten und polnische historische Romane erfreuten sich einer sehr großen Beliebtheit. Bei der Lektüre suchte man nicht nur Wissenserweiterung und Unterhaltung, sondern häufiger auch Inspiration für eine moralische, durch Standhaftigkeit und Verantwortungsbewußtsein gekennzeichnete Haltung. Bemerkenswert ist unter diesem Gesichtspunkt der starke Anstieg des Interesses an den Werken von Joseph Conrad. Einen bedeutenden Anteil an der Leserschaft stellten neben den Erwachsenen Jugendliche im schulpflichtigen Alter, die illegal, konspirativ ihre Ausbildung fortsetzten. An dieser Stelle sollte in Erinnerung gerufen werden, daß der geheime Grundschulunterricht in den vom Besatzer verbotenen Fächern – Literatur, Geschichte, Geographie – im Generalgouvernement eine Million Kinder erfaßte. Die zugelassenen Grundschulen wie auch die im beschränkten Maße erlaubten Berufsschulen spielten bei der Rettung des Buches und der Ausprägung von Lesegewohnheiten eine große Rolle. In vielen Schulen fanden verschiedene literarische Veranstaltungen, Lesungen und Theateraufführungen statt, bei denen Laien, oft aber auch Berufsschauspieler auftraten.

Auch das Theater, das – wie es scheint – nur offen und öffentlich bestehen kann, ist in seiner anspruchsvollsten Form in den Untergrund gegangen. Die von der Besatzungsmacht erlaubten kommerziellen Theater unterlagen dem Diktat der nationalsozialistischen Propaganda und führten triviale, erotische und propagandistisch antisemitische Stücke auf. Unter diesen Umständen übernahmen die geheimen Bühnen die Rolle des Nationaltheaters, das sich auf die kulturellen Traditionen des europäischen Humanismus berief. Allein in Warschau gab es vier Studio-Esemble und 20 Theater (davon zwei mit Berufsschauspielern). Im ganzen Land gab es 10 Jugendlaientheater (Warschau, Posen, Lemberg) und 8 nichtprofessionelle Bühnen. Der Grad der kreativen Leistung derartiger Aktivitäten läßt sich am Beispiel von 17 Premieren in den Jahren 1940–1944 in einem der Krakauer geheimen, poetischen Theater und 7 Premieren im Zeitraum 1941–43 in einem anderen Krakauer Theater ermessen. In anderen Theatergruppen fanden 16 sporadische Premieren statt und fünf solcher Gruppen führten in Warschau sog. poetisch-musikalische Aufführungen durch. Das aktivste aller Ensembles gab 150 Konzerte für 7000 Hörer. In Warschau spielten 21 Marionettentheater und 7 weitere existierten unter besonders gefahrvollen Bedingungen in den noch übriggebliebenen kleinen Zentren polnischer Intelligenz in den dem Reich eingegliederten Gebieten (Posen, Beuthen).

Das Repertoire der geheimen Theater war anspruchsvoll. Oft wurde zu schwierigen Werken gegriffen und nach neuen szenischen Lösungen gesucht. Infolgedessen hatten zahlreiche konspirative Inszenierungen einen schöpferischen Charakter. Sie stellten einen konkreten Beitrag zur Entwicklung der polnischen künstlerischen Kultur dar. Zu erwähnen wären hier beispielsweise die Arbeiten des Krakauer Rhapsodie-Theaters oder manche Inszenierungen von Leon Schiller. Die Nachwuchskräfte wurden in geheimen Schauspielschulen herangebildet oder in geheimen Kursen, die verschiedene Regisseure in Warschau, Krakau, Wilna und Lublin durchführten. Viele der nach dem Kriege zu Ruhm und Ehren gelangten Schauspieler waren Schüler oder Absolventen dieser geheimen Schauspielkurse.

Drastischen Beschränkungen war im besetzten Polen auch das Musikleben ausgesetzt. So durften Werke jüdischer oder »staatsfeindlicher« Komponisten nicht aufgeführt werden. Ebenso waren polnische Märsche, Volks- und Nationallieder und jegliche Werke, die das Gefühl nationaler Tradition erwekken und aufrechterhalten könnten, verboten. Das Musikleben im Untergrund spielte sich hauptsächlich in Form von Konzerten ab, die in Privatwohnungen organisiert wurden. Es wurde dabei das verbotene nationale Repertoire aufgeführt – häufig Werke von Chopin, aber auch von vielen anderen polnischen Komponisten. Zahlreiche Konzerte waren neuesten Werken gewidmet, bei denen kammermusikalische Formen, Gesangsstükke oder Werke für ein Soloinstrument vorherrschten. Trotz aller Gefahren wurden solche Konzerte in großem Stil betrieben: wie sich aus erhaltenen Dokumenten ergibt, fanden allein im Jahre 1942 in Warschauer Privatwohnungen einige hundert geheime Konzerte unter Mitwirkung von ca. 150 Musikern statt. Jedes dieser Konzerte wurde von 40 bis 150 Personen besucht. Nach einhelliger Meinung aller Teilnehmer – sowohl der Künstler als auch der Besucher – herrschte bei diesen geheimen Konzerten eine Atmosphäre ungewöhnlich starker psychischer Verbindung zwischen den Ausführenden und den Zuhörern. Ein Teil der neuen Kompositionen stand in unmittelbarem Zusammenhang mit dem bewaffneten Widerstandskampf. Sehr beliebt waren neue patriotische Lieder, die im Untergrund vervielfältigt wurden und große Verbreitung fanden. Sie sind häufig von hervorragenden und berühmten Komponisten geschaffen worden. Die musikalische Ausbildung auf akademischem Niveau wurde in ähnlicher Weise wie manch andere bereits erwähnten höheren Studien unter dem Deckmantel schlichter Berufsschulen durchgeführt. Im Studienjahr 1943/44 besuchten allein eine von mehreren derartigen Musikschulen in Warschau 500 Schüler. Fortgesetzt wurde auch die wissenschaftliche Arbeit, die sich vor allem auf die Erstellung von Handbüchern aus dem Bereich der Musik konzentrierte. Einige dieser Handbücher wurden kurz nach dem Kriege herausgegeben. An den verschiedenen Formen konspirativer musikalischer Aktivitäten nahmen Künstler von so hohem Rang teil, wie Grażyna Bacewicz, Wincenty Lutosławski, Konstanty Regamey, Zygmunt

Turski, Maria und Kazimierz Wiłkomirski, Irena Dubiska, Jan Ekier, Eugenia Umińska, Zbigniew Drzewiecki, Jan Krenz, Andrzej Markowski, Andrzej Panufnik, Bronisław Rutkowski, Stanisław Kazuro, Stefan Kisielewski und andere.

In der bildenden Kunst dominierte die Volkskunst und – aus verständlichen ökonomischen Gründen – die Gebrauchsgraphik und das Kunstgewerbe. Die polnischen Künstler, die der Möglichkeit beraubt waren offen ihre Werke zu präsentieren, organisierten zwar sporadische Ausstellungen in Privatwohnungen, hatten jedoch keine Möglichkeit ihre vor dem Kriege allgemein anerkannten Leistungen im Bereich der Bildhauerei, Graphik oder der Plakatkunst zu kontinuieren. Manche der im politischen und militärischen Widerstand engagierten Künstler führten – überwiegend satirische – Zeichnungen, Titelblattentwürfe und Vignetten für die Untergrundverlage aus, wie Bilder, Aufkleber und Plaketten mit patriotischer oder religiöser Thematik, die mit Gewinn verkauft wurden und Geld für die Widerstandsarbeit einbrachten. Einige Künstler spezialisierten sich in der Exlibris-Gestaltung. Aufträge dieser Art erteilten einige wenige private Kunstmäzene. Sichtbar war jedoch die Anwesenheit der Kunst im konspirativen kulturellen Leben vor allem in der verlegerischen und propagandistisch-erzieherischen Arbeit, also im direkten Widerstand gegen die Besatzung.

Ausschlaggebend für die Teilnahme am polnischen kulturellen Leben im Untergrund – sei es als kreativer Mitgestalter oder als interessierter Empfänger – war vor allem die individuelle Haltung und persönliche Entscheidung. Ein für das polnische konspirative kulturelle Bemühen sehr charakteristisches Phänomen ist die Spontaneität, mit der die Entscheidung zum Handeln in den verschiedenen Kultur- und Wissenschaftskreisen in allen Regionen des besetzten Landes aufgenommen worden ist – und zwar bereits schon in den ersten Okkupationstagen und Wochen. Sie betrifft das breite Spektrum des kulturellen Lebens, beginnend mit dem Wiederaufbau des Schul- und Ausbildungswesens, über den Schutz der nationalen Kulturgüter bis hin zur Bildung geheimer Zentren der Massenkommunikation sowie schöpferischer Initiativen auf verschiedenen Gebieten der Kunst. Alle in die Richtung gehenden Initiativen trafen infolgedessen auf fruchtbaren Boden und bildeten häufig nur eine Etappe in der Koordinierung bereits begonnener Arbeiten und Aktionen.

Der in Warschau im kleinen Kreise mit Vertretern verschiedener Lehrerorganisationen aus der Notwendigkeit des Augenblicks heraus entstandene Gedanke, eine geheime Ausbildungsaktion ins Leben zu rufen, fand später seine Verwirklichung in den durch die im Dezember 1939 gegründete »Übergeordnete Verständigungskommission der Lehrerorganisation und Verbände« bearbeiteten Formen. In den ins Reich eingegliederten Gebieten wurden die ersten Versuche, ein geheimes Ausbildungswesen zu organisieren in Posen unternommen – nämlich bereits schon im Winter 1939/40. Die dort auf Betreiben der Geheimorganisation »Heimat« (»Ojczyzna«) entstandene Bildungskommission wurde zur Keimzelle des späteren »Schul- und Bildungsbüros für die westlichen Gebiete«, das im Rahmen seiner beschränkten Möglichkeiten in Großpolen und Schlesien Geheimunterricht organisierte und sich darüber hinaus im Generalgouvernement um die Kinder der aus den westlichen Gebieten ausgesiedelten Familien kümmerte.

Auch folgendes Beispiel ist charakteristisch für den Übergang von spontanen Aktionen zu institutionalisierter Tätigkeit:

Bereits im Herbst 1939, wenige Wochen nach Ausbruch des Krieges, fand sich in Warschau unter Leitung von Stanisław Lorentz, Direktor des Nationalmuseums, eine kleine Gruppe von Personen zusammen, die im Bereich der Kultur und Kunst beschäftigt waren. Als Spezialisten begannen sie mit der Registrierung der Verluste, die im Bereich der Kunst und Kultur auf Grund kriegerischer Handlungen und der Maßnahmen des Okkupanten entstanden sind. Entsprechendes Beweismaterial sammelten in aller Stille im ganzen Land Angestellte der Museen, Bibliotheken und Archive, aber auch Schriftsteller, Musiker, Künstler, Schauspieler und Verleger. Ähnliche dokumentarisch-registrierende Arbeiten wurden in anderen Lebensbereichen – in Industrie, Landwirtschaft, Transportwesen usw. – mit Blick auf eine spätere Friedenskonferenz bereits seit den ersten Besatzungswochen durchgeführt. Diese Arbeiten leitete Antoni Olszewski, ehemaliger Industrieminister und Spezialist für Revindikations- und Entschädigungsangelegenheiten.

Zu den vordringlichsten Aufgaben in der ersten Zeit der Okkupation gehörte die Bestimmung von Verhaltensnormen gegenüber Initiativen der Besatzungsmacht. Die meisten Menschen im besetzten Polen legten größten Wert darauf, mit den Besatzungsbehörden in keinerlei Kontakte zu treten, die gegen die nationalen Interessen oder die Belange der Bevölkerung hätten ausgenutzt werden können. So ist es nicht verwunderlich, daß der Kodex der Verhaltensnormen die Bezeichnung trug: »Grundsätze des zivilen Kampfes«. Diese Grundsätze, an deren Erarbeitung die Gruppe von Stanisław Lorentz erheblich beteiligt war, erfaßte u.a. alle Gebiete der Kultur. Diese Normen, die in der Untergrundpresse und durch Mundpropaganda verbreitet wurden, fanden allgemeine Zustimmung und zwar unabhängig von den weltanschaulichen und politischen Meinungsverschiedenheiten, die in der polnischen Gesellschaft herrschten. Die Beachtung dieser Normen wurde schlicht als Frage des Anstandes betrachtet. Diese Aktion der staatsbürgerlichen Erziehung inspirierte, koordinierte und firmierte die im Jahre 1941 speziell zu diesem Zweck gegründete »Leitung des zivilen Kampfes«.

Im Winter 1940/41 begann man im Rahmen der im Lande tätigen Delegatur der Exilregierung mit der Organisation des Departements für Bildung und Kultur, an dessen Spitze Czesław Wycech trat, eine der wichtigsten Persönlichkeiten der »Geheimen Lehrerorganisation«. Im Laufe von mehreren Monaten ordneten sich die meisten der auf dem Gebiet der Kultur, Bildung und Wissenschaft tätigen Gruppen dem Departement unter und setzten in diesen größeren Rahmen eingebunden ihre Arbeit bis zum Ende der Okkupation fort. Das Departement für Bildung und Kultur war in folgende Abteilungen eingeteilt: 1. Allgemeinbildendes Schulwesen, 2. Berufsschulwesen, 3. Hochschulwesen, 4. Kultur und Kunst, 5. Erwachsenenbildung.

Zu den Kompetenzen der von Prof. Stefan Pieńkowski geleiteten Abteilung für Hochschulwesen gehörten folgende Aufgaben: 1. Betreuung der Forschungsarbeit, 2. Hilfe für wissenschaftliche Mitarbeiter, 3. Aufsicht über das Vermögen der Hochschulen, 4. Erforschung des aktuellen Hochschulstandes, 5. Hochschulunterricht.

In der Abteilung für Kultur und Kunst, die Stanisław Lorentz leitete, wurden Gruppen mit thematischen Schwerpunkten gebildet: 1. Literatur und Theater, 2. Bildende Kunst, 3. Musik, 4. Bibliotheken, 5. Archive, 6. Denkmäler, 7. Museen und Sammlungen.

Mit der Abteilung für Erwachsenenbildung arbeitete die unter der Bezeichnung »Volksinstitut für Bildung und Kultur« agierende Geheiminstitution eng zusammen. Sie wurde von Spezialisten der Erwachsenenbildung geleitet und sah die Erforschung der Bildungs- und Kulturarbeit, die Publikation von Werken aus dem Bereich der Bildungsproblematik und die Heranbildung von Mitarbeitern für die Kulturarbeit in Städten und Dörfern als ihre Hauptaufgabe an.

Viele der bereits erwähnten Dokumentationsarbeiten übernahm das 1942 unter Leitung von Antoni Olszewski gebildete Departement zur Liquidierung der Kriegsfolgen bei der Regierungsdelegatur. Das Untergrundpresse- und Publikationswesen bewahrte während der ganzen Besatzungszeit seinen autonomen Charakter. Nichtsdestoweniger führte das seit Anfang 1941 funktionierende Informations- und Pressedepartement bei der Regierungsdelegatur einige Koordinierungsarbeiten in diesem Bereich durch. Die Leitung des letztgenannten Departements lag in den Händen von Stanisław Kauzik, der vor dem Kriege Direktor des Polnischen Verbandes der Zeitungs- und Zeitschriftenverleger war. Die publizistischen Aktivitäten der einzelnen militärischen und politischen Organisationen wurden durch entsprechende Zellen oder Personen innerhalb dieser Organisationen selbst koordiniert.

Manche der kulturellen Aktivitäten im polnischen Untergrund fand ein lebhaftes Echo bei den Alliierten. Auf geheimen Kurierwegen wurden Analysen und Berichte aus dem besetzten Polen nach London gebracht, um von dort aus die internationale Öffentlichkeit zu informieren. Darüberhinaus sollten diese Bearbeitungen zur Dokumentierung künftiger polnischer Entschädigungs- und Revindikationsforderungen dienen. Auf Grund dieser Meldungen und Berichte, die u.a. auch die Situation auf dem Gebiet der Kultur betrafen, formulierte die polnische Regierung in London entsprechende Postulate. So wurden z.B. in der an die alliierten und neutralen Regierungen gerichteten Note der polnischen Regierung vom 3. Mai 1941, die die Verhaltensweise des deutschen Okkupanten in Polen zum Inhalt hatte, u.a. auf die Vernichtung und den Raub polnischer Kulturgüter hingewiesen. Ein umfangreicher Auszug aus dieser Note wurde 1941 durch das polnische Außenministerium in London unter dem Titel *The German Occupation in Poland* publiziert. Anfang 1942 erschien ebenfalls in London ein polnisches »Schwarzbuch« – *The German New Order in Poland.* Eine zweite Ausgabe dieser Dokumentation erfolgte im April 1942, eine dritte im März 1943. Der Band enthielt mehrere hundert Seiten Dokumente und Photographien zur nationalsozialistischen Exterminationspolitik in Polen in der Zeit von Oktober 1939 bis Ende Juni 1941. Ein 75 Seiten langes Kapitel war der Vernichtung der polnischen Kulturgüter gewidmet. Diese Dokumentation wurde im Januar 1942 den Teilnehmern der interalliierten Konferenz von neun unter nationalsozialistischer Besatzung befindlichen Staaten sowie den anwesenden Beobachtern der Großmächte – USA, Großbritannien, Sowjetunion und China – und einigen neutralen Staaten überreicht.

1942 erschien als eine der ersten Publikationen des Polish Information Center in den Vereinigten Staaten ein Band unter dem Titel *German Destruction of Cultural Life in Poland.* Er erschien in der Reihe *Documents Relating to the Administration of Occupied Countries in Eastern Europe.*

1944 wurde in London ein von Karol Estreicher unter Mitarbeit von Anna Maria Mars und Jerzy Żarnecki vorbereitetes Buch veröffentlicht *Cultural Losses of Poland. Index of Polish Cultural Losses during the German Occupation 1939–1944.* In der Einleitung dazu schrieb Estreicher: »Wenn schon von den Autoren dieses Buches die Rede ist, so möchte ich in erster Linie all den namenlosen Gelehrten und Liebhabern polnischer Kultur danken, die die Tätigkeit der Deutschen in Polen oft unter Lebensgefahr beobachteten und die erlangten Informationen nach London übergaben. Darüber hinaus müssen die Kuriere genannt werden, die Fragen hin und Antworten zurückbrachten, wobei sie Nachrichten nicht nur aus Polen, sondern auch aus Deutschland selbst übermittelten.«

Anfang 1945, noch vor Kriegsende, erschien in Glasgow ein umfangreiches zweibändiges Werk über die Verluste der polnischen Kultur (*Straty kultury polskiej, 1939–1944*), das von einigen zehn Autoren unter der Redaktion von Jan Hulewicz, der sich unter dem Pseudonym Adam Ordęda verbarg, und Tymon Terlecki geschrieben worden ist. Das Buch enthält Erinnerungen und Biographien von Gelehrten, Schriftstellern, Journalisten, Künstlern, Schauspielern und anderen Kulturschaffenden, die in den Jahren 1939–1944 gefallen, ermordet oder gestorben sind. Mit einer ähnlichen Problematik, wenngleich breiter gefaßt, beschäftigt sich das ebenfalls in den ersten Monaten des Jahres 1945 in London erschienene Buch *The Nazi ›Kultur‹ in Poland.* In 21 umfangreichen monographischen Skizzen werden die programmatischen Grundlagen und die Praxis der nationalsozialistischen Kulturpolitik in Polen behandelt. Redakteur des ganzen Werkes und Verfasser eines der Beiträge war der bekannte Kultur- und Literaturhistoriker Prof. Wacław Borowy. Zu den Mitautoren gehörten u.a. Józef Grycz, Stanisław Lorentz und Witold Suchodolski.

Auf den geheimen Wegen der polnischen Untergrundbewegung gelangten auch literarische und wissenschaftliche Werke, programmatische Äußerungen, Reportagen und Berichte aus Konzentrationslagern, insbesondere die in Form von Broschüren im Untergrund herausgegebenen Publikationen über die Leiden und die Vernichtung der jüdischen Bevölkerung, in den Westen. Ein gutes Dutzend solcher konspirativen Editionen wurde während des Krieges in Großbritannien und in den USA, manchmal auch in den neutralen Staaten in verschiedenen Sprachen nachgedruckt. So wurde die bereits erwähnte *Anthologie der zeitgenössischen Dichtung* von Jan Janiczek und Stanisław Miłaszewski 1942 in Glasgow polnisch und 1944 ebendaselbst englisch unter dem Titel ›*A call from Warsaw. Anthology of underground Warsaw poetry*‹ nachgedruckt. Der Bericht von Natalia Zarembina über Auschwitz, der zum ersten Mal 1942 in Warschau erschienen ist, wurde 1943 in London erneut ediert. Eine englische Ausgabe folgte 1944 – in Großbritannien unter dem Titel *The Camp of death* und in Amerika *Oświęcim. Camp of death.* 1944 erschien in Mexiko eine spanische Übersetzung *Oświęcim. Campo de la muerte.* Der Bericht von Jankiel Wiernik, dem es gelungen war aus dem Vernichtungslager in Treblinka zu fliehen, erschien Anfang 1944 in Warschau unter dem Titel *Ein Jahr in Treblinka.* Die englischsprachige Ausgabe wurde in New York noch im selben Jahr veröffentlicht. Das im Frühjahr 1944 auf Bemühen des geheimen »Jüdischen Nationalkomitees« erschienene Gedichtbändchen *Aus dem Abgrund (Z otchłani),* das Gedichte über Leid und Kampf des jüdischen Volkes enthielt, wurde 1945 in New York polnisch, aber unter verändertem Titel *Poesie aus dem Ghetto* mit erklärendem Untertitel *Aus dem jüdischen Untergrund in Polen* nachgedruckt. Ein im Frühjahr 1943 in Warschau erschienener umfangreicher Reportageband *Von der ersten Frontlinie (Z pierwszej linii frontu)* wurde kurze Zeit später in Glasgow erneut verlegt.

Die durch den Besatzer eingeführten rigoros angelegten Nürnberger Rassegesetze sollten in ihrer Anlage und in ihrer Konsequenz ein völliges Herausisolieren der Menschen, die die Nazis als Juden erachteten, aus dem polnischen Kulturkreis verursachen. In der Praxis haben jene polnischen Intellektuellen jüdischer Herkunft, die ursprünglich aus eigener Wahl mit der polnischen Kultur verbunden waren, dieses Band sogar unter schwierigsten und tragischsten Bedingungen bewahrt. Die Zwangsisolierung der Juden in Ghettos und anderen Orten der Absonderung schuf in den Jahren 1940 bis 1941 eine besonders schwierige Lage. Die Menschen, die sich in der nichtjüdischen Umgebung verbargen und nicht in die Ghettos gingen, nahmen an dem »normalen« konspirativen Kulturleben teil; sie waren Dozenten und Hörer des geheimen Schulwesens, schufen literarische Werke, arbeiteten an der polnischen Untergrundpresse mit usw. Die Mehrheit war jedoch dazu verurteilt, unter den Bedigungen der geschlossenen Bezirke zu leben, wo die Unterdrückung des Besatzers und die allgemeine Verelendung besonders fühlbar waren. Das Schulwesen wurde in den Ghettos grundsätzlich völlig liquidiert, obwohl man in einigen Städten in einem Schuljahr die Tätigkeit von Grundschulen und berufsbildende Kurse zuließ. Also führte man in den Ghettos mit den Kräften der dort festgehaltenen Gelehrten und Pädagogen geheimen Oberschul- und sogar Hochschulunterricht durch. Die hervorragendste Errungenschaft auf diesem Gebiet war das Medizinstudium, das unter dem Vorwand des von dem Besatzer zugelassenen Lehrgangs der Sanitätsausbildung gegen die Seuchenverbreitung betrieben wurde. Organisiert wurde es von Juliusz Zweibaum, einem Professor der Warschauer Universität; unter den Hochschullehrern befand sich unter anderen der weltberühmte Gelehrte Prof. Ludwik Hirszfeld. In jüdischen Kreisen, ähnlich wie auch in polnischen auf der sog. arischen Seite, führte man mit dem Gedanken an die Zukunft Dokumentationsarbeiten durch, die verschiedene Fragen des gesellschaftlichen Lebens betrafen, darunter auch solche weit gefasster Probleme der Kultur. Dies fand sowohl in Lodz und Krakau statt als auch in besonders großem Umfang im Warschauer Ghetto, auf Veranlassung und unter Leitung von Dr. Emanuel Ringelblum.

Zusammenfassend läßt sich sagen, daß sich sogar in den schlimmsten und tragischsten Zeiten kreative Bestrebungen und kulturelle Bedürfnisse feststellen lassen, ja mehr noch – daß die von der Besatzungsmacht zum Opferdasein verurteilten, erniedrigten und verfolgten Menschen oft in kulturellen Werten eine Quelle geistiger Kraft fanden: in Traditionen, im geschriebenen und gesprochenen Wort, im Lied, in einer Melodie oder einer symbolischen Zeichnung.

In eindringlicher Weise belegt dies die Haltung eines Teils der Menschen, die in Ghettos eingeschlossen waren oder auch zahlreiche Versuche kultureller Betätigung in Gefängnissen und Konzentrationslagern. In Lagern, in denen die Zahl der Polen größer war, wie z.B. Auschwitz oder Ravensbrück, gehörten Erzählungen und Vorträge – die häufig das Merkmal regulären Unterrichts hatten –, Rezitierungen von Gedichten aus dem Repertoire der Klassiker, aber auch eigene Schöpfungen der Gefangenen zu den charakteristischen und wichtigen Anzeichen konspirativen kulturellen Lebens. Es fehlte auch nicht an Beispielen hochqualifizierter künstlerischer Arbeit. Stellvertretend seien hier nur die Namen von Zofia Górska Romanowiczowa in Ravensbrück und Tadeusz Borowski in Auschwitz genannt.

Der Versuch das Modell der polnischen Kultur in der Konspiration zu charakterisieren erlaubt es – wie es scheint – einige allgemeinere Bemerkungen zu formulieren:
– Die polnische Nationalkultur hat, obwohl sie in der Zeit der Besatzung während des Zweiten Weltkrieges ungeheuer starkem Druck ausgesetzt und in ihrem Sein bedroht war, überdauert und durch die Annahme neuer Wirkungsformen und Methoden sogar ihre Entwicklungstendenzen beibehalten.
– Zu den besonderen Eigenschaften dieser Epoche gehört die Spontaneität der kulturellen Initiativen, die in verschiedenen Gesellschaftskreisen und Landesteilen auftraten und dem organisierten und institutionalisierten Vorgehen zuvorkamen.
– Die ungeheuere Tatkraft der künstlerischen und schöpferischen Kreise, die durch das Gefühl des Angenommenseins und der Notwendigkeit ihrer Produktion für die Gesellschaft noch angefacht wurde, führte dazu, daß die fünfjährige Besatzungszeit – trotz ungeheuer großer Blutopfer und empfindlicher materieller Verluste keine so gravierende Lücke in der kulturellen Entwicklung mit sich brachte, wie sie als Ergebnis der von der Besatzungsmacht realisierten Grundsätze hätte entstehen müssen. Eine sehr bedeutende Rolle spielte dabei das an die herrschenden Bedingungen gut angepaßte System des Geheimunterrichts sowie die in Publikation und Kolportation leistungsstarke Untergrundpresse.
– Das Ziel der in Polen ungewöhnlich weit verbreiteten Widerstandsbewegung – die Unabhängigkeit und Freiheit – gab den konspirativ hervorgebrachten und verbreiteten kulturellen

Werten einen besonderen Sinn. Unter den Besatzungsbedingungen diente die Teilnahme am konspirativen kulturellen Leben der Festigung der nationalen Gemeinschaft, der Weckung des gesellschaftlichen Bewußtseins und dem besseren Verständnis sowie der klareren Bestimmung konkreter Kampfziele.

– Im Untergrund wurde auch das Bestreben deutlich die weitgespannten kulturellen Bedürfnisse einerseits der Intellektuellen, andererseits der städtischen Arbeiterschichten und der Landbevölkerung zu befriedigen. Dies führte zu einer deutlichen Demokratisierung kultureller Inhalte sowohl auf dem Gebiet des in der Konspiration betriebenen Unterrichtswesens, als auch bei der Kunstrezeption. An dieser Stelle muß die Bedeutung der Entwicklung der Widerstandsbewegung hervorgehoben werden, die in der Arbeiter- und Bauernschicht eine breite Unterstützung fand. Urwüchsige Partisanenlieder und Gedichte erreichten nicht nur auf dem Lande große Popularität und verstärkten zugleich die folkloristischen Tendenzen in der Kulturentwicklung. Eine ähnliche Funktion erfüllte in der großstädtischen Umgebung das plebeische Lied und das Straßenchanson.

– Die volle Freiheit der Meinungsäußerung in der Untergrundpresse, die zwar das Risiko des Freiheits- oder Lebensverlustes in sich trug, aber keinerlei Zensurbeschränkungen unterlag, wirkte sich ebenfalls demokratisierend auf den Kulturprozeß aus.

– Unter den beschriebenen Bedingungen kam es zu einer völligen Dekommerzialisierung der Kultur. Sie war nämlich – gemäß der Intention aller daran Beteiligter – eine der wichtigsten Formen des nationalen Widerstandes.

Im Inhalt des geheimen Unterrichts, in den behandelten künstlerischen Formen, im Charakter der Lektüre manifestierte sich – entgegen dem Standpunkt des Nationalsozialismus gegenüber den als Untermenschen betrachteten Slaven – ein entschiedenes Empfinden der Bindungen der polnischen Gesellschaft an die lateinische Kultur und das beständige Gut der europäischen Tradition. Die unmenschliche Anwendung des Nazismus verlieh objektiv – und um so mehr im subjektiven Bewußtsein der Menschen – den kulturellen Aktivitäten im Untergrund sowie den beschriebenen moralischen Grundlagen, die mit ihnen verbunden waren, eine große humanistische Bedeutung. Bezeichnend für die konspirative kulturelle Praxis waren die hohen ethischen Erwartungen ihrer Teilnehmer. Wir möchten hier zu Verdeutlichung nur ein synthetisierendes Beispiel herausziehen. So eröffnete im Frühjahr 1943, zum Zeitpunkt, als die SS-Formationen und die Nazipolizei gerade Massenmorde an Juden verübten, Prof. Józef Rafacz, der Leiter der konspirativen Rechtsstudien, seine Vorlesung in einer Privatwohnung für eine Studentengruppe der geheimen Universität in Warschau mit folgenden Worten: »Neben uns werden Menschen lebendig verbrannt, man hört Schüsse, Greise, Kranke, Frauen, Kinder sterben. Es sind dies Geschöpfe, die jene Gemeinschaft der höchsten Art, wie es die Menschheit ist, bilden. Und all dies geschieht im Einklang mit Verordnungen, im Auftrage und nach Vorschriften eines Staates, in dem die Rechtswissenschaften hoch angesehen sind. Der Generalgouverneur Dr. Frank ist Jurist und ein ausgezeichneter Jurist, Vorsitzender der Deutschen Akademie des Rechts. Die Mehrzahl der höheren Beamten in der deutschen Verwaltung in Polen sind ebenfalls Juristen ... Warum soll man in diesem Falle Jura lernen? Hat das überhaupt einen Sinn ... Gesetz ist Gesetz, Recht ist Recht und der Mensch ist ein Mensch, dem es dienen soll. Vorschriften schaffen Rahmen, im allgemeinen formale. Der lebende Mensch füllt sie mit seinem Inhalt. Und vom lebenden Menschen hängt alles ab. Daher ist es gut, daß ausgerechnet ihr heute Recht lernt, damit es zum Guten des Menschen umgekehrt werde, und nicht zum Tode, zur Verteidigung der Schwachen und Kranken, der Frauen und Kinder. Ihr, gerüstet mit dem Wissen des Rechts, werdet auch achtgeben müssen, daß diejenigen, die heute das Recht zur Schändung und Vernichtung des Menschen anwenden, zur Strafe herangezogen werden, einer vom Recht vorgeschriebenen Strafe. Auf der Wacht eines jeden Rechts muß der Mensch stehen, denn der Mensch ist das wichtigste, und sein Recht zum Leben ist das höchste Recht.«[14]

1. Mały Rocznik Statystyczny 1939 /Kleines statistisches Jahrbuch 1939/, Warschau 1939

2. Sprawozdanie w przedmiocie strat i szkód wojennych Polski w latach 1939–1945 /Bericht über Polens Kriegsverluste und Schäden in den Jahren 1939–1945/, Warschau 1947; Straty wojenne Polski 1939–1945 /Polens Kriegsverluste 1939–1945/, Posen-Warschau 1962; Walka o dobra kultury, Warszawa 1939–1945 /Der Kampf um die Kulturgüter, Warschau 1939–1945/, Bd. I–II, Warschau 1970

3. L. Dobroszycki, Die legale polnische Presse im Generalgouvernement 1939–1945, München 1977

4. B. W. Jacewicz, J. Woś, Martyrologium polskiego duchowieństwa rzymskokatolickiego pod okupacją hitlerowską w latach 1939–1945 /Das Martyrium der römisch-katholischen Geistlichkeit unter der nationalsozialistischen Besatzung in den Jahren 1939–1945/, H. 1–4, Warschau 1977

5. K. M. Pospieszalski, Hrsg., Z pamiętnika profesora Reichsuniversität Posen /Aus dem Tagebuch eines Professors der Reichsuniversität Posen/, in: »Przegląd Zachodni« 1956, Nr. 7/8

6. S. Urbańczyk, Uniwersytet za kolczastym drutem /Die Universität hinter Stacheldraht/, 3. Aufl., Krakau 1975; S. Gawęda, Uniwersytet Jagielloński w okresie okupacji hitlerowskiej 1939–1945 /Die Jagiellonen-Universität in der Zeit der nationalsozialistischen Besatzung 1939–1945/ Krakau 1979, S. 29

7. J. Zaborowski, S. Poznański, Sonderaktion Krakau. W dwudziestąpiątą rocznicę 6 listopada 1939 /Sonderaktion Krakau. Zum 25. Jahrestag des 6. November 1939/, Warschau 1964; S. Urbańczyk, a.a.O.; J. Gwiazdomorski, Wspomnienia z Sachsenhausen. Dzieje uwięzienia profesorów Uniwersytetu Jagiellońskiego 6. XI. 1939 – 9. II. 1940 /Erinnerungen aus Sachsenhausen. Die Geschichte der Gefangenschaft der Professoren der Jagiellonen-Universität 6. XI. 1939 – 9. II. 1940/, 4. Aufl., Krakau 1975

8. M. Walczak, Szkolnictwo wyższe i nauka polska w latach wojny i okupacji 1939–1945 /Das höhere Schulwesen und die polnische Wissenschaft in den Jahren des Krieges und der Besatzung 1939–1945/, Breslau-Warschau 1978, S. 182; vgl. auch Z. Albert, Zamordowanie 25 profesorów wyższych uczelni we Lwowie przez hitlerowców w lipcu 1941 /Die Ermordung von 25 Hochschulprofessoren durch die Nationalsozialisten in Lemberg im Juli 1941/, in: »Przegląd Lekarski«, Serie II, 20, 1964, Nr. 1, S. 58–77

9. W. Kowalenko, Tajny Uniwersytet Ziem Zachodnich – Uniwersytet Poznański 1940–45 /Die geheime Universität der Westgebiete – die Universität Posen 1940–45/, Posen 1961, S. 1

10. M. Walczak, a.a.O.

11. S. Gawęda, a.a.O.

12. Im Vorwort zur Anthologie Z lat wojny. Poezja polska 1939–1945 /Aus den Kriegsjahren. Polnische Poesie 1939–45/ Krakau 1945

13. Liste des deutschfeindlichen, schädlichen und unerwünschten polnischen Schrifttums – die Listen Nr. 1 und 2 erschienen im Jahre 1940; die Liste Nr. 3 mit Stand zum 31. III. 1942 erschien Ende 1942; die Liste Nr. 4 mit Stand zum 31. XII. 43 erschien Anfang 1944. Alle waren mit dem Vermerk versehen: »Streng geheim! Nur für den Dienstgebrauch!«

14. A. Symonowicz, Wspomnienia z tajnego Wydziału Prawa Uniwersytetu Warszawskiego w okresie okupacji /Erinnerungen von der geheimen Juristischen Fakultät der Warschauer Universität in der Zeit der Besatzung/, in: »Palestra«, 1958, Nr. 3/4

## Bibliographie

W. Bartoszewski, Les études universitaires clandestines en Pologne occupée /1939–1945/, in: ›Cahiers Pologne-Allemagne‹ 1962, Nr. 3

ders., Die polnische Untergrundpresse in den Jahren 1939–1945, in: ›Publizistik‹ 1967, Nr. 12

ders., 1859 dni Warszawy /1859 Tage in Warschau/, Krakau 1974

H. Brenner, Die Kunstpolitik des Nationalsozialismus, Hamburg 1963
M. Broszat, Nationalsozialistische Polenpolitik 1939–1945, 2. Aufl. Frankfurt 1965
W. Chojnacki, Bibliografia zwartych druków konspiracyjnych wydanych pod okupacją hitlerowską w latach 1939–1945 /Bibliographie in sich geschlossener Untergrundpublikationen aus der Zeit der nationalsozialistischen Besatzung 1939–45/, Warschau 1970
L. Dobroszycki, Centralny katalog polskiej prasy konspiracyjnej 1939–1945/ Zentralkatalog der polnischen Untergrundpresse 1939–1945/, Warschau 1962
Ch. Estreicher (Hrsg.), Cultural losses of Poland, Index of Polish cultural losses during the German occupation 1939–1944, London 1944
The German New Order in Poland, London 1942
Ch. Klessmann, Die Selbstbehauptung einer Nation. Nationalsozialistische Kulturpolitik und polnische Widerstandsbewegung im Generalgouvernement 1939–1945, Düsseldorf 1971 – Studien zur modernen Geschichte, Bd. 5
S. Lorentz, Le Musée National de Varsovie pendant l'insurrection /août-octobre 1944/, in: ›Cahiers Pologne-Allemagne‹ 1963, Nr. 3
The Nazi »Kultur« in Poland by several authors of necessity temporarily anonymous, London 1945

»Das erste Jahr des Krieges brachte im besetzten Warschau kein kulturelles Leben hervor. Später kamen Gedichtanthologien, literarische Zeitschriften, Diskussionen, Vorträge, Autorenabende, Theatervorstellungen, arrangiert in Privatwohnungen sowie ähnlich organisierte Konzerte zeitgenössischer Musik« (...) – so erinnert sich im März 1945 Jerzy Andrzejewski (in der Zeitschrift ›Odrodzenie‹ – ›Wiedergeburt‹ – Nr. 15/1945). – »Das Leben wurde immer schwerer, der Mai 1940, der denkwürdige 8. Mai*, brachte die ersten Straßenrazzien, der Juni den Zusammenbruch Frankreichs. Die letzten Hoffnungen waren dahin. Vor uns erwuchsen lange Jahre des Krieges, und der Nazi-Terror enthüllte erst jetzt sein wahres Gesicht. Offiziell hatten wir aufgehört, Schriftsteller zu sein. Die behördliche Registrierung boykottierten alle Literaten. Die einen gingen in Stellungen, die ihnen einen ›Ausweis mit Krähe‹** sicherten, andere verkauften ihr Hab und Gut und gingen fort, und wieder andere tauchten unter und schlugen sich mit den seltsamsten Gelegenheitsgeschäften durch, wobei sie in sich völlig unerwartete Begabungen entdeckten. Der Sommer 1940 war wohl die schwerste Zeit. Auf der Intelligenz lastete Auschwitz, noch unbekannt und geheimnisvoll ging es im Flüsterton von Mund zu Mund. Im August wiederholten sich die Razzien vom Mai. Man holte die Leute aus ihren Häusern. Żoliborz (Stadtteil von Warschau) hatte die ersten Opfer zu beklagen.

In eben diesen Tagen« – erinnert sich Andrzejewski weiter – »beschlossen wir gemeinsam mit Czesław Miłosz, den ersten Band unter den Bedingungen der Okkupation herauszugeben. Material hatten wir: Es waren Gedichte von Miłosz, zuletzt geschrieben vor dem Krieg, aber auch die, die nach dem September 1939 entstanden waren.«

Als Ergebnis der harmonischen Zusammenarbeit des Freundeskreises – Miłosz, Janina Cękalska, Andrzejewski und Antoni Bohdziewicz – wurden Ende September 1940 mit einer Vervielfältigungsmaschine 46 Exemplare eines Gedichtbändchens

* Festtag des heiligen Stanislaus, wichtiger Feiertag in Polen (Anm. d. Ü.).

** Ironische Bezeichnung für den Stempel in Form des Reichsadlers; ein derartiger Ausweis schützte vor Straßenrazzien, weil er nachwies, daß sein Besitzer in einem offiziell genehmigten Arbeitsverhältnis stand. (Anm. d. Ü.).

hergestellt, das etwas über zwanzig Seiten hatte; es wurde in Handarbeit geheftet und mit einem schwarzen Umschlag versehen. »Wir schufen eine kleine und bescheidene Sache, dafür aber mit unseren eigenen Händen, den Alpträumen der Wirklichkeit zum Trotz«, sagt Andrzejewski. »Es war wirklich unser Buch, und es war für uns wertvoller als die vor dem Kriege gedruckten: das erste Buch, das unter der Okkupation erschien. Der Titel des Buches lautete einfach *Gedichte.* – Czesław Miłosz trat als ihr Autor unter dem Pseudonym »Jan Syruć« in Erscheinung. Heute weiß man nicht, ob auch nur ein einziges Exemplar dieser Auflage erhalten ist.«

Zu eben dieser Zeit wurde auf Initiative von Jerzy Andrzejewski der Versuch unternommen, maschinell vervielfältigte Texte herauszugeben, die ein Ersatz sui generis für eine literarische Zeitschrift, die erste im besetzten Warschau, sein sollten. »Wir haben die Nummern zu zweit gefüllt, wobei wir uns mit verschiedenen Autorennamen maskierten« – erinnerte sich Miłosz nach Jahren. Die Zeitschrift – die von den Leuten, die sich an sie erinnern, bisweilen *Literarische Monatsschrift* genannt wird, obwohl sie gar keinen Titel trug – war ein illegales Blatt, das man sich im Warschauer Milieu der jungen Intelligenz und der Hörer der geheimen Universität in Privatwohnungen vorlas. Im Rahmen dieser Lektüre – daran kann man hier erinnern – wurden u.a. die Texte einiger Essays von Miłosz wie auch einiger Erzählungen von Andrzejewski zugänglich, die später, nach dem Krieg, in dem Band *Nacht* veröffentlicht wurden.

Im Winter 1941/42 gründete Kazimierz Zenon Skierski – ein Journalist, Literat und Mitarbeiter des polnischen Rundfunks, der eine ungeheure organisatorische Energie besaß – in Warschau einen konspirativen Verlag unter dem Namen »Oficyna Polska« (»Polnische Buchdruckerei«). Der erste dort publizierte Titel war die polnische Übersetzung eines neuen Werks von Jacques Maritain, das ursprünglich im Februar 1941 in New York zum ersten Mal unter dem Titel *A travers le désastre* erschienen war. Autor der ›Auf den Wegen der Katastrophe‹ betitelten Übersetzung war Czesław Miłosz, der in seinem im Januar 1942 geschriebenen Vorwort des Übersetzers die Motive, die ihn dazu brachten, sich dem Werk des französischen Philosophen zu widmen, wie folgt begründet: »Wenn wir die natürliche Neugier einmal beiseitelassen, die jede Publikation weckt, die außerhalb der Grenzen des vom Nazi-Regime beherrschten Europa erscheint, erregt die Abhandlung des französischen Schriftstellers unsere Aufmerksamkeit allein durch die Tragweite des dort behandelten Problems. Es ist eine unparteiische und gelassene Erörterung der Ursachen der Niederlage des eigenen Landes, eine Erörterung, die weit vom Partikularismus entfernt ist – im Gegenteil: Die Tragödie Frankreichs wird als Fragment der allgemeinen Tragödie dargestellt, an der teilzunehmen ja auch uns bestimmt war.«

»Die Bedeutung des Werks von Maritain« – schrieb Miłosz – »beruht für uns nicht nur darauf, daß es den Mechanismus der französischen Niederlage erklärt, sondern auch darauf, daß es die heutige Situation der Welt in sehr vernünftigem Ton erörtert. Gegenwärtig gehört es zu den schwierigsten Dingen, wieder zu einem nüchternen Urteil zu gelangen und Schuld und Fehler des eigenen Volkes mitleidlos zu geißeln, ohne deshalb an seinem Wert zu verzweifeln. Maritains freimütiges Eingeständnis der Schuld und sein tiefer Glaube an das französische Volk nötigen uns großen Respekt ab.«

Des weiteren lenkt der Übersetzer die Aufmerksamkeit auf Maritains Position in der zeitgenössischen Welt: »J. Maritain ist ein führender Vertreter der modernen katholischen Philosophie. Diese an die Gedanken Thomas von Aquins anknüpfende Philosophie übt in letzter Zeit einen starken Einfluß auf die Gemüter aus, einen Einfluß, dem nicht nur Katholiken erliegen. Indem sie vor keinem Thema zurückschreckt und versucht, alle Probleme zu lösen, die sich aufgrund der Notwendigkeiten des gesellschaftlichen Lebens aufdrängen, wird sie der allgemeinen Sehnsucht nach einer homogenen, weitgefaßten Weltanschauung gerecht und ist ein Beweis für die Lebendigkeit des Katholizismus. Wenn die Entwicklung diesen Gang genommen hat – ist Maritains Verdienst daran nicht gering. Es handelt sich um ein seltenes Phänomen: Ein religiöser Autor, kompromißlos in seiner Treue zu Rom, gewinnt aufgrund seiner Werke Achtung und Liebe sogar unter Menschen, die der Kirche fernstehen. Auf die Autorität Maritains beriefen sich sowohl Schriftsteller der Rechten wie der Linken, kein ernstzunehmender Versuch zur Klärung ordnungspolitischer, moralischer und künstlerischer Probleme konnte es umgehen, seine Anschauungen zumindest zu resumieren. Es unterliegt keinem Zweifel, daß in den letzten Jahren vor dem jetzigen Krieg die Stimmen immer lauter wurden, die zur Erneuerung und zur Ordnung der wahren Wildnis widersprüchlicher Konzeptionen aufriefen, in denen sich der Geist des modernen Menschen verirrte. In dieser Strömung, die durch den Kataklysmus unterbrochen wurde, kommt Maritain ein Ehrenplatz zu. Man kann und sollte glauben, daß diese Strömung die Ankündigung einer besseren Ordnung war, die nach dem Krieg eintreten würde, so wie alle wertvollen Veränderungen, die Europa im Laufe des zwanzigsten Jahrhunderts zu erreichen vermochte, ihre Wurzeln in den entsprechenden Bewegungen der letzten Jahre vor 1914 haben.«

Das Maritain-Bändchen wurde in Warschau im ersten Quartal 1942 herausgegeben, in Gestalt eines kleinen, hübschen Büchleins (im Format 15,5 × 11,5 cm), im Umfang von 90 Druckseiten (plus 6 nichtpaginierte), in einer zu dieser Zeit und an diesem Ort für Essayistik dieser Art recht ansehnlichen Auflage von 1600 Exemplaren.

Gleichzeitig kündigte der Verlag die nächsten Titel an, die in der »Polnischen Buchdruckerei in Warschau« in Vorbereitung waren, nämlich die Gedichtanthologie *Das unabhängige Lied*, das Werk von Michał Psellos *Faschismus und die europäische Tradition* sowie einen Band belletristischer Prosa.

Und so erschien in Warschau ein paar Monate nach dem Buch von Maritain die angekündigte Anthologie unter dem Titel *Das unabhängige Lied. Polnische Poesie der Kriegszeit.*

Wie im ›Vorwort des Herausgebers‹ (datiert vom »April 1942«) erklärt wird, »bedeutet der Titel, wenn Staaten fallen, und mehr als eine Millionenmacht in Schutt und Asche versinkt, werden das unabhängige Herz und *das unabhängige Lied* zur Festung der wahren Freiheit.«

Im selben Vorwort des Herausgebers finden wir den Vorbehalt, daß das Bändchen lediglich den »Versuch einer Anthologie« darstellt, weil »heute, da kein normales Verlagswesen existiert, nicht die Rede davon sein kann, daß man alle in dieser Zeit geschriebenen Werke erfassen und eine allseitige Auswahl vornehmen kann.« Trotz alledem gehört das *Unabhängige Lied* zweifellos zu den wertvollsten Poesiepublikationen aus der Zeit des Zweiten Weltkriegs, die sich durch das künstlerische Niveau der hier präsentierten Werke auszeichnen. Miłosz selbst, der sich als Autor der Auswahl und des Kommentars hinter dem Pseudonym »Ks.* J. Robak« – in charakteristischer Anknüpfung an die Tradition des Konspiranten aus Mickiewicz' *Pan Tadeusz* – verbirgt, bezeichnet diesen Band als den »wählerischsten im Hinblick auf die Qualität unter allen vergleichbaren Untergrundpublikationen«. In seinem Bericht

*Schutzzone* (vom September 1976) sagt er: ... »Material zum *Unabhängigen Lied* hatte ich sehr viel, viel mehr als ich dann für den Druck bestimmte, d.h. ich konnte meinem Qualitätsfanatismus nicht widerstehen.« Einige Texte für die Anthologie besorgte Jerzy Andrzejewski, mit dem Miłosz damals ständig zusammentraf und eng zusammenarbeitete. Sicherlich auch aus diesem Grund galt er – was in einigen bibliographischen Arbeiten zum Ausdruck kam – als Mitautor der Anthologie. Wir verfügen in dieser Angelegenheit jedoch über das eindeutige Zeugnis von Miłosz aus dem Jahr 1976: »Die Auswahl der Gedichte und die Zusammenstellung war ganz meine eigene, und das ist ja bei Anthologien das Entscheidende, und aus meiner Feder stammte auch der Kommentar in Prosa.« Miłosz hebt in seinem Bericht auch die Verdienste des bereits erwähnten Kazimierz Zenon Skierski hervor, des Begründers des Untergrundverlags, der »den Druck beaufsichtigte und auf einer Straße, voll von Deutschen, triumphierend die langen Korrekturbögen hin und herschwenkte etc. etc.« und der »der Urheber des Buches in seiner physischen Gestalt war«. Und gerade die Gestalt der Anthologie *Das unabhängige Lied* hob sie positiv gegen viele andere konspirative Publikationen ab. Man gab das Werk in bibliophiler Ausstattung heraus, mit einem farbigen Buchdeckel, gestaltet von dem bildenden Künstler Stanisław Kunstetter. Die Auflage betrug auch diesmal – wie schon im Fall des Maritain-Bändchens – 1600 zum Verkauf bestimmte Exemplare (verkauft wurden sie allem Anschein nach zum Preis von 15 Złoty) sowie zehn unverkäufliche Exemplare, auf Kreidepapier. Auf den 126 Seiten (plus zwei nichtpaginierte) im Format 18 × 12,5 cm waren 34 Werke der Poesie enthalten, gruppiert in fünf Teile, die jeweils Gedichte umfaßten, die »vom Ton und der grundsätzlichen Problematik her gut zueinander paßten« (Vorwort des Herausgebers). In Teil I finden wir unter dem Titel ›Vorboten des Sturms‹ drei Gedichte, die alle unmittelbar vor Ausbruch des Zweiten Weltkriegs entstanden sind – Broniewskis ›Der letzte Schrei‹ aus dem Jahre 1938 (incipit: »Tag des Hungers, des Feuers, der Luft und des Kriegs ...«), Władysław Sebyłas Gedicht ohne Titel aus dem Jahre 1938 (»Und wieder das Stampfen von Soldatenstiefeln ...«) sowie Broniewskis ›Das Seitengewehr aufgepflanzt!‹ (»Wenn sie kommen, das Haus anzuzünden ...«); in Teil II sind unter dem Titel ›Menschliche Wehklage‹ sieben Gedichte enthalten – ›Der polnische Soldat‹ von

Broniewski (»Gesenkten Hauptes, langsam ...«, ›Warschau‹ von Witold Hulewicz (»Totenstraßen, der Heldenhäuser Leichname ...«), Światopełk Karpińskis ›Fortflug der Zugvögel‹ (»Wann kehrt ihr wieder, heimatliche Störche ...«), das Gedicht ohne Titel, versehen mit dem Motto »In Wilna gibt es die Tatarenstraße« (»Ich ging durch die Tatarenstraße, kühnen Schrittes ...«) sowie ›Sterne‹ (»Zu weinen begann die Maiennacht ...«); das Gedicht von Leopold Staff ›Frühjahr der Niederlage‹ (»Frühling, in frischer Süße auferstanden ...«) und schließlich von Miłosz selbst ›Heut ging ich durch den Garten‹ (»Heut ging ich durch den Garten, verhangen im Frühjahrsnebel ...«). In Teil III, ›Furchtloser Blick‹ betitelt, befinden sich neun Texte: poetische Prosa eines unbekannten Autors mit dem Titel ›Einstellungen‹ (»Zu dieser Zeit sah ich drei Menschen ...«), Leopold Staffs ›Ringsum Nacht‹ (»Ringsum Nacht und große Stille ...«), ›Der Held‹ von K. K. Baczyński (»In der Vielfalt aller Dinge steht er ...«) und der ›Psalm von der Gnade‹ (»Was solls mir, o Herr, daß ich schöner als ein Schatten bin ...«), ›Die Ebene‹ von Miłosz (»Seit Jahren, seit Jahren, das Unbegreifliche ...«), Baczyńskis Gedicht ohne Titel (»O Stadt, o Stadt, Jerusalem des Schmerzes ...«), Józef Stachowskis ›Erzählung‹ (»Kleine Jungen mit leichten Füßchen ...«), ›Weihnachtslied‹ von Miłosz (»Den Stall beschmutzt ihr, böse Engel ...«) sowie Leopold Staffs ›Über der Welt‹ (»Über der Welt schwebte eine schwere, gnadenlose Last ...«). In Teil IV der Anthologie, betitelt ›Lied des Glaubens‹, stellte Miłosz sieben Werke zusammen: ›Das Jahr 1941‹ von Anna Świrszczyńska (»Wie Phönix, Vogel der Ewigkeit, inmitten bläulicher Flammen ...«), ›Lied des Glaubens‹ von Roman Kołoniecki (»Vorbeirollen Güterzüge mit schwedischem Erz und bulgarischem Tabak ...«), drei Gedichte von Jerzy Zagórski: ›Ballade über Serbien‹ (»Wenn das nicht die letzten Tage sind ...«), ›Lied der blinden Deutschen‹ (»Wir sahen die herrlichen Tage nicht ...«), ›Gebet an die Mutter Gottes von Poczajów‹ (»O Mutter der Vergebung! Wer sonst wird vergeben ...«) und schließlich das Gedicht eines unbekannten Autors, das ›Gedicht ohne Titel‹ heißt (»Wenn den Lungen die Luft zum Atmen fehlt ...«), und von Miłosz selbst ›Lied der ungeratenen Söhne‹ (»Trauriges Land, zerrissen und verwüstet ...«).

Der letzte (V.) Teil der Anthologie umfaßt unter dem Titel ›Der Weg nach Polen‹ ausschließlich Werke, die in der Fremde – im Osten und im Westen – entstanden sind. Er verknüpft acht

Gedichte: ›Der Weg‹ von Broniewski (»Aus weiter Ferne führt der Weg ...«) und die Antwort von Antoni Słonimski ›Gruß an den Autor des Gedichts *Der Weg*‹ (»Deine Worte und dein Schicksal, wie innig sind sie verwachsen ...«) sowie drei weitere Gedichte Słonimskis – ›Gespräch‹ (»Wie sind sie dem Herzen so nahe ...«), ›Himmel‹ (»Durch ausgefahrene Straßen, vorsichtigen Fußes ...«) und ›Sirenen‹ (»Wenn der Brand der Sonne erloschen ist, und Rauch herniedersinkt ...«); umfangreiche Fragmente des ›Warschauer Morgen‹ (»Wer hat mich in der Nacht geweckt und faßt mich bei der Hand ...«) von Stanisław Baliński und die dem polnischen Leser erstmals zugänglichen Fragmente aus den *Polnischen Blumen* von Tuwim.

»Die Fragmente der *Polnischen Blumen«* – erinnert sich Miłosz – »bekam ich von der Familie Melchior Wańkowicz', die diesen Text in einem Brief aus Portugal erhalten hatte, und ich – das gebe ich zu – war verblüfft und konnte nicht gleich erraten, wer der Autor war.« Andere Werke, die Eingang in die Anthologie finden sollten, erhielt Miłosz »direkt aus den Händen der Autoren«, wenn er mit Dichtern verschiedener Generationen zusammentraf – von Leopold Staff über Jerzy Zagórski, Anna Świrszczyńska bis zu Krzysztof Baczyński.

Das *Unabhängige Lied* war der zweite und gleichzeitig der letzte Titel, der im konspirativen Verlag »Polnische Buchdruckerei« erschienen ist. Zur Herausgabe der nächsten angekündigten Bände – *Der Faschismus und die europäische Tradition* von Psellos und dem Band belletristischer Prosa eines namentlich nicht genannten Autors – kam es nicht mehr. Der Essay von Psellos – hinter diesem Namen verbarg sich nach Angaben von Miłosz in Wirklichkeit Tadeusz Juliusz Kroński – erschien nach Jahren in seinem Buch *Überlegungen zu Hegel* (Warschau 1960).

Die einige Monate währende verlegerische Tätigkeit der »Polnischen Buchdruckerei« im besetzten Warschau wird in der Geschichte des polnischen Verlagswesens immer eng mit der Leistung von Miłosz verknüpft sein – als Dichter, Übersetzer und Redakteur. Die in der späteren Besatzungszeit herausgegebenen Sammelbände und Gedichtanthologien (*Wind der Freiheit, Der freie Geist im Lied, Das wahre Wort* und andere) haben die künstlerische und intellektuelle Bedeutung des *Unabhängigen Liedes* nicht geschmälert. Zwei Jahre nach diesem Werk (im Frühjahr 1944) sollte in einer anderen Anthologie mit dem Titel *Aus dem Abgrund* – die ganz der Tragödie und der

Vernichtung der polnischen Juden gewidmet war – das bittere Gedicht von Czesław Miłosz *Campo di Fiori* (entstanden 1943) erscheinen, als in Warschau das Ghetto brannte. Es ist ein Werk, das von der universellen Reflexion über die Größe und Nichtigkeit des Menschen und über die Grenzen der wechselseitigen Verständigung unter den Menschen durchdrungen ist.

## Die polnische Untergrundpresse in den Jahren 1939 bis 1945

In Polen gab es vor dem Ausbruch des Zweiten Weltkrieges etwa 2700 Presseorgane, von denen 2250 in polnischer und der Rest in den Sprachen der nationalen Minderheiten erschienen, das heißt in jüdischer, ukrainischer, deutscher und in anderen Sprachen. Allein in Warschau wurden 47 Tageszeitungen herausgegeben. Der polnische Rundfunk besaß ein dichtes Netz von Sendern, die mit ihrem Sendebereich das ganze Land umfaßten. Während der kurzen Zeit der Kriegshandlungen auf polnischem Gebiet im September 1939 erschienen die lokalen Zeitungen in allen größeren Städten bis zum Einmarsch der Besatzungstruppen. Eine besonders wichtige Rolle spielte die Presse im Verlauf der dreiwöchigen Belagerung von Warschau im September 1939.

Die nationalsozialistische Besatzung schuf vollkommen neue Bedingungen, die in jeder Hinsicht keinerlei Parallelen in der bisherigen Geschichte des polnischen Staates und Volkes besaßen. Dies galt auch für die Probleme des kulturellen Lebens und die Tätigkeit der Presse. Die erste Entscheidung Hitlers, wonach »Polen wie eine Kolonie behandelt werden sollte«, wurde von Hans Frank im Gespräch mit Vertretern des Feldwirtschaftsamtes in Posen am 3. Oktober 1939 erwähnt und nahm schon bald konkrete Gestalt an. Eine Anzahl von nationalsozialistischen Dokumenten aus dem ersten Zeitabschnitt der Besetzung Polens deutet auf das Bestreben hin, die polnische Intelligenz physisch zu vernichten. Das wurde konsequent in die Tat umgesetzt. E. Wetzel und G. Hecht, die Autoren der im November 1939 im Rassenpolitischen Amt der NSDAP ausgearbeiteten Denkschrift ›Die Frage der Behandlung der Bevölkerung der ehemaligen polnischen Gebiete nach rassenpolitischen Gesichtspunkten‹, stellten unzweideutig fest: »... unter den Begriff der polnischen Intelligenz fallen in allererster Linie polnische Geistliche, Lehrer (einschließlich Hochschullehrer), Ärzte, Zahnärzte, Tierärzte, Offiziere, höhere Beamte, Großkaufleute, Großgrundbesitzer, Schriftsteller, Redakteure sowie sämtliche Personen, die eine höhere oder mittlere Schulbildung erhalten haben«. Das *Tagebuch* von Hans Frank enthält unter dem Datum vom 31. Oktober 1939 den Bericht von einer in Łódź unter Beteiligung des Reichsministers für Volksaufklärung und Propaganda Dr. Goebbels abgehaltenen Konferenz, in dem es heißt: »Reichsminister Dr. Goebbels führt aus, daß das gesamte Nachrichtenvermittlungswesen der Polen zerschlagen werden müsse. Die Polen dürften keine Rundfunkapparate und nur reine Nachrichtenzeitungen, keinesfalls eine Meinungspresse behalten.«

Diese programmatischen Zielsetzungen waren im wesentlichen nur eine Bestätigung des bereits bestehenden Zustandes, da die gesamte polnische Presse bereits im Oktober 1939 liquidiert wurde. Eine ganze Reihe von Verordnungen vom Oktober und November 1939, die von Hans Frank erlassen wurden, der inzwischen das Amt des Generalgouverneurs mit seinem Sitz in Krakau übernommen hatte, sanktionierten die bereits vollendeten Tatsachen. Das Verbot des Besitzes von Rundfunkapparaten durch die polnische Bevölkerung und die Beschlagnahme der gesamten Rundfunkeinrichtungen in der Zeit von Ende Oktober bis Ende Dezember 1939 hat das bestehende System der Nachrichtenvermittlung restlos zerstört.

Die Besatzungsbehörden gründeten anstelle der liquidierten polnischen Presse eine Reihe eigener Zeitungen und Zeitschriften für die polnische Bevölkerung. Sie wurden vom Propagandaamt des Generalgouvernements in schlechtem Polnisch herausgegeben und enthielten nur Übersetzungen von Artikeln aus dem *Völkischen Beobachter* sowie aus der in Polen erscheinenden deutschen Presse, Berichte des Oberkommandos der Wehrmacht, Verfügungen und Verordnungen, einige lokale Informationen und antisemitische und gegen die Alliierten gerichtete Propagandaartikel. Es handelte sich dabei also nicht um polnische Presseorgane, sondern um Instrumente der nationalsozialistischen Propaganda; sie wurden von der polnischen Bevölkerung auch so aufgefaßt.

Der Pressechef des Generalgouvernements, Gassner, ließ auf der Pressebesprechung vom 14. April 1942 in Krakau keinen Zweifel darüber offen, als er erklärte: »Die polnische Presse werde durchweg von deutschen Hauptschriftleitern geleitet, die die Aufgabe hätten, eine Kontrolle durchzuführen. Die Polen erhielten nur das zur Übersetzung, was ihnen von den deutschen Hauptschriftleitern und Schriftleitern vorgelegt werde. Die übersetzten Artikel würden von einem polnisch sprechenden deutschen Schriftleiter durchgelesen ... Letzten Endes werde dann aber auch die polnische Presse im Endprodukt von einem deutschen Hauptschriftleiter gestaltet, der perfekt polnisch sprechen könne.«

Die polnische Bevölkerung blickte auf dem Gebiet der Untergrundpresse auf viele Erfahrungen zurück, die bis ins 19. Jahrhundert hineinreichten, d.h. in die Zeit, als der polnische Staat aufgelöst war und langwierige Kämpfe um die Wiedererlangung der Unabhängigkeit geführt werden mußten. Charakteristisch ist in diesem Zusammenhang der Umstand, daß die ersten Nummern der polnischen Untergrundpresse bereits im Oktober 1939 in Warschau erschienen sind. Das zeugt von der Dynamik dieser Tradition und dem entschlossenen Widerstandswillen der polnischen Bevölkerung gegenüber den Besatzungsbehörden. Dies wird noch dadurch unterstrichen, daß das Erscheinen der ersten Nummern der polnischen Untergrundpresse zeitlich dem Erscheinen der nationalsozialistischen Presse in polnischer Sprache vorausging. Sie waren für die polnische Bevölkerung eines der ersten sichtbaren Anzeichen für die Existenz einer Widerstandsbewegung. Man muß in diesem Zusammenhang daran erinnern, daß die ersten polnischen Untergrundorganisationen im Zweiten Weltkrieg zu derselben Zeit gegründet wurden, da die Besatzungstruppen in Polen einrückten.

Die militärische Hauptorganisation der Untergrundbewegung, die später die Bezeichnung »Zwiazek Walki Zbrojnej« (Bund des bewaffneten Kampfes) und seit 1942 die Bezeichnung »Armia Krajowa« (Heimatarmee) trug, wurde von der polnischen Bevölkerung im Lande und vom Oberkommando der polnischen Streitkräfte, die auf der Seite der Alliierten kämpften, als reguläre militärische Formation angesehen. Neben dieser Organisation war in Polen eine geheime Vertretung der polnischen Regierung in London tätig, bei der die sogenannte »Leitung des zivilen Widerstandes« gegründet wurde. Darüber hinaus führten alle vor dem Kriege in Polen bestehenden politischen Parteien und Bewegungen seit den ersten Monaten der Besetzung eine lebhafte Untergrundtätigkeit. Sie wiesen auch weiterhin weltanschauliche und programmatische Unterschiede auf, waren sich jedoch in ihrem Widerstandswillen gegen die nationalsozialistisch-deutsche Besatzung einig. Zu den wichtigsten Organisationen dieses Typs gehörte die »Polnische Sozialistische Partei«, die »Bauernpartei«, die christlich-demokratische »Partei der Arbeit« sowie die »Nationale Partei«. Seit Anfang 1942 entwickelte auch die kommunistische »Polnische Arbeiterpartei« ihre Tätigkeit, die bald danach ihre eigene militärische Widerstandsorganisation gründete.

Die militärischen Organisationen und politischen Parteien spielten auch in der Untergrund*presse* die größte Rolle, und zwar sowohl hinsichtlich der Anzahl der verlegten Zeitschriften, als auch ihrer technischen und redaktionellen Ausstattung. Etwa 60 v.H. der gesamten Untergrundpresse erschienen im Verlag dieser Organisationen. 40 v.H. der Untergrundpresse wurden von kleineren Unabhängigkeitsgruppen herausgegeben, die in vielen Fällen, trotz der geringen Anzahl ihrer Mitglieder, eine lebhafte Tätigkeit entwickelten. Die Tätigkeit einiger kleinerer Widerstandsgruppen beschränkte sich in der Praxis überhaupt auf das Verlegen von Untergrundzeitschriften und auf die Beteiligung an Propagandaaktionen gegen die Besatzungsbehörden. Schließlich ist auf Untergrundzeitschriften hinzuweisen, die aus eigener Initiative und mit eigenen Mitteln von energischen und mutigen Einzelpersonen oder kleinen Personengruppen herausgegeben wurden.

Die Gesamtzahl der in Polen während der nationalsozialistischen Besetzung in der Zeit vom Oktober 1939 bis Januar 1945 herausgegebenen Untergrundzeitschriften beträgt über 1400 Titel, wobei die während des zwei Monate dauernden Warschauer Aufstandes in den befreiten Stadtteilen offen erschienenen Titel nicht berücksichtigt worden sind, deren Anzahl etwa 130 betrug. Die Gesamtzahl umfaßt jedoch nicht Presseerzeugnisse wie Flugblätter und einmalige Denkschriften, sondern lediglich *periodisch* erscheinende Titel ohne Unterschied ihrer Erscheinungsweise und -regelmäßigkeit.

Wenn von den über 1400 Titeln der Untergrundpresse die Rede ist, die während der deutschen Besetzung in Polen erschienen, so muß auch darauf hingewiesen werden, daß die Bibliographie der holländischen Untergrundpresse aus dem Jahre 1954 1193 Titel (einschließlich der einmaligen Ausgaben) und der Katalog der Untergrundpresse in der Bibliothèque Nationale in Paris aus dem Jahre 1954 1106 Titel umfaßt, wovon 1000 Titel auf Zeitschriften in französischer Sprache entfallen. Eine dänische Bibliographie vom Jahre 1954 mit Nachtrag von 1960 erwähnt 552 Titel dänischer Zeitschriften und eine italienische Bibliographie 540 Titel der seit dem Sturz der Mussolini-Regierung (25. Juli 1943) bis zur Kapitulation der deutschen Streitkräfte (15. April 1945) in Italien erschienenen Untergrundzeitschriften.

Die polnische Untergrundpresse war demnach am stärksten ausgebaut und nimmt im Vergleich mit der Untergrundpresse aus der nationalsozialistischen Besatzungszeit in den anderen Ländern Europas den ersten Platz ein. Dies ist besonders beachtenswert, wenn man bedenkt, daß der Terror in keinem der besetzten Länder so rücksichtslos gewütet hat wie in Polen. Daher hatte die polnische Untergrundpresse bedeutend schwierigere Bedingungen als in den anderen westeuropäischen Ländern.

Die bereits erwähnte militärische Hauptorganisation, die »Heimatarmee«, verfügte über etwa 200 zentrale, regionale und Bezirksorgane von informatorischem und militärisch-didaktischem Charakter. Die »Bauernpartei« und die mit ihr verbundenen Jugend-, Frauen- und anderen Gruppen verlegten über 100 Titel. Über 30 Titel gab die »Nationale Partei« und ebensoviel die Gruppen der ehemaligen Piłsudski-Anhänger heraus. Die sozialistische Untergrundpresse zählte über 55 Titel. Die Anzahl der kommunistischen Zeitschriften erreichte in den letzten zwei Jahren der Besetzung über 90 Titel. Auch die Anzahl der Organe der verschiedenen katholischen Gruppen war beachtlich. Bemerkenswert sind die Angaben, die die Entwicklung der Untergrundpresse trotz der Verschlechterung der persönlichen Sicherheit der Herausgeber veranschaulichen. So erschienen im letzten Vierteljahr 1939 in den von den deutschen Truppen besetzten polnischen Gebieten über 30 Untergrundzeitschriften. Im Jahre 1940 wurden aber bereits 190 Titel gezählt, im Jahre 1941 etwa 290 Titel, im Jahre 1942 rund 370 Titel, im Jahre 1943 über 480 Titel und im Jahre 1944 mehr als 580 Titel von Untergrundzeitschriften.

Die Verlagstätigkeit war unter den Bedingungen des Besatzungsregimes zwangsläufig wenig stabil, die Erscheinungszeit mancher Publikationen begrenzt. Es kam vor, daß nach dem Erscheinen einiger Nummern die Zeitschrift ihr Erscheinen wieder einstellen mußte, da die Redakteure verhaftet, die Drukkerei von der Gestapo entdeckt oder die Mittel erschöpft waren. Die Presse der wichtigsten Untergrundorganisationen jedoch erschien mit einer beachtenswerten Regelmäßigkeit. Zumindestens drei Untergrundzeitschriften kamen regelmäßig in der Zeit vom Herbst 1939 bis Januar 1945 heraus. 17 Zeitschriften erschienen im Verlauf von sechs Kalenderjahren und 90 Zeitschriften im Verlauf von vier Kalenderjahren. Etwa 240 Zeitschriften erschienen über zwei Jahre lang und die restlichen im Verlauf eines Jahres, einige Monate und manchmal nur einige Wochen.

In der Erscheinungsgeographie der Untergrundpresse ruhte das Schwergewicht auf Zentralpolen, das während der Besatzungszeit das sogenannte Generalgouvernement bildete und die Bezirke Warschau, Krakau, Radom und Lublin und nach 1941 auch Lemberg umfaßte. Auf diesem Gebiet konzentrierten sich 90 v.H. der gesamten Untergrundpresse. Die restlichen 10 v.H. entfielen auf die 1939 dem Reich angegliederten Gebiete: Pommerellen, Posen, Łódž und Ost-Oberschlesien sowie die östlich des Bugs gelegenen Gebiete, die 1941 dem sogenannten Ostland einverleibt wurden. In der Stadt Warschau erschienen allein 60 v.H. der gesamten Untergrundpresse. Dies ergab sich zwangsläufig aus der Konzentration der Führungsstäbe der polnischen Widerstandsbewegung in der polnischen Hauptstadt. In Warschau wurden ebenfalls bestimmte Zeitschriften regelmäßig gedruckt, die für die dem Reich angegliederten Gebiete bestimmt waren, wobei die gesamte Auflage an den Bestimmungsort gebracht und von dort aus verteilt wurde.

Die Mehrzahl der Titel der Untergrundpresse entfiel auf Wochenschriften sowie auf periodische Schriften mit einem größeren Erscheinungsintervall. Es gab aber auch zahlreiche Tageszeitungen. Während bestimmter Zeitabschnitte, besonders jedoch in den zwei letzten Jahren der Besetzung, erschienen allein in Warschau gleichzeitig zehn Zeitungen und Bulletins täglich. Eine führende Rolle spielte dabei die Nachrichtenpresse, die Informationen über die wirkliche Lage an den Fronten, Berichte aus verschiedenen Teilen des besetzten Landes oder auch eines bestimmten Bezirks brachte, vor allem Berichte über Terrorakte und Ereignisse im Leben der Untergrundbewegung. Die Nachrichtenpresse brachte gewöhnlich auch kurze Artikel und Kommentare zur internationalen, politischen oder militärischen Lage, desgleichen über Tagesprobleme. Der Inhalt dieser Presse umfaßte ferner Verlautbarungen, Verfügungen, Warnungen sowie Urteile, die von den militärischen und zivilen Führungsstäben der Untergrundbewegungen gefällt worden waren. Einige Nachrichtenblätter erschienen in Form von stilistisch knappen Bulletins, deren Inhalt sich auf die aktuellen Nachrichten des Londoner Rundfunks beschränkte.

Die umfangreiche Presse von ideologisch-programmatischem Charakter, die verschiedene Ideen und politische Richtungen repräsentierte, enthielt Artikel und manchmal auch umfangreichere Abhandlungen über theoretische Fragen des gesellschaftlichen, wirtschaftlichen und politischen Lebens in Polen nach dem Kriege und des öfteren auch polemische Artikel in der Auseinandersetzung mit anderen Untergrundblättern. Wegen der spezifischen Erfordernisse der damaligen Zeit hatten die Presseorgane von militärisch-didaktischem Charakter, die vor allem von den militärischen Organisationen für ihre Mitglieder herausgegeben wurden, eine besondere Bedeutung. In diesen periodischen Schriften konnte man vor allem Berichte über die Fortschritte der westlichen Kriegstechnik, über neue Waffenarten, Gebrauchsanweisungen für den Einsatz von Sprengstoffen bei Diversions- und Sabotageakten und entsprechende Zeichnungen finden.

Im gleichen Maße, wie sich die Untergrundpresse entwickelte, erfolgte auch ihre Spezialisierung, die 1942 und in den folgenden Jahren ihren Höhepunkt erreichte. So erschienen u.a. auch Agentur-Bulletins, die Nachrichten für die Presse aus dem In- und Ausland sowie Artikel und Bekanntmachungen der Untergrundbewegung enthielten. Es wurden ebenfalls für den inneren Gebrauch der größeren Untergrundorganisationen und einer bestimmten Anzahl von Redaktionen Übersichten der Untergrundpresse, der faschistischen Presse, der Presse der neutralen Staaten und teilweise umfangreichere Abhandlungen über bestimmte Fragen der Politik und Weltwirtschaft herausgegeben. Derartige Agenturberichte, Publikationen und Bulletins für den internen Gebrauch wurden vornehmlich von den Redaktionen der kleineren Blätter gern benutzt, da sie keine ausreichenden Möglichkeiten einer umfassenden Stoffbeschaffung besaßen.

In den Jahren 1942 bis 1944 entwickelte sich dann auch die Untergrundpresse mit literarisch-kulturellem Charakter. Sie umfaßte insgesamt etwa 25 Titel, wobei die bedeutendsten Blätter in Warschau und Krakau erschienen. In dieser Presse wurden programmatische Fragen des kulturellen und literarischen Lebens, des Theaters, der Musik und der bildenden Kunst berührt. Charakteristisch für die Vitalität und die Haltung der polnischen Intelligenz während der Besatzungszeit ist auch die Publikation von rund 15 satirischen antifaschistischen Zeitschriften, die politische Witze, Parodien und Karikaturen enthielten.

Zahlreiche Blätter waren für die im Untergrund wirkenden Pfadfinderverbände, für Frauen (darunter vor allem für Bäuerinnen), für Kinder und solche Leser bestimmt, die sich für Wirtschaftsfragen interessierten. Es gab sogar eine Zeitschrift für das Flugwesen, in der neben theoretisch-technischen Abhandlungen auch Informationen über die Tätigkeit der polnischen Luftwaffe im Westen veröffentlicht wurden. Eine weitere Zeitschrift wurde von einer Ärztegruppe herausgegeben; sie befaßte sich mit Fragen der sozialen Medizin. Besondere Probleme behandelten die jüdischen Blätter, die vor allem in den Jahren 1940 bis 1942 erschienen, also noch vor der Ausrottung der jüdischen Bevölkerung innerhalb und außerhalb der Ghettos. Über 20 derartiger Blätter in jüdischer und hebräischer Sprache sind bekannt, darüber hinaus 20 Blätter, die von verschiedenen jüdischen Organisationen in polnischer Sprache herausgegeben wurden. Dann erschien im Jahre 1942 in Łódź eine Zeitschrift unter dem Titel *Liberty*, welche von der polnischen Untergrundbewegung für die englischen Kriegsgefangenen in den dortigen Stalags publiziert wurde. In Krakau verlegte die örtliche Organisation der Heimatarmee im Jahre 1943 die Zweiwochenschrift *L'Information* für französische Kriegsgefangene in dem nahegelegenen Lager in Kobierzyn.

Die wichtigsten Informationsquellen für die Redaktionen der Untergrundpresse bildeten: 1. der Abhördienst ausländischer Rundfunksender, der von den Redaktionen selbst oder, was häufiger vorkam, von spezialisierten Personengruppen den ganzen Tag über geleistet wurden, 2. die bereits erwähnten Agenturberichte, 3. das Netz eigener Korrespondenten und Berichterstatter und 4. Verfügungen, Bulletins usw., die von den zivilen oder militärischen Führungsstäben der Untergrundbewegungen oder auch von der jeweiligen Untergrundorganisation an die Redaktion übermittelt wurden, die das gegebene Blatt verlegte.

Den Redaktionen der Untergrundpresse gehörten Berufsjournalisten aus der Vorkriegszeit, Persönlichkeiten aus dem politischen und gesellschaftlichen Leben sowie Personen an, die zufällig zur Presse stießen. Bei bedeutenderen Blättern waren es vor allem Wissenschaftler von den Hochschulen und Vertreter der schaffenden Intelligenz. Die Redaktionen der politischen Blätter für besondere Bevölkerungsgruppen und vor allem die in der Provinz bestanden häufig aus angelernten Amateuren. Die Redaktionskollegien waren aus Gründen der Sicherheit klein und zählten nicht mehr als zwei oder drei Personen. Die eingesandten Artikel trafen in den meisten Fällen aus Bekanntenkreisen oder auch auf dem Kurierwege der Untergrundorganisation ein. Bemerkenswert ist auch, daß die polnischen

Schriftsteller und Journalisten aus den Vorkriegsjahren während der ganzen fünfjährigen Besatzungszeit, mit nur ganz vereinzelten Ausnahmen, alle verlegerischen Initiativen der Nationalsozialisten boykottiert haben. Die große Mehrzahl der Journalisten wirkte systematisch oder von Fall zu Fall bei der Gestaltung der Untergrundpresse mit.

Ein besonderes Problem der polnischen Untergrundpresse war der Druck der Blätter. Alle Druckereien waren vom Einmarsch der Besatzungstruppen an von den nationalsozialistischen Behörden übernommen worden. Die kleineren Akzidenzdruckereien arbeiteten unter ständiger strenger Kontrolle. Unter diesen Bedingungen war es in Polen unmöglich, die vorhandenen Druckereibetriebe für die Herstellung der Untergrundpresse auszunützen, wie dies etwa in Frankreich oder Holland vereinzelt mit Erfolg getan wurde. Die Produktion der Untergrundpresse mußte in besonders getarnten Räumen erfolgen, die meist tief unter der Erde lagen. Das Vertriebssystem entwickelte sich nach und nach und wurde im Maße der Gewinnung entsprechender Erfahrungen und angesichts der steigenden Aufgaben wegen der wachsenden Anzahl der verlegten Titel ständig verbessert. Diese Verbesserung des Vertriebssystems beruhte vor allem auf der Gründung von kleinen Vertriebsgruppen in den größeren Verlagsorganisationen, die sich mit der Problematik des zentralen Vertriebs befaßten. Es handelte sich dabei um eine sehr gefährliche Tätigkeit, da ja die gesamte Auflage aus der Druckerei oder der Vervielfältigungsanstalt in ein oder mehrere Verteilungslokale unbemerkt überführt werden mußte. Von hier gingen die Pakete mit der Presse zunächst zu den nachgeordneten Verteilungsstellen. Der Transport erfolgte mit Fahrrädern, Droschken und in kleineren Ortschaften auch mit Pferdewagen, nur in seltenen Ausnahmefällen mit Autos, weil es während der Besatzungszeit grundsätzlich keine Autos in polnischem Besitz gab. Kleinere Pakete wurden unter dem Mantel oder in Taschen befördert. In den letzten zwei Jahren der Besatzungszeit benutzte man in wachsendem Maße Trage- und Aktentaschen oder Koffer mit doppeltem Boden. Bei der Verbreitung der Presse spielten Frauen die Hauptrolle. Beim Transport der Untergrundpresse von Stadt zu Stadt wurden häufig polnische Eisenbahner und Lastkraftfahrer eingesetzt, die vereidigte Mitglieder der Widerstandsorganisationen waren.

Die Räume, in denen die Untergrundpresse aufbewahrt und

verteilt wurde, besaßen gewöhnlich unter dem Fußboden, in den Wänden, Öfen und manchmal auch in den Möbeln gut getarnte Verstecke. Dasselbe traf für Wohnungen oder Bürolokale zu, in denen die Redaktionen der Untergrundpresse arbeiteten. Die deutschen Sicherheitsbehörden haben trotz wiederholter Durchsuchungen in vielen Fällen diese Verstecke nicht entdecken können. Trotz aller Vorsichtsmaßnahmen aber kamen Verhaftungen unter den Vertriebsgruppen der Untergrundpresse häufig vor. Auch Verhaftungen wegen des Besitzes illegaler Zeitungsexemplare waren an der Tagesordnung; es war sogar die häufigste Verhaftungsursache. Verhaftungen, Verschickung in die Konzentrationslager, Todesurteile konnten jedoch die ständige Entwicklung der Untergrundpresse im besetzten Polen nicht hemmen. Die Verluste, die die polnische Bevölkerung bei der Produktion, beim Vertrieb und der Lektüre der Untergrundpresse erlitt, können nur angesichts ihrer Verbreitung richtig gemessen werden. Jedes Exemplar eines Untergrundblattes wurde von mehreren Familien gelesen. Dem Aufruf, Untergrundblätter möglichst lange vor der Vernichtung zu bewahren, wurde allgemein Folge geleistet. So wies ein Blatt mit einer Auflage von nur wenigen tausend Exemplaren in Wirklichkeit viele Tausende Leser auf. Die am meisten gelesenen zentralen Organe der militärischen Organisationen und der wichtigsten politischen Parteien zählten Hunderttausende von Lesern, und zwar regelmäßige Leser, die Woche für Woche an einem bestimmten Tag auf das Eintreffen der nächsten Nummer warteten.

Die gesellschaftliche Bedeutung der Untergrundpresse in Polen und ihre Autorität gehörten zu den bemerkenswertesten psychologischen Phänomenen der Besatzungszeit. Anonyme Autoren wandten sich in diesen Blättern an unbekannte Leser, beeinflußten in großem Maße die öffentliche Meinung und entwickelten allgemeingültige Verhaltensnormen. Die in der Untergrundpresse veröffentlichten Verfügungen der »Leitung des zivilen Widerstandes«, ihre Hinwesie, Bekanntmachungen und Warnungen gingen von Mund zu Mund und lebten auch unter denjenigen Personengruppen weiter fort, zu denen die Untergrundpresse nicht immer vordrang. Sie wurden allgemein beachtet und beeinflußten die Haltung der Bevölkerung gegenüber den Besatzungsbehörden sowohl in Fragen von geringerer als auch von grundsätzlicher Bedeutung. So rief die Untergrundpresse die Bevölkerung von Warschau und anderen Städte wiederholt auf, ihre Wohnungen am 1. September, am Jahrestag des Kriegsausbruchs, zu bestimmten Stunden nicht zu verlassen. Dies sollte der solidarischen Haltung der polnischen Bevölkerung sichtbaren Ausdruck verleihen und eine passive Protestdemonstration gegenüber den Besatzungsbehörden sein. Der Aufruf fand einen breiten Widerhall, und die Straßen der polnischen Städte waren zur bestimmten Stunde wie leergefegt. Für die Führungsstäbe der polnischen Widerstandsbewegung war dies ein wichtiger Prüfstein der Reichweite und der Autorität der Untergrundpresse.

Will man die Organisation der polnischen Untergrundpresse zutreffend bestimmen, so müssen die zwei wichtigsten Führungszentren besonders hervorgehoben werden, die die Tätigkeit der Mehrzahl der zentralen Untergrundblätter mit Ausnahme der kommunistischen Blätter und der Blätter der äußersten Rechten koordinierten. Es handelte sich dabei 1. um das Büro für Information und Propaganda (auch VI. Stabsabteilung der Heimatarmee genannt) und 2. um das Departement für Information und Propaganda bei der Delegatur der Exilregierung, die im besetzten Polen ebenfalls eine rege Untergrundtätigkeit entwickelte. Das Büro für Information und Propaganda war der Verleger der gesamten Presse der Heimatarmee. Es sichtete auch im Auftrag des Führungsstabes dieser militärischen Organisation und des Oberkommandos der Polnischen Streitkräfte in London die gesamte Untergrundpresse und sondierte die öffentliche Meinung in Polen. Unter den verschiedenen Organisationseinheiten dieses Büros befand sich unter anderem das Referat für die wöchentliche Inhaltsübersicht der wichtigsten Untergrundorgane aller politischen Richtungen in Polen. Das Büro wurde von einem Offizier im Rang eines Obersten geleitet. Das Personal bestand jedoch in der Mehrzahl aus einstigen wissenschaftlichen Mitarbeitern der polnischen Hochschulen, Journalisten und Schriftstellern. Das Departement für Information und Propaganda bei der Delegatur der Exilregierung verlegte ebenfalls Untergrundblätter und koordinierte die Presse derjenigen politischen Parteien, die der Exilregierung angehörten oder diese unterstützten. Das Departement gründete u.a. auch eine entsprechende Druckereibasis für die »zivile« Presse, die unabhängig vom Netz der militärischen Druckereien funktionierte. Das Departement analysierte darüber hinaus die laufende Pressetätigkeit in Polen und übermittelte der Exilregierung in London entsprechende Berichte. Die linksgerichtete

Presse, die mit der (kommunistischen) Polnischen Arbeiterpartei verbunden war, besaß ihr eigenes Propagandazentrum, ihre eigene Druckereibasis und Vertriebssystem, die vollkommen unabhängig von den zuvor genannten Institutionen funktionierten. Ähnlich verhielt es sich mit der Untergrundverlagstätigkeit der äußersten Rechten.

Eine gesonderte Erscheinung war während des Zweiten Weltkrieges die Gruppe der Untergrundblätter in deutscher Sprache, die hauptsächlich in den Jahren 1941 bis 1944 erschienen und völlig andere Aufgaben und Ziele als die Untergrundpresse in polnischer Sprache verfolgten. 14 Zeitschriften in deutscher Sprache sind aus diesen Jahren bekannt, die von einer Spezialabteilung des bereits erwähnten Büros für Information und Propaganda der Heimatarmee herausgegeben wurden. Die verlegerische Initiative stützte sich voll und ganz auf polnische Kräfte, in der Mehrzahl auf Absolventen deutscher Gymnasien und Hochschulen. Es handelte sich dabei um das sog. »Unternehmen N«( das in Heft 1/1966 der *Vierteljahrshefte für Zeitgeschichte* von Anthony S. Kawczyński, einem der Organisatoren und dem Hauptübersetzer dieser Aktion beschrieben worden ist). Diese in deutscher Sprache herausgegebene Presse in Polen täuschte in differenzierter Form und Aufmachung das Vorhandensein einer antifaschistischen Widerstandsbewegung vor. So wurde vorgespiegelt, daß es eine christliche, bürgerlich-liberale, sozialistische und auch eine Presse der Widerstandsbewegung in der Wehrmacht, ja sogar von Oppositionsgruppen in der NSDAP selbst gab, die sich alle gegen Hitler und Himmler richteten.

Zu den wichtigsten periodischen Untergrundblättern in deutscher Sprache gehörten: 1. *Der Soldat*, eine Zeitschrift für die Wehrmacht, die von September 1941 bis Januar 1942 erschien und nach einer Unterbrechung im September 1943 ihr Erscheinen wieder aufnahm, 2. *Der Frontkämpfer*, ebenfalls eine Zeitschrift für die Wehrmacht, die seit März 1942 herausgegeben wurde; 3. *Der Hammer*, eine Zeitschrift für Reichsdeutsche, die von Juli 1941 bis Februar 1942 herausgegeben wurde und später unter dem Titel *Der Durchbruch* fortgeführt wurde; 4. *Der Klabautermann*, eine illustrierte, dreifarbige satirische Zeitschrift für die Wehrmacht, die von Juli 1942 bis April 1944 erschien und eine stattliche Anzahl von Nummern erreicht hat; 5. *Die Ostwache*, eine Zeitschrift für die deutsche Zivilverwaltung im Osten, die von September 1942 bis April

1943 herausgegeben wurde, und später unter dem Titel *Merkblatt für die Deutschen im Osten* fortgeführt wurde; 6. *Die Wahrheit*, eine Zeitschrift für die aus Polen stammenden Deutschen.

Die Presse in deutscher Sprache wurde mit vollkommen anderen Methoden vertrieben als die polnische Presse. Sie wurde unter anderem in Militärzüge geworfen, vor Kasernen verstreut, in den Kleiderablagen der Cafés und Restaurants in die Taschen der deutschen Besucher gesteckt oder mit der Post an die Beamten der deutschen Verwaltung in Polen versandt. Diese Blätter zielten konsequent darauf ab, alle Deutschen, die als Soldaten oder Beamte der Besatzungsbehörden in Polen weilten, über den wahren Sachverhalt aufzuklären. Sie brachten Nachrichten über den Polizei- und SS-Terror, über die Ausrottung von Polen und Juden und über die politische und militärische Lage in der Welt.

Neben periodischen Zeitschriften erschienen im gleichen Verlag auch zahlreiche Flugblätter in deutscher Sprache. Im Verlauf der dreijährigen Verlagstätigkeit sind in Polen insgesamt rund eine Million Exemplare solcher Flugschriften in deutscher Sprache erschienen. Diese Presse zielte darauf ab, die Moral der deutschen Wehrmacht und der Bevölkerung Hitlerdeutschlands zu untergraben. Gleichzeitig nahmen diese Untergrundblätter eine charakteristische Unterscheidung zwischen dem deutschen Volk in seiner Gesamtheit und jenen Gruppen und Organisationen vor, die eine direkte Verantwortung für die Verbrechen und für die frevelhafte Politik in den besetzten Gebieten trugen. Sie beriefen sich auf die humanistischen, christlichen und fortschrittlichen Traditionen der deutschen Kultur aus der Zeit vor Hitlers Machtergreifung, sie rüttelten das Gewissen ihrer Leser auf und erweckten in ihnen schöpferische Zweifel. In diesem Sinne übertraf die im Rahmen des sogenannten Unternehmens »N« in Polen in deutscher Sprache herausgegebene Untergrundpresse sogar die herkömmlichen Ziele der damaligen psychologischen Kriegführung.

## Das geheime Verlagswesen in Warschau in den Jahren 1939–1944

Warschau war bei Ausbruch des Zweiten Weltkriegs das Hauptzentrum des polnischen Verlagswesens. Ausschlaggebend hierfür war seine Rolle als Hauptstadt, hier war der Verwaltungsapparat konzentriert, hier hatten alle politischen Parteien und gesellschaftlichen Institutionen ihre Zentralen, vor allem aber, hier waren die Hochschulen, die wissenschaftlichen und kulturellen Institutionen. Und so entfallen von den 7370 nichtperiodischen Druckerzeugnissen – Büchern und Broschüren –, die in Polen im Laufe des Jahres 1937 erschienen, auf Warschau nicht weniger als 3840 mit einer Gesamtauflage von 8,874 Millionen Exemplaren (3322 Publikationen erschienen in Warschau im Jahre 1937 in polnischer Sprache, 252 Publikationen in jiddischer und hebräischer Sprache, 256 Publikationen in anderen Sprachen). Es fehlen uns die genauen Daten hinsichtlich der Produktion nichtperiodischer Druckerzeugnisse in Warschau für das Jahr 1938, die im gesamtpolnischen Maßstab in Relation zu 1939 um ungefähr 20% höher lag. Aus gutem Grund muß man annehmen, daß der Rang Warschaus im Hinblick auf die Produktion des gesamtpolnischen Verlagswesens – bis zum Moment des Kriegsausbruchs – ganz erheblich höher war.

Die Zahl der in Warschau herausgegebenen Presseerzeugnisse liegt im Jahre 1937 bei 1120 Titeln, darunter 47 Tageszeitungen, 144 Wochenblätter oder mehrmals pro Woche erscheinende Zeitungen, 600 Monatsschriften oder vierzehntägig erscheinende Schriften usw.

In Warschau konzentrierten sich die meisten Verlagshäuser im Bereich der Buch- und Presseproduktion, sowohl private, als auch vergesellschaftete und staatliche. Die Kapazität der Warschauer Druckindustrie war völlig ausreichend, um die Verlagsproduktion in der Hauptstadt zu gewährleisten, wenngleich sich 1939 die modernsten Druckereien außerhalb Warschaus (vor allem in Krakau und Posen) befanden.

Die Kriegsereignisse vom September 1939, die Bombardierung und Beschießung der Stadt sowie zahlreiche Brände in den zentralen Vierteln Warschaus, zogen natürlich bis zu einem gewissen Grade auch die Verlagsunternehmen der Presse- und

Buchproduktion in Mitleidenschaft. So wurde z. B. die Druckerei des *Robotnik*, des Hauptpresseorgans der Polnischen Sozialistischen Partei, völlig zerstört; schwere Verluste an seinen eingelagerten Buchbeständen mußte das Verlagshaus *Trzaska, Evert und Michalski* hinnehmen, und viele andere Firmen verloren ebenfalls einen größeren oder kleineren Teil ihrer Bestände. Entscheidend für das weitere Schicksal des Verlagswesens in Warschau waren jedoch nicht die kriegsbedingten Verluste, sondern die Politik der Besatzungsmacht. Es ist ein heute hinreichend bekanntes und dokumentiertes Phänomen, daß die nationalsozialistische Politik im GG (Generalgouvernement), und folglich auch in Warschau, die völlige Liquidierung des polnischen kulturellen Lebens anstrebte, wobei sie in der ersten Phase versuchte, das kulturelle Leben auf eng begrenzte, vom Amt für Propaganda festgelegte Dimensionen zu reduzieren. Dieses Ziel sollte u. a. durch die praktische Durchführung einer Reihe von Verordnungen, die das Druck- und Verlagswesen, vor allem aber die Ausübung des Berufs eines Journalisten oder Literaten betrafen, erreicht werden.[1] Völlig liquidiert wurden – wie man weiß – die polnischen wissenschaftlichen und kulturellen Institutionen, die entsprechenden Gesellschaften und Vereine, und auch die auf kommerzieller Basis tätigen Verlage sowie die gesamte polnische Presse, sowohl die politische als auch die Fachpresse. Gleichzeitig verbot man den Druck von Werken im Selbstverlag[2], und die großen Druckereien wurden unter kommissarische Verwaltung gestellt, während die kleineren, die im Besitz ihrer polnischen Eigentümer blieben, keine wesentliche Rolle spielen konnten, da man ihre Funktion auf die Herstellung von Akzidenzdrucken reduzierte.

»Die mittleren und kleinen Verlags- und Sortimentsbuchhandlungen mußten nur auf einen Teil ihrer geschäftlichen Tätigkeit verzichten, dabei nicht immer auf den wichtigsten. Hingegen verloren die Institutionen, die ausschließlich eine verlegerische Tätigkeit ausübten, sämtliche Existenzgrundlagen« – schreibt ein kompetenter Kenner des polnischen Buch- und Verlagswesens.

Der hier beschriebene Stand der Dinge ist ausschlaggebend dafür, daß das gesamte Warschauer Verlagswesen in den Untergrund geht, wo es unter den Bedingungen der Illegalität neu ersteht, in veränderten Organisationsformen und oftmals in neuer personeller Zusammensetzung. Es begann mit der Untergrundpresse, deren erste Exemplare in Warschau früher erschienen als die von den Nazis am 11. 10.1939 inaugurierte Tageszeitung in polnischer Sprache *Neuer Warschauer Kurier*. Im Lichte der bisherigen Forschungen kann man annehmen, daß die erste in Warschau erscheinende konspirative Zeitung der *Monitor Informacyjny* (Informationsmonitor) war, der wahrscheinlich schon am 3. 10.1939 herausgebracht wurde; als nächste erschienen am 10. 10.1939 *Polska Żyje* (Polen lebt), eine Zeitung, die im Warschauer Untergrund bis zum Januar 1941 eine besonders große Rolle spielte, und am 5. 11.1939 die erste Nummer des *Biuletyn Informacynjny* (Informationsbulletin), damals noch eine Zeitung der Organisation »Dienst am Siege Polens«. Das Blatt war danach Organ des »Verbands für den Bewaffneten Kampf« und seit 1942 der Heimatarmee. Bis zum Zusammenbruch des Aufstands erschien es in Warschau, danach außerhalb der Hauptstadt. Sachkenner werten die Geburt der Untergrundpresse als eines der ersten Symptome für die Konstituierung einer elementaren und organisierten Widerstandsbewegung, denn die in der ersten Phase der Okkupation entstehenden Organisationen und konspirativen Gruppen machen durch ihre Untergrundzeitungen auf sich aufmerksam, die Zeitungen wiederum sind für viele Organisationen der Beweis ihrer Existenz. Es war auch kein Zufall, daß sich die Namen vieler konspirativer Organisationen von den Titeln der durch sie herausgegebenen Zeitungen herleiteten. Als Beispiel können hier folgende Zeitungen und Gruppen dienen: *Barrikade der Freiheit*, *Weckruf*, *Banner*, *Sturmfahne*.

Die Entwicklung des geheimen Zeitschriftenwesens in Warschau kann man als eines der besonders charakteristischen Symptome für das stürmische Wachstum des konspirativen Lebens ansehen. Quantitative und qualitative Veränderungen sind hier in jedem aufeinanderfolgenden Jahr der Okkupation festzustellen, bis hin zum Ausbruch des Aufstands und dem Augenblick, da die Presse wieder offen erscheinen konnte, was jedoch über die skizzierte Problematik unseres Interesses hinausgeht. Nach Berechnungen, die sich auf die bisherige wissenschaftliche Untersuchung des Pressewesens stützen, kann man feststellen, daß während der Okkupation auf dem Gebiet von Warschau ungefähr 650 Titel konspirativer Zeitschriften längere oder kürzere Zeit hindurch erschienen. Praktisch kann man jedoch annehmen, daß die Zahl höher lag, weil man in vielen Fällen die Erscheinungsorte von Untergrundzeitungen, deren Existenz unstrittig ist, bisher nicht festzustellen vermochte. Allein im Warschauer Ghetto wurden zwischen 1940 und 1942 nicht weniger als 42 Periodika in verschiedenen Sprachen herausgegeben. Von den 23 bisher ermittelten Zeitschriften mit literarischem oder gesellschaftlich-kulturellem Charakter erschienen 16 Titel in Warschau, hier war auch der Verlagsort von 8 der 16 bekannten satirischen Zeitschriften. Natürlich erschienen in der Hauptstadt die zentralen Organe aller hier aktiven konspirativen Parteien und politischen Gruppierungen sowie militärischen Organisationen, die eine ungeheure Spannweite weltanschaulicher Konzeptionen repräsentierten – von der äußersten Rechten bis zur revolutionären Linken. Die Entwicklung des geheimen Unterrichts auf dem Niveau der Mittel- und Oberschule, insbesondere aber das geheime geistige Leben innerhalb der konspirativen Universität Warschau und der Universität für die polnischen Westgebiete, das im Vergleich zu den übrigen von Deutschland okkupierten Territorien relativ am höchsten entwickelt war – blieben ebenfalls nicht ohne stimulierenden Einfluß auf das Verlagswesen der Hauptstadt.

Bereits gegen Ende des Jahres 1939 tauchen parallel zur Untergrundpresse und den relativ zahlreichen Flugschriften die ersten Publikationen in gebundener Form auf – Broschüren politischen und programmatischen Inhalts mit publizistischem Charakter, die zunächst vor allem die Einschätzung der jüngsten Ereignisse seit dem September 1939 und den Schock zum Ausdruck brachten, den der Verlust der Unabhängigkeit bedeutete. Mit der Zeit – wenn auch zweifellos langsamer, als das für die periodischen Publikationen galt – wurde die Produktion von Büchern und Broschüren quantitativ und qualitativ reicher. Eine entscheidende Rolle scheint hier der Ausgang der Feldzüge im Westen vom Sommer 1940 gespielt zu haben, weil sich damals die Überzeugung durchsetzte, daß die Okkupation unvermeidlich von langer Dauer sein werde. Folglich kommen erst mit Beginn der zweiten Hälfte des Jahres 1940 die wichtigsten verlegerischen Leistungen im Bereich von Broschüren und dann auch Büchern zustande. Die Errungenschaften auf diesem Gebiet bis zum Ausbruch des Warschauer Aufstands, d.h. bis zum 1.8.1944, kommen darin zum Ausdruck, daß in Warschau mindestens 800 Titel erschienen sind, wobei man jedoch zu berücksichtigen hat, daß ein angesehener Sachkenner wie Władysław Chojnacki die gesamte polnische Buchproduktion in dieser Periode auf ca. 1500 Publikationen schätzt. Folglich ist anzunehmen, daß auch in Warschau erheblich mehr als die erwähnten 800 Bücher und Broschüren erschienen sind.

Unter den geheimen Druckerzeugnissen in gebundener Form dominierten die politischen Publikationen – publizistische, polemische und programmatische, die grundlegende Probleme der Innenpolitik, der Ökonomie, der Außenpolitik, des Verhältnisses zu den Großmächten und zu den Achsenmächten, der künftigen Grenzen Polens usw. behandelten. Die in quantitativer Hinsicht nächstfolgende Gruppe bildeten – aus naheliegenden Gründen – militärisches Unterrichtsmaterial und verwandte Publikationen. Die dritte beachtenswerte thematische Gruppe stellten Titel der schönen Literatur im weitesten Sinne dieses Begriffs dar. Sie umfaßten sowohl Arbeiten aus dem Bereich der Literaturwissenschaft als auch schmalere Bändchen und Anthologien mit Gedichten und Liedern, auch Prosa (zumeist Reportagen), Satiren, ja sogar Dramen und theaterwissenschaftliche Texte. Eine beträchtliche Anzahl von Büchern und Broschüren handelten von dem Naziterror gegen Polen und Juden, von Erlebnissen in Gefängnissen, Lagern und Ghettos. Es fehlte auch nicht an geheimen Druckerzeugnissen sehr speziellen Charakters, die verschiedenen anderen Gebieten des gesellschaftlichen und beruflichen Lebens oder den Interessengebieten privater Verleger und Rezipienten (z. B. Exlibris) gewidmet waren.

Eine wichtige Rolle spielten Bücher und Broschüren, die den Charakter von Unterrichtsbehelfen, zumeist für das Mittelschulwesen, trugen; konspirativ herausgegeben wurden jedoch auch Skripten und andere Arbeiten, die für Hörer an Hochschulen bestimmt waren.

Diejenigen Kreise in Warschau – Organisationen, Gruppen und Gemeinschaften –, die sich mit der systematischen Herstellung geheimer Druckerzeugnisse befaßten, gaben oftmals sowohl Zeitungen als auch Bücher und Broschüren sowie Flugblätter heraus. Ein charakteristisches Zeichen für verlegerische Initiativen dieses Typs ist die Tatsache, daß in Warschau mindestens acht Bibliotheken (im Sinne von Buchserien) geheimer Verlage existierten, die mit Zeitschriftenredaktionen verbunden waren. Beispielhaft ist hier nur auf die literarischen Blätter *Drogi* (Wege) sowie auf die Bibliotheken folgender Zeitschriften hinzuweisen: die der Halbmonatsschrift *Zryw* (Aufschwung), die später unter den Titeln *Zryw* und *Kadar* (Kader) erschien sowie auf *Sprawy* (Angelegenheiten), die Biblioteka *Dźwigarów* (Bibliothek *Kräne*), die Bibliothek *Nationalstaat*, die Biblioteka *Szańca* (Bibliothek *Schanze*) und schließlich die Bibliothek zum Selbstunterricht, herausgegeben in Form einer Beilage zum Organ des ZWM (Kampfbund der Jugend) *Poradnik Oświatowy*.

Man könnte unter den Kreisen, die sich in Warschau während der Okkupation mit der Herstellung geheimer Druckerzeugnisse befaßten, folgende Differenzierung vornehmen:

1. Organisationen, Parteien und politische Gruppierungen;

2. militärische Organisationen;

3. die Delegatur der Exilregierung, die ihre verlegerische Tätigkeit im wesentlichen im Rahmen des Departements für Informationen, aber auch im Rahmen des Departements für Bildung und Kultur, und sporadisch auch mit Hilfe anderer Departements durchführte;

4. gesellschaftliche Organisationen und Jugendverbände (z.B. *Szare Szeregi*, die konspirative Organisation der Pfadfinder, sowie einige katholische Gruppen;

5. konspirative Bildungsinstitutionen sowie Gruppen und Gemeinschaften für den Selbstunterricht, die mit dem geheimen mittleren und höheren Bildungswesen verbunden waren (z.B. das Volksinstitut für Bildung und Kultur, die Geheime Lehrerorganisation);

6. Gruppen und Berufsverbände (z.B. der Polnische Rechtswissenschaftliche Verlag);

7. berufsbezogene Institutionen der Vorkriegszeit, die in der Regel eng mit den Untergrundzellen zusammenarbeiteten (z.B. die Lehrergenossenschaft »Unsere Buchhandlung«);

8. Privatinitiativen zur längerfristigen oder gelegentlichen Herausgabe von Periodika oder Büchern und Broschüren, die im Hinblick auf die Untergrundpresse eine besondere Rolle spielten. (Bekannt sind auch private Buchverlage wie z.B. *Oficyna Polska* [Polnische Buchdruckerei], der es zustandebrachte, daß die Anthologie *Das unabhängige Lied* in der Bearbeitung von Czesław Miłosz erschien, sowie Maritaines *Auf den Wegen der Niederlage* in der polnischen Übersetzung von Miłosz; zu nennen ist auch das *Verlagshaus im Untergrund* von M. Kmita und Ska, das u.a. die zweite Auflage der in Polen berühmten Reportage *Steine auf den Wall* herausgab).

Im Gegensatz zur Untergrundpresse, die nur ausnahmsweise in einer die Publikationen der Vorkriegszeit imitierenden Form erschien (z.B. die Zeitschrift *Polnische Kultur*, angeblich 1939 in Posen herausgegeben, tatsächlich jedoch in Warschau in den

Jahren 1943–1944) – griff man bei Büchern und Broschüren häufig zum Mittel der Maskerade. Um sich zu schützen, fabrizierte man Titelblätter mit Pseudonymen oder Kryptonymen, hinter denen sich die wahren Autoren verbargen; man gab falsche Titel an, fiktive Erscheinungsorte und Daten, wobei man in der Regel auf Vorkriegsdaten auswich und schwer zu überprüfende Verlagsadressen in kleineren Städten oder solchen Orten angab, die zur Zeit des Krieges außerhalb des Generalgouvernements lagen. In technischer Hinsicht wiesen die Werke in gebundener Form, Bücher und Broschüren, ein nicht weniger vielseitiges Spektrum auf, als dies bei den Zeitschriften der Fall war. Man druckte mit gegossenen Metallettern, doch man vervielfältigte auch, griff auf Zinkdruck oder Lithographie zurück oder arbeitete sogar mit Schreibmaschinendurchschlägen. Es ist jedoch festzustellen, daß wir bei den in Warschau konspirativ herausgegebenen Büchern, Broschüren und Flugblättern öfter als bei den Zeitschriften auf qualitativ bemerkenswert hochstehende Ausführungen treffen, die durchaus das Niveau eines guten Buches erreichen, das unter normalen Bedingungen gedruckt wurde. Dasselbe gilt auch für die Flugblätter. Als Beispiele für Publikationen dieser Art können die Gedichtanthologien *Das unabhängige Lied* und *Das wahre Wort* gelten, sodann die Anthologie dokumentarischer Prosatexte *Von der vordersten Linie der Front* oder auch das recht populäre Buch von Prof. Bohdan Suchodolski (R. Jadźwing) *Woher und wohin kommen wir? Ein Wegweiser zu den Problemen der modernen Kultur*.

Durch hohes technisches Niveau zeichneten sich auch zahlreiche Publikationen in deutscher Sprache aus, die von den der Heimatarmee unterstehenden Druckereien im Rahmen der sogenannten Aktion »N« hergestellt wurden (nota bene: zwischen 1941 und dem Frühjahr 1944 wurden in den Druckereien der Geheimen Militärischen Verlagsanstalt ca. eine Million Exemplare der »N«-Schriften hergestellt, die Defaitismus unter den deutschen Soldaten verbreiten sollten).

Generell kann man davon ausgehen, daß sich das technische Niveau der in Warschau erscheinenden konspirativen Publikationen ständig verbessert hat. Wenngleich Zeitschriften, Broschüren und Bücher in den ersten Jahren der Okkupation kaum einmal in fehlerfreier Form erschienen, so gab es seit Beginn des Jahres 1942 mehr und mehr Publikationen, die die Druckereien in sehr guter bis ausgezeichneter Qualität verließen.

Wenn wir auf das Problem der Druckkapazitäten zu sprechen kommen, die den erwähnten Untergrundverlagen zur Verfügung standen, so müssen wir unsere Aufmerksamkeit auf eine Feststellung des bereits genannten Władysław Chojnacki richten: »Die konspirative Verlagstätigkeit in Polen stützte sich zu mehr als 90% auf ca. 400 geheime Druckereien und Kopierwerkstätten, von denen sich mindestens die Hälfte in der Hauptstadt befand.« Das würde bedeuten, daß während der Okkupation in Warschau ungefähr 200 geheime Druckereien und Kopierwerkstätten aktiv waren. Der über die Problematik des geheimen Druckwesens gut unterrichtete ehemalige Leiter der Druckereien der Delegatur der Exilregierung in Warschau gab im Jahre 1948 die Zahl der konspirativen Warschauer Druckereien (ohne Kopierwerkstätten) mit etwa dreißig an, wobei er die Zahl der Zeilensetz- und Gießmaschinen (Linotypes) auf etwa zehn schätzte. Wenn man annimmt, daß anstelle der von den Deutschen entdeckten oder unter sonstigem Zwang stillgelegten Druckereien und Vervielfältigungswerkstätten gewöhnlich neue geschaffen wurden, und daß die große Mehrheit der geheimen Fabrikationsstätten der Verlage nicht Druckereien, sondern Kopierwerkstätten darstellten, kann man die Schätzung Chojnackis als innerhalb realistischer Grenzen liegend anerkennen. Für diese Schätzung würden auch Meldungen der deutschen Polizei sprechen, die über die Entdeckung und Liquidierung geheimer Druckereien und Vervielfältigungswerkstätten in Warschau berichteten: im September 1941 9, im Oktober 1941 5, und im November 1941 13 Betriebe dieser Art. Ansonsten ist bekannt, daß auch in anderen Zeitabschnitten – sowohl in den Jahren 1940–41, als auch 1942, 1943 und 1944 geheime Druckereien in Warschau von der Gestapo entdeckt und liquidiert wurden. Natürlich geschah es sehr viel häufiger, daß lediglich Vervielfältigungsmaschinen entdeckt und vernichtet wurden, als daß es dazu kam, daß ganze Druckereien aufflogen.

Der Apparat des geheimen Druckwesens in Warschau, den die Organisatoren und das technische Personal mit erheblichem Aufwand an Kosten, Findigkeit und Opferbereitschaft systematisch aufbauten, erreichte in der letzten Phase der Okkupation wahrhaft imponierende Dimensionen. Über die wichtigste Druckereibasis verfügte zweifellos die Geheime Militärische Verlagsanstalt (TWZW), zu dieser Zeit ein Exekutivorgan des Büros für Information und Propaganda des Hauptkommandos des ZWZ (Verbands für den bewaffneten Kampf) und später der Heimatarmee. Die 1941 gegründete Verlagsanstalt besaß im Winter 1943–44 in Warschau sechs Druckereibetriebe unterschiedlicher Größe, »Werkstätten« genannt, sowie einen lithographischen und einen chemographischen Betrieb und eine Buchbinderei. Die durchschnittliche monatliche Gesamtproduktion dieser Druckereien lag bei 314000 Exemplaren, darunter 248500 Zeitschriften und 65500 Broschüren; hinzu kam eine nicht näher bestimmte Anzahl von Flugblättern. Wichtige Druckereikomplexe besaßen in Warschau darüber hinaus die Delegatur der Exilregierung und die wichtigsten mit ihr verbundenen politischen Parteien, aber auch die auf eigene Faust im Untergrund tätigen Organisationen der äußersten Rechten und der äußersten Linken (Kommunisten). Sporadisch aktiv waren in Warschau auch über einige Jahre hindurch geheime private Druckereien, die auf kommerzieller Basis arbeiteten, jedoch für den Fall der Entdeckung dasselbe Risiko zu tragen hatten wie die von politischen oder militärischen Organisationen geleiteten Druckereien.

Eine solch stattliche Anzahl von Druckereibetrieben verschiedenster Art mußte mit Druckpapier oder zur Vervielfältigung geeignetem Papier versorgt werden, das unter den Bedingungen der Okkupation eine rationierte Ware war und illegal beschafft werden mußte. Die Auflagen konspirativer, in gedruckter Form herausgegebener Zeitschriften lagen im Durchschnitt bei einigen tausend oder einigen zehntausend Exemplaren (das *Informationsbulletin* erreichte jedoch eine Auflage von 45–50000, und die *Polnischen Nachrichten* sowie die *Republik Polen* bis zu 20000 Exemplaren). Manche Flugblätter wurden in einer Auflage von einigen tausend oder sogar einigen zehntausend Exemplaren gedruckt. Broschüren und Bücher erreichten selten eine einmalige Auflage, die höher lag als einige (3–5) tausend Exemplare, doch dafür hatten sie einen erheblich größeren Umfang als die Zeitschriften: Neben Broschüren, die nur wenige oder einige Dutzend Seiten umfaßten, erschienen auch solche mit mehr als 100 Seiten, und einige konspirativ herausgegebene Publikationen hatten sogar mehr als 200 Seiten.

Die oben gemachten Angaben über die Auflagenhöhe lassen das Ausmaß des ständigen Papierverbrauchs ahnen. Als Beispiel läßt sich anführen, daß der Papierverbrauch in einer einzigen geheimen Druckerei, nämlich der TWZW (Geheime Militärische Verlagsanstalt) Nr. 4 in der Wawelski-Straße, in den Jahren 1939–44 bei 1400 bis 1500 Kilogramm wöchentlich lag, d.h. bei etwa 6 Tonnen im Monat. Wenn man berücksichtigt, daß dies zwar eine der beiden leistungsstärksten, jedoch nicht die einzige zu dieser Zeit aktive Druckerei in Warschau war, kann man ohne weiteres annehmen, daß der monatliche Papierverbrauch zum Zweck der Herstellung geheimer Druckerzeugnisse mindestens auf eine ganze Reihe von Tonnen anzusetzen ist. Das Papier mußte nicht nur durch Kauf (bisweilen auch durch Diebstahl) illegal beschafft werden, sondern auch auf konspirative, die Druckereien nicht gefährdende Weise transportiert werden.

Ein anderes sehr wesentliches organisatorisches Problem des geheimen Verlagswesens war der Vertrieb der geheimen Druckerzeugnisse. Der Vertrieb der Periodika wurde unter der Regie verschiedener militärischer und politischer Organisationen organisiert und hauptsächlich mit Hilfe von Frauen durchgeführt. Beachtung verdient die Tatsache, daß der Vertrieb ungewöhnlich effektiv und pünktlich funktionierte; die geheime Presse wurde systematisch auf ein Netz von Haupt- und Nebenpunkten verteilt und gelangte unter den Bedingungen terroristischer Zwangsevakuierung, Straßenrazzien usw. an die individuellen Abnehmer. Dabei darf man nicht vergessen, daß Warschau auch ein »Umschlagplatz« für einige geheime Publikationen war, die von hier aus das gesamte Territorium des GG erreichten. Die in Warschau produzierten Druckerzeugnisse versorgten also in vielen Fällen andere Orte, was im Bereich von Organisation und Vertrieb zusätzliche Schwierigkeiten schuf.

Gebundene Werke – Bücher und Broschüren, insbesondere aber Publikationen literarischen, wissenschaftlichen und pädagogischen Charakters – wurden zu einem erheblichen Prozentsatz durch konspirativ organisierte oder auch auf eigene Faust handelnde Buchhändler, aber auch durch reine Amateure vertrieben.

[1] vgl.: Verordnung über die Herausgabe von Druckerzeugnissen vom 26. 10.1939 (*Verordnungsblatt des Generalgouverneurs für die besetzten polnischen Gebiete 1939*, Nr. 1) sowie die Ausführungsbestimmungen zu dieser Verordnung vom 20. 3.1940 und 5. 9.1940 (ibidem, 1940, Teil II, Nr. 23; *Verordnungsblatt für das Generalgouvernement 1940*, Teil II, Nr. 61); Verordnung über Verlage im Generalgouvernement v. 31. 10.1939 (*Verordnungsblatt des Generalgouverneurs für die besetzten polnischen Gebiete 1939*, Nr. 3); Verordnung

über die kulturelle Tätigkeit im Generalgouvernement v. 8. 3.1940 (ibidem, 1940, Nr. 21) sowie die Ausführungsbestimmung zu dieser Verordnung v. 18. 8.1940 (*Verordnungsblatt des Generalgouverneurs 1940*, Teil II, Nr. 52).

[2] vgl.: Erste Ausführungsbestimmung zur Verordnung v. 31. 10.1939 über die Verlage im Generalgouvernement v. 24. 10.1940 (*Verordnungsblatt für das Generalgouvernement 1940*, Teil II, Nr. 67).

# Kirchen in Not

## Die christlichen Kirchen unter deutscher Besatzung auf dem Gebiet des Generalgouvernements (GG)

Nach Beendigung des Septemberfeldzugs vom Jahre 1939 wurde in Zentralpolen im Rahmen der Bildung einer Verwaltung auf dem Gebiet des besetzten polnischen Staats – am 26. 10. 1939 (auf der Grundlage eines Dekrets von Hitler vom 12. 10. 1939) – das sog. »Generalgouvernement für die besetzten polnischen Gebiete« geschaffen. An die Spitze dieses Gebildes trat Hans Frank mit dem Titel eines Generalgouverneurs; ihm unterstanden die Regierung des Generalgouvernements mit Sitz in Krakau sowie die Chefs der Distrikte (Bezirke), die seit September 1941 den Titel Distriktgouverneure benutzten. Dem GG einverleibt wurden im Oktober 1939 die gesamte Vorkriegswojewodschaft von Lublin sowie die wesentlichen Territorien folgender Wojewodschaften: Krakau, Kielce und Warschau. Organisatorisch war das GG in vier Distrikte gegliedert: Krakau, Radom, Lublin und Warschau. Nachdem im Sommer 1941 der Krieg zwischen Deutschland und der UdSSR begonnen hatte, und die deutsche Armee weit nach Osten vorgestoßen war, wurden am 1. 8. 1941 die Territorien folgender Wojewodschaften der Vorkriegszeit dem GG eingegliedert: Lwów (Lemberg), Stanisławów und Tarnopol. Diese Wojewodschaften waren unmittelbar nach Beendigung der Kriegshandlungen des Jahres 1939 der UdSSR einverleibt worden. Jetzt bildete man aus diesen Gebieten den Distrikt Galizien, mit dem Sitz der Verwaltungsbehörden in Lemberg, der von da an drei Jahre lang (bis zum Juli 1944) den fünften Verwaltungsbezirk im GG bildete.

### *Die christlichen Kirchen im GG*

Auf dem Gebiet der ursprünglichen vier Distrikte des GG wohnten in dem Zeitabschnitt vom Oktober 1939 bis zum Juli 1941 ca. 10350000 Angehörige verschiedener christlicher Kirchen, von denen mehr als 95 Prozent römisch-katholisch waren. Nicht erfaßt durch diese Angabe ist die schwer feststellbare und schwankende Zahl der zugewanderten Personen und der ca. 60000 ständig hier lebenden Deutschen. Die Bildung eines fünften Verwaltungsbezirks hatte zur Folge, daß die Anzahl der zu christlichen Konfessionen gehörenden Bevölkerung im GG auf etwa 14 100 000 anstieg; unberücksichtigt hierbei bleiben ca. 360000 deutsche Christen, die auf dem Gebiet des GG ansässig waren (Stand: 1943).

Auf den von der Verwaltungsstruktur des GG erfaßten Gebieten waren folgende Kirchen und religiösen Vereinigungen aktiv:

– Die Katholische Kirche: lateinischen Ritus, orthodoxen Ritus (griechisch-katholisch), armenischen Ritus;
– Die Evangelisch-Augsburgische Kirche (lutherisch);
– Die Evangelisch-Reformierte Kirche (kalvinistisch);
– Die Evangelische Kirche Augsburgischen und Helvetischen Bekenntnisses;
– Die Autokephale Polnische Orthodoxe Kirche;
– Die Altkatholische Kirche Utrechter Union;
– Die Methodistenkirche.

Die beiden letztgenannten religiösen Vereinigungen wurden durch Verordnungen des Generalgouverneurs Frank vom 22. 4. 1941, die ihre Tätigkeit im GG legalisierten, zugelassen.[1] Eine Verordnung vom 31. 3. 1941 hingegen über »die Auflösung von Sekten und Vereinigungen ähnlichen Charakters«[2] betraf u.a. die Anhänger folgender christlicher Bekenntnisse: Baptisten, Evangelische Christen, Adventisten, Mariaviten, Volkskirche (einige Splittergruppen), deren legale Tätigkeit im GG von nun an nicht mehr gestattet war.

### *Organisatorische Struktur der Katholischen Kirche im GG*

Unter den fünf Kirchenprovinzen (Metropolien) der Vorkriegszeit der römisch-katholischen Kirche lateinischen Ritus im polnischen Staat befand sich nur eine Provinz (Gnesen-Posen) völlig auf den dem Reich einverleibten Gebieten, eine andere – Wilna – blieb in den Jahren 1939–41 fast gänzlich innerhalb der neuen Staatsgrenzen der UdSSR; seit dem Sommer 1941 jedoch in den Grenzen der kurzlebigen Schöpfung Hitlers – des *Ostlandes*.

Von der Kirchenprovinz Warschau befanden sich fast die gesamte Warschauer Erzdiözese sowie ein kleiner Teil der Diözese Płock und ca. ein Fünftel der Diözese Łódź, die gesamte Diözese Sandomierz, Lublin und Podlasie (mit dem Bischofssitz in Siedlce) im GG.

Von der Kirchenprovinz Krakau wurden dem GG zugeschlagen: die Krakauer Erzdiözese (ohne die Kreise Chrzanów, Wadowice und Żywiec), die ganze Diözese Kielce (ohne den Kreis Olkusz) sowie ein Teil der Diözese Tschenstochau, deren Rest (zusammen mit der ganzen Diözese Schlesien) sich unter den dem Reich eingegliederten Gebieten befand.

Von der Kirchenprovinz Wilna blieb nur ein kleiner Teil der Diözese Łomża (Kreis Ostrów Mazowiecka) im GG.

Von der Kirchenprovinz Lemberg (Lwów) wurden seit 1941 die Gebiete der Erzdiözese Lemberg und der Diözese Przemyśl ins GG eingegliedert, während sich der Rest dieser Metropolie (nämlich die Diözese Łuck) außerhalb des GG – in den Grenzen des neugeschaffenen *Reichskommissariats Ukraine* – befand.

Seit dem Jahre 1941 war auch die einzige im Polen der Zwischenkriegszeit existierende Kirchenprovinz orthodoxen (griechisch-katholischen) Ritus gänzlich von den Grenzen des GG eingeschlossen: die Erzdiözese Lemberg, die Diözese Przemyśl und Stanisławów sowie die apostolische Administratur für Łemkowszczyzna in Rymanów.

Dasselbe trifft für das einzige Erzbistum katholisch-armenischen Ritus in Polen – Lemberg – zu.

### *Organisationsstruktur anderer christlicher Kirchen im GG*

Von den fünf Vorkriegsdiözesen der Polnischen Autokephalen Orthodoxen Kirche befand sich im GG eine – die Diözese Warschau-Chełm; 93 Pfarreien sammelten ca. 300000 Gläubige um sich. Hier wurde im September 1940 eine Neueinteilung der kirchlichen Administration in drei Eparchien vorgenommen: Warschau, Chełm-Podlasie, Krakau-Łemkowszczyzna.

Die Evangelisch-Augsburgische Kirche behielt im GG einen Teil der Warschauer und der nordöstlichen Diözese, einen Teil der Diözese Piotrków sowie die Diözese Lublin, zusammen mit 12 Gemeinden und ca. 170000 Gläubigen. Die evangelisch-reformierte Kirche (kalvinistisch) behielt den Bezirk Warschau (drei Gemeinden). Die Evangelische Kirche Augsburgischen und Helvetischen Bekenntnisses mit Sitz in Stanisławów befand sich seit dem Jahr 1941 ganz innerhalb der Grenzen des GG und zählte fünf Gemeinden.

### *Grundsätze und Praxis der deutschen Politik im GG gegenüber der Kirche*

Bei der Erörterung der Problematik der nationalsozialistischen Politik gegenüber der Katholischen Kirche in Polen lenkt der hervorragende deutsche Fachmann für neueste Geschichte, Martin Broszat, die Aufmerksamkeit mit Recht auf die Tatsache, daß »die Polnische Katholische Kirche im Laufe von Jahrhunderten der historischen Entwicklung einen ungewöhnlich tiefen Einfluß auf die nationale Kultur Polens und auf das nationale Bewußtsein seiner Bevölkerung ausgeübt hat, und zwar in der Periode, als der polnische Staat nicht bestand. Die Kirche erwies sich als das Zentrum der nationalen Vereinigung und als gesellschaftlich-politische Kraft ersten Ranges.« Dieses Phänomen hatte ohne Zweifel Einfluß auf Hitlers Programm zur Liquidierung der polnischen kirchlichen Organisation und der polnischen Geistlichkeit zusammen mit der übrigen polnischen Intelligenz auf den Gebieten, die zur völligen Germanisierung bestimmt waren. Auf dem Gebiet des Generalgouvernements hingegen zielte die nationalsozialistische Politik darauf ab – soweit sich das als möglich erweisen würde – die konfessionelle Organisation in ein gehorsames Instrument zur Realisierung politischer Ziele umzuwandeln. Für den Fall, daß diese Organisationen Widerstand leisteten, sollten dieselben Vernichtungsmethoden wie in den dem Reich einverleibten Gebieten zur Anwendung kommen. Broszat ist jedoch der Meinung, daß hier nicht nur politisch-nationalistische Motive ausschlaggebend waren, weil »unter dem Einfluß des Machtzuwachses von Himmler, Heydrich und Bormann auch im Altreich die Aktivierung der ideologischen Feindschaft der Partei und der SS gegenüber der Kirche spürbar wurde«, in den besetzten Gebieten aber »hatten Partei und SS unvergleichlich größere Möglichkeiten der Einflußnahme als im Altreich.«[3]

Die kirchlichen Angelegenheiten im GG leitete formell der »Bevollmächtigte für Kirchenfragen bei der Regierung des GG«, dem die entsprechenden Abteilungen in den Distrikten unterstanden; faktisch aber nicht ohne Einfluß auf die einzelnen konkreten Schritte waren auch die Entscheidungen auf lokaler Ebene, die von den Polizeibehörden und den Parteizellen der NSDAP getroffen wurden. Insgesamt gesehen behandelten die Deutschen konfessionelle und kirchliche Angelegenheiten auf dem Gebiet des GG vor allem vom Standpunkt ihrer politischen und wirtschaftlichen Ziele.[4] So erklärte Generalgouverneur Hans Frank bereits am 31. 10. 1939 auf einer Konferenz in Łódź, daß geistliche Seminare »unter allen Umständen geschlossen werden, weil sie nur Brutstätten des Hasses auf die Deutschen sind«[5]. Am 2. 3. 1940 kam Frank bei seiner Analyse der Taktik der Kirchen im GG zu folgender Feststellung: »Die Kirche blieb immer in Reserve, als das letzte Mittel des polnischen Nationalismus, solange noch Handlungsmöglichkeiten für andere Zentren bestanden. Die Kirche ist für die polnischen Gemüter der zentrale Sammelpunkt, der schweigend eine ständige Ausstrahlungskraft besitzt und dadurch gleichsam die Funktion eines ewigen Lichts erfüllt. Wenn alle Lichter für Polen ausgegangen waren, dann war da immer noch die heilige Madonna von Tschenstochau und die Kirche. Das darf man niemals vergessen.«[6]

Auf einer Abteilungsleitersitzung in Krakau stellte Hans Frank am 19. 12. 1940 fest: »Ich möchte schon jetzt betonen, daß ich mit allen Mitteln den Pfaffen den Krieg erklären werde, daß ich hier vor gar nichts zurückschrecken würde und selbst Bischöfe sofort verhaften lasse, wenn das geringste passiert.«[7]

Und am 14. 12. 1943 stellte er bei einer Ansprache vor Offizieren der Luftwaffe die Dinge völlig klar: »Der polnische Klerus und die polnischen Schulorgane sind – gerade weil ich sie mit Rücksicht auf die allgemeine Politik tolerieren muß – meine Hauptfeinde. Ich weiß, daß die polnischen Pfarrer und Lehrer dieses Land systematisch in Unruhe halten.«[8]

Der Ausbruch des Krieges und der Beginn der Besatzung traf die Katholische Kirche in den zentralpolnischen Gebieten in einer außerordentlich ungünstigen organisatorischen und personellen Situation: Vier wichtige Bischofssitze – Warschau, Tarnów, Sandomierz und Siedlce – waren nicht mit Diözesanbischöfen besetzt; der Primas von Polen, August Kardinal Hlond, hatte im September 1939 gemeinsam mit der Regierung das Territorium des Staates verlassen, befand sich außer Landes und hatte praktisch keinen Kontakt mit der Kirche in Polen. Die neuen administrativen Einteilungen führten zu der oben dargestellten Zersplitterung einzelner Diözesen in Teile, die unter sich überhaupt keinen oder nur einen sehr eingeschränkten und mit großen Schwierigkeiten verbundenen Kontakt hatten, was nicht ohne Einfluß auf die Verwaltung bleiben konnte. In dieser Situation fiel die führende Rolle – allerdings nur im moralischen, nicht im formalen Sinne – praktisch dem Erzbischof Adam Stefan Sapieża zu, dem Oberhaupt der Krakauer Metropolie.

Seit den ersten Wochen der Besatzung unternahmen verschiedene Formationen der Nazi-Polizei terroristische Aktionen gegen Priester, ja sogar gegen Bischöfe der Katholischen Kirche, gegen Mönche und Nonnen. Diese Aktionen zielten darauf ab, die Tätigkeit der Kirche prophylaktisch zu lähmen, zumindest jedoch sehr erheblich einzuschränken. Und obwohl diese Repressivmaßnahmen im GG unvergleichlich schwächer waren als auf dem Gebiet der Diözesen, die sich innerhalb der neuen Grenzen des Reichs befanden, wo es zur völligen Lähmung der bischöflichen Administration kam, beeinflußte eine Reihe empfindlicher Beschränkungen auch hier spürbar die Möglichkeiten und den Handlungsspielraum der Kirche.

So warf die Gestapo z.B. in Warschau zwischen dem 3. und 8. Oktober 1939, also in den ersten Tagen der Besatzung, etwa 300 katholische Priester für einige Wochen ins Gefängsnis; gleichzeitig wurden einige Dutzend Priester im Gebiet des Distrikts Warschau verhaftet. Einen Teil der Verhafteten ließ man nach ein paar Wochen frei, andere deportierte man in Konzentrationslager, wieder andere wurden erschossen.

In der Diözese Lublin verhaftete man bereits im November 1939 alle Professoren und Lehrbeauftragten der Katholischen Universität Lublin (in ihrer Mehrheit Geistliche), die die deutsche Polizei ausfindig machen konnte. Zwei Professoren erschoß man in Lublin bereits im Dezember 1939, viele wurden in Konzentrationslager gebracht. Verhaftet wurde u.a. der Diözesanbischof der Diözese Lublin, Marian Leon Fulman, der bis zum Februar 1940 im Konzentrationslager Oranienburg war, dann aus dem Lager entlassen, aus dem Gebiet seiner Diözese zwangsausgesiedelt und unter Hausarrest gestellt wurde; Weihbischof Władysław Goral, der gleichzeitig verhaftet wurde, starb 1945, nachdem er einige Jahre im Konzentrationslager Oranienburg zugebracht hatte. Letztlich beträgt die Zahl der blutigen Opfer des Terrors unter den Weltgeistlichen und Ordenspriestern der Diözese Lublin für die Zeit des Krieges 63

Personen, die in Gefängnissen und Konzentrationslagern ermordet wurden.[9]

In der Erzdiözese Krakau befanden sich unter den im November 1939 verhafteten Professoren und Lehrbeauftragten der Jagiellonen-Universität zehn Geistliche der Theologischen Fakultät, die in Konzentrationslager deportiert wurden. Bis zum Ende des Jahres 1939 befanden sich bereits 87 Priester und 37 Mönche aus der Diözese in Konzentrationslagern.[10]

Die im Herbst 1939 begonnenen Repressionen gegen die Geistlichkeit dauerten mit größerer oder geringerer Intensität bis zum Ende der Besatzungszeit an. In einem einzigen Konzentrationslager – nämlich in Dachau – befanden sich 268 Priester und Kleriker der Römisch-Katholischen Kirche aus dem Gebiet des Generalgouvernements; von ihnen starben 139 vor Kriegsende in diesem Lager.[11] Eine erhebliche Anzahl von Priestern und Mönchen aus dem GG starb auch in anderen Lagern wie Auschwitz und Majdanek, in den Gefängnissen der Sicherheitspolizei und an geheimen Hinrichtungsstätten, die zumeist in den Wäldern lagen. In der Erzdiözese Warschau mußten auch Pfarreien und Ordenskongregationen blutige Verluste zur Zeit des Warschauer Aufstands im Jahre 1944 hinnehmen, als Formationen der Nazi-Polizei und der SS, die die Zivilbevölkerung in Massen erschossen, auch zahlreiche Morde an Priestern und Mönchen verübten. Besonders schmerzliche Verluste mußten damals die Jesuitenpatres (18 Ermordete) und die Redemptoristen (30 Ermordete) hinnehmen. Die Zahl der blutigen Opfer unter der Geistlichkeit und den Ordenspriestern liegt auf dem Gebiet der Erzdiözese Warschau bei 150–180 Personen. Nach Angaben von allen Bischofskurien fielen auf dem Gebiet des GG insgesamt 447 Priester und Mönche dem Besatzungsterror zum Opfer.[12]

Zu einer anderen Kategorie der Verluste der Kirche gehörte die Lähmung ihrer Tätigkeit durch die Auflösung aller religiösen Vereinigungen und Gesellschaften, die mit der Konfiszierung ihres Vermögens verbunden war. Hinzu kam die völlige Liquidierung der katholischen Presse im Rahmen der allgemeinen Liquidierung der gesamten polnischen Presse im Generalgouvernement. Gleichzeitig wurden alle allgemeinbildenden Oberschulen (darunter auch die Klosterschulen) sowie sämtliche Hochschulen in Polen geschlossen, folglich auch die theologischen Fakultäten an den Universitäten Warschau, Krakau, Lublin und Lemberg. Am 8. 11. 1940 verlangten die deutschen

Behörden die Liquidierung der geistlichen Seminare in Warschau, Lublin, Kielce, Siedlce, Tarnowo und Tschenstochau, wobei sie ihr Einverständnis lediglich zur Existenz zweier Seminare in Krakau und Sandomierz gaben, die jedoch nicht das Recht haben sollten, neue Kandidaten aufzunehmen. Mit ähnlichen Beschränkungen wurde im Jahre 1941 das geistliche Seminar in Lemberg konfrontiert. Im Auftrag von Hans Frank verhaftete die Polizei einige Rektoren geistlicher Seminare, wobei zwei von ihnen – Roman Sitko, Rektor des Seminars in Tarnowo, und Roman Archutowski, Rektor des Seminars in Warschau – in Konzentrationslagern zugrunde gingen. Gleichzeitig verbot man die Aufnahme neuer Kandidaten in die Ordensgemeinschaften. Zu anderen typischen Praktiken der nationalsozialistischen Besatzungsbehörden gegenüber der Katholischen Kirche im GG gehörte die Einschränkung der kirchlichen Feiertage für Polen, ferner der Befehl, aus den Gesangbüchern, Gebetbüchern usw. die Gebete an polnische Heilige sowie einige Kirchenlieder zu entfernen, sowie die geistliche Betreuung der Häftlinge in Konzentrations- und Arbeitslagern einzustellen; hinzu kam das Verbot, religiöse Prozessionen auf den Straßen und öffentliche Begräbnisse mit einem Leichenzug abzuhalten – und sogar das Verbot, die Kirchenglocken zu läuten. (Alle Glocken wurden im übrigen im Jahre 1942 konfisziert und entsprechend den Bedürfnissen der deutschen Kriegswirtschaft als Schrott eingeschmolzen.)

Sehr ernste Schäden der Kirche auf materiellem und wirtschaftlichem Gebiet entstanden aus der völligen Vernichtung Dutzender Kirchen und Kapellen im GG sowie dadurch, daß die Besatzungsbehörden sehr viele Gebäude beschlagnahmten: Pfarrhäuser, kirchliche Schulen, Seminare usw., die verschiedenen deutschen Institutionen übergeben wurden. Gleichzeitig kam es während der gesamten Besatzungszeit zum Diebstahl von Kirchenvermögen, insbesondere Kunstwerken. Aus der Johanneskathedrale in Warschau und aus dem Kirchenmuseum, wie auch aus der Kathedrale in Lublin raubten die Nazi antike Glocken, Monstranzen, Kelche, Meßgewänder, Meßbücher aus dem 16. und 17. Jahrhundert und transportierten sie ab. Dasselbe wiederholte sich in vielen Ortschaften, wo es neben dem von staatlichen Stellen organisierten Raub recht oft geschah, daß antichristlich eingestellte Nazi-Funktionäre das Kirchenvermögen auf eigene Faust plünderten.

Ein besonderes Element in der praktischen Politik der Besatzungsmacht gegenüber der Katholischen Kirche war der Versuch, diese für die Realisierung der nationalsozialistischen Ziele im Bereich von Wirtschaft und Politik auszunutzen. Anfänglich beschränkte sich das darauf, daß man Druck auf die Geistlichen ausübte, damit sie die Bevölkerung dazu bringen sollten, die Nahrungsmittelkontingente abzuliefern oder freiwillig zur Arbeit nach Deutschland zu fahren, wobei jedoch diese Pressionen angesichts der unnachgiebigen Haltung des Klerus – mit sehr wenigen Ausnahmen (die von der polnischen öffentlichen Meinung einhellig negativ beurteilt wurden) – nicht die gewünschten Effekte hatten. Im Jahre 1943 versuchten einige Distriktgouverneure, die katholischen Bischöfe und Priester dazu zu bringen, daß sie sich in irgendeiner Form zu einer antikommunistischen Aktion zusammenschlossen. Dieser Plan war das Resultat der neuen militärischen Lage, denn die Deutschen waren jetzt angesichts des ungünstigen Verlaufs der Ereignisse an der Ostfront auf verzweifelter Suche nach Verbündeten. Auch diesen nationalsozialistischen Bestrebungen widersetzte sich der Klerus mit verschiedenen Methoden und war dabei insgesamt gesehen sehr erfolgreich. In der Praxis gelang es der Besatzungsmacht nicht, die kirchliche Organisation im GG für die eigenen Interessen auszunutzen.

Gewisse Resultate in diesem Bereich wurden nur im Distrikt Galizien gegenüber dem Klerus und den Gläubigen der Katholischen Kirche orthodoxen (griechisch-katholischen) Ritus erreicht. Es waren fast ausnahmslos Ukrainer, die im Rahmen des politischen Kampfs zwischen der polnischen und der ukrainischen Bevölkerung auf diesem Gebiet, der von der deutschen Besatzungsmacht unterstützt und zum Teil inspiriert wurde, die deutschen Aktionen im Bereich der Wirtschaft in einer Reihe von Fällen unterstützten.

### *Grundsätze und Praxis der deutschen Politik im GG gegenüber den anderen christlichen Kirchen*

Die orthodoxe Kirche sollte in den Plänen der nationalsozialistischen Nationalitätspolitik eine antipolnische Rolle spielen, denn ihre Gläubigen – die ukrainische und weißrussische Volksgruppe sowie die sog. »weißen« Russen, die vor dem Krieg in Polen ansässig waren – sollten die Deutschen gegen die

Polen entschieden unterstützen. Zum Zweck der Realisierung dieser Pläne wurde der dem polnischen Staat gegenüber loyale Metropolit Dionizy, das Oberhaupt der Polnischen Autokephalen Orthodoxen Kirche, im Herbst 1939 seines Amtes enthoben und interniert. Inzwischen veranlaßten die Deutschen, daß Erzbischof Serafin Lode, der vorher an der Spitze der russischen Emigrantenkirche in Deutschland gestanden hatte und von den Deutschen aus Berlin herbeigeholt worden war, das Amt des Oberhaupts der orthodoxen Kirche im GG übernahm. Im Rahmen der politischen Taktik, die Gläubigen der orthodoxen Kirche für sich zu gewinnen, übergaben ihnen die Besatzungsbehörden bereits im Mai 1940 die Kathedrale in Chełm (nahe Lublin). Im Herbst 1940 wurde der aus dem Hausarrest entlassene Metropolit Dionizy – nachdem er eine Loyalitätserklärung gegenüber Generalgouverneur Frank abgegeben hatte – im Amt des Metropoliten der »Autokephalen Orthodoxen Kirche im Generalgouvernement« bestätigt. Nach Bildung des Distrikts Galizien im August 1941 erstreckte sich der Wirkungsbereich der orthodoxen Kirche auch auf dieses Gebiet. Sowohl Serafin Lode als auch der aus Deutschland herbeigeholte und in das Amt des Bischofs von Chełm eingesetzte Hilarion (Ohijenko) unterstützten die nationalsozialistischen Besatzungsbehörden vorbehaltlos, indem sie die Gläubigen ihrer Kirche zur Treue und zur Zusammenarbeit mit den Behörden aufriefen. Viele orthodoxe Geistliche, die diesen Standpunkt nicht teilten, fanden sich in Konzentrationslagern wieder.

Gänzlich anders war die Situation der evangelischen Kirchen, die unter ihren Gläubigen einen Teil von Personen hatten, die deutscher Herkunft oder deutscher Nationalität waren. Viele Gläubige standen unter starkem politischen und polizeilichen Druck: Man wollte sie dazu bewegen, sich zur deutschen Nationalität zu bekennen. Die entschiedene Mehrheit wahrte in dieser Frage unbeugsamen Widerstand und setzte sich damit einschneidenden, ja sogar tragischen Konsequenzen aus. In Konzentrationslager und Gefängnisse brachte man die meisten evangelischen Pastoren, die auf dem Gebiet des GG tätig waren; dieses Schicksal teilte auch der Bischof Julian Bursche mit einigen Mitgliedern seiner Familie.

Die Deutschen hatten beschlossen, gesonderte evangelische Kirchen zu gründen, die nach nationaler Zugehörigkeit differenziert sein sollten. Dem widersetzten sich die Protestanten polnischer Nationalität, wobei sich in den großstädtischen

Zentren, wie z.B. in Warschau, mehr als 75 Prozent aller evangelischen Gläubigen zur Verbundenheit mit dem polnischen Volk bekannten. Die deutschen Protestanten bildeten damals eigene Pfarreien und traten aus den polnischen aus, wobei das Vermögen der bisherigen Pfarreien gewöhnlich zum größten Teil auf die deutschen Gemeinden überging. Dieser diskriminierende Schachzug, der den polnischen Protestanten in der Praxis die Möglichkeit nahm, am Gottesdienst und am kirchlichen Leben teilzunehmen (u.a. weil keine Räumlichkeiten zur Verfügung standen) – wurde durch eine Verordnung von Gouverneur Hans Frank über die Aufteilung des Vermögens der evangelischen Kirchengemeinden vom März 1941 legalisiert. Die Besatzungsmacht forderte von den polnischen Protestanten die Legalisierung der polnischen evangelischen Pfarreien, wozu es jedoch angesichts des unbeugsamen Standpunkts der polnischen Protestanten nicht kam. Folglich existierten die polnischen Pfarreien im GG in den Augen der Besatzungsmacht illegal, was die Möglichkeit eröffnete, die Gläubigen ständig unter Druck zu setzen und zu erpressen.[14]

Unterstützt wurde hingegen die neugeschaffene *Deutsche Evangelische Kirche im Generalgouvernement.*

Die wenigen Ukrainer evangelischer Konfession (an die 4000 Personen) gründeten 1942 im Distrikt Galizien die von der Besatzungsmacht wohlwollend behandelte *Ukrainische Evangelische Kirche im GG.*

Die Methodistenkirche, die die formelle Befugnis erhalten hatte, im GG tätig zu sein, unterlag jedoch in der Praxis sehr zahlreichen Beschränkungen, zu denen neben der Verhaftung von Geistlichen dieser Kirche auch Behinderungen der Art zu zählen waren wie die Beschlagnahme von Buchhandlungen und das Verbot, wie vor dem Krieg im Verlags- und Bildungswesen tätig zu werden.

### *Die Tätigkeit der katholischen Kirche im GG*

Die Römisch-Katholische Kirche im GG hatte – im Gegensatz zu den Überresten kirchlicher Organisation auf dem Gebiet der dem Reich einverleibten Diözesen – trotz der beschriebenen Verhältnisse des Terrors und des Drucks einen erheblichen Teil ihrer materiellen und personellen Substanz bewahrt, vor allem aber besaß sie die entschiedene und reale Unterstützung der viele Millionen zählenden Schar treuer polnischer Katholiken, die im GG lebten. Die spezifischen Eigenschaften der polnischen Mentalität bewirkten, daß der wachsende Druck der Besatzungsmacht auf die kirchliche Hierarchie, die Priesterschaft, die Pfarreien und die Ordensgemeinschaften lediglich das in den Augen der Allgemeinheit ohnehin nicht geringe Prestige dieser Kreise erhöhte. Die große Würde, mit der sich die überwältigende Mehrheit der katholischen Geistlichkeit unter den Verhältnissen der Okkupation verhielt, sicherte ihr Respekt und Gehorsam, oftmals auch bei nichtpraktizierenden Gläubigen und sogar bei Atheisten.

Die Lehre der Kirche hatte einen besänftigenden Einfluß auf das Benehmen der Menschen und sorgte dafür, daß sich gesellschaftliche Verhaltensnormen selbst unter den spezifischen, schwierigen Bedingungen der Okkupation herausbildeten, die ja ansonsten unvermeidlich das Phänomen einer gewissen Relativierung ethischer Begriffe mit sich bringen. Priester und Ordensgemeinschaften arbeiteten zu dieser Zeit im allgemeinen Hand in Hand mit den herausragendsten Kreisen der Untergrundbewegung zusammen, die von der polnischen Exilregierung geleitet wurden. Die besondere Sorge all dieser Kreise galt der Aufrechterhaltung des Gefühls der staatlichen und nationalen Verbindung unter den in den besetzten Gebieten lebenden Polen, sowie der Herausbildung und Bewahrung einer Haltung staatsbürgerlicher Würde und Solidarität, die sich im (passiven und aktiven) Widerstand gegen die Anordnungen der Besatzungsmacht dokumentierte. Die katholische Priesterschaft beteiligte sich in sehr erheblichem Umfang an den organisierten Formen des Untergrundkampfs, Geistliche dienten als Kaplane bei den Geheimorganisationen und waren in den einzelnen Abteilungen dieser Organisationen (z.B. den militärischen, den konspirativen Pfadfindergruppen, den ideologisch-erzieherischen, ja sogar den politischen) aktiv. Sie beteiligten sich an den Maßnahmen im Bereich der Propaganda und des Bildungswesens und an verschiedenen karitativen Aktionen. Franciszek Pauliński, Rektor der Pallotiner-Gemeinschaft in Warschau, war in den Jahren 1942–43 Vorsitzender der Kommission der Geistlichkeit bei der Leitung für den Zivilen Kampf, einer Institution, die ausgestattet mit der Vollmacht der polnischen Regierung in London sämtliche Aktivitäten des zivilen Widerstands in Polen selbst leitete.

Im Rahmen der geheimen Warschauer Universität und der ebenfalls in Warschau tätigen geheimen Universität der polnischen Westgebiete (der Posener Universität) wurden theologische Fakultäten gebildet, die im Untergrund Priester ausbildeten. Sie wurden von Geistlichen geleitet, die vor dem Krieg Professoren und Lehrbeauftragte an polnischen Hochschulen waren. Hätte man die Verordnungen der Besatzungsmacht respektiert, die eingeschränkte Aktivitäten der Priesterseminare und die Nichtaufnahme neuer Kandidaten in die Ordensgemeinschaften verfügten, so hätte dies zum allmählichen Absterben der kirchlichen Organisation führen müssen. Da sich Bischöfe und Priester dessen bewußt waren, fügten sie sich diesen Verboten nicht und führten geheimen Unterricht in geistlichen Seminaren durch. Weil einzelnen Diözesen und Ordensgemeinschaften keine Gebäude mehr zur Verfügung standen, hatte das zur Folge, daß der Unterricht unter schwierigen, oftmals improvisierten Verhältnissen stattfand, aber dennoch wurde er systematisch in allen Diözesen des GG durchgeführt. Die Ordensgemeinschaften für Priester und Nonnen wiederum spielten eine sehr erhebliche Rolle bei der geheimen Bildung und Fortbildung der Jugend im schulpflichtigen Alter im Bereich der Unterrichtsprogramme der allgemeinbildenden Schulen, die bekanntlich von der Besatzungsmacht geschlossen worden waren. Eine Reihe von Ordenshäusern – der Ursulinerinnen, Resurrektionistinnen, Nazarethanerinnen, Piaristen, Jesuiten und Dominikaner – bildeten einen stetigen Rückhalt bei der Aktion des geheimen Unterrichts, die überall im GG unter der Obhut und mit Unterstützung der konspirativen Behörden durchgeführt wurde, die ihrerseits in enger Verbindung zur Londoner Exilregierung standen. Dieser Unterricht, der in den meisten Fällen mit Abschlußzeugnissen der entsprechenden Schulen gekrönt wurde, gehörte in Polen zu den charakteristischen Formen des konspirativen gesellschaftlichen Widerstands.

Eine breitgefächerte Tätigkeit führten die katholischen Pfarreien durch, besonders aber die Ordenshäuser, die Kriegsopfern und Opfern der Verfolgung Hilfe leisteten. Man sollte hier einige grundlegende Formen und Tätigkeitsbereiche auf diesem Gebiet erwähnen:

a) die Hilfe für Kriegsgefangene verschiedener Nationalität, die sich infolge des Krieges in Kriegsgefangenen- und Arbeitslagern im GG befanden, wie auch die Hilfe für Flüchtlinge aus den Kriegsgefangenenlagern. Das betraf sowohl polnische

Kriegsgefangene vom Septemberfeldzug 1939, als auch zeitweilig auf dem Gebiet des GG weilende Franzosen, Italiener und Engländer sowie Kriegsgefangene anderer Nationen. Die Hilfe wurde in der Regel illegal geleistet, so daß sie die Gefahr von Repressionen nach sich zog;

b) Hilfe für die Häftlinge in Gefängnissen in Form von Lebensmitteln, Kleidung und Arzneimitteln, aber auch durch die konspirative Gewährung geistlichen Beistands, indem z.B. Hostien, Gebetbücher u.ä. ins Gefängnis geschmuggelt wurden;

c) Hilfe für Umsiedler, von denen verschiedene Gruppen im Zuge der Migrationsbewegungen des Krieges völlig mittellos in verschiedenen Ortschaften des GG eintrafen, wo die Bevölkerung ohnehin schon unter der allgemeinen Verarmung litt. Wichtige Faktoren waren hier sowohl die massenhafte Aussiedlung der polnischen Bevölkerung aus den westlichen Wojewodschaften nach Zentralpolen, als auch die Flucht bestimmter Bevölkerungsgruppen vor der in den letzten Kriegsmonaten immer näher kommenden Front;

d) das Verbergen von Flüchtlingen und anderen Personen, die sich vor der Gestapo versteckten, weil sie wegen ideeller oder politischer Tätigkeit verfolgt wurden;

e) Hilfe für die Juden, insbesondere für Kinder aus jüdischen Familien, die sich in Lebensgefahr befanden und gezwungen waren, sich zu verstecken.

Die Leistungen der Geistlichkeit sowie der Ordenspriester und Nonnen im GG auf den erwähnten Gebieten ist sehr hoch zu veranschlagen, und ihre Haltung angesichts der schwierigen Probleme des täglichen Lebens unter den alles andere als normalen Verhältnissen der Besatzung stellte damals einen erheblichen erzieherischen Faktor für die Gemeinschaft der Gläubigen dar, aber auch für die Nichtgläubigen, die Zeugen dieser Aktionen wurden. Viele Priester, Mönche und Nonnen – in einigen Fällen zehn- bis zwanzigköpfige Gruppen aus den einzelnen Ordenshäusern – bezahlten ihre Haltung bei der Verwirklichung der Prinzipien der Nächstenliebe mit dem Verlust der Freiheit, der Gesundheit, oftmals auch mit ihrem Leben.

Ein gesondertes Problem von großer Tragweite stellt die Haltung und institutionelle Tätigkeit der katholischen Laienbewegung dar, die in folgenden bereits in der Vorkriegszeit existierenden Organisationen aktiv war: »Wiedergeburt«, »Juventus Christiana«, »Ritterorden vom Kreuz und Schwert«, »Marianische Sodalität« oder die während des Krieges entstandene

»Front für die Wiedergeburt Polens« (FOP), die »Union« oder die von Włodzimierz Okoński organisierten »Katholischen Gruppen«. In all diesen Kreisen erarbeitete man im Gedanken an die Zukunft programmatische Entwürfe und führte Projekte im Bereich des Erziehungs- und Bildungswesens durch. In den katholischen Kreisen Warschaus entstanden durch die Aktivität der Leute, die sich um Zofia Kossak scharten, die ersten Ursprünge des Hilfskomitees für die verfolgte jüdische Bevölkerung. Aus diesen Ansätzen entwickelte sich in der Folgezeit durch die Zusammenarbeit von Menschen unterschiedlicher Anschauungen und unterschiedlicher organisatorischer Zugehörigkeit der »Rat für Judenhilfe« (»Żegota«). Groß war auch die Leistung der konspirativen katholischen Diskussionskreise, die sich verlegerisch betätigten. Bekannt sind einige konspirativ herausgegebene Titel angesehener polnischer Periodika und einiger Dutzend Titel von Broschüren und Flugschriften, die wichtige gesellschaftliche und moralische Probleme behandelten.

### *Die Rolle der Evangelischen Kirche*

Die relativ gesehen nicht sehr zahlreichen polnischen Protestanten, die den repressiven Aktionen auf dem Gebiet des GG standhielten, beteiligten sich an der geheimen karitativen Tätigkeit und an anderen Formen der konspirativen Arbeit der polnischen Untergrundbewegung, u. a. auch – wenngleich nicht in sehr großem Umfang – auf dem Gebiet von Warschau an der theologischen Ausbildung junger Kader, die Kandidaten für den Pfarrerstand waren. Die evangelischen Gottesdienste, die in provisorischen Räumlichkeiten abgehalten wurden, und die enge Zusammenarbeit der Protestanten lutherischen und kalvinistischen Bekenntnisses wurden für die nichtevangelische Mehrheit der polnischen Bevölkerung im GG zu einem positiven, ja sogar nachahmenswerten Beispiel der moralischen Stärke und Konsequenz beim Bekenntnis des Glaubens. Das Ansehen der Evangelischen Kirche und der polnischen Protestanten insgesamt stieg sehr unter den Bedingungen der Okkupation – angesichts der mit den Katholiken gemeinsam ertragenen Leiden in Gefängnissen und Konzentrationslagern und des gemeinsamen Widerstands gegen die Politik der Besatzungsmacht im GG.

Man könnte die Behauptung wagen, daß das Martyrium der evangelischen Geistlichen für die gemeinsame polnische Sache im breitesten Kreis aller Katholiken in Polen die tiefere Grundlage dafür schuf, daß sie die späteren ökumenischen Bestrebungen der Nachkriegszeit eher akzeptierten und besser verstanden.

Die religiösen Bindungen – sowohl unter den Angehörigen der katholischen Kirche als auch unter den Angehörigen der evangelischen Kirche – gehörten unter den Verhältnissen des Krieges und der Besatzung auf dem Gebiet des Generalgouvernements zu den starken und authentischen Bindungen innerhalb der Gesellschaft. Die Kirche als Institution war ein bedeutender Faktor bei der Widerstandsaktion gegen die Besatzungsmacht, die den Polen nicht nur im nationalen, sondern auch im politischen, ideologischen und weltanschaulichen Sinne fremd war. Die beträchtliche Aktivität der Priester, Mönche und Nonnen bei dieser Widerstandsaktion und das gleichzeitig durch sie vermittelte Gefühl eines realen Rückhalts im Volk stellten einen integrierenden und konstruktiven Faktor dar.

Wenn ich hier die bemerkenswerte Beobachtung eines polnischen marxistischen Historikers – Prof. Czesław Majdajczyk – zitiere, daß »die Deutschen im besetzten Europa nirgendwo außerhalb Polens auch nur einen einzigen Bischof mit Repressionsmaßnahmen verfolgt haben, selbst dann nicht, wenn er ein erklärter Gegner des Nationalsozialismus war«[15], so muß man daran erinnern, daß von den christlichen Bischöfen der auf dem Gebiet des GG liegenden Diözesen ein Bischof der Römisch-Katholischen Kirche und ein Bischof der Evangelisch-Augsburgischen Kirche ihre unbeugsame Haltung bei der Verteidigung der für richtig erkannten Prinzipien mit dem Leben bezahlt haben. Die Geistlichen der christlichen Kirchen wiederum, und insbesondere die Priester der Römisch-Katholischen Kirche und die Pastoren der Evangelisch-Augsburgischen im GG, gehören zu der Berufsgruppe, die in den Besatzungsjahren von den schwersten und blutigsten Verlusten getroffen wurde.

[1] Verordnung über die Anerkennung der Altkatholischen Kirche der Utrechter Union im GG vom 22. 4. 1941 (VBl GG 1941). – Verordnung über die Anerkennung der Methodistenkirche im GG vom 22. 4. 1941 (VBl GG 1941).

[2] Verordnung über die Auflösung von Sekten und sektenähnlichen Vereinigungen im Generalgouvernement vom 31. 3. 1941 (VBl GG 1941).

[3] M. Broszat, Nationalsozialistische Polenpolitik 1939–1945. Frankfurt a.M. – Hamburg 1961, S. 143.

[4] J. Lubicz u. J. Woliński, Die Politik der nationalsozialistischen Besatzungsmacht gegenüber den religiösen Veränderungen in Polen in den Jahren 1939–1945; in: Bulletin der Hauptkommission zur Untersuchung der Nazi-Verbrechen in Polen IX, S. 71–79, 99–108 (in polnischer Sprache).

[5] H. Frank, Tagebuch 1939.

[6] H. Frank, Tagebuch. Arbeitssitzungen 1940, II–X.

[7] H. Frank, Tagebuch. Abteilungsleitersitzungen 1939/40.

[8] H. Frank, Tagebuch 1943. XII.

[9] R. Moszyński u. L. Policha (Bearb.), Lublin in der Periode der Besatzung (1939–1944), Lublin 1947 (in polnischer Sprache).

[10] S. Urtańczyk, Universität hinter Stacheldraht. Sachsenhausen-Dachau. 2. Aufl., Krakau 1969; Martyrium und Tätigkeit der polnischen Geistlichkeit in den Jahren 1939–1945, in: Die dem Vaterland Getreuen. Blätter aus der Geschichte des Martyriums der polnischen Geistlichkeit in den Jahren der Nazi-Okkupation, Warschau 1966 (in polnischer Sprache).

[11] Die Geistlichen in Dachau sowie in anderen Konzentrationslagern und in Gefängnissen. Mödling 1972, S. 71.

[12] Martyrium und Tätigkeit der Geistlichkeit ... a.a.O. S. 36.

[13] Vgl.: J. Lubicz u. J. Wolyński, op.cit.; auch: B. Spuler, Die orthodoxe Kirche in Polen, in: Osteuropahandbuch: Polen, Köln-Graz 1959.

[14] Im Schatten des Todes. Protestanten – Opfer der Verfolgungen zur Zeit des Zweiten Weltkriegs, Warschau 1970; J.E.V., Erinnerungen eines Warschauer Protestanten aus der Zeit der deutschen Besatzung von 1939–1944, Warschau 1947 (in polnischer Sprache).

[15] Cz. Majdajczyk, Die Politik des Dritten Reichs im besetzten Polen, Warschau 1970, Bd. 2, S. 191.

# Angesichts der Endlösung

Polen und Juden lebten jahrhundertelang auf demselben Boden, in demselben Staat. Sie lebten zum Teil miteinander, zum Teil nebeneinander – das war ganz unterschiedlich. Eine Reihe historischer Ereignisse im Mittelalter und in der Neuzeit führten zu einem starken Anwachsen der jüdischen Bevölkerung vor allem in den zentralen und östlichen Gebieten des polnischen Staates. Das bedeutet, daß in den letzten 200 Jahren vor Ausbruch des Zweiten Weltkrieges der Anteil der Juden an der Gesamtbevölkerung 8–10% betrug; ja im ausgehenden 19. Jahrhundert stellten die Juden in manchen Gegenden Polens, die nach den Teilungen zum russischen Teilgebiet gehörten, über 25% der Bevölkerung. Diese Zahlen unterlagen keinen größeren Schwankungen. Unter anderem war dies ein Zeichen für eine relativ stabile Situation der jüdischen Glaubens- und Volksgemeinschaft in diesem Teil Europas. Zugleich ist aber zu vermerken, daß dies nicht nur dem Prozentsatz nach, sondern auch in absoluten Zahlen die größte Gruppe im damaligen Europa war. Dementsprechend groß war auch die Bedeutung der polnischen Juden innerhalb der Weltdiaspora. Die tiefe Religiosität und die eminente geistige Entwicklung, die sich im sozialen, künstlerischen, wissenschaftlichen und schließlich auch politischen Engagement manifestierte, sicherte dem polnischen Judentum eine ganz außergewöhnliche Position innerhalb des europäischen Judentums zu, obwohl es wirtschaftlich bei weitem nicht so gut stand, wie die in den reichen, industriell höher stehenden westlichen Ländern (z.B. Deutschland, England oder Frankreich) lebenden Glaubensbrüder. Die Besonderheit der Sitten und die spezifische Traditionsverbundenheit eines bedeutenden Teils der in Polen lebenden Juden, stellten sicherlich einen positiven Wert für die jüdische Diaspora dar und bildeten ein unerschöpfliches Reservoir an unveränderlichen religiös-sittlichen Werten. Dabei muß jedoch berücksichtigt werden, daß eben die Besonderheit der »Ostjuden« und deren schlechtere materielle Lage eine gewisse Reserviertheit bei den westeuropäischen Juden hervorrief. In ihrer überwältigenden Mehrheit haben die polnischen Juden assimilatorische Tendenzen abgelehnt, denn sie betrachteten ihr abgesondertes Dasein als einen übergeordneten Wert, dem sie konsequenterweise die

Treue hielten. Eine nicht gerade kleine Gruppe orthodoxer Juden befürwortete sogar eine völlige Isolation von der nichtjüdischen Umgebung. Auch die Polen, die im alltäglichen Leben vielfältige Kontakte mit den Juden hatten, beeilten sich im allgemeinen nicht gerade, diese Barriere der Fremdheit zu überwinden. Jede der beiden Seiten neigte dazu, sich gegenüber der anderen überlegen zu fühlen.

In der nach 1918 wiedererstandenen Republik Polen ist im wesentlichen vom Grundsatz des Isolationismus nicht abgewichen worden, obwohl die Juden im Parlament vertreten waren und auch an anderen Formen des politischen und kulturellen Lebens teilnahmen. Die in der polnischen politischen Landschaft rechts und im Zentrum angesiedelten Parteien unterstrichen sogar in ihren programmatischen Äußerungen die Fremdheit der jüdischen Glaubensgemeinschaft in Polen und die schädliche Rolle, die deren Mitglieder im wirtschaftlichen und kulturellen Leben spielen. Die den liberalen Grundsätzen verpflichteten politischen Parteien (so z.B. die Demokratischen Klubs und die Demokratische Partei) und die Sozialisten (hier vor allem die sehr einflußreiche Polnische Sozialistische Partei, die mit dem »Bund« zusammenarbeitete), lehnten in ihren Programmen jede nationale oder konfessionelle Unterscheidung ab. Sie hatten jedoch Schwierigkeiten, ihren Standpunkt sowohl gegenüber den religiös-orthodoxen jüdischen Gruppen mit all ihren politisch-gesellschaftlichen Konsequenzen deutlich zu machen, als auch in noch viel größerem Maße gegenüber der rechtsgerichteten zionistischen Bewegung. Die in Polen relativ einflußreichen und gesellschaftlich geachteten intellektuellen Kreise, verwarfen in ihrer überwiegenden Mehrheit jegliche nationalistischen, antisemitischen oder xenophobischen Tendenzen. Aber sie bevorzugten natürlich berufliche und gesellschaftliche Kontakte mit den entsprechenden liberalen Vertretern der jüdischen Eliten.

Eine ökonomische Konkurrenz trat in bürgerlichen und kleinbürgerlichen Kreisen auf. Das Problem war jedoch nicht einfach und einheitlich und wies in den einzelnen Teilen Polens große Unterschiede auf. Der Standpunkt der in Polen dominierenden römisch-katholischen Kirche war traditionsgebunden, voller Mißtrauen und nicht frei von Stereotypen und Vorurteilen, die auf dem jahrhundertelangen Antagonismus zwischen Christentum und Judentum beruhten – einem Antagonismus, der bis zum II. Vatikanischen Konzil anhielt. Dennoch zeichnete sich in katholischen intellektuellen Kreisen gegen Ende der 20ger Jahre und im Laufe der 30ger Jahre eine ernstzunehmende Bewegung ab, die auf einen christlich-jüdischen Dialog hinarbeitete. Es war dies zwar keine zahlenmäßig große und einflußreiche Bewegung, aber in ihr fanden sich Persönlichkeiten von hohem intellektuellen und moralischen Ansehen. Ein Teil von ihnen spielte während des Zweiten Weltkrieges eine positive Rolle bei der Fortsetzung des begonnenen Werkes. Dieses Gedankengut ist in Polen bis heute in den katholischen Kreisen beispielsweise um die Monatsschrift *Znak*, die Wochenschrift *Tygodnik Powszechny* oder in den »Klubs der Katholischen Intelligenz« zu spüren.

Wenn wir die Problematik des Zusammenlebens der Juden und Polen im Laufe der Geschichte analysieren wollen, müssen wir die einzelnen Epochen wegen der unterschiedlichen Tendenzen und Bedingungen, die im gesellschaftlichen Leben auftraten, getrennt betrachten. Das Zusammenleben der beiden Volksgruppen gestaltete sich im alten polnischen Staat bis zu dessen Auflösung durch die von den drei Nachbarmächten durchgeführten Teilungen (1772–1795) nicht schwieriger als in anderen Ländern des damaligen Europa, in mancher Hinsicht aber sogar besser. Die Zeit der Teilungen, als Polen von der politischen Landkarte Europas gestrichen war (1795–1918), brachte zweifellos auch in diesem Bereich eine Reihe ungünstiger Veränderungen. In diesem Zeitraum kann keine Rede sein von einer souveränen Politik gegenüber den nationalen oder konfesssionellen Minderheiten. Die Lage sowohl der Polen, als auch der Juden war in den drei Teilungsstaaten – Rußland, Preußen und Österreich – recht unterschiedlich und unterlag ständigen Schwankungen. Allgemein läßt sich aber sagen, daß jede der Teilungsmächte in ihrer Politik stets die Möglichkeit ins Auge faßte, die Unterschiede und Konflikte zwischen den nationalen und konfessionellen Gruppen auszunutzen. Des öfteren wurden solche Konflikte, die wirtschaftlich und gesellschaftlich begründet waren, mittelbar oder unmittelbar stimuliert. Bei der Beurteilung des Vorgehens, das der Zukunft Polens dienen sollte, und bei der Herausbildung politischer Programme und Haltungen – der passiven wie der aktiven – zeigten sich vor allem in den letzten Jahrzehnten des 19. Jahrhunderts nicht selten ernsthafte Diskrepanzen in Interesse und Engagement der Polen und der Juden. Mit gewissem Argwohn beobachteten die Polen bei den Juden eine Tendenz zur weitgehenden Anpassung und Zusammenarbeit mit den Strukturen und Herrschaftsformen der Teilungsmächte sowie auch eine in manchen jüdischen Kreisen verbreitete Neigung zur Germanisierung und Russifizierung. Manche Juden aus bürgerlichen und intellektuellen Kreisen spielten jedoch bei der im Interesse der Allgemeinheit liegenden sog. »organischen Arbeit«, die nach der Niederschlagung des Aufstandes von 1863 sehr populär war und der Hebung des wirtschaftlichen und zivilisatorischen Standards dienen sollte, eine bedeutende Rolle. Auch in den Anfängen der sozialistischen Bewegung, in der ein Teil der Polen einen möglichen Weg zur Erlangung der staatlichen Unabhängigkeit sah, waren Juden aktiv beteiligt. Die Masse der jüdischen Bevölkerung berührte aber diese Problematik kaum und sie fand in ihrer Wert- und Vorstellungswelt keinen Platz. Selbstverständlich sollen hier die Beispiele patriotischer Zusammenarbeit der Juden mit den kämpfenden Polen nicht vergessen werden, aber an dieser Stelle wollen wir lediglich die charakteristischen Haltungen darstellen.

Nach 1918 fand sich in der Republik Polen neben den ursprünglichen jüdischen Bevölkerungsgruppen noch eine zahlenmäßig schwer zu bestimmende, aber recht bedeutende Gruppe von Juden, die im russischen Kulturkreis aufgewachsen war und keinerlei psychologisch-politische Identifizierung mit dem wiedererstandenen polnischen Staat verspürte. Dieses Phänomen, das verständlich und erklärlich war, hatte jedoch Folgen im gesellschaftspolitischen Leben. Mit der Zeit unterlag diese Situation einer Differenzierung. Die neue Generation, die seit ihrer Geburt im unabhängigen Polen aufwuchs, entwickelte schon ein ganz anderes Verhältnis zu diesem Staat. Auch in der Einstellung der geistigen und wirtschaftlichen Eliten sah die Sachlage vielschichtig und anders aus.

Die Weltwirtschaftskrise der Jahre 1928–1933/34 führte in Polen zu einer bedeutenden Verarmung des schon zuvor ökonomisch benachteiligten polnischen und jüdischen Proletariats, aber auch der polnischen Kleinbauern und des jüdischen Kleinbürgertums. Die bestehenden ökonomischen Probleme wurden von den Zentrums- und Rechtsparteien und Gruppen in ihrem politischen Kampf und ihrer propagandistischen Tätigkeit sowohl gegen das herrschende Piłsudski-Lager, als auch gegen die liberalen und sozialistischen Parteien ausgenutzt. Das Argument der jüdisch-polnischen ökonomischen Konkurrenz wurde in diesen Auseinandersetzungen am häufigsten angeführt und fand bei vielen Menschen Anklang.

Die letzten Jahre vor Ausbruch des Zweiten Weltkrieges, vor allem die Zeit von 1934–1939, die mit Piłsudskis schwerer Krankheit und den Machtkämpfen nach seinem Tode zusammenfiel, brachte Polen zwar eine allmähliche wirtschaftliche Stabilisierung, aber die Beziehungen zu den nationalen Minderheiten verschlechterten sich eher. Dies wurde in den polnisch-ukrainischen und polnisch-weißrussischen Beziehungen deutlich, aber auch im polnisch-jüdischen Verhältnis. Zu den extremen Äußerungen dieser Spannungen gehörten die von Rechtsgruppen an den Hochschulen einiger polnischer Großstädte organisierten antisemitischen Umtriebe und Manifestationen sowie antisemitische Krawalle des Straßenpöbels in einigen Kleinstädten, die mit Vandalismus gegenüber den Menschen und deren Hab und Gut verbunden waren. Am meisten berichtet wurde über die Ausschreitungen in Brest am Bug und in Przytyk.

Diese Ausschreitungen, die weder in ihren Ausmaßen noch in ihren Folgen vergleichbar waren mit dem, was in der Ukraine und in Rußland im 19. und an der Wende zum 20. Jahrhundert geschah, riefen einen erheblichen psychischen Schock bei den Intellektuellen hervor. Sie führten zu Protesten der Professoren, Schriftsteller, Künstler, Politiker und zahlreicher gewichtiger Persönlichkeiten des polnischen öffentlichen Lebens. Sie hatten auch eine Reaktion der Polizei und der Gerichte zur Folge. Wichtig war dabei das Bewußtsein, daß es sich um Straftaten handelte, die von der Staatsgewalt verfolgt wurden. Dennoch reagierte die Regierung nicht immer konsequent genug, obwohl eine bedeutende Mehrheit der Bevölkerung diese Ausschreitungen als äußerst schädlich nicht nur für die Juden, sondern auch für die Polen ansah. Der Ernst der Lage bewog auch die römisch-katholische Kirche zu einer Stellungnahme. Der damalige polnische Primas, Kardinal August Hlond, stellte öffentlich fest, daß die Methoden physischer Gewalt gegenüber den Juden mit den Geboten der christlichen Ethik nicht zu vereinbaren sind.

Es muß klar gesagt werden, daß die Entwicklung faschistischer Bewegungen in Europa nicht ohne Einfluß auf das politische Leben in Polen blieb. Dies drückte sich übrigens nicht nur im Verhältnis zu den nationalen Minderheiten aus. Die Organisation, die dem faschistischen Modell nahestand – das Nationalradikale Lager – wurde zwar schon nach einigen Monaten offener Tätigkeit im Jahre 1934 verboten, wirkte aber konspirativ weiter und propagierte einen faschistischen Umsturz. Viel schwerwiegender wog die Tatsache, daß knapp zwei Jahre nach dem Tode von Józef Piłsudski ein Teil der ihm bis dahin ergebenen Mitstreiter und Mitarbeiter eine politische Organisation unter der Bezeichnung »Lager der Nationalen Einheit« (OZON) gründete, die – wahrscheinlich in demagogischer Konkurrenz zur traditionell antisemitischen Nationalpartei – den ökonomischen Kampf mit der jüdischen Minderheit postulierte und ihre stufenweise Emigration befürwortete. Es ist selbstverständlich schwer zu sagen (denn niemand hat in dieser Richtung Forschungen betrieben), in welchem Maße die von der Parteipropaganda verbreiteten Tendenzen Anklang fanden und wie stark sie von der breiten, aber doch recht differenzierten Öffentlichkeit wörtlich genommen wurden. Es fehlt nicht an Zeugnissen, daß Menschen, die seit Jahrhunderten in festumrissenen, besseren oder schlechteren, aber ziemlich stabilen Strukturen mit den Juden zusammenlebten, ihre Anwesenheit weiterhin als eine selbstverständliche Nachbarschaft betrachteten, als Teil der natürlichen Umgebung. Dennoch darf der Einfluß einer Propaganda nicht unterschätzt werden, die sich einer demagogischen Argumentation bedient und die die Gefühle in einer aktuell schwierigen und sich nicht rasch genug ändernden Lage anspricht, wobei sie einen »Universalschlüssel« anbietet, der angeblich eine Besserung herbeiführen soll. Die unter dem Mantel patriotischer Parolen versteckte Berufung auf niedere Instinkte findet nahezu ausnahmslos irgendeinen Widerhall. Dies läßt sich nicht nur am Beispiel Polens nachweisen. Dennoch kann – wie es scheint – festgestellt werden, daß in Polen keine Tendenzen zu Gewaltlösungen der »Judenfrage« auftauchten und daß solche in der Öffentlichkeit nicht akzeptiert würden.

Im Verlauf der Kriegshandlungen im September 1939 wurde Polen bekanntlich erneut geteilt, wobei ungefähr die Hälfte des Territoriums vom Dritten Reich und die andere Hälfte von der Sowjetunion besetzt wurde. Es befanden sich danach – unter Berücksichtigung der demographischen Daten aus der Vorkriegszeit – 61,2% der polnischen Juden unter der deutschen Besatzung und 38,8% unter der sowjetischen Besatzung (Angaben nach Ludwik Landau). Während der Kriegshandlungen im September 1939 erfolgten jedoch Bevölkerungsverschiebungen von West nach Ost, so daß man annehmen kann, daß zu Beginn der Besatzung die Zahl der Polen und Juden in den östlichen Gebieten etwas höher lag, als dies auf Grund der Vorkriegsstatistik zu erwarten wäre, und umgekehrt ihre Zahl in den westlichen Gebieten niedriger war. In den östlich der – in den deutsch-sowjetischen Verträgen vom August und September 1939 festgelegten – Demarkationslinie gelegenen Gebieten ließ sich die künftige existentielle Bedrohung der jüdischen Volks- und Glaubens-Gemeinschaft in nichts erkennen. Die massenweisen Deportationen der Bevölkerung ins Innere Rußlands betrafen überwiegend Polen, obwohl Repressionen gegenüber jüdischen Funktionären und Politikern aus der Vorkriegszeit sowohl aus den zionistischen Organisationen, als auch aus dem Bund vorkamen.

In der historischen Forschung wurde dieses Kapitel der Besatzungszeit eindeutig ausgespart und harrt noch einer Bearbeitung. Es fehlen auch überprüfbare soziologische und statistische Daten über den Anteil der einzelnen nationalen Gruppen in dem in diesen Gebieten waltenden sowjetischen Administrations- und Repressionsapparat. Die in manchen Berichten und Erinnerungen aufgestellten Behauptungen über eine massenhafte Beteiligung des jüdischen Proletariats an den gegen die Polen gerichteten sowjetischen Aktionen, sollten mit großer Vorsicht betrachtet werden. Es scheint jedoch keinem Zweifel zu unterliegen, daß nach Meinung der aus den östlichen Wojewodschaften stammenden Polen die dort ansässige jüdische Bevölkerung sich nicht gleichermaßen berührt zeigte von der Vernichtung des polnischen Staates und der Tragödie der Besatzung, wie ihre polnischen Nachbarn. Selbstverständlich kann diese Verhaltensweise auf verschiedene Arten erklärt werden: So kann z. B. das russische oder chassidische Kulturerbe eines Teils der in diesen Gebieten lebenden Juden, die zugleich polnische Bürger waren, angeführt werden; eine Rolle mag auch die Erleichterung gespielt haben, daß die nationalsozialistische Macht nicht so weit vorgedrungen ist; vielleicht aber war vor allem die Sympathie für den Kommunismus und die Sowjetunion ausgeprägter, als die für den polnischen Staat mit seinem politischen System der Vorkriegszeit. Es darf aber auch eine bedeutende Evolution im Meinungsbildungsprozeß nicht ausgeschlossen werden, die sich im Laufe der ersten Monate der sowjetischen Besatzung abspielte. Dennoch bleiben die Fakten bestehen, und auf Grund dieser Tatsachen waren viele Polen der Meinung, daß die nationalen Minderheiten in den östlichen Wojewodschaften (Lemberg, Stanisławów, Tarnopol, Wolhynien, Polesien, Nowogródek, Białystok und Wilna) in den antipolnischen Aktionen der damaligen Besatzungsmacht engagiert waren.

Nach dem deutschen Überfall auf die Sowjetunion am 22. Juni 1941 besetzten die Deutschen innerhalb weniger Wochen die östlichen Gebiete Polens, die seit September 1939 unter sowjetischer Besatzung standen. Im Juli 1941 befand sich also ganz Polen, und damit alle polnischen Juden, die nicht in das Innere Rußlands deportiert worden waren oder geflohen sind, unter nationalsozialistischer Herrschaft.

Die in den ersten Monaten der deutschen Besatzung in Polen erlassenen diskriminierenden und repressiven Maßnahmen gegenüber den Juden ließen weder bei den Juden selbst, noch bei den Polen den Verdacht aufkommen, daß sich dahinter eine existentielle Bedrohung der ganzen jüdischen Bevölkerung verbergen könnte. Gleichzeitig führten nämlich die nationalsozialistischen Behörden im besetzten Polen vom Herbst 1939 bis Herbst 1940 systematisch die Liquidierung der polnischen politischen und intellektuellen Eliten durch. Die Deutschen richteten im Spätherbst 1940 (so in Warschau), mancherorts aber, wie z.B. in Krakau, erst Anfang 1941 große Ghettos ein. Hunderttausende Juden wurden darin isoliert. Die Errichtung dieser jüdischen Wohnbezirke (Ghettos) wurde sowohl von den Juden, als auch von den Polen ganz unterschiedlich beurteilt. Einerseits rief dies begründeten Argwohn in bezug auf die deutschen Pläne hervor und moralische Widerstände wegen der fraglichen Zulässigkeit einer Segregation, andererseits aber wurde unter den Juden die Meinung vertreten, daß es, für den Preis der Isolierung, der Anpassung und der Passivität, dem größten Teil der Juden gelingen könnte, den Krieg zu überdauern – zumal 1940 die meisten Juden wie auch Polen davon ausgingen, daß der Krieg nur kurz dauern werde und die Deutschen bald geschlagen seien. Diese Überlegungen haben sicherlich viele Juden in den Ghettos dazu bewogen, in den unter deutscher Aufsicht gebildeten Organen der Pseudoselbstverwaltung in der ehrlichen Überzeugung mitzuarbeiten, daß sie auf diese Weise vielen Menschen helfen und das Überleben der Besatzungszeit ermöglichen könnten.

Der Prozeß der unmittelbaren Exterminierung der Juden setzte im Frühherbst 1941 im Hinterland der Ostfront ein – die mittelbare Exterminierung begann nämlich mit der Schließung der Ghettos und der Errichtung der Arbeitslager. Diese Liquidierungsaktion wurde im Dezember 1941 in Chełmno am Ner (Culmhof) in Angriff genommen und im Laufe des Jahres 1942 in einigen weiteren Vernichtungslagern wie z.B. Treblinka oder Auschwitz fortgesetzt. Dieser methodisch durchgeführte Massenmord an hunderttausenden Männern, Frauen und Kindern erschütterte zutiefst die polnische Öffentlichkeit. Es fühlten sich auch die eher Gleichgültigen, oder den Juden aus welchen Gründen auch immer, unwohl Gesonnenen, betroffen. Ein grundsätzlicher Unterschied bestand und besteht nämlich zwischen einem Gefühl der Gleichgültigkeit und sogar der Abneigung, und der Billigung oder auch nur der moralischen Zulassung eines grauenvollen Leidens und unschuldigen Todes. Präzedenzlos in der Menschheitsgeschichte war schließlich die Skala dieses Massenmordes. Sie war unfaßbar für die bisherige Erfahrungs- und Vorstellungswelt der Menschen und weckte von daher ein Gefühl des tragischen Grauens.

Bereits in den ersten Monaten der deutschen Besatzung bildete sich im Bewußtsein der Polen die Überzeugung von der existentiellen Bedrohung der ganzen polnischen Nation. Diese Überzeugung wurde genährt von der Erfahrung öffentlicher Exekutionen auf den Marktplätzen kleinerer und größerer Städte in Pommern, Großpolen und im Lodzer Bezirk in den Jahren 1939 und 1940, von den massenweisen Erschießungen in Palmiry bei Warschau und in den Wäldern bei Krakau und Tschenstochau, von der Aktion A–B, der Außerordentlichen Befriedungsaktion im Sommer und Herbst 1940, die gegen die polnische Intelligenz gerichtet war, von den berüchtigten Gestapogefängnissen wie z.B. Pawiak in Warschau, Montelupich in Krakau, Fort VII in Posen und schließlich von der Errichtung des Konzentrationslagers in Auschwitz im Juni 1940, in das im ersten Jahr seines Bestehens fast ausschließlich polnische Intellektuelle eingeliefert wurden. Vom Sommer 1941 an wurden auch sowjetische Kriegsgefangene nach Auschwitz gebracht, deren Liquidation beschlossene Sache war. Die Aufmerksamkeit der Polen konzentrierte sich in der Zeit vor der Bildung der Ghettos und in den ersten Monaten ihrer Existenz größtenteils auf die eigenen Erlebnisse und die eigene Bedrohung. Es fehlt an wissenschaftlich überprüften Daten, ob und wenn ja, in welchem Maße in dem in sich geschlossenen Umfeld der Ghettos ein Bewußtsein über die wachsende Intensität des deutschen

Terrors auch gegenüber den Polen, vor allem über die planmäßige Liquidation der Intelligenzschicht, vorhanden war.

Die Lebensbedingungen in den Ghettos, die dort herrschende unbeschreibliche Not, der vor allem die Ärmeren schutzlos ausgeliefert waren, und die Krankheiten, die die physisch Schwächeren vernichteten, waren in Polen bekannt. Nachrichten hierüber wurden in den Lageberichten, die an die polnische Regierung in London gingen, mitberücksichtigt – und zwar schon vor dem bekannten Brief des Bundes an die Londoner Regierung vom 11. Mai 1942. Auch die polnische Untergrundpresse, die einen relativ großen Kreis erreichte, verschloß sich dieser Problematik nicht. Die sich wiederholenden Wellen eines präventiven Terrors, die die polnische Gesellschaft in allen Teilen des Landes in den Jahren 1941–1942 trafen, unter denen aber die Warschauer Bevölkerung in besonders starkem Maße zu leiden hatte, ließ eine gewisse Gewöhnung an dramatisch harte Normen des Alltagslebens aufkommen. Die ständigen Deportationen, die überfüllten Gestapogefängnisse und die systematischen Abtransporte in die verschiedenen Konzentrationslager – diese Abtransporte führten schließlich dazu, daß die Polen unter den Häftlingen der nationalsozialistischen Lager die größte Gruppe stellten – trugen zu einer gewissen Abstumpfung in bezug auf das, was hinter den Ghettomauern geschah, bei.

Die Massenliquidation der Juden in den Jahren 1942–1944 (vor allem aber zwischen Frühjahr 1942 und Herbst 1943) war also eine Erscheinung, auf die niemand vorbereitet war – weder sachlich noch psychisch. Sie überschritt die Vorstellungskraft und überforderte das Reaktionsvermögen. Die zunächst improvisierte und ab Mitte 1942 auch organisierte Hilfe für die Opfer bildete lediglich einen Tropfen im Meer des himmelschreienden Elends. Ungeheuer groß war das Mißverhältnis zwischen dem herrschenden Inferno und den begrenzten Möglichkeiten. Besser als Theoretiker, Polizisten oder Historiker wissen heute über diese Probleme die wenigen Überlebenden Bescheid, sowie diejenigen, die oft vergeblich und nur selten mit Erfolg zu helfen versuchten. Allein die Zeitzeugen erfassen nur das, was sich in ihrem damaligen Gesichtskreis und persönlichen Erfahrungsbereich zutrug. Erst die Summe dieser Erfahrungen kann das Material bilden für historische und soziologische Forschungen. Bei der Inangriffnahme solcher Forschungen müssen die Lebensbedingungen in den besetzten und in den mit dem Dritten Reich verbündeten Ländern (also nicht nur in Deutschland, sondern auch in Frankreich, in Rumänien, Ungarn und Litauen) berücksichtigt werden, sowie die in Polen herrschenden Bestimmungen, also in dem Land, das die Deutschen als Hinrichtungsstätte ausgewählt haben. Tatsache ist, daß die Zahl der in Auschwitz-Birkenau ermordeten Juden die Zahl der nichtjüdischen Opfer dieser grauenvollen Stätte mehr als zehnfach übersteigt. Tatsache ist, daß in speziell von den Deutschen eingerichteten Todeslagern, wie z.B. Treblinka II, Sobibór und Bełżec, ausschließlich Juden ums Leben kamen – polnische Juden und Juden, die aus anderen Ländern hierher gebracht worden sind. Tatsache ist aber auch, daß im damaligen Bewußtsein der Polen das nicht unbegründete Gefühl um sich griff, daß »nach den Juden wir an die Reihe kommen«, wie aus den bei den Nürnberger Kriegsverbrecherprozessen von den Anklägern vorgelegten Dokumenten hervorgeht.

Kein Land der Welt hat in einer der Schwere des Problems adäquaten Weise auf die Note des polnischen Außenministers vom 10. Dezember 1942 an die Regierungen der Mitgliedstaaten der Vereinten Nationen reagiert, in der u.a. festgestellt wird: »(...) Die neuesten Meldungen geben ein erschreckendes Bild von der Situation, in der sich die polnischen Juden befinden. Die im Laufe der letzten Monate angewandten Methoden des Massenmordes bestätigen die Tatsache, daß die deutschen Machthaber die völlige Ausrottung der jüdischen Bevölkerung Polens sowie tausender Juden, die aus West- und Mitteleuropa und aus Deutschland selbst nach Polen deportiert worden waren, systematisch anstreben.

Die polnische Regierung sieht es als ihre Pflicht an, die Regierungen aller zivilisierten Länder über folgende, im Laufe der letzten Monate aus Polen angekommene und beglaubigte Informationen in Kenntnis zu setzen, aus denen allzu deutlich die von den deutschen Stellen angewandten neuen Exterminationsmethoden ersichtlich werden.

(...) Als die Vertreterin der rechtmäßigen Regierung des Landes, in dem die Deutschen eine systematische Extermination polnischer Bürger jüdischer Abstammung und ebensolcher Bürger vieler anderer europäischen Länder durchführen, sieht es die polnische Regierung als ihre Pflicht an, sich in der Überzeugung an die Regierungen der Mitgliedstaaten der Vereinten Nationen zu wenden, daß diese nicht nur ihre Ansicht von der Notwendigkeit der Verurteilung der von den Deutschen begangenen Verbrechen und der Bestrafung der Täter teilen werden, sondern auch von der Unerläßlichkeit *wirksame Mittel zu finden,* die die Deutschen von der weiteren Anwendung der Methoden des Massenmordes abhalten könnten. (...)«

Wirksame Mittel wurden nicht gefunden. Es wurde aber auch nicht sehr danach gesucht. Zu diesem Zeitpunkt lebte noch über die Hälfte der künftigen Opfer.

Im Institut Yad Vashem in Jerusalem befindet sich eine Dokumentation über tausende Polen, die – obwohl existenziell in einer Form bedroht, die Menschen, die selbst nie unter den Bedingungen eines totalitären Systems lebten, nicht erahnen können – den Opfern der Exterminationspolitik halfen. Über viele Menschen, die den Juden erfolgreich oder auch vergeblich zu helfen suchten, gibt es keine Dokumentation und es wird auch keine mehr geben. Ebenenso lückenhaft ist die Dokumentation über die Kriegsverbrechen und über die Verbrechen der Zusammenarbeit mit dem deutschen Besatzer in den verschiedenen Ländern. Obwohl diese Art von Verbrechen sowohl während des Krieges als auch danach in Polen verfolgt wurde, wissen sicherlich weder die Juristen noch die Historiker alles hierüber. Es gibt gegenwärtig keine Möglichkeit, die Motivationen und Erlebnisse der Menschenmassen in den verschiedenen besetzten Ländern (auch in denen, in denen das nationalsozialistische Regime viel mildere Formen annahm, als in Polen), die schlicht Angst hatten und den Krieg irgendwie überleben wollten, wissenschaftlich zu erforschen. Sie haben nichts Böses getan, aber sie haben sich auch nicht zu dem Risiko aufraffen können, irgendjemanden zu retten: weder den eigenen Nachbarn, noch den sich versteckenden Offizier oder den Flüchtling aus einem nationalsozialistischem Gefängnis oder noch weniger einen ganz fremden Menschen, mit dem sie überhaupt nichts verband. Anders konnte es sich verhalten, wenn es um Bekannte und Näherstehende ging.

Auch nach dem Zweiten Weltkrieg wurden Millionen Menschen Opfer von Völkermord – beispielsweise in einigen Ländern Asiens. Die in solchen Fällen zu Tage tretende Ohnmacht der Welt bewirkt Reflexionen, daß die Menschheit in dem Maße versagte und versagt, in dem sie die Entwicklung totalitärer Systeme zuließ und zuläßt. Als Christ bin ich der Meinung, daß auch die christliche Gesellschaft und ihre sozialen und politischen Einrichtungen dann hochgradig versagten, wenn sie es nicht vermochten, beizeiten das Böse zu erkennen, oder wenn sie nicht alles in ihrer Macht Stehende taten, um dies zu verhindern. In der letztendlichen moralischen Konsequenz kann man jedoch annehmen, daß im Augenblick der Probe, vor der sich in den Jahren des Zweiten Weltkrieges angesichts der Judenvernichtung und der Liquidierung hunderttausender Menschen aus anderen Gründen ganze Völker gestellt sahen, nur die nicht versagten und voll ihre Menschlichkeit bewiesen, die selbst die Probe der endgültigen Wahl durchmachten. Viele haben ihre Entscheidung mit dem Leben bezahlt. Keiner von den Lebenden kann von sich sagen, er hätte genügend zur Rettung anderer getan. Aber es sollte keiner, der auf eine solche Probe nicht gestellt war, die anderen aus politischen oder polemischen Gründen pauschal anklagen, daß sie keine Helden waren.

Das jahrhundertelange Leben der jüdischen Gemeinschaft in Polen, das nun ein abgeschlossenes Kapitel sowohl in der jüdischen als auch in der polnischen Geschichte bildet, verlangt nach historischem Gedenken. Hier muß jedoch noch an die Elemente der polnischen Nachkriegswirklichkeit erinnert werden, die nur selten bei der Beurteilung der polnisch-jüdischen Verhältnisse in der letzten Zeit Berücksichtigung finden. Das polnische Volk hatte keine Möglichkeiten, verschiedenartige Zentren der öffentlichen Meinungsbildung zu schaffen. Authentische, demokratische und humanitäre, antichauvinistische und antixenophobische Strömungen, die sich durchaus auch auf die alte, aber in der Tradition festverankerte Idee der Republik vieler Nationen berufen mochten, kamen nicht zum Zuge, weil sie im System einer aufoktroyierten Meinungsgleichheit nicht zum Zuge kommen konnten. Der Abfall der multinationalen Gebiete von Polen und die Ausrufung der »Idee« eines ethnisch einheitlichen Staates als eines glücklichen Zielpunktes und der Voraussetzung für jede weitere Entwicklung – manch andere konfliktträchtige Erscheinungen und Operationen wollen wir nicht mehr erwähnen – trugen in einem gewissen Grad zur Verwischung der Stimmung bei, die in den letzten Kriegs- und ersten Nachkriegsjahren vor allem vom Entsetzen über die Tatsache der Extermination und einem sehr menschlichen Mitgefühl mit den Opfern getragen wurde. Nur unter den Bedingungen eines freien öffentlichen Lebens und einer ungehinderten Konfrontation der Meinungen kann die Erziehung vorurteilsfreier Menschen erfolgreich betrieben werden, die sich weder bei der Selbstverurteilung noch bei der Beurteilung anderer von Stereotypen leiten lassen.

Trotz dieser ungünstigen Bedingungen stieg im letzten Jahrzehnt die Zahl der Polen, die sich ernsthaft für die Geschichte der jüdischen Gemeinschaft in Polen, ihrer Religion, ihrer Sitten und ihrer Kultur, die nicht mehr existiert, interessieren. Immer mehr Aufmerksamkeit wird den Fragen geschenkt, was die Juden im Laufe der Jahrhunderte in ihrem eigenen Kultur- und Kunstkreis geschaffen haben und was sie auf den verschiedenen Gebieten zur Kultur des Landes beigetragen haben, in dem sie zusammen, oder auch nur neben den Polen lebten, das aber viele Generationen lang ihre Heimat war.

Es mag eine Ironie des Schicksals sein, daß sich gerade in den Jahren 1967/68, in denen in der Volksrepublik Polen die vom Regime gesteuerte Abrechnung mit den Juden stattfinden sollte, in der polnischen Öffentlichkeit ein deutlich gestiegenes Interesse an Israel, das mit großem Wohlwollen für seine Bewohner gepaart war, verzeichnen ließ. Die Folge waren in diesem Ausmaß bisher unbekannte Solidaritätsbekundungen in Kreisen der Intellektuellen und der akademischen Jugend nicht nur mit ihren Kolleginnen und Kollegen, sondern mit allen Diffamierten und wegen ihrer oder ihrer Eltern Abstammung oder Religion Schikanierten. Für die nach dem Kriege aufgewachsene Jugend war die ihre Freunde und Kollegen als Fremde und Feinde verleumdende Kampagne ein Schock. Diejenigen aber, die noch den Krieg und die Judenvernichtung aus eigener Erinnerung kannten – zumindest die Bewußteren unter ihnen – sahen darin das Wiedererstehen alter Schreckgespenster und betrachteten diese Kampagne als persönliche Schande, obwohl ja nicht die polnische Gesellschaft Autor dieser Treibjagd war. In diesen Kategorien beurteilten sie den neuen, erzwungenen Exodus der Juden aus Polen. Selbstverständlich gab es viele, die mehr oder minder den propagandistischen Manipulationen erlagen. Die Mehrheit war desorientiert und verhielt sich abwartend – wie stets und überall. Einige Jahre später stießen Vorträge und Publikationen glaubwürdiger Persönlichkeiten über die Geschichte der Juden in Polen oder über die polnisch-jüdischen Beziehungen auf großes Interesse. Solche Vorträge fanden an einigen Universitäten statt und im Rahmen der sog. »Fliegenden Universität«. Der Appell von 21 Persönlichkeiten aus Wissenschaft und Kultur, der im Januar 1981 veröffentlicht wurde und der zur Klärung der näheren Umstände der »antizionistischen« Hetzkampagne von 1968 und zur Wiedergutmachung des zugefügten Unrechts aufrief, fand in der Öffentlichkeit eine breite Zustimmung. Eine ebenfalls sehr positive Aufnahme erfuhr in den Kreisen der die unabhängige öffentliche Meinung in Polen bildenden Eliten der von Michał Borwicz, Józef Lichten, Szymon Wiesenthal, Jan Karski, Jerzy Lerski und Jan Nowak unterzeichnete Appell zu den polnisch-jüdischen Beziehungen, der im September 1983 in der polnischen Monatszeitschrift *Kultura* in Paris erschienen ist und danach auch in verschiedenen anderen Zeitschriften polnisch und englisch publiziert wurde:

Vor vierzig Jahren sind auf einem Dach des umkämpften Warschauer Ghettos Seite an Seite zwei Flaggen gehißt worden. Eine war weißblau, die andere weißrot. Die jüdischen Kämpfer hatten nur noch wenige Stunden zu leben, als sie dem polnischen Volk diese Botschaft sandten: »Wir senden euch aus dem Flammen- und Blutmeer des ermordeten Warschauer Ghettos brüderliche Grüße ... Der Kampf hier geht um unsere und eure Freiheit. Es geht um die menschliche, gesellschaftliche und nationale Ehre und Würde von uns allen ... Lange lebe die Waffenbrüderschaft und die Blutsbrüderschaft des kämpfenden Polen ...«

Dieser Appell war eine tragische, dennoch aber wunderbare Schlußnote für das fast tausend Jahre dauernde Zusammenleben von Juden und Polen auf polnischem Grund.

Vierzig Jahre nach dem Warschauer Ghettoaufstand, dem Kulminationspunkt der größten Tragödie in der Geschichte der Menschheit, empfinden wir, die Unterzeichnenden, es als moralische Pflicht, an die Masada des zwanzigsten Jahrhunderts zu erinnern. Drei von uns waren während des Zweiten Weltkrieges Gesandte des polnischen Untergrundes und der polnischen Exilregierung in London. Zwischen den Grenzen und den Schlachtfeldern wurden wir Augenzeugen der Massenvernichtung der Juden, und zusammen mit Beweismaterial über die Vernichtung trugen wir die Appelle der sterbenden Juden mit uns, die das Gewissen einer indifferenten Weltöffentlichkeit hätten aufbringen sollen. Die drei anderen von uns sind jüdische Aktivisten aus dem Westen, die alle viele Jahre des Kampfes und des Widerstandes hinter sich haben, dem Erbe und der polnischen Judenfreiheit aufs tiefste verbunden sind. Von der jüdischen Bevölkerung in Polen, die vor dem Krieg rund drei Millionen betragen hatte, sind nur einige tausend übriggeblieben. Die jüdischen Quartiere und die Mauern, die von den Nazis um sie herum errichtet worden sind, wurden inzwischen von einem gemeinsamen Feind geschleift. Und dennoch wird heute eine andere Mauer errichtet, die Polen von den Juden trennen soll, und auf beiden Seiten der Mauer verbreiten gegenseitige Ressentiments und eine gewisse Ungerechtigkeit das Gefühl von Feindschaft und Haß.

Haß ist ein Bumerang, der auf jeden zurückfällt, ob es sich um die schwächere oder die stärkere Partei handelt. Haß wurde von Hitler in die Seele Deutschlands gesät. Die unmenschliche Tyrannei der Sowjetunion ist eine Fortsetzung des Hasses. Polen und Juden sind beide Opfer des Hasses geworden.

Haß und tiefe Ressentiments können entstehen, wenn eine ganze Nation oder eine Gemeinschaft kollektiv für die Verbrechen und die Sünden eines einzelnen oder einer Minderheit verantwortlich gemacht wird, wenn alle Angehörigen einer Nation, einer Religion oder Rasse ohne Unterschied deswegen verurteilt werden. Racheerfüllter Haß ist blind für alles Gute, Schöne und Vornehme, das sich in anderen Menschen oder einer anderen Nation manifestiert. Er sieht nur das Schlimme und das Kriminelle.

Die Juden erinnern sich an den polnischen Antisemitismus, der um die Jahrhundertwende besonders ausgeprägt war, und sie vergessen dabei, daß weite Teile der polnischen Liberalen oder der polnischen Intelligenz sowie die polnische Arbeiterbewegung oder führende Köpfe der polnischen Kultur sich dem Antisemitismus entgegengestemmt haben. Stärkste Unterstützung fanden die Juden durch polnische Schriftsteller wie Adam Mickiewicz, Józef Ignacy Krasicki, Bolesław Prus, Eliza Orzeskowa, Maria Konopnicka, Andrzej Strug und andere mehr.

Polnische Antisemiten vergessen gerne – obwohl es nur wenige Fälle von Grausamkeit oder physischem Terror gegeben hat während der Tage der unabhängigen polnischen Republik –, daß sogar Juden, die in der polnischen Sprache und Kultur erzogen worden waren, sich nie als vollwertige Bürger Polens vorkommen konnten. Der Jude mußte nicht nur zur Kenntnis nehmen, daß es an Universitäten eigentliche Ghettos gab, sondern er wurde auch mit Skepsis und Mißtrauen verfolgt, mit Boykott und Diskriminierung belegt. Dafür gab es im polnischen Recht keine Grundlage. Die gängigste Assoziierung von Judentum und Kommunismus stempelte jeden Juden zum potentiellen Landesverräter und Agenten. Die Rolle, die die Juden bei der Kościuszko-Erhebung des Jahres 1794 oder bei den Aufständen der Jahre 1831 und 1863 spielten, wurde vergessen. Dasselbe Schicksal widerfuhr den jüdischen Freiwilligen, die in der polnischen Legion oder in anderen militärischen Verbänden während des Ersten Weltkrieges Seite an Seite mit anderen Polen für ein unabhängiges Polen kämpften. Es brauchte einen brititschen Historiker, Norman Davies, ein großer Freund von Polen, um auf die jüdischen Freiwilligen aufmerksam zu machen, die in den Jahren 1920 bis 1921 im polnisch-russischen Krieg gegen die Bolschewisten kämpfen wollten. Aber sie wurden aus der Armee hinausgeworfen und in Internierungslager gesteckt. Erinnert sich überhaupt jemand daran, daß der berühmte Abschnitt des Petersburger Manifestes vom 27. März 1917, in welchem der Arbeiter- und Sodatenrat die »völlige Unabhängigkeit Polens« verlangte, nicht von den Russen, sondern von einem polnischen Juden stammt, nämlich von Henryk Ehrlich, dem Vorsitzenden des Bunds, der Sozialistischen Partei? Kommunistische Propagandisten machen um diesen Paragraphen viel Aufhebens, aber sie erwähnen dabei nicht, daß Ehrlich während des Zweiten Weltkrieges auf Stalins Befehl hin exekutiert wurde.

Die Juden anderseits machen die gesamte polnische Nation für die Handlungen der Szmalcowniks verantwortlich, für kriminelle Elemente, die es in allen besetzten Gebieten gab und die Juden an die Nazimörder auslieferten. Ressentiments ließen sie vergessen, daß die meisten Juden, die außerhalb der Konzentrationslager den Holocaust überlebten, ihre Rettung dem Heldentum von Polen verdankten, die damit ihr eigenes und das Leben ihrer Familien riskierten. Sie vergessen dabei, daß eine unvollständige Liste 621 Familien umfaßt, die ermordet wurden, weil sie Juden versteckt hielten. Sie vergessen auch, daß die Ehrenbücher in Yad Vashem in Israel am meisten polnische Namen tragen und daß eine Anzahl von polnischen Untergrundkämpfern bei der Hilfe für die Kämpfer im Warschauer Ghetto getötet wurde. Ressentiments verführen auch manchen jüdischen Autor, die Tätigkeit des Rates für Judenhilfe im polnischen Untergrund zu vernachlässigen oder zu unterschätzen. Das gleiche gilt für die Anstrengungen der polnischen Behörden im besetzten Polen oder für die Exilregierung in London, die alles in ihrer Macht Stehende unternahmen, um die westlichen Regierungen und die Weltöffentlichkeit auf das Schicksal der sterbenden Juden aufmerksam zu machen. Die Polen fühlen sich völlig mißverstanden, wenn sie für Massenmorde verantwortlich gemacht werden, deren Opfer auch sie selber waren. Und die Juden werden auf eine ähnliche Art und Weise verletzt, wenn man sie für Untaten der stalinistischen Polizei verantwortlich macht, bloß weil einige hohe Stellen in der Terrormaschinerie dieser Partei von Juden gehalten wurden. Derweil wird von den Polen jüdischer Abstammung keine Kenntnis genommen, die seit 1956 in vorderster Front der Freiheitsbewegung stehen.

Es ist Zeit, das Gespenst des gegenseitigen Mißtrauens abzulegen. Es ist für Polen und Juden gleichermaßen schmerzlich – und vor allem schmerzt es jene polnischen Patrioten, die ob ihrer Loyalität zu Polen den jüdischen Wurzeln treu geblieben sind. Die gegenseitige Diskriminierung dient keinem vernünftigen Zweck. Menschen guten Willens, Polen und Juden, möchten einen fruchtbaren Dialog des gegenseitigen Verständnisses aufbauen. Mögen wir diesen Dialog schaffen, um Einendes zwischen Polen und Juden zu finden.

Gemeinsam ist vorab die Überzeugung, daß niemals mehr ein Versuch zur totalen physischen Ausrottung einer Nation unternommen werden darf. Unglücklicherweise leben sowohl Polen als auch Juden mit diesem Damoklesschwert über sich. Die geographische Lage Polens macht es durch die sowjetische Expansion gefährdet. Und der Staat Israel ist von arabischen Staaten umgeben, die danach trachten, den nach zweitausend Jahren so wunderbar wiedererstandenen jungen Staat zu vernichten. Nur die Polen, die Augenzeugen des Holocaust und selber Opfer des Naziterrors, können die quälenden Sorgen der jüdischen Überlebenden völlig verstehen, die in das versprochene Land zurückgekehrt sind. Eine große Zahl israelischer Bürger stammt aus Polen. Es gibt eine Zeitung, die auf polnisch erscheint. *Kultura*, die polnische Monatszeitschrift, die in Frankreich erscheint, wird wie andere polnische Zeitschriften in Israel häufiger gelesen. Polnische Musik- und Theatervorstellungen werden vor allem von den älteren israelischen Bürgern sehr geschätzt, die damit nostalgische Erinnerungen an das Land ihrer Jugend verbinden, das in der ›Kleinen Stadt von Belz‹ in einem jüdischen Lied verewigt ist. Jede Geste oder jedes Zeichen der Solidarität durch die Polen zu Hause oder in der Fremde für das Schicksal Israels würde mehr zur polnisch-jüdischen Aussöhnung beitragen als unzählige Bände selbstanklägerischer Literatur.

Die Polen und die Juden teilen sich das Unglück, in der Sowjetunion zu den meist verfolgten Minderheiten zu gehören. Beide sind das Opfer von Diskriminierung und Ungerechtigkeit. Wenn die jüdische Diaspora ihren nicht zu unterschätzenden Einfluß in den westlichen Demokratien bezüglich der Ausreiserechte von russischen Juden auch auf andere Minderheiten des Sowjetreiches, die in ihre Heimat zurückkehren wollen, ausdehnen könnte, würde das in Polen sicherlich hoch geschätzt. Wenn wir Polen und Juden näherbringen wollen, so sind wir uns der Risiken voll bewußt, die von Extremisten beider Seiten ausgehen. Aber wir werden von unserem Vorhaben nicht abweichen, weil wir von der Idee der Brüderschaft zwischen Menschen aller Herkunft, aller Nationalitäten, Religionen, Farben oder Rassen überzeugt sind. Wir entsprechen damit den Zehn Geboten, der Quelle unserer Religion und unserer höchsten Werte der Zivilisation. Wir sind überzeugt davon, daß wir auf diese Weise den Polen und Juden am besten dienen.

Unterzeichnet:
Michał Borwicz, Jan Karski, Józef Lichten, Jerzy Lerski, Szymon Wiesenthal, Jan Nowak.

Freiburger Rundbrief.
Beiträge zur christlich-jüdischen Begegnung, Jg. 35/36 – 1983/84, S. 36–37

Schon in den Herbst- und Wintermonaten 1939/40 fielen die Warschauer Juden zahlreichen Diskriminierungsmaßnahmen der Besatzer zum Opfer, die im Laufe der Zeit immer brutaler wurden. Schon damals wurden zahlreiche Menschen, vor allem Vertreter der jüdischen Intelligenz, verhaftet, bei Massenhinrichtungen erschossen oder in Konzentrationslager verschleppt.

Einen Wendepunkt in der Lage der jüdischen Bevölkerung von Warschau bildete die Schaffung eines »geschlossenen Juden-Wohnbezirks«, des Ghettos. Aufgrund einer Verordnung des Distriktgouverneurs Ludwig Fischer vom 2. Oktober 1940 wurden alle Personen, die im Sinne der nazistischen Nürnberger Gesetze als Juden galten, in dieses Ghetto umgesiedelt. Das Ghetto zählte schon in seinen Anfängen 400 000 Einwohner. Es wurde vom Rest der Stadt durch eine drei Meter hohe Mauer getrennt und am 15. November 1940 von der Außenwelt völlig abgeschnitten. In den darauffolgenden Jahren wurde das Gebiet des Ghettos mehrmals verringert, und die Lebensbedingungen seiner Bewohner wurden systematisch verschlechtert. Angesichts des unablässigen Zustroms der zwangsweise aus den Kleinstädten und Siedlungen des Distrikts nach Warschau umgesiedelten Juden stieg die Zahl der im Ghetto lebenden jüdischen Bevölkerung auf mindestens 460 000 an. Nur wenige Prozente der Bevölkerung des Ghettos hatten irgendeine ständige Beschäftigung. Der Mangel an Erwerbsquellen in diesem vom Rest der Stadt hermetisch abgeriegelten Stadtteil, die Lebensmittelknappheit und die unmenschlichen Wohnbedingungen – bis zu 20 Personen in einer Stube – hatten eine allgemeine Auszehrung zur Folge und beschworen die Gefahr von Epidemien herauf. Es ist daher nicht verwunderlich, daß die Sterblichkeit im Ghetto in einem schrecklichen Ausmaß zunahm und im Sommer 1941 einen Stand von 5500 bis 5560 Todesfällen pro Monat erreichte, während noch im Januar 1941 die Sterblichkeit kaum 900 Menschen im Monat überstieg. Im Verlauf des dreieinhalbjährigen Bestehens des Ghettos, vom November 1939 bis zum April 1943, starben hier infolge von Hunger und ansteckenden Krankheiten, vor allem Typhus, ca. 100 000 Menschen.

Auf der »arischen« Seite der Mauer lebten in der polnischen

Gemeinschaft illegal einige tausend, ja vielleicht mehr als zehntausend Juden, die neuer Tauf- und Geburtsurkunden, auf »arische« Namen lautende gefälschte Arbeits- und Kennkarten, eines Daches über dem Kopf und oft auch finanzieller Hilfe bedurften. Meine erste Berührung mit dem Problem der Hilfeleistung an die im Untergrund Lebenden (es war dies in den Wintermonaten 1941/42) betraf gerade die Beschaffung von Dokumenten für Leute, die ich nicht persönlich, sondern nur von einem Photo kannte, welches auf diese Dokumente geklebt wurde. Die wichtigste Quelle der kostenlosen Beschaffung von Dokumenten war damals für mich mein gleichaltriger Freund, der in einer illegalen Zelle arbeitete, die sich mit der Herstellung von gefälschten Papieren für eine Gruppe der Organisation, Heimatarmee, beschäftigte. Mit der Versorgung der Juden, die sich inner- und außerhalb von Warschau versteckt hielten, und mit gefälschten Dokumenten beschäftigten sich übrigens damals viele Angehörige der verschiedenen Untergrundorganisationen sowie auch katholische Geistliche. Mitte 1942 kam ich mit zwei im Polen der Vorkriegsperiode geschätzten Damen in Berührung, die in ganz verschiedenen ideologisch-politischen Bereichen tätig waren: Die eine von ihnen, Zofia Kossak, war eine in Europa bekannte katholische Schriftstellerin, die seit Anfang der Naziokkupation illegal in Warschau lebte und wegen ihrer antinazistischen Einstellung vor dem Kriege von der Gestapo gesucht wurde; die zweite, Wanda Krahelska-Filipowicz, stand während ihrer Studentenjahre sozialistischen Kreisen nahe und verübte als junge Studentin vor dem Ersten Weltkrieg das berühmte Bombenattentat auf den russischen Statthalter von Warschau, General Skallon.

Die beiden führten schon seit vielen Monaten eine geheime Rettungsaktion für die Flüchtlinge aus den Ghettos, vor allem für Frauen und Kinder, durch, die in der Bereitstellung von materiellen Mitteln, Dokumenten und Unterkünften bestand. Ihr großer Bekanntenkreis und ihre soziale Autorität waren ihnen dabei von großem Nutzen. Sie widmeten sich mit großer Hingabe und ganzem Herzen der Sache und begrüßten mit Freude jeden Menschen, der das Risiko wagte, an dieser Aktion mitzuwirken. Ich traf mit Zofia Kossak sofort ein Übereinkommen und wirkte seither oftmals als Verbindungsmann zwischen ihr und verschiedenen Personen, sowohl Polen als auch Juden, mit denen sie zusammenarbeitete; ich übermittelte Dokumente und Geld und nötigenfalls Warnungen.

Durch Vermittlung von Ewa Raabe-Wąsowicz, einer Jüdin, die auf der »arischen« Seite lebte, lernte ich unter anderen Leon Feiner kennen, Doktor der Rechtswissenschaften und Mitglied der Leitung des jüdischen Arbeiterverbandes ›Bund‹; mit ihm verband mich später eine nahezu zwei Jahre währende Zusammenarbeit. Die Organisierung von Hilfeleistungen beschäftigte mich von Monat zu Monat mehr und wurde bald zu einer meiner Hauptbeschäftigungen.

Die Aktion zur Liquidierung von Ghettos, die in Zentralpolen im Jahre 1942 begann, stellte eine Maßnahme dar, die die Menschen guten Willens ganz besonders zum Protest und Widerstand herausforderte. In den Morgenstunden des 22. Juli 1942 übermittelte der Beauftragte für Umsiedlung dem Judenrat die Auflagen für die Umsiedlung nach dem Osten aller in Warschau lebenden Juden ohne Rücksicht auf Alter und Geschlecht. Der Vorsitzende des Judenrates, Adam Czerniakow, verübte am 23. Juli 1942 deshalb Selbstmord aus Protest.

Die Aktion dauerte etwa acht Wochen. In dieser Zeit wurden über 310000 Männer, Frauen und Kinder aus dem Warschauer Ghetto in das Todeslager Treblinka eingeliefert, sofern man den pedantischen Berichten der nazistischen Polizei Glauben schenken kann. In den Straßen der Ghettos wurden während der Dauer der Umsiedlungsaktion, die in Wirklichkeit eine Mordaktion war, 5961 Menschen erschossen. Sie, meist Greise und Kranke, waren den Befehlen nicht schnell genug nachgekommen. Die Ereignisse im Ghetto machten in der Stadt einen erschütternden Eindruck. In der Untergrundpresse wurden zahlreiche Weisungen veröffentlicht, den Flüchtlingen aus dem Ghetto zu Hilfe zu eilen. Auch katholische Kreise haben damals eindeutig Stellung genommen, und gerade die Schriftstellerin Zofia Kossak war es, die geschrieben hat: »... Die Welt schaut auf dieses Verbrechen, das schrecklicher ist als alles, was die Geschichte bisher erlebt hat, und – schweigt.«

Ende September 1942 wurde auf Initiative von Zofia Kossak und Wanda Krahelska-Filipowicz das sogenannte »Provisorische Konrad-Żegota-Komitee« (eine Tarnbezeichnung) gegründet, das die von mutigen Einzelpersonen begonnene Aktion organisieren, fortsetzen und erweitern sollte. In den ersten Wochen seiner Tätigkeit erfaßte das Komitee mit seinen Hilfeleistungen rund 120 Kinder. Etwa die Hälfte von ihnen hielt sich in Warschau versteckt, eine kleine Zahl befand sich in Krakau, der Rest in Kielce, Radom, Lublin, Białystok und Brest-Litowsk. Ihnen wurde mit Geld, Dokumenten, Bereitstellung von Quartieren und sogar mit Beschaffung legaler Arbeit geholfen. Trotz des außerordentlich großen Arbeitsaufwands und des enormen Risikos, das die Mitarbeiter des Komitees auf sich nahmen, stellte deren Tätigkeit anfänglich bloß den sprichwörtlichen Tropfen im Meer dar.

Im Dezember 1942 konstituierte sich die neue Organisation formell unter dem Namen »Hilfsrat für Juden« (Rada Pomocy Żydom). Für den laufenden Gebrauch wurde gleichzeitig der Deckname ›Żegota‹ angenommen, um in der Korrespondenz und den Gesprächen das gefahrenbringende Wort »Juden« zu vermeiden.

Das historische Datum, Dezember 1942, stellte den Beginn der Zusammenarbeit der Polen und Juden dar, zum Zweck der Rettung einer möglichst großen Zahl von Menschen vor dem über das ganze jüdische Volk vom nationalsozialistischen Deutschland verhängten Todesurteil. Die bemerkenswerte Entwicklung des Hilfsrates für die Juden in den nachfolgenden Kriegsjahren, die Teilnahme von neuen politischen Gruppen, die Schaffung von reibungslos arbeitenden Zweigstellen in Krakau und Lemberg sind Vorfälle, die einer besonderen Würdigung bedürfen. Ebenso verdient der gelungene Versuch, Beweismaterial für das Schwarzbuch über die ungeheuerliche Aktion der Ausrottung der Juden in Polen und für die Alarmierung der Weltmeinung im Herbst 1942 von Polen nach dem Westen zu übermitteln, gesonderte Aufmerksamkeit. Den Versuch unternahmen Arbeiter der Untergrundbewegung in Warschau, die der Gruppe jener Funktionäre, die den Hilfsrat geschaffen haben, nahestanden.

In der zweiten Hälfte des Jahres 1942 hatte sich bei den bis dahin geretteten und in geschlossenen Wohngebieten zusammengedrängten Juden deutlich der Entschluß abgezeichnet, im Fall von weiteren Mordaktionen den Nazis Widerstand zu leisten. Die bereits im Sommer 1942 im Warschauer Ghetto bestehende Untergrundkampforganisation wurde mit Unterstützung von Menschen verschiedener Weltanschauung, des rechten und linken Flügels der Zionisten sowie des ›Bund‹, umgestaltet. Am 2. Dezember 1942 nahm diese Organisation den offiziellen Namen Jüdische Kampforganisation (ZOB) an, unter welchem sie später ruhmvoll in die Geschichte der europäischen Widerstandsbewegung einging.

Seit Anfang 1943 hatte ich zwei Funktionen: die Tätigkeit eines Mitgliedes des Rates, der alle sozialen Organisationen in sich vereinigte, und die Obliegenheiten des Stellvertreters des Repräsentanten der polnischen Regierung für jüdische Fragen. Dies änderte aber nicht viel an meinen Beziehungen zu den Menschen; ich traf weiterhin die Vertreter der polnischen Untergrundbewegung und der Geheimorganisationen, die mit ihr zusammenwirkten. Von diesem Zeitpunkt bis zum Ausbruch des Warschauer Aufstandes gingen durch die Untergrundzelle, in der ich arbeitete, sämtliche Funksprüche und Berichte der jüdischen Untergrundbewegung nach England, den Vereinigten Staaten und nach Palästina, an die Funktionäre des Jüdischen Weltkongresses, an die Zionistische Weltorganisation und an den ›Bund‹ in der freien Welt sowie auch die Geldbeträge, die von diesen Organisationen für die Juden in Polen überwiesen wurden.

Besonders schwierig gestaltete sich das Problem der Betreuung von Waisen und Kindern, die von ihren Eltern getrennt worden waren. Sowohl der Hilfsrat als auch die jüdischen Untergrundorganisationen schenkten dieser Frage besondere Beachtung. Die Kinder wurden individuell bei willigen polnischen Familien oder in Gruppen in den verschiedensten Heimen, Spitälern, Waisenhäusern und den noch vorhandenen städtischen oder karitativen Institutionen ähnlicher Art untergebracht. Eine große Rolle bei der Lösung dieser Frage spielten die katholischen Nonnenklöster, vor allem die Ursulinerinnen, Franziskanerinnen, Karmeliterinnen und Servitinnen. Tatkräftige Hilfe kam auch von den Angestellten der unter Selbstverwaltung stehenden polnischen sozialen Institutionen, die in zahlreichen Fällen schon vor dem Kriege der sozialdemokratischen Bewegung nahestanden.

Im Winter 1942/43 machten wir in einer Versammlung des Hilfsrates für Juden den Vertretern der Untergrundbewegung einen Vorschlag zur Rettung der Ghettos. Wir schlugen vor, auf der »arischen« Seite unter der polnischen Bevölkerung Verstekke für die noch am Leben verbliebenen, in kultureller, intellektueller und sozialer Hinsicht aktiv wirkenden Menschen und für die Kinder ausfindig zu machen. Die Jüdische Kampforganisation und die mit ihr verbundenen politischen Faktoren der Untergrundbewegung der Ghettos setzten sich mit diesem Vorschlag auseinander und gaben eine negative Antwort, wobei sie den Standpunkt vertraten, daß sämtliche erwachsene Bewohner des Ghettos an der Selbstverteidigung und am Kampf teilnehmen sollten.

Sie beschlossen, daß nur Kinder und jene Einzelpersonen, die mit Rücksicht auf ihr Alter oder auf ihren Gesundheitszustand bei der Organisierung des Ghettos von keinem Nutzen sein würden, gerettet werden sollten. Diese Haltung unserer Freunde von jenseits der Mauer erweckte in uns die größte Hochachtung, wenngleich gegen sie sicherlich Einwände erhoben werden konnten. In ebendiesem Zusammenhang hielt ich es wiederholt für richtig, sowohl während des Krieges als auch nach dessen Ende Menschen, die das Problem des Aufstandes des Warschauer Ghettos nicht näher kannten, darauf aufmerksam zu machen, daß man diesen monatelang systematisch vorbereiteten Kampf nicht als einen Akt der Verzweiflung betrachten konnte, der in Ermangelung eines anderen Ausweges gewählt wurde. Im Gegenteil sogar: Die wichtigsten Organisatoren und Führer des Ghettoaufstandes waren Menschen, die jede Möglichkeit hatten, ihr eigenes Leben zu retten, die über sichere Kontakte mit der polnischen Untergrundbewegung verfügten und die besten Aussichten hatten, unter der polnischen Bevölkerung den Krieg zu überleben. Die Führer der damaligen jüdischen Widerstandsbewegung in Warschau faßten den Entschluß eines bewaffneten Kampfes vor allem aus ideellen Rücksichten und bereiteten ihre Schicksalsgenossen in moralischer Hinsicht darauf vor. Anfang April 1943 sandten die Organisationen Hechaluz und Haschomer durch unsere Vermittlung ein Radiogramm folgenden Inhalts nach Tel Aviv: »Die am Leben gebliebenen Anhänger kämpfen um die Ehre des überlebenden Judentums in Polen.«

Der Frühling des Jahres 1943 kam früh, die Apriltage waren freundlich und im allgemeinen warm, auf den Straßen Warschaus herrschte ein verhältnismäßig starker Verkehr. Die christlichen Osterfeiertage standen vor der Tür, ebenso das Peschfest. Am Palmsonntag, den 18. April 1943, verbreiteten sich in Warschau Gerüchte, daß in den nächsten Stunden irgendeine große Polizeiaktion im Ghetto erfolgen solle, worauf u. a. eine bedeutende Konzentrierung von kollaborierenden ukrainisch-lettischen Hilfsabteilungen in der Stadt hindeutete. Am Abend, kurz vor der für die Polen verpflichtenden Polizeistunde, ging ich in der Nähe der Ghettomauer und bemerkte dort selbst eine verstärkte Bewegung der Polizeipatrouillen. Diese wurde auch sofort von den wachsamen Erkundungstrupps der Jüdischen

Kampforganisation im Ghetto selbst wahrgenommen. Die von ihnen alarmierten Kampfgruppen bezogen noch in der Nacht ihre Stellungen, und der Großteil der Zivilbevölkerung versteckte sich in den Kellern.

Nach einigen Stunden, im Morgengrauen des 19. April – am Tage des 14. Nissan, Erew Pessach –, rückten 850 SS-Männer und 16 Offiziere der Waffen-SS unter Bedeckung von Tanks und zwei Panzerwagen in das Ghetto und bewegten sich durch die Nalewkistraße – die Hauptschlagader des jüdischen »Wohnbezirks« – in Richtung zum Zentrum des Ghettos. Schon nach Zurücklegung von einigen hundert Metern begegneten sie einem unerwarteten Widerstand: Die Jugendlichen der Jüdischen Kampforganisation warfen Handgranaten und Zündflaschen aus den Fenstern der umliegenden Häuser. Einer der Tanks wurde getroffen und ging in Flammen auf; auf der Straße fielen zwölf Nazis, und die SS-Kolonne zog sich eiligst aus dem Ghetto zurück. Nach zwei Stunden nahmen die Deutschen die Kampfaktion wieder auf, diesmal mit größerer Vorsicht und größerem Kräfteeinsatz. Das Kommando übernahm der Generalmajor der Polizei, SS-Brigadeführer Jürgen Stroop.

Am Morgen des 19. April, unmittelbar nachdem ich meine Wohnung verlassen hatte, erfuhr ich von Straßenbahnern von dem Kampf im Ghetto. In der Stadt zirkulierten bereits Gerüchte über von den Juden zerstörte Tanks, und man sprach mit der größten Genugtuung laut über die Verluste, die den Deutschen von den Verteidigern des Ghettos zugefügt wurden. Ich begab mich sofort in ein Lokal der Untergrundbewegung, das der Sitz des Jüdischen Referats der Delegatur der polnischen Exilregierung war und als einer der ständigen Plätze für unsere Zusammenkünfte mit den Mitarbeitern der jüdischen Untergrundbewegung diente.

Zufälligerweise befand sich gerade dieses Lokal in einer Entfernung von einigen hundert Metern von der drei Meter hohen Mauer des Ghettos nächst der Bonifraterskastraße. Das Ghetto hallte wider vom lärmenden Geknatter der Maschinengewehre, und von Zeit zu Zeit erfolgten laute Explosionen. In der Nähe der Mauer hielten sich in dichten Reihen die SS-Männer, die Polizei und die Hilfstruppen der litauisch-lettischen Kollaborateure auf. Alle Augenblicke fuhren Tanks und Autos mit Nachschub für die Nazis vorüber, während die deutschen Ambulanzwagen in die entgegengesetzte Richtung fuhren. Immer wieder hörten wir neue Detonationen. Diese stammten von einer Batterie der leichten Artillerie der Wehrmacht, die auf einem Platz in der Nähe des Ghettos Aufstellung genommen hatte und in einer nach allen Regeln der Kriegskunst geführten Aktion gegen die Aufständischen eingesetzt wurde.

Am Abend unternahm eine etwa zwanzigköpfige Abteilung polnischer Soldaten der Heimatarmee – auf Anordnung des Kommandos des Warschauer Kreises der Heimatarmee – einen Angriff auf die Ghettomauer und versuchte, diese mit Expolsivstoff zu sprengen. Diese Abteilung stand unter dem Kommando von Pionierhauptmann Józef Pszenny. An der Mauer entbrannte ein erbitterter Kampf zwischen der kleinen Gruppe mit Maschinenpistolen und Granaten bewaffneter Polen und den vielfach stärkeren Formationen der SS und der Polizei. Das Ergebnis war unschwer vorauszusehen: Es wurden zwar einige deutsche Polizisten getötet und die Mauer beschädigt, aber zwei Soldaten der polnischen Untergrundbewegung fielen im Kampf, vier wurden schwer verletzt, und der Rest mußte sich zurückziehen. Die erste polnische Kampfhandlung an der Ghettomauer hatte also eher moralische als militärische Bedeutung.

Am 13. Mai 1943 nahm sich Szmul Zygielbojm, Funktionär des ›Bundes‹ und ehemaliger Stadtrat von Warschau, in der Emigration in London das Leben, um auf diese tragische Weise gegen das Schweigen und die Untätigkeit der Welt gegenüber Naziverbrechen in Polen zu protestieren. Zu diesem Zeitpunkt hatte der hoffnungslose Kampf im Warschauer Ghetto schon sein Ende erreicht.

Am 16. Mai 1943 meldete General Jürgen Stroop telegrafisch General Krüger in Krakau: »... *Das ehemalige jüdische Wohnviertel Warschaus besteht nicht mehr.* Mit der Sprengung der Warschauer Synagoge wurde die Großaktion um 20.15 Uhr beendet! ...! Gesamtzahl der erfaßten und nachweislich vernichteten Juden beträgt insgesamt 56065.«

## Der Hilfsrat für Juden in Warschau
(Ein kaum bekanntes Kapitel in der Geschichte des polnischen Untergrundes)

Die Exterminierung der jüdischen Bevölkerung realisierten die nationalsozialistischen Machthaber im besetzten Polen etappenweise und in einer Art, daß bis 1942 weder den Juden noch den Polen die endgültigen Ziele der hitlerschen Politik voll bewußt wurden. Einen entscheidenden Schritt stellte die Schaffung der Ghettos, also der »geschlossenen jüdischen Wohnbezirke« dar. Die Aktion wurde, wie aus den mittlerweile bekannten deutschen Dokumenten hervorgeht, bereits seit den ersten Wochen der Besatzung vorbereitet und fand ihren offiziellen Ausdruck in Form von Verordnungen über die Bildung von Ghettos: am 8. Februar 1940 in Lodz, am 2. Oktober 1940 in Warschau, am 3. März 1941 in Krakau usw.

Im Herbst 1940 wurde eine Reihe von Verordnungen erlassen, die der jüdischen Bevölkerung das Verlassen der ihr zugewiesenen Wohnbezirke unter Todesstrafe verboten. Zugleich wurde aber damit begonnen die Ghettos räumlich zu verkleinern. Die Verordnung des Generalgouverneurs Frank vom 15. Oktober 1941 stellte in § 4b eindeutig fest:

»Juden, die den ihnen zugewiesenen Wohnbezirk unbefugt verlassen, werden mit dem Tode bestraft. Die gleiche Strafe trifft Personen, die solchen Juden wissentlich Unterschlupf gewähren.«

Bald darauf waren in verschiedenen Ortschaften Bekanntmachungen zu finden über Exekutionen, die an Juden vollstreckt wurden, weil sie das Ghetto verlassen hatten oder zu verlassen suchten.

Selbstverständlich war die moralische und materielle Situation der Juden im Generalgouvernement nicht einheitlich. Der Intelligenz und dem assimilierten Teil der Bürgerschaft, die berufliche und gesellschaftliche Kontakte zu Polen hatten, eröffneten sich zwar keine großen, aber doch gewisse Möglichkeiten zur Rettung. Unvergleichlich geringer waren dagegen die Chancen der zahllosen armen Juden und der Orthodoxen, die sich seit Jahren bewußt von der nichtjüdischen Umgebung isolierten. Nach Errichtung der geschlossenen jüdischen Wohnbezirke konnte sich deshalb nur ein kleiner Teil der zur Isolation verurteilten Juden diesen nationalsozialistischen Anordnungen widersetzen und das Risiko auf sich nehmen, sich unter den Polen zu verstecken.

Die polnische Untergrundpresse informierte bereits in den Jahren 1940 und 1941 über die unmenschlichen Lebensbedingungen im Warschauer Ghetto, über die fortschreitende Umsiedlungsaktion aus den Kleinstädten und über die grauenvolle Lage der in Arbeitslagern eingeschlossenen Juden. Am 6. März 1941 warnte das *Informationsbulletin* kategorisch davor »auch nur den Anschein einer Zusammenarbeit bei den von den Deutschen geführten antijüdischen Aktionen zu erwecken«.

Unterdessen begannen in Warschau, Krakau und in anderen Städten des Generalgouvernements erschreckende Meldungen über die Exterminierung der Juden im Lager Culmhof im November und Dezember 1940 einzutreffen, sowie über die blutigen Ereignisse in den 1941 von den Deutschen frisch besetzten Gebieten: in Wilna, Słonim, Baranowicze und anderen Städten im Osten. Diese Nachrichten gab die polnische Untergrundpresse bekannt, aber das Gros der jüdischen Bevölkerung wollte dem keinen Glauben schenken.

In den Ghettos griffen Hunger und Seuchen um sich. Allgegenwärtig war der Tod aus Elend und Erschöpfung. Von Kindern betriebene Bettelei und Schmuggel gehörten zum Alltagsbild. Immer krasser zeichneten sich die materiellen Disproportionen ab. Die Übergriffe und der Übereifer der Ghettopolizei wurden schmerzlich empfunden. Im Judenrat saßen neben Konservativen und sogar Menschen guten Willens, deren einziger politischer Fehler darin bestand, daß sie der Besatzungsmacht Vertrauen schenkten, auch gehorsame Vollstrecker nationalsozialistischer Bestimmungen. Die Tätigkeit der aus eigenen Reihen hervorgehenden Konfidenten, käuflichen Seelen und Verräter war in der kleinen, geschlossenen Gesellschaft der Ghettos viel empfindlicher zu spüren, als auf der anderen, der sog. arischen Seite der Mauer.

Seit Beginn der Okkupation gab es individuelle Hilfe, die mit wachsender Not immer umfangreicher wurde, für die sich außerhalb der geschlossenen Wohnbezirke verbergenden Juden, und materielle Unterstützung für die in den Ghettos oder Lagern Eingesperrten. Die Untergrundpresse des »Verbandes für den bewaffneten Kampf« (der späteren AK, also der Heimatarmee), sowie katholische und sozialistische Periodika und Zeitschriften der Demokratischen Partei riefen systematisch zu Hilfeleistungen für die Verfolgten auf und informierten ziemlich genau über die sich ausbreitende Tragödie der Juden in den Ghettos. Selbstverständlich beschränkte sich die Reichweite der Untergrundpresse wie auch jede Art von Einflußnahme über Geheimorganisationen naturgemäß auf die bewußt patriotischen Kreise. Die aus den Ghettos dringenden Nachrichten, die in der Untergrundpresse publiziert wurden, und die Berichte polnischer Augenzeugen, die von Mund zu Mund gingen, erzeugten ein Gefühl des Grauens und der Sympathie für die Verfolgten. So wurden auch in Kreisen mit eher antisemitischer Einstellung Stimmen der Empörung laut und es fehlte nicht an aktiver Hilfestellung für die Ghettoflüchtlinge.

In den Sommermonaten 1942 veränderte sich die Lage der millionenstarken jüdischen Gemeinschaft auf polnischem Boden nachhaltig. Die Besatzungsbehörden machten sich zu diesem Zeitpunkt an die planmäßige und vollständige Liquidierung der Ghettos in den verschiedenen Städten des Generalgouvernements, wobei sie deren Bewohner zwangsweise in die Todeslager evakuierten. Am 22. Juli 1942 wurde mit der ersten großen Exterminationsaktion im Warschauer Ghetto begonnen, bei der 310000 Menschen den Tod fanden – viele sofort an Ort und Stelle, die meisten aber nach ihrer Deportation im Todeslager Treblinka. Die Aktion verlief ohne Widerstand der völlig terrorisierten Ghettobevölkerung. Eine unrühmliche Rolle als willfähriges Werkzeug der Deutschen spielte dabei die jüdische Ghettopolizei, die täglich die geforderten »Kontingente« zum Umschlagplatz an die Eisenbahnrampe brachte.

Einige im jüdischen Untergrund – der bereits seit längerer Zeit im Warschauer Ghetto bestand – aktive Männer erwogen die Möglichkeit, bewaffneten Widerstand gegen diese Umsiedlungsaktion zu leisten, da sie sich voll der Tatsache bewußt waren, daß es sich hierbei in Wirklichkeit um eine Aktion zur Vernichtung der Warschauer Juden handelte.

Nach dem Kriege berichtete Marek Edelman, einer der führenden Köpfe im Stab der Jüdischen Kampforganisation und aktiver Mitarbeiter des sozialistischen »Bundes« in seinem 1945 in Warschau erschienenen Buch *Das Ghetto kämpft* [Getto walczy, S. 30]: »Leider war die ganze öffentliche Meinung gegen uns. Die Allgemeinheit betrachtet ein solches Vorgehen als Provokation und versucht zu überzeugen, daß das restliche Ghetto an Ort und Stelle bleibt, wenn nur die Juden stillschweigend das geforderte Kontigent bereitstellen. Der

Selbsterhaltungstrieb lenkt mit der Zeit die Psyche der Menschen in die Richtung, daß sie vor allem ihr eigenes Leben retten wollen, und sei es auf Kosten anderer. Noch glaubt freilich keiner von ihnen, daß die Umsiedlung den Tod bedeutet. Aber den Deutschen ist es bereits gelungen, die jüdische Bevölkerung in zwei Gruppen zu teilen – die eine, die zum Tode verurteilt ist, und die andere, die noch Hoffnung hat am Leben zu bleiben. Ganz langsam und allmählich werden es die Deutschen verstehen, die eine Gruppe gegen die andere auszuspielen, so daß es dazu kommen wird, daß die einen Juden die anderen in den Tod führen werden, nur um selbst am Leben zu bleiben.«

Das tragische Geschehen im Warschauer Ghetto dauerte ununterbrochen bis zum 12. September 1942 an. Es fand breiten Widerhall auf der polnischen Seite der Mauer und in der polnischen öffentlichen Meinung.

Einen ersten Aufruf in dieser Sache startete bereits Anfang August 1942, also nur einige Tage nach Beginn der Liquidierungsaktion, die gesellschaftspolitisch-erzieherische katholische Untergrundorganisation »Front für die Wiedergeburt Polens«. Sie gab in einer Auflagenhöhe von 5000 Exemplaren ein Sonderflugblatt unter dem Titel *Protest* heraus. Mit der gewandten Feder von Zofia Kossak wurde in diesem Flugblatt an die Herzen und Gewissen aller an Gott glaubenden Polen appelliert, auch an diejenigen, die in der Vergangenheit aus ideologischen oder politischen Gründen die Tätigkeit mancher jüdischen Kreise mit Abneigung betrachteten:

»Die Welt schaut auf dieses Verbrechen, das schrecklicher ist, als alles, was die Geschichte bisher kannte, und schweigt. Ein allgemeines, unheilschwangeres Schweigen begleitet das Abschlachten von Millionen wehrloser Menschen. Es schweigen die Henker – sie rühmen sich nicht dessen, was sie tun. England und Amerika schweigen, ja sogar das einflußreiche internationale Judentum [...]. Es schweigen auch die Polen. Die polnischen politischen Freunde der Juden beschränken sich auf journalistische Notizen. Die polnischen Gegner der Juden sind an der ihnen fremden Frage nicht interessiert. Die dahingemordeten Juden sind umgeben von Menschen, die allesamt wie Pilatus ihre Hände in Unschuld waschen.

Dieses Schweigen kann nicht länger geduldet werden. Auf welche Beweggründe auch immer es sich berufen mag – es ist niederträchtig. Angesichts eines Verbrechens darf man nicht gleichgültig bleiben. Wer angesichts eines Mordes schweigt, wird zum Helfershelfer der Mörder. Wer nicht verurteilt, der läßt geschehen.«

Dieser Aufruf fand starken Widerhall in der polnischen Gesellschaft. Nahezu gleichzeitig appellierten die sozialistische und kommunistische Presse, sowie die Presse der Demokratischen Partei an die Juden, sich den Umsiedlungsaktionen zu widersetzen und sich durch Flucht aus dem Ghetto zu retten.

In den Septembernummern der Untergrundpresse erschien eine offizielle Stellungnahme der Leitung des Zivilkampfes, ein scharfer und glühender Protest gegen das Verbrechen, das an den Juden vollstreckt wird:

»Neben der Tragödie, die das vom Feind dezimierte polnische Volk durchmacht, geschieht auf unseren Gebieten seit nahezu einem Jahr ein ungeheuerliches, planmäßiges Abschlachten der Juden. Dieser Massenmord ist in der Geschichte ohne Beispiel, im Vergleich mit ihm verblassen alle aus der Geschichte bekannten Grausamkeiten. Säuglinge, Kinder, Jugendliche, Erwachsene, Alte, Krüppel, Kranke, Gesunde, Männer, Frauen, jüdische Katholiken und Juden jüdischen Glaubensbekenntnisses werden ohne jeden anderen Grund, nur wegen der Zugehörigkeit zum jüdischen Volk mitleidlos gemordet, mit Gas vergiftet, lebend begraben und aus den Obergeschossen aufs Straßenpflaster geworfen – wobei sie vor dem Tode noch die zusätzliche Pein des langsamen Sterbens, die Hölle der Erniedrigung und der Qual, der zynischen Mißhandlung durch die Henker durchmachen. Die Zahl der auf diese Weise umgebrachten Opfer übersteigt eine Million und wird von Tag zu Tag größer.

Da die Leitung des Zivilkampfes dem nicht aktiv entgegenwirken kann, erhebt sie im Namen des ganzen polnischen Volkes Protest gegen das an den Juden begangene Verbrechen. In diesem Protest vereinigen sich alle politischen und gesellschaftlichen Organisationen Polens. Genauso wie im Falle der polnischen Opfer fällt die Verantwortung für dieses Verbrechen den Henkern und ihren Helfershelfern zu.«

Im September 1942 ließen die nationalsozialistischen Besatzungsbehörden in einigen Distrikten des Generalgouvernements eine vom Höheren SS- und Polizeiführer Krüger unterzeichnete Bekanntmachung öffentlich anschlagen, in der die polnische Bevölkerung unter Androhung der Todesstrafe davor gewarnt wurde, Juden Unterschlupf oder in irgendeiner Form

Hilfe zu gewähren. In dieser Bekanntmachung wurde daran erinnert, daß auch denjenigen Polen die Todesstrafe droht, die geflohenen Juden Lebensmittel verkaufen und daß diejenigen, die den ihnen bekannten Aufenthalt von Juden außerhalb der Ghettos nicht melden, ins Konzentrationslager verschickt werden.

Angesichts der unabwendbaren Vernichtung flüchteten Tausende von Juden aus den Ghettos und suchten Schutz in den arischen Stadtvierteln oder auf dem Lande – trotz aller damit verbundenen Gefahren. Die meisten Flüchtlinge waren mittellos und ohne Arbeitsmöglichkeiten. Der Rückhalt, der noch privat bei persönlich bekannten polnischen Familien zu finden war, reichte bald nicht mehr aus. Das Elend war sehr groß und so entstand die Notwendigkeit, eine breitere, organisierte Hilfsaktion für die Verfolgten aufzunehmen, die planmäßig und allseitig möglichst das ganze Territorium des Generalgouvernements erfassen würde.

Der bereits erwähnte Aufruf der »Front für die Wiedergeburt Polens« und zahlreiche Aussagen in der Untergrundpresse haben entsprechende Voraussetzungen geschaffen, um den individuellen Hilfsmaßnahmen gewisse organisatorische und beständige Formen zu verleihen. Dieser Gedanke reifte gleichzeitig in mehreren politischen und gesellschaftlichen Kreisen des polnischen Untergrundes heran. Zofia Kossak hat sich auf diesem Gebiet besonders stark eingesetzt. Sie fand bei dem damaligen Delegierten der Exilregierung, Professor Jan Piekałkiewicz, volles Verständnis und erreichte seine Unterstützung für ihr Vorhaben. Zofia Kossak sowie die eng mit ihr zusammenarbeitenden Wanda Krahelska-Filipowicz (die der Demokratischen Partei verbunden war), Jerzy Makowiecki und Henryk Woliński (aus dem Informations- und Propagandabüro beim Oberkommando der Heimatarmee) und noch einige mehr, die übrigens schon seit längerer Zeit im kleineren Kreis eine Sektion der Judenhilfe führten, bemühten sich nun erfolgreich um die Schaffung einer ernsthaften Institution, die nicht nur die demokratischen Kräfte der polnischen Unabhängigkeitsbewegung repräsentierte, sondern auch wirksam war und über entsprechende materielle Mittel verfügte. Ihre Anfänge lagen im September 1942. Am 14. Oktober 1942 veröffentlichte das Organ der Exilregierung ›Rzeczpospolita Polska‹ (›Republik Polen‹) folgenden Text und bestätigte damit die offizielle Unterstützung für diese Aktion:

»Auf Grund der Initiative einer Reihe sozialer Organisationen aus Kreisen der katholischen Kirche und der demokratischen Parteien wird eine Sozialhilfekommission für die jüdische Bevölkerung geschaffen. Zu ihren Aufgaben gehört die Betreuung der an den Folgen der bestialischen Behandlung durch die Deutschen leidenden Juden. Die Kommission wird sich bemühen im Rahmen ihrer Möglichkeiten und finanziellen Mittel sowie der Möglichkeiten, die unter den Bedingungen der Besatzung gegeben sind, den Opfern der nationalsozialistischen Gewalt Hilfe zu bringen.«

Im Oktober 1942 konstituierte sich endgültig in Warschau das geheime »Hilfskomitee für Juden«, das nach einigen Wochen in den »Hilfsrat für Juden« umgestaltet wurde. Der »Hilfsrat für Juden« nahm das Kryptonym »Żegota« an. Dies geschah zunächst inoffiziell und diente lediglich dem Zweck, das während der Besatzung besonders heikle und gefährliche Wort »Juden« bei Gesprächen zu vermeiden. Mit der Zeit bürgerte sich jedoch die Benutzung dieses Kryptonyms in der Korrespondenz und in Quittungen ein und schließlich wurde damit jede Art von Judenhilfe bezeichnet und nicht nur die, die vom »Hilfsrat für Juden« ausging.

Dem Rat traten Bevollmächtigte verschiedener polnischer und jüdischer Untergrundorganisationen bei, die anschließend aus ihrem Kreis heraus das Präsidium wählten. Zum Vorsitzenden des Rates wurde Julian Grobelny (Pseudonym »Trojan«) von der Polnischen Sozialistischen Partei-WRN gewählt. Erster Vizevorsitzender wurde der Rechtsanwalt Tadeusz Rek (Pseudonym »Różycki«), den die Zentrale Leitung der Bauernbewegung, also die Bauernpartei delegiert hatte; zweiter Vorsitzender wurde der Rechtsanwalt Dr. Leon Feiner (Pseudonym »Mikołaj«) von der jüdischen sozialistischen Arbeiterpartei »Bund«; Sekretär wurde Dr. Adolf Berman (Pseudonym »Borowski«) vom Jüdischen Nationalkomitee (einer gemeinsamen Repräsentation der zionistischen Organisationen, der jüdischen Arbeiterparteien »Poalej Sjon – Rechte« und »Poalej Sjon – Linke«, »Hechaluc« und der zionistisch-sozialistischen Jugendorganisationen »Haszomer« und »Dror«); Schatzmeister wurde Ferdynand Arczyński (Pseudonym »Marek«) von der Demokratischen Partei. Die katholische Gruppe »Front für die Wiedergeburt Polens« wurde in der ersten Aufbauphase durch den Rechtsanwalt Ignacy Barski (Pseudonym »Józef«) vertreten, nach der Konstituierung des Rates aber durch Władysław Bartoszewski (Pseudonym »Ludwik«) und zeitweise durch Witold Bieńkowski (Pseundonym »Jan«).

Dem Rat gehörte außerdem noch Ingenieur Emilia Hiżowa (Pseudonym »Barbara«) von der Demokratischen Partei an, die sich mit der Wohnungssuche und der medizinischen Betreuung für die Untergetauchten beschäftigte. Ende 1943 wurde Piotr Gajewski (Pseudonym »Piotr«) von der Polnischen Sozialistischen Arbeiter-Partei in den Rat dazugewählt. Nach der Verhaftung des Vorsitzenden »Trojan« übernahm 1944 Roman Jabłonowski (Pseudonym »Jurkiewicz«) von der Polnischen Sozialistischen Partei-WRN formal diese Funktion. Die Leitung des Gebietsreferats lag in den Jahren 1943–1944 in den Händen des Sozialisten Stefan Sendłak (Pseudonym »Stefan«). Das Büro und das Sekretariat des Rates leitete Zofia Rudnicka (Pseudonym »Alicja«) unter Mitwirkung von Janina Wąsowicz (Pseudonym »Ewa«) und anderen.

Der »Hilfsrat für Juden« war auf die auf geheimen Wegen von außerhalb des Landes eintreffenden Mittel angewiesen: regelmäßig trafen Subventionen der polnischen Exilregierung in London ein, die zunächst (1942) 250000 Złoty monatlich betrugen, im Jahre 1943 auf 500000 Złoty monatlich erhöht wurden und schließlich 1944 die Summe von 1000000 Złoty monatlich erreichten; außerdem kam finanzielle Hilfe von jüdischen Organisationen aus dem Ausland, die zwar unregelmäßig, aber mit ziemlich bedeutenden Summen die im Rat vertretenen jüdischen Untergrundorganisationen unterstützten.

Im unmittelbaren Wirkungsbereich des »Hilfsrates für Juden« befanden sich fortwährend mehrere tausend Menschen, die in irgendeiner Form Hilfe erhielten. Jede der im Rat repräsentierten Organisationen oder Parteien betreute ständig eine bestimmte Zahl von Schützlingen. Die finanzielle Unterstützung für die sich außerhalb der Ghettos verbergenden Juden wurde allmonatlich durch entsprechende Zellen in den geheimen sozialpolitischen und militärischen Organisationen verteilt oder über die Berufsorganisationen, so z.B. die der Lehrer, der Juristen oder der Journalisten.

Ein im Hilfsrat eigens geschaffenes und gut getarntes Legalisationsbüro produzierte täglich Dutzende falscher Kennkarten, Arbeitskarten, verschiedenartigster Bescheinigungen und Ausweise, Geburts- und Heiratsurkunden etc., mit denen die sich im Einflußbereich des Hilfsrates befindlichen Juden kostenlos versorgt wurden. Diese Papiere verschafften ihnen einen größeren Bewegungsspielraum und ermöglichten in manchen Fällen sogar die Aufnahme einer legalen Arbeit.

Die ein großes Problem darstellenden verwaisten oder von ihren Eltern getrennten jüdischen Kinder versuchte man entweder individuell in polnischen Familien unterzubringen oder aber in Gruppen in verschiedenen Heimen, Kranken- und Waisenhäusern, Erziehungsanstalten und Pflegeinstitutionen. Eine besonders schöne Rolle spielten dabei die katholischen Klöster, in denen Hunderte jüdischer Kinder Schutz fanden. An der Rettungsaktion für jüdische Frauen und Kinder beteiligten sich vor allem die Ursulinerinnen, Franziskanerinnen und die Unbeschuhten Karmeliterinnen. Die Namen einiger Priester, die sich der Verfolgten annahmen, wie z. B. Władysław Korniłowicz aus Laski oder Dr. Jan Zieja, waren in den für die jüdische Bevölkerung äußerst schweren Besatzungsjahren wohl bekannt, ebenso wie die Namen der katholischen Geistlichen, die innerhalb der Mauern des Warschauer Ghettos ihrer schwierigen seelsorgerischen Arbeit nachgingen – Prälat Godlewski oder Pfarrer Antoni Czarnecki von der Allerheiligen-Kirche am Grzybowski-Platz in Warschau.

Unter den tausenden Schützlingen des »Hilfsrates für Juden« fehlte es nicht an Alten und Kranken. Für sie mußte diskrete ärztliche Hilfe und die Versorgung mit Medikamenten bewerkstelligt werden. Zu diesem Zweck wurde ein medizinisches Referat einberufen, eine Art Miniatur-»Krankenkasse«. Dutzende opferbereiter Ärzte haben den untergetauchten und verfolgten Juden Hilfe erteilt.

Seit Beginn seiner Tätigkeit bemühte sich der »Hilfsrat für Juden« seinen Arbeitsbereich zu erweitern. Obwohl in den Grundsätzen des Hilfsrates allein karitative Arbeit vorgesehen war, traten die im Rat Mitwirkenden seit 1943 häufig als Sachverständige gegenüber den offiziellen Untergrundstellen bei Problemen des Kampfes mit Erpressern und der genauen Information der Öffentlichkeit durch die konspirative Presse auf, sowie in vielen anderen, diesbezüglichen Fragen. Delegationen des »Hilfsrates für Juden« wurden wiederholt durch die Delegierten der polnischen Exilregierung – Professor Jan Piekałkiewicz und nach dessen Verhaftung durch die Gestapo, Ingenieur Jan Jankowski – empfangen. Die Vorschläge, Anträge und Beschlüsse des Hilfsrates, die durch das Judenreferat der Regierungsdelegatur beurteilt und unterstützt wurden, oder die an

Rechtsanwalt Henryk Woliński (»Wacław«), den Judenreferenten in der Informationsabteilung des Informations- und Propagandabüros beim Oberkommando der Heimatarmee weitergeleitet wurden, erfreuten sich hoher Beachtung. Sie waren nicht ohne Einfluß auf manche wichtige Entscheidung. So wandte sich beispielsweise der Hilfsrat im Februar 1943 an den Regierungsdelegierten Piekałkiewicz mit der Bitte, in der Untergrundpresse entsprechende Aufrufe über die Notwendigkeit der Judenhilfe zu veröffentlichen. Die Leitung des Zivilkampfes publizierte bereits im März 1943 einen entsprechenden Aufruf und kündigte einen schonungslosen Kampf gegen jede Form der Erpressung, der sich Juden und Polen, die Juden helfen, ausgesetzt sahen, an.

»Obwohl selbst ein Opfer schrecklichen Terrors, sieht die polnische Bevölkerung mit Entsetzen und tiefstem Mitgefühl auf den von Deutschen begangenen Mord am Rest der jüdischen Einwohner Polens. Sie hat gegen dieses Verbrechen protestiert, und ihr Protest wurde in der gesamten freien Welt gehört. Juden, die aus den Ghettos entflohen oder den Vernichtungslagern entkommen konnten, ließ die polnische Bevölkerung eine so umfassende Hilfe angedeihen, daß die Besatzungsmacht eine Bekanntmachung veröffentlichte, in der jedem Polen, der versteckten Juden helfe, der Tod angedroht wird. Leider haben sich einige ehrvergessene, gewissenlose, aus der Verbrecherwelt hervorgegangene Personen gefunden, die sich dadurch eine frevlerische Einnahmequelle schafften, daß sie nicht nur die Juden selbst, sondern auch ihre polnischen Landsleute, die Juden versteckt hielten, erpreßten.

Die Leitung des Zivilkampfes droht an, jede dieser Erpressungen zu registrieren und im Rahmen des Möglichen schon jetzt, aber auf jeden Fall in Zukunft, mit der ganzen Strenge des Gesetzes zu bestrafen. – Die Leitung des Zivilkampfes«

Ende März 1943 schlugen Vertreter des Hilfsrates vor, die Vollstreckung der für Erpressung ausgesprochenen Urteile öffentlich bekannt zu geben, was in Kürze auch in der Untergrundpresse geschah.

Trotz aller organisatorischen und räumlichen Schwierigkeiten funktionierte das Sekretariat des Hilfsrates und dessen wichtigste Abteilung, das Legalisationsbüro, einwandfrei und wirksam, Sitzungen des Rates fanden monatlich mehrmals statt und die Arbeitskontakte der Mitarbeiter waren häufig und unterblieben nicht einmal in Zeiten massivst durchgeführter Razzien, Hausdurchsuchungen und Straßenverhaftungen in den Jahren 1943 bis 1944.

Im März 1943 hat der Warschauer »Hilfsrat für Juden« das Krakauer lokale, überparteiliche Hilfskomitee, mit dem die ganze Zeit über Verbindung bestand, in den »Hilfsrat für Juden-Krakau« umbezeichnet. Im Krakauer Hilfsrat waren die Sozialisten, die Bauernpartei, die Demokratische Partei und – ab Juli 1943 – der jüdische Untergrund in der Person von Maria Hochberg-Mariańska vertreten. Den Vorsitz in der Krakauer Filiale hatte Magister Stanisław Dobrowolski (»Staniewski«) von der Polnischen Sozialistischen Partei. Dem Krakauer Vorstand gehörten darüber hinaus an: Władysław Wójcik von der Polnischen Sozialistischen Partei (Sekretär), Anna Dobrowolska-»Michalska« von der Demokratischen Partei (Schatzmeister), Magister Jerzy Matus von der Bauernpartei und Dr. Tadeusz Seweryn-»Socha«, dem die Leitung des Zivilkampfes im Kreis Krakau oblag. Der Krakauer Hilfsrat erhielt von der Zentrale zunächst eine kleine monatliche Dotation in Höhe von 50000 Złoty. Seine Tätigkeit war jedoch so lebhaft und die Entwicklung so bedeutend, daß das Monatsbudget bald die Summe von 1000000 Złoty überschritt. Der Krakauer Hilfsrat betreute recht erfolgreich die im Lager Płaszków eingeschlossenen Juden, darüber hinaus die Gefangenen und Flüchtlinge aus dem Lager Janów bei Lemberg und die in den Lagern Szebnia, Pustków bei Dębica und Skarżysko angesiedelten Juden; schließlich dehnte er seine Aktivität sogar auf den Lagerkomplex in Auschwitz und in Brynica im westlichen Sudetenland aus. Die beiden Sozialisten Adam Rysiewicz-»Teodor« und Marian Bomba-»Roman« organisierten das Übersetzen kleiner Gruppen von Juden aus Polen über die Slowakei nach Ungarn, wo zu jener Zeit noch viel bessere Lebensbedingungen herrschten und es leichter war, unterzutauchen.

Angesichts der tragischen Ereignisse im März 1943 im Krakauer Ghetto, der späteren Kämpfe und der Vernichtung des Warschauer Ghettos im April–Mai 1943 und angesichts des damit zusammenhängenden verstärkten Druckes, den die Deutschen auf die versteckten Juden ausübten sowie der gesteigerten Beflissenheit der Agenten und Konfidenten, die den unglücklichen Flüchtlingen nachstellten, sah sich der Hilfsrat vor gewaltig gestiegene Probleme gestellt. In den tief sich ins Gedächtnis einprägenden Kampfwochen im Warschauer

Ghetto unterhielten die Mitarbeiter des Hilfsrates – Juden wie Polen – engen Informationskontakt und taten alles in ihrer Macht stehende, um den Kämpfenden und Sterbenden Hilfe zu bringen.

Die nationalsozialistische Propaganda rechtfertigte ihr an den Juden begangenes Verbrechen voller Zynismus mit dem Argument, die *Zivilisation und das Christentum verteidigen und den Kommunismus bekämpfen zu müssen.* In Zusammenhang damit veröffentlichte der Regierungsdelegierte am 10. April 1943 eine umfangreiche Erklärung, in der er u.a. feststellte: »Das polnische Volk tut gut daran, daß es Mitgefühl hat für die verfolgten und bedrängten Juden und ihnen Hilfe erweist. Diese Hilfe sollte weiter geleistet werden.«

Diese Erklärung bedeutete einen großen moralischen Halt für die Aktion Żegota. Noch größere Bedeutung hatten jedoch die Worte, die General Sikorski in seiner an die Landsleute gerichteten Radioansprache vom 5. Mai 1943 sagte:

»Es geschieht das größte Verbrechen in der Menschheitsgeschichte. Ich weiß, daß ihr den gequälten Juden helft, so gut ihr könnt. Ich danke euch, Landsleute, in meinem eigenen und in der Regierung Namen. Ich bitte euch, weiterhin jede Hilfe zu erweisen und zugleich diese schreckliche Brutalität zu verdammen.«

Der »Hilfsrat für Juden« setzte seine Arbeit bis zum Ausbruch des Warschauer Aufstandes fort. Danach nahm er seine Tätigkeit in Milanówek bei Warschau wieder auf und kontinuierte sie von dort aus – obgleich im verringerten Maße und mit verkleinertem Mitarbeiterstab – bis zum 16. Januar 1945, ähnlich wie die Filiale des Hilfsrates in Krakau.

In den Jahren 1942–1945 konnte die Aktion Żegota nicht nur dank der Energie ihrer Organisatoren erfolgreich und relativ breit angelegt durchgeführt werden, sondern vor allem auch dank der opferbereiten Zusammenarbeit Tausender von Menschen guten Willens – sowohl der Mitglieder der im »Hilfsrat für Juden« repräsentierten Gruppen, als auch von Personen, die sich keiner politischen Organisation näher verbunden wußten. An der Aktion Żegota nahm die freiberufliche Intelligenz teil, Beamte, Arbeiter und Bauern, katholische und evangelische Geistliche, Frauen- und Männerorden, Jugendliche und Professoren und nicht selten auch Menschen, die politisch den Kreisen entstammten, die ursprünglich den Juden nicht wohlgesonnen waren. Sie nahmen alle keine geringen Opfer auf sich. Viele bezahlten ihre Tätigkeit mit dem Leben oder mit einem längeren Aufenthalt in einem Konzentrationslager.

Entscheidend waren ethische Kriterien: Pflichtgefühl gegenüber dem Nächsten und die Notwendigkeit, denen Hilfe zu leisten, die sie am meisten brauchten.

## Polnische literarische Judaica in konspirativen Publikationen der Jahre 1939–1944

»Beispiellos in der Geschichte der Literatur sind unsere Publikationen. Sie werden von Menschen herausgegeben, über deren Haupt unablässig das Todesurteil schwebt, die unter alptraumartigen Bedingungen der doppelten Konspiration arbeiten. Herausgeber sind diejenigen Kreise der jüdischen Gesellschaft, die das Banner des Kampfes für die menschliche und die nationale Würde der Juden hochgehalten haben. Die Kreise, deren Motto war und ist: ›leben mit Würde und sterben mit Würde‹« – das lesen wir in der Eintagszeitung mit dem Titel *Stimme aus dem Abgrund,* herausgegeben in Warschau gegen Ende der Besatzungszeit im Juli 1944 vom geheimen Jüdischen Nationalkomitee.

Die hier vom Autor[1] zum Ausdruck gebrachte Anschauung, der die Mühen und den ideellen Sinn jüdischer verlegerischer Initiativen im Untergrund aus der Perspektive mehrjähriger Erfahrungen zusammenfassend beurteilt, könnte man mit demselben Recht auf ein verwandtes Problem übertragen – Publikationen zu jüdischen Themen, herausgegeben von *polnischen* konspirativen Kreisen oder *gemeinsam* realisierte literarische oder editorische Aktionen. Und in nicht geringerem Maße gilt das auch für sämtliche Manifestationen des damaligen literarischen Schaffens, die diesem, dem schmerzlichsten aller Themen der Besatzungszeit gewidmet waren.

Die im Ghetto eingesperrten oder sich vor den Deutschen verbergenden jüdischen Schriftsteller standen ebenso wie die in den Untergrund gedrängten polnischen Schriftsteller, die mit ihrem bitteren Los mitfühlten, vor Problemen, die die bisherigen Erfahrungen der Literatur überstiegen. Sie sahen die authentischen Dramen der hinter Mauern und Stacheldraht zugrundegehenden Menschen, sie teilten die tragische Ohnmacht der Leidenden und die tiefe innere Zerrissenheit als hilflose Zeugen der begangenen Verbrechen. Sie spürten das bittere Pathos des aussichtslosen Kampfes, der in Warschau im April 1943 zur Verteidigung der moralischen Werte und der Würde der jüdischen Bevölkerung begonnen wurde (»Wir wollen unser Leben nicht retten. Keiner von uns wird hier lebend herauskommen. Wir wollen die menschliche Würde retten« – das sagte Arie Wilner wenige Monate vor seinem Tod zu einem seiner polnischen Freunde; Wilner (Kryptonym: »Jurek«) war der heroische Verbindungsmann des jüdischen Untergrunds in Warschau.

Unter den gegebenen Bedingungen schien die dringlichste Notwendigkeit fürs erste darin zu bestehen, das Wissen über die ungeheuerlichen Ereignisse festzuhalten, ja fast eine Art Chronik über Probleme, Verhalten und Einstellung der Menschen, über die schrecklichen Erfahrungen der Not, des Hungers, der Mordaktionen und den Verlust der nächsten Angehörigen zu schreiben. Diese Fakten herrschten daher sowohl in der Ghettoliteratur in jiddischer Sprache vor – die in Warschau, Krakau, Łódź, Białystok, Wilna oder Lemberg entstand – als auch in den Werken, die außerhalb der Mauern in polnischer Sprache geschrieben wurden.

Es zirkulierten im Warschauer Ghetto in hand- oder maschinenschriftlichen Kopien epische Gedichte, Elegien und lyrische Gedichte auf jiddisch von Icchok Kacenelson, Josef Kirman, Jechiel Lerer; Erzählungen von Perly, Feld oder Opoczyński. Bei Veranstaltungen, die von jüdischen Selbsthilfeorganisationen bis zum Jahr 1942 in Kaffeehäusern oder kleinen Bühnen öffentlich oder halböffentlich organisiert wurden, rezitierte man neue Gedichte, trug Monologe vor und sang Lieder in polnischer Sprache, deren Texte gewöhnlich aus der Feder professioneller Schriftsteller stammten. So ist zum Beispiel bekannt, daß im Warschauer Ghetto am 28. Dezember 1941 ein Theaterstück für Kinder mit dem Titel *Die Stunde wird kommen* (Autor: Janusz Korczak) inszeniert wurde. Man weiß auch, daß Gedichte und Lieder von Henryka Łazowertówna, Władysław Szlengel, Leonid Fokszański, Pola Braun und Stefania Ney rezitiert und gesungen wurden. Daneben spielte die quantiativ sehr reichhaltige spontane Volksdichtung, zumeist in jiddischer Sprache, eine sehr große Rolle. Krakau hatte seinen Mordachai Gebirtig, Łódź – Sz. Szajewicz, Białystok – Pejsach Kapłan und Wilna seinen Hirsz Glik. Nur in sehr wenigen Fällen jedoch wurden diese Werke unter den Bedingungen der Besatzung in geheimen Verlagen veröffentlicht, und relativ wenige von ihnen blieben in handschriftlicher Form erhalten, zumeist im Untergrundarchiv des Warschauer Ghettos von Emanuel Ringelblum.[2]

Häufiger hingegen wurden in konspirativen Zeitschriften oder sogar in gesonderten Publikationen polnische literarische

Judaica gedruckt – Gedichte und Prosa zur jüdischen Thematik, geschrieben in polnischer Sprache auf der anderen, der »arischen« Seite der Mauer. Und eben diese Judaica, die während der Besatzungszeit publiziert und danach nie wieder irgendwo abgedruckt wurden, bilden jetzt den wesentlichen Gegenstand unseres Interesses.[3]

Der Sommer 1942 brachte einen grundlegenden Umschwung in Thematik und Form der dichterischen Aussagen mit sich, die man in der polnischen konspirativen Literatur zur Kategorie der Judaica rechnen könnte. Zum Hauptproblem wird jetzt das Grauen angesichts der biologischen Vernichtung der Menschen, der gigantischen Aktion der Massenmorde, die auf den polnischen Gebieten begangen wurden, wo es im von den Deutschen unterjochten Europa die größte Zusammenballung von Juden gab. Von jetzt an sollten diese Dinge einen immer wieder anderen Ausdruck in unserem literarischen Schaffen finden. Denn während die Existenz der Ghettos und der dort herrschenden Verhältnisse bis dahin in der geheimen Presse eher auf das Interesse der Publizisten und Redakteure des Nachrichtenteils stieß, ergreifen jetzt unter dem Druck des furchtbaren Ausmaßes der Ereignisse Prosaiker und Poeten das Wort.

Bereits das Frühjahr 1942 bringt eine erhebliche Steigerung des Nazi-Terrors gegen die im Warschauer Ghetto eingeschlossenen Juden. In der Nacht vom 17. auf den 18. April holen Gestapobeamte einige Dutzend Menschen aus ihren Häusern und ermorden sie auf den Straßen; darunter sind ehrenamtliche Sozialarbeiter des jüdischen Untergrunds. Ähnliche Vorfälle spielen sich im Mai ab. Ein Echo auf diese schrecklichen Nächte war zweifellos die Strophe aus dem anonymen Gedicht *Warschau 1942*, das seinerzeit zweimal veröffentlicht wurde – in der mit einer Vervielfältigungsmaschine hergestellten Anthologie *Warschau, dieses Lied lege ich dir zu Füßen* sowie in der schönen Untergrundpublikation anthologischen Charakters *Das wahre Wort*[4]:

> Verwundete Mauer, an der Mauer Kinder,
> grelles Hupen, Militärfahrzeuge,
> schwarze Schwären des Ghettos, und in der Nacht im Ghetto
> der von Mordopfern ausgestoßene Hilfeschrei.

Ins Vernichtungslager Treblinka gingen Tag für Tag Güterzüge ab, vollgestopft mit zum Tode Verurteilten. Der polnische Untergrund unternahm eine Reihe von Versuchen zur Alarmierung der Weltöffentlichkeit. Über Funk informierte man London in allen Einzelheiten über die Vorgänge in Warschau, jedoch ohne sichtbaren Erfolg.[5] Bis zum 12. September starben mehr als 310000 Männer, Frauen und Kinder aus dem Warschauer Ghetto in den Gaskammern von Treblinka.

Noch als die Vernichtungsaktion andauerte – im August 1942 – entstand in Warschau vor allem mit Blickrichtung auf das Ausland eine Initiative mit dem Ziel, die damaligen Ereignisse im Warschauer Ghetto in Form einer dokumentarischen Reportage zu bearbeiten und zu publizieren. Aleksander Kamiński, Chefredakteur der konspirativen Zeitung *Informationsbulletin,* der gleichzeitig die Arbeit des Büros für Information und Propaganda (BIP) des Warschauer Bezirks der Heimatarmee leitete, und der wegen seiner tief humanistischen Gesinnung und wegen seiner freundschaftlichen Kontakte zum jüdischen Untergrund bekannt war, machte Antoni Szymanowski den Vorschlag, solch eine Reportage zu schreiben. Szymanowski, von der Ausbildung her Historiker, jetzt Publizist beim *Bulletin,* ein Politiker der demokratischen Partei und gleichzeitig auch im BIP aktiv, verfügte über reiches dokumentarisches Material – zahlreiche Meldungen, Rapporte und Berichte aus dem Ghetto, die vom Jüdischen Referat des BIP unter der Leitung von Henryk Woliński zusammengetragen wurden. Darüber hinaus machte Szymanowski seine eigenen Beobachtungen und erhielt Informationen von Bekannten und Freunden, die jenseits der Mauern überlebt hatten.

Als Michał M. Borwicz das Problem der verschiedenartigen literarischen Judaica der Besatzungszeit untersuchte, bemerkte er in seiner einleitenden Studie zur Anthologie mit dem Titel *Das Lied wird unversehrt entkommen**: »Es ist eine außerordentlich interessante Sache, daß die Augenzeugen, Verfasser von Memoiren und Chronisten dieser Zeit ziemlich häufig zur belletristischen Form greifen, wobei sie sich nicht nur der Form der Reportage, Novelle oder Kurzerzählung bedienen, sondern auch der des Dramas. Diese Tatsache kann man natürlich durch den Wunsch erklären, größere Freiheit zu gewinnen; Transpositionen dieser Art gab es ja häufig in der Literatur. Das erklärt jedoch eine für diesen Zeitabschnitt sehr wesentliche Sache nicht. Wenn man die erwähnten Werke untersucht, kann man

* = Mickiewicz-Zitat aus »Konrad Wallenrodt«.

nämlich ohne Schwierigkeiten erkennen, daß die Autoren die Freiheiten, die eine belletristische Fassung gewährt, nur in sehr geringem Maße nutzen. Sie komponieren keine Romanhandlung, sie erfinden keine Intrigen. Sie halten sich getreulich oder wie man sagen könnte, protokollarisch an die Vorbilder des Lebens. Sogar dort, wo sich Verschiebungen und Kompositionen fast von selbst ›aufdrängen‹. In den meisten Fällen besteht die einzige Abweichung von der Form der Chronik in dem Versuch, die Psychologie der Personen, das Milieu und das geistige Klima darzustellen.«

Szymanowski hat seine *Die Liquidierung des Warschauer Ghettos* betitelte Reportage sehr schnell geschrieben. Er verlieh ihr den Charakter eines angeblich von einem Polen verfaßten Tagebuchs, der in einer auf dem Gebiet des Ghettos befindlichen Institution beschäftigt war. Diese angenommene literarische Konvention gestattete ihm, das authentische Informationsmaterial durch Kommentare psychologischer und moralischer Natur zu ergänzen, die im übrigen äußerst zurückhaltend, aber doch vielsagend waren. Die beabsichtigte Leidenschaftslosigkeit im Ton des Berichts verstärkte den Eindruck der Authentizität des angeblichen Tagebuchs. Die Handlung der Reportage umfaßte die Ereignisse von Mittwoch dem 22. Juli bis Sonnabend, den 12. September 1942. Das gesamte voraufgegangene Geschehen wurde zur Einleitung, die den Leser in die Situation des Warschauer Ghettos vor der Zeit der großen Vernichtung einführt.

»Was immer über die Liquidierung des Warschauer Ghettos erzählt wird« – schreibt Szymanowski in der Einleitung zur Reportage – »es wird automatisch zu wenig sein, weil sich die Summe des Leidens, der Angst, der Erniedrigung und des Todes nicht erfassen und erzählen läßt, und es wird gleichzeitig zuviel sein, wenn ich mir nämlich Rechenschaft darüber ablege, daß derjenige, der nicht selbst durch diese Hölle gegangen ist, sie auch nicht zu begreifen vermag. Folglich wird er weder geneigt noch fähig sein, zu glauben, daß sich ›all das wirklich zugetragen hat‹.«

Der erschütternde Inhalt der Reportage rechtfertigt diese Vorbehalte voll und ganz, noch dazu wenn man berücksichtigt, daß die Broschüre Szymanowkis im Jahre 1942 der erste Bericht dieser Art über die der Allgemeinheit bisher unbekannten Tatsachen war. Doch erteilen wir dem Autor das Wort:

*Freitag, 24. 7.*

Auf dem Grzybowski-Platz sah ich heute einen Zug von »Aussiedlern« auf dem Weg zum »Umschlagplatz«. Da gingen etwa 3000 Leute – Frauen, Männer, Kinder. Sie gingen in Dreierreihen – nach deutscher Ordnung. Auf beiden Seiten ein Spalier: jüdische Milizionäre mit Knüppeln in der Hand und SS-Männer mit Karabinern und Ochsenziemern. Die Juden trugen fast alle irgendwelche Bündel und Päckchen mit sich – viele hielten Papiere in den Händen, so als böten die Meldekarten, Arbeitskarten und Ausweise Hoffnung auf Rettung. Sie gingen schnell und riefen sich gegenseitig zu: Ausrichten! Aufschließen! Ein alter Mann stolperte ein ums andere Mal, trat aus der Reihe und lehnte sich gegen eine Wand. Ein Deutscher schlug ihm mit der Knute auf den Kopf und auf den Rücken. Der Mann fiel hin. Der Deutsche zog den Revolver, schoß auf ihn und lief weiter, ohne sich umzusehen. Das geschah keine 10 Schritt von mir. Ich vermag das physische Gefühl des Grauens, das ich spürte, nicht wiederzugeben. Ich mußte ins Haustor gehen und mich gegen die Mauer stützen.

*Montag, 27. 7.*

Die »Aktion« dauert an. Heute hörte ich diese makabre Umschreibung. In einer bestimmten Angelegenheit mußte ich zum Sitz der jüdischen Ordnungspolizei. In einem der Zimmer stand eine Gruppe junger Milizionäre, jeder hielt einen Laib Brot unter dem Arm – die Tagesration. Diese Leute unterhielten sich in aller Ruhe, ja sie waren sogar lustig. Einer wandte sich an seinen Nachbarn: »Kollege, hast du heute bei der Aktion mitgemacht?« Ein anderer warf dazwischen: »Meine Herren, Beginn der Aktion morgen, sechs Uhr früh ...« Vielleicht berühren mich solch geringfügige Äußerlichkeiten zu Unrecht derart unangenehm, aber irgendwie kam mir diese sorglose, technische Sprache entsetzlich zynisch vor. Das sind doch intelligente Leute – Abiturienten, Rechtsanwälte ...

Heute erfuhr ich vom Tod des bekannten Malers K. Als man ihn aus seiner Wohnung geholt hatte, war er die Treppe nicht schnell genug hinuntergegangen, und ein Deutscher schoß ihm einfach von hinten in den Kopf. Denn im Ghetto gilt das Prinzip, daß man sich rasch bewegen muß – auch in den eigenen Tod. Der Befehl »los, los!« bedeutet – im Laufschritt.

*Mittwoch, 29. 7.*

(...) Auf Bitten meines Freundes, der mit ihnen verwandt ist, ging ich zu den Herren M., um mich nach ihrem Schicksal zu erkundigen. Ich traf sie nicht an – sicherlich hatten sie eben erst die Wohnung verlassen, denn sie stand offen und war in größter Unordnung zurückgelassen worden. Als ich durch die leeren Räume ging, erschollen im Hof Pfiffe und Schreie: »Alle runterkommen, alle nach unten! Wer oben bleibt, wird erschossen!« Ich sah durchs Fenster. Auf dem Hof standen einige jüdische Milizianten, und um sie herum begannen sich die Hausbewohner zu scharen. Schreie, Gejammer, verzweifelte Versuche, im letzten Moment noch irgendwelche Dinge oder Bündel hinauszutragen. Ich ging hinunter. Auf der Treppe drückte mir eine fremde Jüdin ein Bündel in die Hand. Sie ruft fieberhaft: »Nehmen Sie, nehmen Sie – es wird jemand kommen, es abzuholen.« Ich kam nicht mehr dazu, ihr zu antworten, ihr Namen und Adresse zu geben ... Milizianten stürzten auf die Treppe – einer zog sie nach unten. Die übrigen liefen in die oberen Stockwerke. Nach einer Weile waren auf dem Hof ungefähr 60 Personen versammelt, unter ihnen Kinder, kranke und alte Frauen und ein Taubstummer. Dieser versuchte, Entsetzen in den Augen, sich durch Gesten mit der Miliz zu verständigen. Ohne Erfolg. Er kam zu mir. Ich schlug die Augen nieder, wandte mich ab. Was konnte ich helfen? Nach einer Viertelstunde stellte man die ganze Gesellschaft in Dreierreihen auf und trieb sie auf die Straße. Ich sah mir das Bündel an, das mir die Frau gegeben hatte. Es enthielt ein Herrenhemd aus dickem Stoff, ein Paar Strümpfe und, eingewickelt in diese Fetzen, einige Messer, Löffel und Gabeln.

*Donnerstag, 30. 7.*

Ich war sechs Stunden lang auf dem »Umschlagplatz«. In die Firma war am Morgen ein Offizier der jüdischen Polizei gekommen (der Rechtsanwalt Ch. ..., Reserveoffizier der polnischen Armee), weil er nachträglich noch Erklärungen betreffend einige Arbeiter haben wollte. Und plötzlich sagte Herr Ch., den ich persönlich kannte, zu mir: »Als Pole müssen Sie dort hingehen und sich ansehen, wie sich die ganze Sache abspielt.« (...)

Wir drängen uns durch die Menge. Es herrschen Hitze, ein unmenschliches Gedränge und stickige Luft. Die Menschen hier sind hungrig, schmutzig und am Ende ihrer Kräfte. Im Blick der einen liegt völlige Resignation, in dem der anderen besinnungslose Angst und Aufregung. Wir haben uns zu einem großen Gebäude durchgedrängt, ehemals ein Krankenhaus. In den vier Stockwerken wimmelt es von Menschen, auf der Treppe gibt es ständig Bewegung, nach oben und nach unten. Nach unten werden die Menschen von den Deutschen und den Milizianten in die Waggons gezerrt, nach oben flieht die Menge in der Hoffnung, den kritischen Moment hinauszuzögern. Einige lehnen an der Wand, scheinen vor Erschöpfung zu schlafen. Andere sitzen apathisch da, getreten, gestoßen, gleichgültig gegen alles. Mein Begleiter sagt, daß einige von ihnen schon 46 Stunden und länger hier sind. Ein junger Miliziant versucht, uns den Weg freizumachen, doch die Menge drückt uns immer wieder nach unten. Plötzlich ein gellender Schrei: »Sie kooommen! Die Deutschen ...«, und eine mächtige Welle trägt uns ins oberste Stockwerk. Es gibt nämlich die Hoffnung, daß sie unten genügend Opfer finden. Aus dem Parterre hört man nach einer Weile vereinzelte Schüsse. (...)

Ich sah einige mit dem festen Vorsatz hinuntergehen: »Alles ist besser als diese Müdigkeit und dieses Warten. Ich gehe ...«. Ich sah andere, die, als sie hörten, daß die Deutschen kamen, um wieder eine Gruppe abzuholen, vor Entsetzen wie von Sinnen waren, ohnmächtig wurden und zu Boden sanken. Ich sah einen jüdischen Milizianten, der *seine eigene* Mutter zu überzeugen versuchte, daß es für sie keine Rettung gäbe. »Mama, um so schneller wird alles zu Ende sein.« Und er führte sie an der Hand die Treppe hinunter bis zu den Waggons. Ein Mädchen im zerrissenen Kleid stürzte auf den Flur, packte Herrn Ch. am Arm, rüttelte ihn und schrie. »Alle vier haben sie mitgenommen, ich bin allein, allein! Töten Sie mich!« Schließlich verließen wir diese Hölle. Noch heute höre ich die Schreie, das Weinen und die Schüsse.

*Donnerstag, 27. 8.*

Die Welt schweigt. Die Welt weiß, was hier geschieht – es kann nicht anders sein – und schweigt. Es schweigt im Vatikan der Stellvertreter Gottes, es schweigen in London und in Washington die Verteidiger der guten Sache, es schweigt die Regierung der Republik Polen, es schweigen die Juden Europas und Amerikas. Dieses Schweigen erfüllt uns mit Entsetzen und Erstaunen. Die Deutschen werden ja irgendwann einmal versuchen, alles abzuleugnen, und wenn die offenkundigen Tatsachen das nicht zulassen – dann werden sie versuchen, den Polen, Litauern, Letten und Ukrainern die eigenen Verbrechen anzulasten. Aber lassen wir die Zukunft beiseite – jetzt könnte sich vielleicht noch eine Stimme erheben und zu den Deutschen in einer Sprache sprechen, die sie verstehen können und die ihnen zurufen würde: »Genug!« Eine Sprache der Macht und der Vergeltung.

Einstweilen kommt die Stimme des Protests nicht aus der Freiheit, sondern von dort, wo das Sprechen am schwersten fällt, aus dem Abgrund der Unfreiheit. Alle polnischen Freiheitsbewegungen, die militärischen wie die ideellen, stehen jetzt über den sie trennenden Unterschieden, widerstehen dem Gift der deutschen Propaganda, überwinden die eigenen oftmals tiefverwurzelten Vorbehalte, Vorurteile und Abneigungen und haben sich in der einhelligen Verdammung der deutschen Barbarei zusammengefunden. Ich habe in einem konspirativen Blatt die Erklärungen des polnischen Untergrunds gelesen. Ich bilde mir keineswegs ein, daß bei uns alle ohne Ausnahme so denken – aber so denken diejenigen, die die Verantwortung für das Schicksal des Vaterlands auf sich genommen haben, demnach die einzigen, die das Recht haben, in *seinem* Namen zu sprechen.

*Montag, 7. 9.*

(...) Ich sah dort entsetzliche Dinge in all ihrem Grauen – vor allem die Trennung der Kinder von ihren Eltern. Einem Vater von zwei Kindern – das eine sechs Jahre, das andere ein paar Monate alt, die Mutter schon längst abtransportiert – stand der Weg ins Leben offen, allerdings ohne die Kinder. Er ließ sie mitten auf der Straße zurück und verschwand hier durch dieses Tor. Sie hätten die Stimme der älteren Tochter hören sollen: »Pap!« Ich kann sie nicht vergessen. Eine andere Frau wollte ihren kleinen Sohn hinausschmuggeln, obwohl sie nur für sich allein die Erlaubnis hatte, zu gehen. Ein Deutscher trennte die beiden und begann die Frau vor aller Augen mit der Knute zu prügeln, mit den Füßen zu treten und ihr mit den Fäusten ins Gesicht und auf den Kopf zu schlagen. Als er schließlich von ihr abließ und sie wieder zu sich kam – war das Kind nicht mehr da. Zusammen mit einigen Dutzend anderer hatte man es schon weit fortgetrieben. Ich sah ihre Augen, als sie dem kleinen Kerl nachschaute. Ich kann sie nicht vergessen. Ein alter vielleicht achtzigjähriger Jude, wahrscheindlich der Großvater, kniete vor einem SS-Mann, einem zwanzigjährigen Rotzlöffel, nieder und wollte durch flehentliches Bitten das Leben des kleinen Jungen in seiner Begleitung retten. Der Deutsche lachte. Ich kann das nicht vergessen.

Die *Liquidierung des Warschauer Ghettos,* die man in der zweiten Septemberhälfte 1942 in der Verlagsabteilung der konspirativen Zelle »Sztuka« (»Kunst«)[6] zum Druck vorbereitet hatte, wurde im Oktober an die Geheime Militärische Verlagsanstalt (TWZW) weitergeleitet. Man stellte den Satz fertig und druckte die Broschüre in einer Auflage von 1500 bis 2000 Exemplaren in der Druckerei Nr. 3 der TWZW an der Dobra-Straße, die von Władysław Pomorski (Pseudonym »Jerzy«) geleitet wurde. Die Publikation trug den Untertitel *Reportage.* Ihr Umfang lag bei 28 Seiten im Format 17 × 12,5 cm, was bei völliger Ausnutzung der Spalten etwa zwei Druckbogen Text ergab. Auf dem Umschlag waren neben Titel und Untertitel die verschlüsselten Initialen des Autors angegeben: M. B., die eine Abkürzung des damals von Szymanowski benutzten Pseudonyms darstellten (»Borowski«, später »Brun«). Des weiteren war der Preis angegeben – drei Złoty pro Exemplar).

Das Büchlein erschien zu einer Zeit, die für seinen effektvollen Vertrieb alles andere als günstig war; am 3. Oktober hatte die Gestapo einschneidende Verhaftungen vorgenommen, unter den Opfern waren auch Leute, die durch persönliche Kontakte mit dem Inspirator der Herausgabe des Buchs und seinen engsten Mitarbeitern verbunden waren. In dem erhalten gebliebenen Monatsreport des Büros für Information und Propaganda des Bezirks Warschau[7] finden wir jedoch unter dem Datum vom Dezember 1942 die Information, daß »man den Vertrieb einer Broschüre – einer Reportage über die Liquidierung des Warschauer Ghettos – innerhalb eines Montas beendet hat«. Man verteilte sie über das Vertriebsnetz der geheimen Presse, aber auch mit Hilfe der Mitglieder der Organisation für kleinere Sabotageakte »Wawer«, der konspirativen Pfadfinderorganisation »Szare Szeregi« und der Angehörigen des Rats für Judenhilfe, der im Herbst 1942 in Warschau gegründet worden war. Man verkaufte die *Liquidierung des Warschauer Ghettos* auch an die Stammkunden in einigen vertrauenswürdigen Warschauer Buchhandlungen und Antiquariaten.[8]

Den Seite für Seite auf Mikrofilm genommenen Text vermochte man bald nach London weiterzuleiten. Prof. Olgierd Górka, der zu dieser Zeit dort war, erinnerte sich nach dem Krieg an den großen Eindruck, den diese Publikation in England und in den Vereinigten Staaten gemacht hat. Wir kennen leider nicht alle im Ausland hergestellten Nachdrucke, wir wissen jedoch, daß Tymon Terlecki in seinem Artikel *Alle Juden raus,* der in Nr. 45 der Londoner *Polnischen Nachrichten* v. 7. 11. 1943 erschien, umfangreiche Fragmente dieser Broschüre benutzt hat. Benutzt wurde die Warschauer Publikation auch durch die in Genf erscheinende deutsch-französische dokumentarische Reihe *Extermination des Juifs polonais – Die Judenausrottung in Polen,* deren Heft 4 v. August 1944 ganz dem Martyrium des Warschauer Ghettos gewidmet war.

Nach dem Krieg blieben nur wenige Exemplare der *Liquidierung des Warschauer Ghettos* erhalten. Einige von ihnen befinden sich heute in öffentlichen Sammlungen oder in privaten Händen. Der angesehene Fachmann für die Geschichte der Juden, Bernard Mark, schätzte die gesellschaftlichen und moralischen Werte der Arbeit Szymanowskis nach Jahren hoch ein: »Das Tagebuch ist mit der Leidenschaft von Menschen geschrieben, die über das scheußliche Verbrechen und die gleichgültige Haltung der zivilisierten Welt entsetzt waren.«[9]

Eine ähnliche gefühlsmäßige Einstellung zeigte Zofia Kossak in ihren drei Broschüren – *Du bist Katholik ... Was für einer? ...,* *Golgotha* und *Das heutige Gesicht des Dorfes,* die zwischen Frühjahr und Oktober 1942 von der katholischen Organisation Front der Wiedergeburt Polens herausgegeben wurden. Die katholische Schriftstellerin wirft in diesen Werken u. a. das Problem der verderblichen moralischen Folgen auf, die die passive Haltung zu den an Juden begangenen Verbrechen nach sich ziehen mußte.

Die Wintermonate 1942 und der Vorfrühling des Jahres 1943 brachten weitere Steigerungen beim Prozeß der Vernichtung der jüdischen Zentren in Polen durch die Deutschen. Immer intensiver werden auch die Aktionen zur Aufspürung und Ergreifung von Flüchtlingen aus den Ghettos, die sich unter Polen versteckt hielten. Zur alltäglichen Erscheinung wird die Jagd auf Menschen und die Ermordung der gefangenen jüdischen Familien, oft gemeinsam mit denen, die ihnen Schutz gewährt hatten. Diese Ereignisse finden ein großes Echo. Die Literatur konnte sie nicht gleichgültig übergehen.

Im April 1943 erschien in der Krakauer Untergrundpublikation *Literarische Monatsschrift* die Erzählung *Gnade*, die aus der Feder von Wojciech Żukrowski stammte, einem Mitredakteur der Zeitschrift, der während der Besatzungszeit sein Debut als Schriftsteller gab.[10] Die »Gnade« der Rettung erfährt unter besonderen Umständen nur einer aus einer Gruppe von Juden, die sich in einem polnischen Haus verbergen. Die übrigen gehen tragisch zugrunde. Im Rahmen dieses, sehr eng mit den Realitäten des damaligen Alltags verknüpften Handlungsfadens berührte der Schriftsteller die wesentlichsten psychologischen und moralischen Probleme. Die Erzählung wurde nach dem Krieg unter dem geänderten Titel *Unter dem Schnee* in der Zeitschrift *Odrodzenie*[11] (Wiedergeburt) abgedruckt; als nächstes fand sie Eingang in den Band *Aus dem Land des Schweigens* und wurde von der Kritik günstig aufgenommen.

In der nächsten Nummer der *Literarischen Monatsschrift* (Mai 1943) fand sich eine Erzählung mit verwandter Problematik unter dem Titel *Die Mütze*, die – nach Angaben von Stanisław Sierotwiński – Natalia Rolleczek zugeschrieben wird. Dieses Werk, das nach dem Krieg nirgendwo wieder gedruckt wurde, ist im wesentlichen der Analyse des Problems gewidmet, daß das Böse auf das Innere des Menschen ansteckend wirken kann. Die Disproportion der großen und kleinen Dinge im Alltagsleben auf einem Bauernhof unter den Verhältnissen der Okkupation bildet hier den Hintergrund der psychologischen Motivation zum Verbrechen der Denunzierung von Juden gegenüber den Gendarmen. Erneut also – die Tragödie der Juden und ihre Widerspiegelung in der Psyche und inneren Einstellung der Umgebung.

Das Jahr 1943 bringt den letzten Akt Vernichtung der polnischen Juden – die völlige Liquidierung der Ghettos in Warschau, Krakau, Białystok und anderswo. Die im Untergrund des Warschauer Ghettos organisierte jüdische Jugend greift zu den Waffen. Das Echo auf diesen mehrwöchigen Kampf, der sich im Zentrum der Millionenstadt abspielte, sollte von nun an im literarischen Schaffen des Untergrunds bis zum Ende der Besatzungszeit erklingen. Der bewaffnete Aufruhr des Warschauer Ghettos, der in der polnischen Hauptstadt zum ersten Mal seit dem September 1939 zum offenen Kampf gegen die Deutschen aufrief, wurde im Bewußtsein des besten Teils der Nation zum nächsten wichtigen Glied in der Kette des gemeinsamen Kampfs gegen die Besatzer.

> Geliebte Stadt,
> Straße, vom Kampf gezeichnet ...
> Wunde auf Wunde liest
> das Auge in deinen Steinen.

– schrieb Jerzy Zagórski in seinem *Psalm*, der im Sommer 1943 bei einem Wettbewerb für das beste Gedicht über Warschau,[12] veranstaltet von der Redaktion der Monatsschrift *Kultur der Zukunft*, mit dem ersten Preis ausgezeichnet wurde. Der Psalm zählt 44 Strophen, von denen die ersten acht der heldenhaften Verteidigung des Warschauer Ghettos gewidmet sind.

> Neben dem Krasiński-Platz
> schossen Kanonen ins Ghetto.
> Jede Bresche in der Mauer
> flammte auf als feuriger Kamm.

Und weiter:

> Sonne der Niedergemetzelten,
> der ins Feuer geworfenen Kinder,
> zu einem schmutzigen Blutfleck erstarrst du
> im bronzefarbenen Rauch der Angst.

In der *Kultur der Zukunft* (Nr. 8/9, August–September 1943) wurde auch das Gedicht *Dinge* veröffentlicht, mit einem interessanten Kommentar betreffend seine Herkunft. Die Redaktion erklärte nämlich, daß es durch bloßen Zufall in ihre Hände gelangte; »das Gedicht wurde von einer jungen Jüdin auf die

Straße geworfen, die von den Deutschen aus einem kleinen in ein größeres Ghetto gebracht wurde, in dem man die jüdische Bevölkerung damals massakrierte«. Publiziert wurde das Gedicht »als Kuriosum und Dokument sui generis dieser jüngsten Ereignisse«. Auf diese Weise wurde in einer polnischen literarischen Zeitschrift wohl zum einzigen Mal das Werk eines Poeten aus dem Ghetto veröffentlicht, das auf diesem Weg große Publizität gewann. Autor der *Dinge* war nämlich in Wirklichkeit Władysław Szlengel, der während der Aprilkämpfe im Warschauer Ghetto starb. Die Tatsache, daß eine Abschrift seines Gedichts von einem unbekannten, zum Tode verurteilten jungen Mädchen auf die Straße geworfen wurde, ist ein beredtes Zeugnis für die Popularität der ungedruckten Werke der Dichter, die hinter den Mauern des jüdischen Viertels lebten und über die schmerzlichen Dinge ihrer Umwelt schrieben. Das Gedicht *Dinge* ist nämlich eine bittere Reminiszenz an die Zwangsumsiedlungen ins Ghetto, an den bitteren Verlust von Haus, Hab und Gut und an das noch bitterere Gefühl der Verlassenheit. Nach der Absicht des Dichters sollte das Gedicht Eingang in das Bändchen seiner Okkupationspoesie mit dem Titel *Was ich den Verstorbenen las* finden. Erhalten sind ebenfalls noch andere für diese Sammlung bestimmte Werke, die allerdings während der Besatzungszeit nicht veröffentlicht wurden. Von ihrem Inhalt legen die Titel ein hinreichendes Zeugnis ab: *Alarm, Das Fenster zu jener Seite, Ein Blatt aus dem Tagebuch der Aktion, Laßt mich in Frieden, Gegenangriff.*

Die polnische Untergrundpresse unterschiedlicher politischer Kreise brachte im April und Mai 1943 zahlreiche Berichte über den Ablauf der Ereignisse im Ghetto und über die Situation der Kämpfenden, wobei sie nahezu einmütig ihre Bewunderung für deren Haltung zum Ausdruck brachte. Doch eine besondere Rolle bei der Schilderung der Tragödie des Ghettos und vor allem bei der tiefergehenden ideologischen Beurteilung der Fakten spielte damals die konspirativ herausgegebene Arbeit von Maria Kann *Vor den Augen der Welt.* In diesem Werk sollten jüdische Historiker Jahre später »ein erschütterndes Dokument jener Zeit« (Adam Rutkowski) erblicken, darüber hinaus »ein Buch, das nicht nur ein Dokument der großen Ereignisse, sondern auch eine Huldigung an die Aufständischen und ein flammender Appell ist, ihnen zu Hilfe zu kommen« (Bernard Mark).

Die Autorin dieser einzigen in Polen herausgegebenen Publikation, die gänzlich dem Kampf des Warschauer Ghettos von

1943 gewidmet ist, war im Pfadfinderverband aktiv und beteiligte sich an der Hilfsaktion für die Verfolgten. Noch als die Kämpfe andauerten, hatte sie den Entschluß gefaßt, ein Buch zu schreiben, das gestützt auf authentische Dokumente und Augenzeugenberichte des vorsichgehenden Dramas ein Bild der Ereignisse zeichnen sollte. Nach der Intention Maria Kanns sollte das Werk nicht nur ein Dokument sein, sondern ein »Aufruf an das Gewissen der Welt«. Aleksander Kamiński akzeptierte und billigte die Konzeption der Autorin. Und so fiel die Entscheidung, das Buch vom Büro für Information und Propaganda des Bezirks Warschau der Heimatarmee herausgeben zu lassen. Die meisten zur Erarbeitung der Broschüre notwendigen Materialien erhielt die Schriftstellerin durch die Vermittlung von »Ludwik« vom Jüdischen Referat der Delegatur der Regierung. Darunter waren Meldungen und Depeschen jüdischer Organisationen, die von der Delegatur ins Ausland geschickt wurden; Abschriften von Schreiben, Berichten und Vorträgen über die Aktionen der Jüdischen Kampforganisation, schließlich Berichte von Juden, die aus dem Ghetto oder während des Transports in Vernichtungslager geflohen waren, aber auch sehr ausführliche Berichte über den Verlauf der Aktion im Ghetto, die Aleksander Kamiński der Autorin zukommen ließ.

Im Sommer 1943, noch ehe die letzten Schüsse verstummt waren, begann Maria Kann mit der Arbeit an ihrem neuen Buch. Im Frühherbst wurde der Satz in der geheimen Druckerei »Freiheit« von Tadeusz *Tyszka* (bei der Francuska-Str., Ecke Lipska) fertiggestellt und das Werk in einer Auflage von 2100 Exemplaren gedruckt. Das Büchlein zählt 48 Seiten im Format 17,5 × 12,5 cm. Auf dem kartonierten Umschlag und dem Titelblatt fanden sich folgende Angaben:

VOR DEN AUGEN DER WELT
»Globus« Verlag
Zamość 1932

Fiktiver Verlagsort, Erscheinungsjahr und Verlagsname sollten den Vertrieb erleichtern. Auf der Rückseite des Titelblatts standen jedoch wahre Angaben über den Verlag, die dem Buch zugrundeliegenden Informationsquellen und den Verlagsort. Die Arbeit umfaßte eine Einleitung (ohne Titel) sowie die folgenden Kapitel: *Am Vortag, Auf den Spuren von Bar Kochba**,

* Bar Kochba war Führer des jüdischen Aufstands gegen die Römer im Jahre 132 n. Ch. (Anm. d. Ü.).

*Stimmen der Verurteilten, Der Partisanenkampf und die Unterdrückung des Aufstands, Hinter den Mauern* sowie der Anhang *Polnische Pressestimmen,* der eine Auswahl von Berichten, Artikeln und Kommentaren zum Kampf des Ghettos enthält, die in der damaligen konspirativen Presse veröffentlicht wurden.

Die Autorin charakterisiert die Situation im Warschauer Ghetto in den Wochen, die dem April 1943 vorausgingen, schreibt über den steigenden Einfluß der Jüdischen Kampforganisation auf die Haltung der gesamten jüdischen Gemeinschaft und analysiert die Entscheidung, den Deutschen bewaffneten Widerstand zu leisten:

»... sie sahen ein, daß der Tod nicht das wichtigste ist, daß es eine weitaus wichtigere Sache ist, wie man stirbt und wofür. Und deshalb entschlossen sich die jüdischen Kämpfer – als die Stunde der zweiten und letzten Liquidierung des Ghettos gekommen war – im Namen der ganzen jüdischen Gemeinschaft, mit der Waffe in der Hand zu sterben. Sie hatten keine Illusionen über das Ende des verzweifelten Kampfes. Die Juden mußten sterben, jedoch keinen elenden Tod, der niemandem etwas nutzte, sondern einen Tod zur Verteidigung der menschlichen Würde und der eigenen Ehre. Sie waren entschlossen, den Spuren von Bar Kochba zu folgen.«

Wenngleich das in dem Buch skizzierte Bild der Ereignisse wegen des fragmentarischen Charakters der zugänglichen Quellen in den Einzelheiten nicht immer exakt ist, so gibt es doch ausgezeichnet die Stimmung wieder, als inmitten der alten Mietshäuser des jüdischen Viertels Kämpfe auf Leben und Tod tobten.

Maria Kann veröffentlichte zum ersten Mal Fragmente einiger authentischer Berichte von Überlebenden des Ghettos und einen Brief des Kommandanten der Jüdischen Kampforganisation (ŻOB) an seinen Stellvertreter hinter den Mauern – ein Dokument von großem historischen und moralischen Gewicht, und den Text eines Aufrufs der ŻOB an die Polen, der die »Waffen- und Blutsbrüderschaft des kämpfenden Polens« betonte.

»In Jerusalem« – so lesen wir in *Vor den Augen der Welt* – »am Fuße des Bergs, wo vor Jahrhunderten der Tempel von Jerusalem stand, stehen vor der hohen steinernen Mauer stets Reihen betender Juden. Mit hocherhobenen Händen singen sie das schöne Lied des Schmerzes und der Klage:

Weil unsere Propheten ausgestorben sind,
stehen wir hier weinend –
Weil Zion verwaist ist,
stehen wir hier weinend –
Weil unsere Tempel in Schutt und Asche liegen,
stehen wir hier weinend –
Weil unsere Heiligtümer geschändet sind,
stehen wir hier weinend ...

»Die Mauer des Warschauer Ghettos wurde heute zur wahren, jedoch schrecklichen Klagemauer. Soviel Tränen und Blut wurden an dieser Mauer vergossen, Tränen der hoffnungslosen Verzweiflung und das Blut unschuldiger Kinder.

Die Mütter sahen, wie ihre Kinder brannten, wie sie in Luftschutzräumen erstickten, wie das Wasser aus den vor Hitze geborstenen Rohren über ihnen zusammenschlug. Sie sahen das, und die Tränen versteinerten in ihren Augen (...) Sterbend träumten die jungen Menschen von einer Waffe, die sie nicht kaufen konnten. Sterbend unterdrückten sie die Tränen der Empörung und des ohnmächtigen Zorns (...)

Hat irgendwann jemand größeren Schmerz erduldet und größere Demütigung ertragen?«

*Vor den Augen der Welt* befand sich im Oktober 1943 im Vertrieb, als folglich die Erinnerung an die einige Monate zurückliegenden Ereignisse noch frisch war. Die Verbreitung des Büchleins übernahmen – ähnlich wie vorher bei der *Liquidierung des Warschauer Ghettos* von Szymanowski – Angehörige des Rats für Judenhilfe: Sozialisten, Katholiken, Angehörige der Volkspartei, Leute aus dem Kreis der Demokratischen Partei; außerdem Pfadfinder und zuverlässige Männer aus dem Bereich des Buchhandels, die ihre Erfahrungen mit dem Vertrieb konspirativer Bücher hatten. Die Publikation stieß auf großes Interesse und wurde auch nach London geschickt.

*Vor den Augen der Welt* erschütterte nicht nur durch die Wirkung der beschriebenen Fakten, sondern auch und vor allem durch den tief humanistischen Kommentar, der auf die gewaltigen moralischen Gefahren hinwies, die die Passivität der Menschheit angesichts der Vernichtung eines ganzen Volkes in sich barg:

»*Vor den Augen der Welt*, vor unseren Augen, vor den Augen unserer Jugend hat man ein *Volk* ermordet. Wir haben dem tatenlos zugeschaut. Trotz aller Empörung gewöhnen wir uns an den Gedanken, daß man morden *kann*, daß man ein Krematorium für *lebendige* Menschen bauen *kann*.

In den Köpfen der Kinder beginnt sich die Vorstellung einzunisten, daß es verschiedene Arten von Völkern gibt: die ›Herren‹, die ›Knechte‹ und schließlich die ›Hunde‹, die man ungestraft totschlagen darf. Und das ist die allerschrecklichste Saat des blutigen Führers, das ist sein Sieg (...) Die Welt wird aufhören, ein Schlachthaus zu sein. Ruhe und Ordnung werden wieder einkehren. Doch viele Jahre später wird ein Kind fragen: – Mama, hat man einen *Menschen* getötet oder einen *Juden?*

Davor fürchtet sich das Herz der polnischen Mütter.«

Ein ungewöhnliches literarisches Judaicum, das von der Autorin in dem Werk *Vor den Augen der Welt* veröffentlicht wurde, stellt das Gedicht *Das brennende Ghetto* dar. Geschrieben von einem polnischen Arbeiter unbekannten Namens (signiert mit den Initialen J. Z. T.), wurde es 1943 an die Redaktion einer Untergrundzeitung geschickt. Dieses in künstlerischer Hinsicht stümperhafte, jedoch interessante Zeitdokument wurde nach dem Krieg in der Anthologie von Borwicz nachgedruckt.

Im Frühjahr 1944 veröffentlichte Roman Bratny in einem Band seiner Gedichte mit dem Titel *Verachtung* das Werk *Ghetto*, datiert von 1943, das thematisch mit der endgültigen Vernichtung »des jüdischen Wohnviertels« in Warschau verbunden ist.

Die enge Zusammenarbeit der Vertreter des jüdischen Untergrunds mit einigen Zentren der polnischen Konspiration, insbesondere aber mit politischen und gesellschaftlichen Gruppierungen, die im Geheimen Rat für Judenhilfe repräsentiert waren, kam im Jahre 1944 (also bereits nach der Liquidierung des Warschauer Ghettos) nicht nur in einer breit angelegten karitativen Aktion zum Ausdruck, sondern auch in gemeinsamen literarisch-editorischen Projekten. Unter den Warschauer Untergrundpublikationen dieser Zeit zeichnet sich eine kleine Gedichtsammlung mit dem Titel *Aus dem Abgrund*, die 1944 erschien, durch besonders hohen künstlerischen Wert aus.

»Von den bis dahin in unserer Literatur nicht so zahlreich auftretenden Anthologien« – stellt Kazimierz Wyka nach dem Krieg fest (vgl. den Artikel *Über dem Abgrund* im Sammelband mit dem Titel *Zum dritten Jahrestag der Vernichtung des Ghettos in Krakau*, Krakau 1946) –, »die in den Jahren der Besatzungszeit im Ausland und im Lande selbst herausgegeben wurden, in der Spannweite von der in Moskau gedruckten Gedichtanthologie des Verbands polnischer Patrioten des II. Anders-Korps, die im vergangenen Jahr im Nahen Osten erschienen ist, bis zu den zahlreichen heimischen Anthologien, besitzt diese kleine Broschüre von anderthalb Druckbogen besondere Ausdruckskraft. (...) In diesem Bändchen finden sich einige der großartigsten Gedichte aus den Jahren der Besatzungszeit überhaupt – *Der Leichenzug*, *Die Klagemauer*, und hier wurde zum ersten Mal eines der reinsten Gedichte von Miłosz gedruckt *Campo di Fiori.*«

Die Geschichte der Edition dieser Anthologie ist mit der Person des Publizisten und Literaten aus Łódź Tadeusz Sarnecki, vor dem Krieg Redakteur der literarisch-gesellschaftswissenschaftlichen Zeitschrift ›*Wymiary*‹ (Dimensionen), verbunden. Im Gebiet von Łódź wegen seines Eintretens für die Freiheit von der Gestapo verfolgt, floh er im Herbst 1942 gemeinsam mit seiner Frau nach Warschau, verbarg sich hier hinter dem falschen Namen Kazimierz Hutecki und entwickelte energische Aktivitäten im Rat für Judenhilfe.

Im Februar 1944 schlug Adolf Berman, Vertreter des Jüdischen Nationalkomitees (ŻKN), Sarnecki vor, das dem Kampf und dem Martyrium des jüdischen Volkes gewidmete Gedichtbändchen für den Druck vorzubereiten. Er schickte ihm zehn anonyme maschinengeschriebene Gedichte und machte den Vorschlag, sie durch das eine oder andere eigene Gedicht zu ergänzen. Die überarbeiteten Texte kehrten bald zusammen mit Sarneckis Gedicht *Posthume Rhapsodie über das Martyrium* in die Hände Bermans zurück. Dann gingen sie erneut an Tadeusz Sarnecki, diesmal mit den Korrekturen von Mieczysław Jastrun, dem Autor der meisten für den Druck bestimmten Werke. Am 1. März 1944 beendete Sarnecki die endgültige Überarbeitung der Texte der Anthologie und verzeichnete dieses Datum am Ende des Manuskripts neben seinem literarischen Pseudonym »Jan Wajdelota«*. Jetzt wurde die Broschüre in Satz gegeben und in der geheimen Druckerei der Polnischen Demokratischen Partei (SPD) an der Nowy-Świat-Straße gedruckt. Die Druckerei, die dem Präsidium des Rats für Judenhilfe unterstand, hatte »Mark«-Arczyński, Mitglied in diesem Gremium, organisiert. Die Setzer – Urbanek und Gliński –

* Wajdelota, dtsch.: Wajdelot, Volkssänger und Seher in »Konrad Wallenrodt« von Mickiewicz. (Anm. d. Ü.)

sowie der Maschinenmeister erledigten die ihnen anvertraute Aufgabe so rasch und effektiv, daß es gelang, noch vor dem Jahrestag der Aprilkämpfe im Warschauer Ghetto einen erheblichen Teil der 3000 Exemplare betragenden Auflage der Broschüre *Aus dem Abgrund* zu vertreiben.

Auf dem kartonierten Umschlag und dem Titelblatt des Büchleins war ein gleichlautender Text gedruckt:

AUS DEM ABGRUND
Poesie
Verlag des ŻKN
Warschau 1944

Die Broschüre mit einem Umfang von 24 Seiten im Format 14,5 × 10,5 cm enthielt elf Gedichte. Das Leitmotiv des ganzen Werks hatte Tadeusz Sarnecki in der Widmung, die seinem eigenen Gedicht vorausging, treffend zum Ausdruck gebracht:

> Jenen, die Mut hatten, widme ich diese flammende Hymne,
> den der Feindesmacht trotzenden polnischen Juden Warschaus.
> Kein anderes, das polnische Grab birgt ihr Gebein,
> die Schatztruhe vergeblicher Opfer, so groß und so rein.

Zu den schönsten Werken der Sammlung gehörten zweifellos die lyrischen Gedichte von Mieczysław Jastrun – *Lied eines jüdischen Jungen,* der ergreifende *Leichenzug, Hier ist es auch wie in Jerusalem, Auf den Brandstätten* und *Nachruf* – sowie *Campo di Fiori* von Miłosz. In der Anthologie befanden sich auch drei Gedichte von Michał Maksymilian Borwicz-Boruchowicz, der mit Unterstützung des Krakauer Rats für Judenhilfe der PPS (Polnische Sozialistische Partei) im Herbst 1943 aus dem sogenannten »Janowski-Lager« in Lemberg geflohen war und danach die Funktion eines Kreiskommandanten der konspirativen Militärischen Organisation der PPS in der Umgebung von Miechów ausübte. Die Gedichte von Borwicz *Aussiedlung* (»Dunkel war es und kalt, der Schmerz erstarrte zum Eiszapfen«), *Nacht in der Baracke* (»Du kommst in der Nacht. Die Baracke schwimmt«) und *Der Eisenbeton des Herzens erstarrt ein mir zur Mauer* – entstanden noch während des Aufenthalts des Autors im Lager und sind ein seltenes Dokument für die schöpferische Haltung eines Dichters unter solch schweren Bedingungen. Das bereits erwähnte Poem Sarneckis und das

Gedicht von Jan Kott *Den Verteidigern des Ghettos,* datiert vom 19. April 1943, vervollständigen die Anthologie.

Nachdem es gelungen war, *Aus dem Abgrund* auf Mikrofilm ins Ausland zu bringen, war das Echo außerordentlich lebhaft. Am 18. November 1944 wurde in den Spalten der New Yorker Zeitung *Nasza Trybuna* (Unsere Tribüne) ein Teil der Gedichte aus der Anthologie veröffentlicht, und als nächstes wurde der Auftritt eines Künstlerensembles organisiert, das in verschiedenen Zentren der Vereinigten Staaten die zum ersten Mal in diesem Büchlein veröffentlichte Poesie rezitierte. 1945 wurde die vollständige Sammlung auf Initiative von *Nasza Trybuna* in New York erneut gedruckt, diesmal jedoch unter dem geänderten Titel *Poesie des Ghettos* mit dem erklärenden Untertitel *Aus dem jüdischen Untergrund in Polen,* mit einer Einleitung von Jakub Apenszlak und einem schönen Vorwort von Józef Wittlin mit dem Titel *Verneigung vor den Poeten des Ghettos.* Die Ausgabe war mit Zeichnungen von Zygmunt Menkes illustriert.

Der hervorragende Übersetzer Beniamin Tenebaum veröffentlichte danach *Aus dem Abgrund* in Palästina, in einer Übersetzung in die hebräische Sprache. Die palästinensische Ausgabe zählt 40 Seiten im Längsformat 15 × 9,5 cm, drei Zeichnungen und das reproduzierte Titelblatt des Warschauer konspirativen Urdrucks vom März 1944.[12]

Die Anthologie hatte also weltweite Publizität erlangt. In einer französischen Broschüre, die von der Vernichtung der polnischen Juden handelte (*La voix du peuple massacré,* Paris, April 1945) wurden neben dokumentarischen Berichten über den Ablauf der Ereignisse im Warschauer Ghetto vom April 1943 sowie Pressestimmen des polnischen Untergrunds auch Fragmente aus dem Gedicht Sarnieckis *Posthume Rhapsodie über das Martyrium* und aus den Werken von Jastrun *Lied eines jüdischen Jungen, Auf den Brandstätten* und *Leichenzug* veröffentlicht.

Welchen Eindruck die Stimme der Dichter eines sterbenden Volkes und die mit ihr in Einklang stehende Stimme der im Untergrund schöpferisch tätigen polnischen Poeten 1944 in der freien Welt, während des immer noch andauernden Krieges, hervorrief – kann die Aussage von Józef Wittlin bezeugen, die in den Vereinigten Staaten veröffentlicht wurde:

»Die Hand zittert, die Zunge klebt am Gaumen, der Atem erstirbt – wenn wir diese Gedichte lesen. Die Augen brennen vor Scham, wenn sie langsam über die schwarzen Trauerzeilen dieser schönen und doch so bitteren Seiten gleiten. Die Augen schämen sich, daß sie die melodischen Reliquien des Untergangs und des Heldentums lesen, daß sie lesen und nicht erblinden. Die Worte, aus denen diese Poesie erblüht, sind dieselben polnischen Worte, die lebendigen Menschen zur Verständigung mit Lebendigen dienen. Und doch scheint es, daß es die Sprache von Menschen ist, die Gott bereits getröstet hat.«

Alle polnischen poetischen Judaica, die man während der Besatzungszeit in konspirativen Verlagen veröffentlicht hat, wurden nach dem Krieg in literarischen Zeitschriften, Anthologien oder individuellen Bänden wieder abgedruckt. Nicht wiederaufgelegt hingegen hat man die literarischen Judaica in Prosa – die Broschüren von Antoni Szymanowski und Maria Kann, die heute echte bibliophile Unikate darstellen.

[1] Autor der *Stimme aus dem Abgrund* ist Dr. Adolf Berman, damals ein Politiker der Linken Jüdischen Zionisten, einer der Organisationen, aus denen sich das 1942 gebildete Jüdische Nationalkomitee zusammensetzte.

[2] Über Ghettoliteratur schreibt Bernard Mark in seinem Artikel mit dem Titel *Über das literarische Schaffen in den Ghettos (Bulletin des Jüdischen Historischen Instituts,* 1952, Nr. 2, S. 191), und auch in seiner gesonderten, umfangreicheren Arbeit in jiddischer Sprache *Die umgekumene szrajber fun die getos in lagern in zajere werk* (Warschau, 1954, »Idisz Buch«). Zuletzt erschien die wertvolle Arbeit von Ruta Pups *Dos lid fun geto*, der Versuch einer kritischen Ausgabe der Texte von 71 Gedichten und Liedern, die in Ghettos und Lagern während der Nazi-Okkupation auf jiddisch geschrieben wurden. Das Werk ist mit einem Vorwort und detaillierten Anmerkungen versehen (erschienen in Warschau 1962, »Idisz Buch«, unter der Redaktion von Bernard Mark).

[3] Eine erhebliche Anzahl polnischer poetischer Judaica, sowohl der bereits während der Besatzungszeit publizierten, als auch der erstmals nach dem Krieg veröffentlichten, hat 1947 in seiner Arbeit *Das Lied wird unversehrt davonkommen ... Gedichtanthologie über die Juden unter der deutschen Besatzung* – Michał M. Borwicz zusammengetragen, außerdem Autor der Arbeit *Literatur im Lager* (Krakau, 1946) sowie der Sammlung von Lager- und Partisanengedichten *Mit dem Tod auf du* (Warschau, 1946).

[4] Vgl.: Władysław Bartoszewski, *Konspirative poetische Varsaviana 1939 bis 1944. Ein informativer Überblick*, in: *Rocznik Warszawski II* 1961 (Warschau 1962, Staatliches Verlagsinstitut).

[5] Erst die Ankunft des Kuriers des polnischen Untergrunds, Jan Kozielewski (Pseudonym »Jan Karski«), in London war mitentscheidend dafür, daß die Alliierten zur Vernichtung der Juden in Polen öffentlich Stellung nahmen: Im Dezember 1942 wurde eine gemeinsame Deklaration der Mächte der Anti-Hitler-Koalition zu dieser Frage veröffentlicht und die Bestrafung der Schuldigen an den Verbrechen angekündigt. Karski hatte vor seiner Abreise aus Warschau Gespräche mit Vertretern des jüdischen Untergrunds geführt, war Augenzeuge der sich abspielenden Ereignisse und brachte detaillierte Angaben über die Vernichtung der Bevölkerung des Warschauer Ghettos mit nach London. 1944 gab

Karski in Boston das Buch *Story of a Secret State* heraus, in dem er u.a. über den Verlauf seiner Mission aus dem Jahre 1942 berichtet. Gegenwärtig ist er Professor an der Universität Georgetown (Vereinigte Staaten).

[6] Die Verlagszelle »Sztuka« (»Kunst«) bildete eine der Abteilungen des Büros für Information und Propaganda des Bezirks Warschau.

[7] Vor einigen Jahren entdeckt, befinden sie sich jetzt im Archiv des Instituts für Geschichte der Polnischen Akademie der Wissenschaften.

[8] Der Schreiber dieser Zeilen hat folgenden Personen die Broschüre persönlich ausgehändigt: dem Bibliothekar Tadeusz Sokołowski, der damals das Antiquariat »Arcta« leitete; dem Journalisten Antoni Trepiński, der das Antiquariat »Logos« an der Mazowiecka-Straße leitete, sowie Wacław Błażejewski, der sich beim Vertrieb von Untergrundpublikationen große Verdienste erworben hatte.

[9] In dem Buch *Kampf und Untergang des Warschauer Ghettos* (Warschau 1959, S. 32).

[10] Die konspirative *Literarische Monatsschrift* erschien unter der Redaktion von Tadeusz Kwiatkowski und Wojciech Żukrowski vom November 1942 bis zum Juni 1943. Żukrowski veröffentlichte in dieser Zeitschrift Gedichte und literarische Prosa. Stanisław Sierotwiński hat der *Literarischen Monatsschrift* eine sehr ausführliche monographische Studie gewidmet *(Die Krakauer konspirative »Literarische Monatschrift«)* im Wissenschaftlich-didaktischen Jahrbuch der Pädagogischen Hochschule in Krakau 1961, Heft 11: Historisch-literarische Arbeiten (S. 155–173).

[11] Siehe: Nr. 18 der *»Odrodzenie«* v. 1. 4. 1945.

[12] Die hebräische Edition von *Aus dem Abgrund* erschien unter Federführung der »Gazith« Verlage. Tenenbaum, aus Warschau stammend, ein in Palästina geschätzter Dichter, hat als Übersetzer u.a. die hebräischen Ausgaben der Gedichte von Broniewski, Leśmian, Słonimski, Tuwim und Wittlin besorgt.

Der Warschauer Aufstand 1944

# Überlegungen zum Warschauer Aufstand

Am 1. August 1944 begann die Heimatarmee den Aufstand in Warschau, zu einem Zeitpunkt, da sich die Rote Armee der polnischen Hauptstadt bis auf 15–20 km genähert hatte, während sich die deutsche Armee am mittleren Abschnitt der Ostfront in vollem Rückzug befand. Gen. Heinz Guderian, nach dem 20. Juli 1944 Chef des Generalstabs des Heeres, schreibt in seinem Buch *Erinnerungen eines Soldaten* (1951), daß die Situation der deutschen Armee an der Weichsel zu dieser Zeit »die Ausmaße der schlimmsten Katastrophe angenommen hatte, die man sich vorstellen konnte«. Die Russen aber blieben, wo sie waren, (»Für uns war wichtig, daß der russische Angriff damals nicht die Weichsel überschritt, und daß wir eine kurze Atempause gewannen« – erinnert sich Gen. Guderian.) Der Aufstand wurde innerhalb von 63 Tagen mit ungeheurer Brutalität unterdrückt. Er kostete Warschau, vor allem aber die Zivilbevölkerung der Stadt, etwa 180000 Menschen. Die Einstellung der nach dem Krieg in Polen herrschenden Kommunisten zum Warschauer Aufstand war anfänglich haßerfüllt, und daher wurden viele Offiziere und Soldaten für lange Jahre ihrer Freiheit beraubt.

Der untenstehende Text wurde vom Autor in einer Kirche des Dominikanerordens in Posen im September 1980 vorgetragen, in den ersten Wochen der moralisch-politischen Erneuerung in Polen, die mit dem Aufstand der Gewerkschaft »Solidarność« eingeleitet wurde. Im Druck veröffentlicht ist er in Polen nur in Untergrundverlagen, die der Kontrolle der Zensur nicht unterliegen.

Ich möchte mir gestatten, einen Ausspruch von Kardinal Wyszyński ins Gedächtnis zurückzurufen, den er im September 1970 in der Gegend von Kruszwica getan hat. Als er über das Verhältnis der Kirche zur nationalen Geschichte sprach, machte er darauf aufmerksam, daß »die Mosaiksteine der Geschichte der Nation die Macht ihres Geistes sind, folglich muß man diese geistige Nahrung an die junge Generation weitergeben, damit die Nation nicht die Verbindung zu ihrer Geschichte verliert. Eine Nation ohne Geschichte, ohne Historie, ohne Vergangenheit, wird bald zu einer Nation ohne Land, zu einer heimatlosen Nation, ohne Zukunft.(...) Diejenigen, die die Geschichte deformieren, indem sie aus Schwarz Weiß und aus Weiß Schwarz machen, deformieren die Existenz der Nation.« Diese Aussage könnte man auch auf Lügen und das Verschweigen von Fakten, auf Viertel- und Halbwahrheiten übertragen, sowie auf die Manipulationen mit dem Geist, den Gefühlen und Stimmungen der Menschen, zumal bestimmte Probleme der jüngsten Geschichte Polens von verschiedenen Eingriffen dieser Art keineswegs frei waren.

Zunächst waren da die ersten Nachkriegsjahre, buchstäblich die ersten zwei drei Jahre, als man die Soldaten der Heimatarmee zwar verfolgte, jedoch einen gewissen Schein wahren wollte und sogar gestattete, auf dem Militärfriedhof in Warschau ein kleines Denkmal mit der Aufschrift »Gloria victis« zu enthüllen und das Andenken der Soldaten der Heimatarmee zu ehren. Dann aber kamen Jahre – und dieser Zustand hielt bis zum sog. »Polnischen Oktober« an –, in denen sich jeder verdächtig machte, der sich auf dem Militärfriedhof in Warschau an den Gräbern der Aufständischen versammelte. In den Büschen schlichen Leute herum, um diejenigen zu photographieren oder sogar zu filmen, die ans Grab ihrer nächsten oder nahen Verwandten, ihrer Freunde oder Kameraden gekommen waren. Auf diese Weise wollte man sie abschrecken oder hindern, einem tiefverwurzelten Brauch zu folgen und ihrer elementarsten Pflicht als Christ oder als eines im christlichen Kulturkreis erzogenen Menschen nachzukommen – nämlich das Andenken der Toten zu ehren und dem eigenen Volk ein ehrendes Gedächtnis zu bewahren. Nach 1955/56 erfolgte die teilweise »Rehabilitierung«. Über den Warschauer Aufstand durfte man wieder etwas sagen und etwas schreiben, mit den durch die Zensur gegebenen Beschränkungen wurden verschiedene Aussagen zugelassen.

In den letzten Jahren sind wir Zeugen eines höchst seltsamen Phänomens. Es erfolgt nämlich gleichsam eine Gegenoffensive, die mit einer Manipulation verbunden ist. Eigentlich ist nicht mehr bekannt, wer denn damals den Warschauer Aufstand gemacht hat (nun, angeblich wir, das »Volk«). Zum Jahrestag des Aufstands erscheinen Plakate mit dem Anker, dem Symbol der Heimatarmee. Man hat uns die letzte Sache weggenommen, die uns nahe und teuer, vielleicht sogar in der Erinnerung und in den Gefühlen vieler Leute fast heilig war – man hat sie verstaatlicht. Das hätte dem Warschauer Aufstand im Bewußtsein des

Volkes einen schweren Schlag versetzen können, aber das Volk hat auch diese Probe bestanden. Und wenn alljährlich am 1. August Trommelwirbel und Trompetenschall verstummt sind, die die offiziellen Feierlichkeiten auf dem Warschauer Friedhof begleiten, wo ein erheblicher Teil der Gefallenen des Aufstands liegt – dann beginnen Tausende und Zehntausende von Menschen (innerhalb von zwei Tagen 100000, wie man schätzt), auf den Friedhof zu strömen. Zum größten Teil sind es junge Leute, die dort nicht an die Gräber von Kameraden treten; sie gehen aus freiem Entschluß dorthin und bezeugen durch ihre Anwesenheit den Wunsch, die Werte der nationalen Tradition und der jüngeren Geschichte hochzuhalten. Und über dem Militärfriedhof in Warschau brennen von treuen Händen entzündete Kerzen in solchen Mengen und solcher Größe, daß sich über dem südwestlichen Teil Warschaus ein heller Feuerschein erhebt, der von einem über der Stadt fliegenden Flugzeug oder einem außerhalb Warschaus in dieser Richtung fahrenden Auto aus sichtbar ist. Ein Feuerschein, der die Menschen in Erstaunen versetzt, die sich der Ursache nicht bewußt sind.

Und weil sich nun in diesem widerborstigen Volk nach Jahren die Überzeugung durchsetzte, daß es notwendig sei, den Jahrestag dieses Ereignisses auf irgendeine Weise feierlich zu begehen, scheint mir, daß uns das einiges zu denken geben sollte. Es sind also seit dem Warschauer Aufstand mehr als vier Jahrzehnte vergangen. In der Geschichte eines Volkes ist das kein allzu langer Abschnitt, doch in der Geschichte einer Generation ist das ein sehr erheblicher Zeitraum. Schon weilen die Hauptakteure dieses großen historischen Ereignisses nicht mehr unter uns; von wenigen Ausnahmen abgesehen sind die meisten der wichtigsten Führer und Politiker nicht mehr am Leben, und sogar die jüngsten Teilnehmer des Aufstands sind – wenn man das einmal so sagen darf – in den letzten Abschnitt ihres Lebens eingetreten, sie haben die Fünfzig bereits um einige Jahre überschritten. Doch sogar wir, die noch lebenden Teilnehmer des Aufstands, die Zeugen der Ereignisse – wenngleich der Aufstand niemals aufhören wird, eines der wichtigen und vielleicht auch der wichtigsten Elemente unserer Lebensgeschichte, unserer persönlichen Erlebnisse zu sein – auch wir, und damit erst recht die auf uns folgenden, bereits erwachsenen und reifen anderthalb Generationen, sehen den Warschauer Aufstand mehr und mehr in historischer Perspektive, als eine der sehr wichtigen Etappen auf eben dem äußerst schwierigen Weg, den die Polen seit dem Ende des 18. Jahrhunderts zurückgelegt haben. Dieser Weg führte vom Kościuszko-Aufstand (1794) über die Legionen Dąbrowskis (1797), den Novemberaufstand (1830), den Völkerfrühling (1846–48), den Januar-Aufstand (1863) und die revolutionären Kämpfe (1905) bis in den Sturm des Ersten Weltkriegs; dann kam das mühsame Schmieden der polnischen West- und Ostgrenzen in den Jahren 1919–1921 – die Aufstände in Großpolen und Schlesien und die Verteidigung Lembergs – es folgte die Verteidigung Polens und Europas an der Weichsel im August 1920; und so sehen wir das Ereignis aus dem Jahre 1944 mehr und mehr als ein weiteres polnisches NEIN in dieser historischen Kette, das den einander abwechselnden Besatzern, Eroberern und Usurpatoren entgegengeschleudert wurde, die unsere souveräne nationale Existenz beschränken oder vernichten wollten.

Man weiß, daß in der Historiographie bis heute verschiedene fachliche Kontroversen über den Januar-Aufstand andauern, dabei geht es um die Umstände seines Ausbruchs, die politisch-militärischen Chancen oder die Aktionsmethoden. Damit ist jeder vertraut, der sich mit dem Problem ernsthaft beschäftigt – trotz der Tatsache, daß seitdem mehr als hundertzwanzig Jahre vergangen sind. Doch vergegenwärtigen wir uns, daß in den ersten Nachjanuargenerationen – in der Generation, der Marschall Józef Piłsudski und die großen Schriftsteller und Lehrer der Nation Stefan Żeromski und Andrzej Strug angehörten, in der Generation, die in den Jahren lebte, welche den Zusammenbruch des Aufstands 1863/64 und die Galgen in der Zitadelle von den Ereignissen 1904/05 auf polnischem Gebiet trennten, in den fünf Jahrzehnten, die verflossen sind, seitdem Polen 1864 die Waffen streckte, um sie am 6. August 1914 erneut zu erheben – die Problematik der gesellschaftlichen, wirtschaftlichen, psychologischen, und vor allem der ideellen Konsequenzen der damaligen Kämpfe für die Unabhängigkeit Tag für Tag präsent war, und zwar in den schönsten Werken der polnischen Literatur und im Leben tausender historisch bewußter Familien. Heute, unter gänzlich anderen Bedingungen, da bereits die Enkel der Teilnehmer des Warschauer Aufstands von 1944 zur Schule gehen, bleibt der Aufstand – wie ich erwähnte – nach wie vor im Denken der jungen Generation lebendig.

Das Interesse am Warschauer Aufstand, an den Umständen seines Ausbruchs und den politischen Hintergründen seines

Scheiterns ist nicht erloschen, obwohl die wahrheitsgemäße Beleuchtung dieses Problems – sowohl im Hinblick auf die Unzugänglichkeit vieler Materialien aus den Archiven der Großmächte, als auch auf die bei uns herrschenden subjektiven Bedingungen – äußerst schwierig ist. In jedem Falle stimmen die Gefühle des polnischen Volkes mit der Äußerung des Heiligen Vaters Johannes Paul II. überein, der sagte, es sei ein Kampf gewesen, bei dem Warschau von den alliierten Mächten im Stich gelassen worden sei. Immer häufiger jedoch wenden sich die meisten denkenden Menschen, nicht aber die auf dieses Gebiet spezialisierten Forscher, dem gleichsam übergeordneten Problem der unauslöschlichen moralisch-historischen Werte des Warschauer Aufstands zu, als eines großen Ereignisses in der Geschichte Polens, als eines der symbolischen Glieder in der Kette des Kampfs um die Unabhängigkeit und Souveränität Polens. Und aus dieser Perspektive erscheint es nicht als das wichtigste, daß man – wie wir heute wissen – 1944 zahlreiche Fehleinschätzungen getroffen hat, daß man die internationale Lage, deren Bedingungen schon im Dezember 1943 durch die Unterzeichnung des Abkommens von Teheran über die Teilung Europas in Einflußzonen gegeben waren, lückenhaft oder völlig falsch verstanden und beurteilt hat, daß man die politische Einstellung der Alliierten, die Gefechtsbereitschaft der eigenen Armee, die realen Möglichkeiten und Handlungsabsichten der westlichen Verbündeten, der Sowjetunion und in gewissem Maße auch die Kräfte der deutschen Seite sehr oberflächlich beurteilt hat. Doch lückenhafte und im Detail falsche Einschätzungen lagen ja auch der Entscheidung zugrunde, 1939 zu den Waffen zu greifen und Warschau zu verteidigen, und dennoch wurde und wird die Verteidigung der Hauptstadt im September 1939, die unter den damaligen politischen und militärischen Gegebenheiten keine Wende beim Ausgang des Feldzugs herbeiführen konnte, allgemein als notwendiger und positiver Akt angesehen, was sogar die politische Propaganda in Volkspolen anerkannt hat. So erheblich das Ausmaß der 1939 gebrachten menschlichen und materiellen Opfer für jene Zeit und im Lichte der damaligen Erfahrung auch war, man sah es auch in der Periode der Okkupation als schmerzliches, jedoch gerechtfertigtes und verständliches Opfer an. Die Tatsache, daß Polens Hauptstadt als erste auf der Welt und als einzige Hauptstadt eines besetzten Landes der Belagerung unmittelbaren Widerstand bis zur Erschöpfung aller Möglichkeiten entgegensetzte –

wurde nicht nur zur Quelle nationalen Stolzes, sondern auch ganz real zur Quelle der Aufrechterhaltung der Würde in den schwierigsten Jahren der Okkupation; das psychologische Moment der Aufrechterhaltung der Würde aber ist ebenso meßbar, überprüfbar und wichtig wie jedes andere realistisch gemessene Element zur Unterstützung von bestimmten Aktionen und Menschen in bestimmten Situationen. In Warschau war die Tradition des opferbereiten und solidarischen Handelns, des Muts und der ausgeprägten Freiheitsliebe, wie sie sich im September 1939 manifestierte, lebendig und fruchtbar; das bewiesen während des gesamten Krieges die Aktionen der ganzen patriotischen Untergrundbewegung, des Pfadfinderverbands, des Verbands für den Bewaffneten Kampf, der Heimatarmee und zahlreicher gesellschaftlicher Organisationen.

Diese Aktionen hatten nicht nur eine militärische, sondern auch eine erzieherische Dimension. Und es ist sicherlich kein Zufall, daß es nirgendwo im gesamten besetzten Europa ein mit den Heldentaten der polnischen Juden vergleichbares Ereignis gegeben hat, die 1939 die Flamme des Aufruhrs in aussichtslosen Kämpfen in den Ghettos von Warschau, Białystok und sogar im Vernichtungslager Treblinka entfachten. Genius loci?

Weil sich die Menschen der Kriegsziele und der Ziele des Kampfs gegen die Gewaltherrschaft der Besatzer bewußt waren, und weil solch ein gemeinsames Bewußtsein in Form eines Massenbewußtseins existierte, entsprang daraus eine der fundamentalen Kraftquellen des Volkes in jenen Jahren. Den Kampf für die Freiheit, für die Souveränität des Staates, setzte man im okkupierten Warschau mit dem Kampf für die Menschenrechte, für die Würde jedes einzelnen Menschen, für die persönliche Würde gleich. Der schreckliche Druck des Besatzungsterrors in den Jahren der Massendeportationen in die Konzentrationslager, in den Jahren der geheimen Exekutionen, nach denen Blutlachen auf dem Straßenpflaster zurückblieben, die Versuche der Erniedrigung und Mißachtung des Menschen – all das hielt man für vorübergehende Erscheinungen. Man glaubte allgemein, am Ende dieser Dinge werde der offene, bewaffnete und allgemeine Aufruhr stehen – die leibhaftige Mitwirkung des Volkes an der Erringung der Freiheit.

Diese spezifische Art zu denken und zu fühlen wurde damals in der Hierarchie der Werte durch die entschiedene Protestbewegung diktiert, denn den Protest hielt man ohne Rücksicht auf seine realen Chancen und Konsequenzen für unerläßlich, weil das Maß des Unrechts und des Verbrechens voll war. In diesem Protest, in der bloßen Bereitschaft dazu, zeigte sich, welch ungeheuren Wert die damalige Generation Imponderabilien beimaß. Es stimmt, daß die Entscheidung zur Entfesselung des Aufstands in einem kleinen Kreis von Leuten getroffen wurde, nämlich von den konspirativen, legalen Führungsorganen des polnischen Untergrundstaates. Doch es stimmt ebenso, daß dieser Entscheidung eine spontane, solidarische Entscheidung der Volksmassen vorausging, sich dem Willen der Besatzungsmacht offen zu widersetzen, ihr gleichsam den Fehdehandschuh hinzuwerfen, ohne daß irgendjemand dazu aufgerufen oder Direktiven erteilt hätte: Am 27. Juli 1944 ließ der damalige Gouverneur unseligen Angedenkens, Ludwig Fischer, durch Megaphone und später auch durch Plakate die Aufforderung verkünden, am folgenden Tag, d.h. am 28. Juli 1944, sollten sich an sechs Stellen Warschaus einhunderttausend Männer im Alter von 17 bis 65 Jahren zu Zwangsarbeiten einfinden, um die Stadt zu befestigen. Wir wissen aber, daß die im übrigen in der Praxis völlig sinnlosen Befestigungsmaßnahmen an vielen Punkten des besetzten Polens über eine Reihe von Monaten durchgeführt wurden, und daß die Menschen – trotz des allgemeinen Widerwillens, irgendwelche Leistungen für den Feind zu erbringen – dann doch nolens volens, aus Furcht vor den Konsequenzen und unter Druck, an den Arbeiten teilnahmen. Auf kollektiven, demonstrativen Boykott traf das Besatzungsregime damals nur in Warschau. Aller Logik nach hätte der Boykott in den nächsten Tagen fraglos Konsequenzen nach sich ziehen müssen. Dazu hätten vor allem die vollständige Evakuierung der derart feindlich gesonnenen Bevölkerung aus der Stadt und die Umwandlung Warschaus in einen Frontstützpunkt oder eine Festung gehört. Immerhin hat man diese Idee später in den Ruinen der Hauptstadt verwirklicht, nach dem Aufstand, in den letzten Monaten des Jahres 1944.

Es gibt bis heute keine vernünftige Antwort darauf, ob angesichts der Politik des Nazi-Regimes und seiner bekannten Verhaltensnormen überhaupt eine Möglichkeit existierte, die Stadt Warschau und die Bevölkerung Warschaus vor der Vernichtung zu bewahren, die ihr durch die verbrecherischen Ziele der Besatzungsmacht zugedacht war. Es ist jedoch bekannt, daß es gerade wegen dieser fast eine Million Einwohner zählenden Stadt, wegen dieser Zusammenballung von Polen, undenkbar war, die Ruhe an der Front noch für eine Reihe von Monaten zu bewahren. Und es ist auch bekannt, daß die Front noch bis zum 17. Februar hielt, folglich vom August gerechnet fast ein halbes Jahr! Es ist reine Theorie, politisch wie historisch utopisch, daß die Deutschen unmittelbar in ihrem Rücken und angesichts an der Weichsellinie tobender Kämpfe ein heiles, unversehrtes, mit verborgenen Waffen vollgestopftes und nach Rache an den Besatzern dürstendes Warschau toleriert hätten. Eine Tatsache bleibt, als der Aufstand ausgebrochen war, hat das sogar die dem Aufstand abgeneigten polnischen Kommunisten zu folgendem Eingeständnis in ihrem Presseorgan *Volksarmee* (Nr. 27 v. 27. August 1944) genötigt: »Noch keiner der Aufstände, deren Schauplatz Warschau war, hat eine derart einmütige Unterstützung des Volkes erfahren.« Nach Jahren hat man diesen Gedanken etwas umredigiert, und zwar in dem Sinne, daß der Aufstand überhaupt eine Sache des Volkes war, so als könne sich irgendein Volk ganz ohne leitende Kräfte und ohne Führer organisieren und neun Wochen lang in einer Millionenstadt im organisierten Widerstand ausharren und noch dazu die verschiedensten Versorgungsdienste einrichten, die zur Aufrechterhaltung des Lebens unerläßlich waren.

Die Führer des Warschauer Aufstands gehörten zu den Teilnehmern an den Kämpfen für die Unabhängigkeit in den Geheimorganisationen vor und während des Ersten Weltkriegs. Die Männer, die vor 1914 und in den Jahren 1914–1918 Jünglinge waren, standen im besten Mannesalter als der Warschauer Aufstand losbrach; sie waren um die fünfzig oder einiges über vierzig Jahre alt. Der Kampf für die Freiheit war ihre Lebensgeschichte, und die überwältigtende Mehrheit der Teilnehmer des Aufstands – d.h. der jungen Leute – war in der unabhängigen Republik Polen in großer Achtung vor den patriotischen Traditionen der Unabhängigkeitskämpfe und Aufstände erzogen worden. Diese Jugend war der Freiheit und der Souveränität als eines natürlichen Elements ihres persönlichen Lebens und ihres persönlichen Seins treu ergeben. Folglich hat sie sich mit dem Faktum der Okkupation selbst niemals abgefunden, sie revoltierte gegen alles, was ihr in dem schrecklichen Jahrfünft nach 1939 zuteil wurde. Während des Krieges erfolgte wiederum eine echte Demokratisierung der Ansichten, eine authentische und von unten kommende; ein großer und immer größerer Teil der Arbeiterjugend, der Handwerksjugend und der ländlichen Jugend im Untergrund, aber auch die jungen Leute in konspirativen militärischen, politischen und Pfadfinderorganisationen neigten dazu, den Freiheitsbegriff zu erweitern und ein Gleichheitszeichen zwischen Opfer- und Kampfbereitschaft und dem Recht auf ein unabhängiges Dasein zu setzen. Und in diesem Sinne war der Warschauer Aufstand zwar ein Komplex militärischer Aktionen, aber auch etwas weitaus Größeres. Er war sichtbarer Ausdruck der Sehnsüchte des Volkes, sichtbarer Ausdruck des Glaubens aller.

Einer der strengsten Kritiker des Warschauer Aufstands, der bekannte Militärhistoriker Jerzy Kirchmayer, erklärte mehr als ein Jahrzehnt nach Kriegsende – obwohl er nach eigener Aussage der Konzeption des Aufstands negativ gegenübersteht –, daß »Heldentum, Opferbereitschaft und Zähigkeit der Aufständischen die größte Manifestation des Kampfs für die Freiheit in unserer Geschichte gewesen sind; wobei die Freiheit im Vergleich zum menschlichen Leben, der Gefahr der Verstümmelung und des Verlusts materieller Güter als der höhere Wert betrachtet wurde. Es wäre ein schwerer Fehler, solche geistigen Werte nicht gebührend zu würdigen oder noch schlimmer, sich von ihnen loszusagen.« Den Fehler der ungenügenden Würdigung oder bewußten Distanzierung hat das polnische Volk – trotz des Drucks von seiten des kommunistischen Systems – volle vier Jahrzehnte lang zu vermeiden gewußt. Und die Soldaten des Warschauer Aufstands – im Bewußtsein des Volkes würdige Erben und Mitbegründer der Geschichte der Nation – haben sich in die lange Reihe der Opfer für eine bessere Zukunft Polens, für den künftigen Sieg der historischen Gerechtigkeit eingetragen.

Es gibt eine Reihe genereller Urteile über den Warschauer Aufstand. Die positivste Einschätzung der organisatorischen Leistung der Heimatarmee – die in der Lage war, einen auf drei bis vier Tage geplanten Kampf 63 Tage lang durchzuhalten –, die größte Bewunderung für ihr Heldentum, ihre Zielstrebigkeit, Zähigkeit und taktisches Geschick, aber auch für die Effekte und Konsequenzen, die der Aufstand für den Feind, die deutsche Armee, mit sich brachte, finden wir wider alles Erwarten in den von westdeutschen Historikern veröffentlichten wissenschaftlichen Arbeiten.

Wenn sie aus der Feder von Polen stammt, fällt die Kritik bisweilen äußerst scharf aus. Und so ist Jerzy Kirchmayer der Meinung – wenn man den generellen Tenor seiner Aussagen auf eine kurze Formel bringt –, daß der Warschauer Aufstand ein Fehler war, weil er der sowjetischen Politik ungelegen kam.

Und ein Historiker polnischer Herkunft, der an englischen Universitäten erzogene Jan Ciechanowski aus London, ist der Meinung, daß der Aufstand ein Fehler war, weil er der britischen Politik ungelegen kam. Niemand denkt darüber nach, daß wir das Recht hatten und haben – welche Achtung, Sympathie oder Toleranz wir den Interessen verschiedener Staaten auch entgegenbringen – unsere eigene Politik zu machen, ja sogar unsere eigenen Fehler zu begehen. Zudem hat irgendjemand äußerst scharfsinnig bemerkt, daß der Warschauer Aufstand – wer weiß, ob nicht für lange Jahre – der letzte souveräne Akt der alten Republik war, vollzogen aufgrund einer Entscheidung der Polen im Interesse der langfristigen Staatsraison Polens.

Man kann fragen, was die Staatsraison ist, und ob dieser Akt der Staatsraison entsprach. Darauf gibt es keine zweifelsfreie Antwort. Doch es war nicht immer so, daß diejenigen, die sich kampflos auf einen vertraglichen Kompromiß einließen, in der historischen Endabrechnung damit besser gefahren sind als diejenigen, die einen allem Anschein nach hoffnungslosen Kampf auf sich genommen haben. Wenn wir nur Beispiele aus der Geschichte heranziehen, die sich vor vierzig oder dreißig Jahren ereignet haben und damit zweifellos abgeschlossene historische Fakten sind, bleibt es eine offene Frage, ob der Weg richtig war, den das kleine Finnland gewählt hat, als es seine Unabhängigkeit im Dezember 1939 verteidigte – oder aber der Weg, den Litauen, Lettland und Estland gewählt haben, als sie kampflos nachgaben. Die Konsequenzen sind ja unterschiedlich ... War der Weg richtiger, den die Tschechen 1968 gewählt haben oder der, den die Ungarn 1956 einschlugen, wofür sie mit blutigen Opfern bezahlten. Doch wenn man die Dinge aus der sich nach Jahrzehnten ergebenden Perspektive betrachtet, so sind die Ungarn trotz der schrecklichen Opfer ganz und gar nicht am schlechtesten weggekommen, wenn man an die Lebensbedingungen und selbst an das Ausmaß der erreichten Freiheiten denkt. Aus der Perspektive des Historikers sieht man viele Dinge anders, weil man sie aus dieser Perspektive nicht – selbst wenn das leider unseren tiefsten Empfindungen zuwiderläuft – in der Kategorie einer Generation betrachtet. Wir alle möchten die Ereignisse in der Kategorie unseres Lebens betrachten, doch die Historie betrachtet sie in der Kategorie vieler Generationen, nicht nur einer. Und das muß man in Betracht ziehen. Man sagt häufig, der Warschauer Aufstand sei ausgelöst worden, ohne daß man die Möglichkeit der Hilfeleistung von außen ins Kalkül gezogen habe. Ich kann mich hier nicht auf mit Zahlen und Fakten gespickte Erörterungen der Details einlassen. Es ist eine Tatsache, daß der Warschauer Aufstand im damals von Hitlerdeutschland besetzten Europa die einzige militärische Operation von derart großer Kraft, Intensität und Tragweite war, an der unmittelbar einige zehntausend und mittelbar einige hunderttausend Menschen beteiligt waren. Die von ähnlichen Intentionen geleiteten aufständischen Aktionen zur Befreiung der Hauptstadt mit eigenen Kräften in Paris im August 1944 und im tschechischen Prag im April 1945 können bekanntlich mit dem Warschauer Aufstand nicht verglichen werden, weil in beiden Fällen nur ein Teil der Bevölkerung beteiligt war, weil die Kämpfe von kürzerer Dauer und geringerer Intensität und folglich auch die Verluste erheblich geringer waren. Und doch begegneten die Franzosen in Paris der Änderung der amerikanischen strategischen Pläne, und die Amerikaner, die zugleich nach der möglichst raschen Besetzung der Rheinlinie strebten, stoppten mitten in dieser Aktion, um Paris zu helfen, und sie haben es den Franzosen niemals verübelt, daß diese ihre eigene Hauptstadt auf eigene Faust befreien wollten, obwohl es mit den Amerikanern nicht abgesprochen war. Als aber der blutige Aufstand in Prag im April 1945 ausbrach, der zum Glück für die Tschechen nur von kurzer Dauer und kleinerem Ausmaß war, setzte ein wahrer Wettlauf sowjetischer und amerikanischer Truppen ein, weil jeder der beiden Rivalen zuerst da sein wollte, um Prag zu befreien (bzw. in seine Gewalt zu bringen).

Und folglich kann nicht das Problem des vorhandenen oder fehlenden Rechts, über das eigene Schicksal zu entscheiden oder mit eigenen Kräften die eigene Hauptstadt zu befreien, sondern nur das Problem anderer Konfigurationen weitaus komplizierterer Natur erklären, weshalb an unsere Rechte ein Maßstab angelegt wird, ein anderer jedoch gelten soll, wenn es um die Rechte anderer geht, die in anderen Ländern im Grunde genommen für dieselbe Freiheit zur selbständigen Entscheidung kämpfen.

Da wir uns vorgenommen haben, über die den Aufstand begleitenden historisch-moralischen oder moralisch-historischen Werte zu sprechen, müssen wir hier die außerordentlich große Solidarität der Menschen zur Sprache bringen, die im Laufe des Warschauer Aufstands oftmals die Form wahren Heldentums annahm und dafür sorgte, daß weltanschauliche Differenzen

Tag für Tag fühlbar an Bedeutung verloren. In den befreiten Stadtteilen legten die Menschen – nach fünf Jahren der Okkupation, in denen keinerlei offene Organisationsformen des öffentlichen Lebens existiert hatten, ein eindrucksvolles Zeugnis ihrer demokratischen Gesinnung und ihrer politischen Reife ab. Zu den charakteristischen Erscheinungen des politischen Lebens im Laufe dieser zwei Monate gehörte unter anderem, daß man seine Gedanken und Anschauungen in den Spalten der aufständischen Presse aller Richtungen völlig ungehindert zum Ausdruck bringen konnte. Die Bibliographen registrieren heute etwa 135 Pressetitel, die in den vom Aufstand erfaßten Gebieten erschienen und alle politischen Parteien sowie natürlich auch die Heimatarmee und die Delegatur der Exilregierung im Lande repräsentierten. Mehr als ein Dutzend dieser Presseerzeugnisse gaben die Kommunisten heraus, die entschiedene Gegner des Führungsstabs der Heimatarmee, der Delegatur der Exilregierung sowie der Londoner Regierung selbst waren und diese politischen Akteure in ihren Zeitungen kritisierten. Ihre Zeitungen jedoch stellten sie in Druckereien her, die ihnen von der Heimatarmee zugeteilt waren, ebenso wie das notwendige Papier und die Druckerschwärze; und keinem von ihnen wurde auf dem Operationsgebiet der Heimatarmee auch nur ein Haar gekrümmt. Das waren im Grunde Sitten und Gebräuche, wie sie eines christlichen Volks mit einer jahrhundertealten Tradition der Toleranz und des Respekts gegenüber Menschen mit anderen Anschauungen würdig waren.

Im Warschauer Aufstand, im Angesicht des, wie es damals schien, letzten und entscheidenden Kampfes um die Freiheit und Souveränität des unabhängigen Polens, spielte die Religion eine sehr große Rolle. In Verbindung mit dem Patriotismus war sie für viele Menschen – man kann die Behauptung wagen, daß das damals für die Mehrzahl der Menschen galt – ein Halt und Hoffnung gebender Faktor, ein Quell der moralischen Kraft. Den Soldaten des Warschauer Aufstands standen bei ihrem täglichen Dienst stets ein katholischer Priester – ein Militärkaplan der Heimatarmee – und eine Sanitäterin – eine Ordensschwester – zur Seite, in der Kirche oder in einer provisorischen Kapelle im Keller. Bei der inmitten von Ruinen zerstörter Häuser abgehaltenen Messe, unter freiem Himmel, in Privatquartieren und im Hospital der Aufständischen mitten unter Schwerverwundeten, oftmals auch unmittelbar an den Barrikaden – richteten die Priester die Menschen moralisch auf, stärkten sie mit

Worten der Barmherzigkeit und der Ermutigung, leisteten geistlichen Beistand, nahmen die Beichte ab, erteilten das heilige Abendmahl, gaben die letzte Ölung, schlossen Sterbenden die Augen und vertraten oftmals die Stelle von Verwandten oder engsten Familienangehörigen. Es genügt, sich die lebenden und die nicht mehr unter uns weilenden Priester, deren Gestalten in die Geschichte des Warschauer Aufstands eingegangen sind, ins Gedächtnis zurückzurufen. Leute wie Tomasz Rostworowski SJ in Stare Miasto, den Priester Jan Zieja in Mokotów, den Priester Zygmunt Troszyński und den Priester Stefan Sydry in Żoliborz oder auch den späteren Primas Polens, Stefan Kardinal Wyszyński, damals Kaplan der Gruppe der Heimatarmee *Kampinos*, die mit den Aufständischen zusammenarbeitete. Das sind nur einige unter Dutzenden von Namen, die in die Annalen der Geschichte des Aufstands eingegangen sind.

Sonntags und an Feiertagen nahmen die Soldaten und die Zivilbevölkerung überall dort in großer Zahl an der Messe teil, wo das Leben des polnischen Volkes in den befreiten Gebieten der Stadt wieder sichtbare Gestalt annahm. Zum heiligen Abendmahl kamen Tausende von Menschen, oftmals diejenigen, die in wenigen Stunden in den Kampf ziehen mußten, der manchmal ihr letzter war. Als im Zuge der Entwicklung der Ereignisse und der immer furchtbareren Zerstörungen die meisten Warschauer Gotteshäuser in Schutt und Asche lagen, versammelte man sich einfach in den Höfen der Häuser um schlichte provisorische Kapellen herum oder hörte die heilige Messe in Kellerräumen; Priester, Nonnen und Ordensschwestern brachten ebenso schmerzliche Blutopfer, wie die Menschen, denen sie dienten. Sie fielen Massenmorden in den Stadtvierteln zum Opfer, in denen eine verrohte Soldateska die Menschen Haus für Haus niedermachte; so gingen die Warschauer Jesuiten zugrunde und die Redemptoristen, so gingen die Benediktinerinnen und die Samariterinnen zugrunde, sie starben unter den Trümmern von Gotteshäusern und Klöstern wie die Sakramentsschwestern auf dem Markt von Nowe Miasto. Sie waren stets mit uns. Sie teilten das Schicksal der Bevölkerung und waren ihr nahe. Der während des Aufstands auf den 26. August fallende Festtag der heiligen Mutter Gottes von Jasna Góra, der Königin der Krone Polens, wurde in Warschau offiziell und feierlich begangen. Die Heimatarmee war eine polnische Armee, tief verwurzelt in den christlichen Traditionen dieses Volkes. Der Kommandant der Heimatarmee des Bezirks

Warschau, Antoni Chruściel (Kryptonym »Monter«), der den Kampf in Warschau leitete, erließ anläßlich des 26. Augusts einen Tagesbefehl, und empfahl, diesen Feiertag in der Heimatarmee gebührend zu begehen.

Der Aufstand spielte mit all seinen erhabenen und schönen Zügen, aber auch mit dem, was menschliche Schwäche und Nichtigkeit war, eine wichtige Rolle auf dem Weg zur Erringung und Festigung der Unabhängigkeit Polens; zumindest jedoch hat er einen festen Begriff der Unabhängigkeit und Souveränität hervorgebracht und die ständigen Bestrebungen der Nation auf dieses Ziel gerichtet. Mir als Historiker dieser Periode, nicht aber als Teilnehmer, der sich damals dessen nicht bewußt war, weil er nur einer von Zehntausenden war, die damals ihre tägliche Pflicht erfüllten – mir scheint, daß wir heute noch nicht voll und ganz beurteilen können, wie groß die Bedeutung der Ereignisse des Warschauer Aufstands für die Verankerung des Begriffs der Unabhängigkeit und für die Sehnsucht nach Unabhängigkeit ist.

Bevor ich am Schluß zu anderen Problemen übergehe, möchte ich zwei, wie mir scheint, interessante Details anführen, die allgemein nicht sonderlich bekannt sind. Unmittelbar vor Ausbruch des Aufstands traf aus London »Jan Nowak«-Jeziorański, Kurier der Exilregierung und des Oberbefehlshabers, ein. Er sprach am 29. Juli 1944 in Warschau mit dem Bevollmächtigten der Regierung für das Land, dem Vizepremier Jan Stanisław Jankowski. Da Vizepremier Jankowski nicht mehr am Leben ist (er starb in einem Moskauer Gefängnis, wobei Zeitpunkt und Umstände seines Todes nicht völlig geklärt sind) und – soweit ich weiß – keine Memoiren hinterließ, hat der Bericht eines Mannes, der kurze Zeit vor dem Ausbruch des Aufstands mit ihm sprach, das Gewicht eines historischen Dokuments. In seinem Tagebuch notierte Jan Nowak, was der Bevollmächtigte der Regierung als Antwort auf die Frage sagte, ob es nicht noch möglich sei, diese Ereignisse zu stoppen, denn der aus London eingetroffene Kurier war äußerst skeptisch hinsichtlich der Möglichkeit, Hilfe vom Westen zu erlangen. Vizepremier Jan Stanisław Jankowski antwortete wörtlich: »Wir haben hier keine Wahl. »Burza«* ist in Warschau nichts Isoliertes, es ist ein

* Die Aktion »Burza« (»Gewitter«) war eine militärische Operation ausgewählter Truppen der polnischen Heimatarmee im Rücken der deutschen Armee während ihres Rückzugs in Richtung Westen im Jahre 1944, der durch den

Glied in einer langen Kette, die im September (1939) begonnen hat. Die Kämpfe in der Stadt werden ausbrechen, ob wir das wollen oder nicht. In ein, zwei oder drei Tagen wird Warschau in der vordersten Linie der Front sein. Ich weiß nicht, vielleicht ziehen sich die Deutschen mit einem Schlage zurück, vielleicht kommt es zu Straßenkämpfen wie in Stalingrad. Können Sie sich vorstellen, daß unsere nach Vergeltung dürstende Jugend – die wir seit Jahren für diesen Augenblick geschult und vorbereitet und der wir Waffen in die Hand gegeben haben – passiv zuschauen oder den Deutschen gestatten wird, sich ohne auf Widerstand zu stoßen ins Reich zurückzuziehen? Wenn wir nicht das Signal zum Kampf geben, werden uns die Kommunisten damit zuvorkommen, die Menschen werden dann tatsächlich glauben, daß wir Gewehr bei Fuß stehen wollten.«

Die letzten Worte bezogen sich auf den demagogischen Vorwurf der Kommunisten, die geheime Heimatarmee, die der polnischen Regierung in London unterstand, habe in ungenügendem Maße gegen die deutschen Besatzer gekämpft. Die Führung der Heimatarmee beschränkte ihre bewaffneten Aktionen in den Jahren der Okkupation auf konkrete und zielgerichtete Akte der Sabotage und Diversion und gab – entgegen den Aufrufen der Kommunisten – nicht ihr Einverständnis zu verfrühten Massenaufständen, die eine totale Gefährdung der Bevölkerung hätten nach sich ziehen können.

Im Jahre 1965, also zwanzig Jahre nach dem Krieg, ließ der kommunistische polnische Historiker Antoni Przygoński in einem Band von Einzelstudien über den Warschauer Aufstand (damals vom Verteidigungsministerium der Volksrepublik Polen herausgegeben) verlauten, daß sich die kommunistische Volksarmee darauf vorbereitete – falls die Sowjetarmee im Sommer 1944 in Warschau einmarschieren sollte – all ihre Kräfte zu konzentrieren, das Rathaus zu besetzen, sich zu verbarrikadieren, die rote Fahne herauszuhängen, die Übernahme der Regierung zu verkünden und Hilfe herbeizurufen. Das war ein sehr realistischer Plan, denn die 450 oder 500 Mann, über die die Volksarmee in Warschau verfügte, waren gerade ausreichend – wenn sie sich konzentrierten –, um in einer großen Anstren-

Ansturm der Roten Armee ausgelöst wurde. Diese Operationen der polnischen Heimatarmee wurden auf Wunsch des polnischen Oberkommandos in London durchgeführt, um die militärischen Anstrengungen der Roten Armee zu unterstützen, der die Polen zwar kein Vertrauen entgegenbrachten, die sie jedoch als den Verbündeten ihrer Verbündeten behandelten.

gung ein einziges Gebäude zu besetzen, die Fahne zu hissen und auf diese Weise zu Herren des Rathauses, Herren der Stadtverwaltung und Herren von ganz Polen zu werden. Einmal abgesehen von dem Sarkasmus, den ich an dieser Stelle nicht vermeiden kann, war es so, daß die am 29. Juli 1944 ausgesprochene Meinung Jankowskis keine unmittelbare, jedoch eine völlig ausreichende Bestätigung erfuhr, und zwar durch einige im Text versteckte Sätze eines marxistischen Historikers dieser Periode.

Ein anderes Problem – bereits das letzte in der Kette derer, die zwar die Moral betreffen, jedoch nicht rein moralischer Natur sind –, das viele Menschen bewegt, ist die Hamlet-Frage: Konnte man Warschau helfen und wollte es nur nicht oder war es unmöglich, Warschau zu helfen?

In der offiziellen polnischen *Großen Allgemeinen Enzyklopädie,* herausgegeben mit Billigung der kommunistischen Zensur, lesen wir in Bd. 9 auf S. 356 unter dem Stichwort »Warschauer Aufstand«: Am 8. August (also 7 Tage nach dem Ausbruch des Aufstands, W.B.) wurde im Stab der I. Weißrussischen Front das Projekt eines Angriffs auf Warschau ausgehend vom Magnuszew-Brückenkopf* ausgearbeitet. Der Plan der für Ende August vorgesehenen Operation wurde Stalin vorgelegt, der ihn nicht akzeptierte, weil strategische Gründe seiner Meinung nach eine Frontbegradigung erforderten, und weil auch politische Gründe dagegensprachen, die er in seiner Antwort an Churchill und Roosevelt vom 22. August zum Ausdruck brachte.« Man darf soviel Vertrauen in das Fachwissen der sowjetischen Generalität setzen, um anzunehmen, daß die Tatsache, daß im sowjetischen Stab das Projekt eines Angriffs auf Warschau noch im August ausgearbeitet und Stalin vorgeschlagen wurde, bedeutete, daß man dieses Projekt im Rahmen der eigenen Erfahrungen für realistisch und durchführbar hielt. Und folglich finden wir die Antwort auf die uns quälende Frage, ob die Einnahme Warschaus im August 1944 überhaupt unmöglich war oder ob man sie nicht durchführen wollte. Aus dem oben zitierten Text in der *Enzyklopädie* geht hervor, daß die Operation nach Meinung des sowjetischen Stabs möglich, nach Stalins Meinung aber unerwünscht war.

Zum Schluß möchte ich mich an die unvergeßlichen Tage vom Juni 1979, die Tage der Pilgerfahrt des Papstes nach Polen

* Magnuszew = Dorf an der Weichsel

erinnern. Wir wissen, daß der Heilige Vater nicht in Warschau aufgewachsen ist, und daß ihn persönlich mit Warschau nicht so viel verbindet wie mit seiner Heimat, was völlig verständlich ist. Wir wissen auch, wie sorgfältig und verantwortungsbewußt er jedes Wort, jeden Ton und jede Nuance eines Wortes gewogen hat, als er auf der Pilgerfahrt in seinem Vaterland gesprochen hat. Wir können also nicht vermuten, daß irgendeine seiner Formulierungen zufällig war. Im Gegenteil, wir dürfen überzeugt sein, daß sie zielgerichtet, ausgewogen und am entsprechenden Ort und Zeitpunkt genau in der Weise formuliert wurden, wie er sie zum Ausdruck bringen wollte. Wenige Stunden nach seiner Ankunft in Polen, in Warschau am 2. Juni 1979, auf dem großen Platz des Sieges, der seitdem in Warschau allgemein Platz des Sieges Johannes Pauls II. heißt, sprach der Heilige Vater in seiner Predigt vom Altar die folgenden Worte: »Es ist unmöglich, diese Stadt, Warschau, die Hauptstadt Polens, die sich im Jahre 1944 auf einen ungleichen Kampf gegen den Aggressor einließ – einen Kampf, bei dem die verbündeten Mächte sie im Stich ließen, einen Kampf, in dem sie unter ihren eigenen Trümmern begraben wurde – zu verstehen, wenn man sich nicht daran erinnert, daß unter diesen gleichen Trümmern auch Christus, der Erlöser, mit seinem Kreuz lag, das sich heute vor der Kirche in Krakau-Vorstadt befindet. Man kann unmöglich die Geschichte Polens begreifen, von Stanislaus in Skalka bis zu Maksimilian Kolbe in Auschwitz, wenn man nicht auch auf sie dieses eine fundamentale Kriterium anwendet, das Jesus Christus heißt. (...) Christus hört nicht auf, stets ein offenes Buch von der großen Botschaft vom Menschen zu sein, von seiner Würde und seinen Rechten, gleichzeitig aber auch der großen Botschaft von der Würde und den Rechten der Nation. (...) Wir stehen hier am Grab des Unbekannten Soldaten. In der Geschichte Polens – der alten wie der neuen – hat dieses Grab eine besondere Bestätigung gefunden. An wie vielen Orten des Vaterlands ist dieser Soldat gefallen, an wie vielen Orten Europas und der Welt hat er durch seinen Tod bezeugt, daß es ohne ein unabhängiges Polen auf der Karte Europas kein gerechtes Europa geben kann! Auf wie vielen Schlachtfeldern hat dieser Soldat für die Rechte des Menschen Zeugnis gegeben, die so tief eingeschrieben sind in die unveräußerlichen Rechte der Nation, als er fiel für unsere und eure Freiheit. Wo ihre Gräber sind, polnisches Vaterland, und wo sie nicht sind, du weißt es am besten, und Gott im Himmel weiß es.

Die Geschichte des Vaterlandes wurde aufgezeichnet durch das Grab des Unbekannten Soldaten. Ich möchte an diesem Grab niederknien, um jedes Samenkorn zu ehren, das, indem es in die Erde fällt und in ihr stirbt, Frucht bringt.«

Diese Worte, die zu zitieren ich mir soeben gestattet habe, verleihen dem Kampf und der Sache des Kampfs der Aufständischen eine dauerhafte Dimension; der Heilige Vater hat sie einzig und allein dem Warschauer Aufstand gewidmet, nicht den anderen dreizehn Belagerungen Warschaus in der Geschichte der Stadt, nicht dem Kampf Warschaus im Jahre 1939, und nicht dem mit dem Gefühl einer ungeheuren, schweren und quälenden Schuld verknüpften Kampf, der vielen menschlichen Dramen zugrundelag.

Den Aufstand hat der Heilige Vater in seiner Homilie auf dem Platz des Sieges als richtig anerkannt und er hielt es für notwendig, ihn als das einzige konkrete Warschau betreffende Beispiel in Erinnerung zu rufen.

Wir, die Lebenden – und besonders die Menschen aus der Generation, die jene Opfer und Leiden in Erinnerung haben – können es zutiefst bedauern, daß es Tausenden unserer Kameraden und Kameradinnen, der damaligen Jugend, in ihrem irdischen Dasein und Leben nicht vergönnt war, diese Worte des Stellvertreters Christi auf Warschauer Boden zu hören, die gar nicht weit vom Ort ihrer Qualen, ihres Sterbens und ihres Todes gefallen sind. Doch wir können hier an Worte erinnern, die zum klassischen Schatz der polnischen Literatur gehören, sie bilden nämlich den Schluß des Werks ›Quo vadis?‹ aus der Feder des Nobelpreisträgers Henryk Sienkiewicz: »So endete Nero, wie ein Sturm, eine Feuersbrunst, ein Krieg oder eine Pest zu Ende gehen, doch die Basilika des Petrus ragt noch heute von den Höhen des Vatikans gen Himmel.«

# Frieden um jeden Preis?

## Polen ist ein katholisches Land
(Text eines Vortrags, gehalten im März 1981 in der Catholic Writers' Guild in London)

Das Thema »Polen« gehört in den letzten Jahren – seit der Berufung von Karol Wojtyła, des Erzbischofs von Krakau, in das Amt des Oberhaupts der Katholischen Kirche – zu den aktuellen und in allen möglichen Ländern Interesse hervorrufenden Themen, darunter auch in Großbritannien. Die Pilgerfahrt des Heiligen Vaters nach Polen im Jahre 1979, danach die Ereignisse der letzten Monate des Jahres 1980 – das Streben nach Verbesserung der sozialen Verhältnisse und die Verteidigung der Menschenrechte unter dem Zeichen des Kreuzes und im Geist der Ideale der Solidarität unter den Menschen, nicht aber des Klassenkampfs – all das hielt in Großbritannien das Interesse daran wach, was in Polen geschah. Gerade hier, im Kreise katholischer Schriftsteller und Publizisten, ist dieses Interesse besonders gerechtfertigt, weil Polen ein katholisches Land ist, und weil den Männern der Feder eine besondere Rolle zukommt, wenn es darum geht, die Öffentlichkeit zu informieren und meinungsbildend bei den Lesern der Presse und anderer Publikationen zu wirken, in Großbritannien ebenso wie in Polen.

Einleitend möchte ich einige grundlegende Daten anführen, die die Situation der Katholiken in Polen charakterisieren. Von den 35 Millionen Einwohnern Polens sind mehr als 90%, etwa 33 Millionen Menschen, katholisch getauft. Somit ist Polen nach Italien, Spanien und Frankreich zahlenmäßig das vierte katholische Land in Europa. Die katholische Kirche in Polen ist organisatorisch in 27 Diözesen eingeteilt, zählt 77 Bischöfe, ca. 20000 Priester, darunter auch Ordenspriester, sowie ca. 28000 Nonnen. Die Priester werden in 25 höheren geistlichen Diözesanseminaren ausgebildet; außerdem gibt es noch 25 höhere geistliche Seminare, die von verschiedenen Ordenskongregationen geleitet werden. All diese Lehranstalten werden von der Kirche ohne staatliche Hilfe unterhalten. Auch die Katholische Universität in Lublin – die einzige private katholische Universität in den riesigen Gebieten Osteuropas und Asiens, man könnte sagen, zwischen Elbe und Jangtsekiang – wird durch die Opferbereitschaft der Gläubigen unterhalten, d.h. durch Geldspenden, die in den Kirchen gesammelt werden, sowie durch Spenden, die von den Freunden dieser Lehranstalt – von Polen wie Angehörigen anderer Nationen stammen.

Die Universität bildet nicht nur Fachleute im Bereich der Theologie, der christlichen Philosophie und des kanonischen Rechts aus, sondern auch Historiker, Kunsthistoriker, Archäologen, Literaturwissenschaftler usw. Der kommunistische Staat beschränkt die Handlungsmöglichkeiten dieser Universität jedoch sehr, und obwohl er kein Geld für sie aufwendet, bestimmt er Jahr für Jahr die zulässige Höchstzahl an Studenten wie auch das Limit für die wissenschaftlichen Publikationen der Universität (die Seitenzahl, den Druck sowie die Auflagenhöhe der Arbeiten, auf deren Herausgabe die Universität ein Recht hat). Man muß jedoch hinzufügen, daß die Hörer aller anderen staatlichen Hochschulen in ihrer überwältigenden Mehrheit auch Katholiken sind, die sich mit der Kirche verbunden fühlen und das kommunistische System, in dem zu leben sie gezwungen sind, kritisch betrachten.

Allein der Begriff katholischer Schriftsteller bedeutet in dieser Situation in Polen etwas anderes als in England. Man könnte die Behauptung wagen, daß er in Polen weiter gefaßt ist. Denn alle Schriftsteller, Autoren von Büchern, Mitarbeiter angesehener Zeitschriften kulturellen oder literarischen Charakters sind in Polen – soweit sie nicht Marxisten sind, und diese stellen nur eine winzige Minderheit dar – entweder mit der katholischen Kirche verbunden oder unterstützen sie aus Sympathie, weil sie in der katholischen Kirche einen historischen Faktor der Verbundenheit Polens mit dem Westen sehen. Hierzu ist ein Kommentar abzugeben: Bekanntlich hat der polnische Staat zwischen 1795 und 1918 nicht existiert, weil er von Preußen, Rußland und Österreich angegriffen und geteilt worden war. Erst der Versailler Vertrag erkannte die Wiedergeburt Polens an und definierte diesen Staat in völkerrechtlicher Hinsicht. Doch im Laufe der mehr als 120jährigen Nichtexistenz des polnischen Staates lebten fünf Generationen des polnischen Volkes. Diese Menschen waren in ihrer Mehrheit zu einem Leben unter religiösem und nationalem Druck im protestantischen Preußen und im orthodoxen Rußland gezwungen, weil in diesen beiden Ländern damals ein despotisches System herrschte. Bindeglied für all die Polen in Preußen und Rußland war damals das gemeinsame Bekenntnis zur katholischen Religion und die gemeinsame Sprache. Ausdruck dieser Sprache waren zum einen die Kirchenlieder, zum anderen das gedruckte Wort – Gebetbücher, religiöse und Bücher literarischer Art in polnischer Sprache. Diese Elemente bestimmten das historische Gewicht der Literatur und sicherten ihr im Bewußtsein der Polen einen Platz gleich neben der Religion. Nach zwanzig Jahren der Unabhängigkeit kam der Zweite Weltkrieg. Nachdem die Hitler-Deutschen Polen besetzt hatten, ermordeten sie nicht nur die polnischen Juden, sondern weitere drei Millionen polnischer Christen. Die Hierarchie der Katholischen Kirche und ihre Priester litten gemeinsam mit dem Volk. In Gefängnissen und Konzentrationslagern starben 4 Bischöfe und mehr als 2600 Priester, d.h. mehr als 26% aller katholischen Geistlichen in Polen. Die schrecklichen Erfahrungen im Krieg festigten jedoch nur die Bedeutung der Katholischen Kirche in Polen. Wie schon oft in der Geschichte der christlichen Kirche so wurde auch diesmal im Falle Polens das Blut der Märtyrer zur Saat, aus der das religiöse Leben neu erblühte. Die Kirche hatte sehr beschränkte Handlungsmöglichkeiten, alle katholischen Institutionen und Organisationen waren geschlossen, es existierte keine öffentliche katholische Presse, an ihrer Stelle erschienen konspirativ herausgegebene Zeitungen, gedruckt in geheimen Druckereien. Ich nehme mir die Freiheit, hier auch auf eigene Erinnerungen zurückzugreifen, denn als 21–22jähriger Jüngling war ich in den Jahren 1942–1944 im besetzten Warschau Redakteur einer dieser geheimen katholischen Jugendzeitschriften, die den Titel *Prawda Młodych (Wahrheit der Jungen)* trug. 1945 befand sich Polen bekanntlich in der politischen und militärischen Einflußsphäre der Sowjetunion, im sogenannten Ostblock, und dem polnischen Volk wurde ein politisches System aufgezwungen, das seinen Traditionen und seinem Willen zuwiderlief. Doch selbst der Faktor Macht vermochte den Polen das ihnen fremde philosophische und weltanschauliche System nicht aufzuzwingen. Und so wurde das katholische Leben in Polen trotz aller Beschränkungen nicht erstickt.

Besonders hart und schwer war das erste Jahrzehnt nach dem Zweiten Weltkrieg, doch nach 1956, nach Stalins Tod und nach den politischen Veränderungen im Ostblock zeichneten sich gewisse Möglichkeiten ab. Es entstand eine Bewegung mit dem Namen »Znak« (Zeichen), wobei man unter diesem Namen das Kreuz verstand, als das für die Katholiken wichtigste Zeichen des Glaubens und der Erlösung. Organisiert wurde die Bewegung von fünf Klubs der katholischen Intelligenz (in Warschau,

Krakau, Breslau, Posen und Thorn), und sie war und ist in der Nachkriegsgeschichte der Katholischen Kirche in Polen die einzige Organisation weltlicher, eng mit der Hierarchie der Kirche verbundener Personen, die gleichzeitig auch vom Staat zugelassen ist. Gegenwärtig (1986) gibt es in Polen etwa 50 aktive Klubs der katholischen Intelligenz.

Handlungsmaxime der Bewegung »Znak« war natürlich die völlige Respektierung des durch den Staat gesetzten Rechts und seiner Vorschriften, nicht aber die Übernahme irgendwelcher Handlungsdirektiven vom Staat, somit die Bewahrung völliger Unabhängigkeit in Übereinstimmung mit den eigenen Anschauungen, dem eigenen Gewissen und den Lehren der Katholischen Kirche. Ich mache diese Bemerkung nicht zufällig, denn alle anderen Institutionen, die in Polen die Bezeichnung katholisch benutzen, nehmen einen anderen Standpunkt ein: Sie gehorchen den Direktiven der kommunistischen Parte und wurden wiederholt zu Diversionszwecken gegen die Katholische Kirche und die katholische Gemeinschaft benutzt. Ich denke hier vor allem an die Gesellschaft PAX, die man trotz der Namensähnlichkeit nicht mit der internationalen katholischen Bewegung Pax Christi verwechseln darf. Pax Christi existiert in Polen überhaupt nicht. Dieselbe Rolle erfüllt die sogenannte Christlich-soziale Gesellschaft, und im Januar 1981 ließen die kommunistischen Behörden eine neue, von ihnen unterstützte Organisation mit dem Namen Polnischer Sozial-katholischer Verband ins Vereinsregister eintragen. Die Organisation hat einen ähnlichen Charakter wie die Christlich-demokratische Partei in der Deutschen Demokratischen Republik. Ein Repräsentant dieser Organisation, Prof. Ozdowski, wurde zu einem der Vizepremiers der kommunistischen Regierung der Volksrepublik Polen (PRL) ernannt. Inzwischen ist Jerzy Ozdowski zur Würde eines Mitglieds des Staatsrats der PRL aufgestiegen.

Alle erwähnten Kreise geben katholischen Zeitungen und Zeitschriften heraus oder zumindest solche, die sich als katholisch bezeichnen. Die Katholische Kirche in Polen steht offiziell auf dem Standpunkt, daß der Begriff »katholische Presse« *primo* kirchliche Zeitungen (redigiert im Auftrag der Kirche von geistlichen oder weltlichen Personen, die von der Kirche dazu bestellt sind) umfaßt, *secundo* Zeitungen, die zwar nicht von der Kirche herausgegeben werden, sondern von Menschen, die in ständigem Kontakt mit der kirchlichen Hierarchie stehen. In den Redaktionen derartiger Zeitungen und Zeitschriften arbeitet stets zumindest ein katholischer Geistlicher, der sogenannte kirchliche Assistent, der vom zuständigen Bischof auf diesen Posten berufen wird. Alle anderen Zeitungen und Zeitschriften hingegen können nicht als katholisch angesehen werden, selbst wenn sie von getauften und der katholischen Kirche zugehörigen Personen redigiert werden. Das ist unter den in Polen herrschenden Verhältnissen eine sehr wichtige Differenzierung, denn die obengenannten von der kommunistischen Regierung unterstützten, jedoch unter katholischem Namen auftretenden Organisationen spielen durch ihre Presse eine Rolle sui generis bei der ideologischen Diversion. Die Katholische Kirche nimmt zu diesem Problem nicht öffentlich Stellung und überläßt die Bewertung dieses Verhaltens dem Gewissen der Personen, die diese Presse redigieren oder mit ihr zusammenarbeiten, sowie der Erfahrung und dem kritischen Urteil der Gläubigen.

Wichtigstes und ältestes Zentrum der katholischen Presse im eigentlichen Verständnis dieses Wortes ist seit 1945 die Stadt Krakau, Sitz einer er fünf großen polnischen Erzdiözesen. In Krakau begann man 1945 damit, den *Tygodnik Powszechny (Allgemeines Wochenblatt)* herauszugeben, ein katholisches Wochenblatt auf sehr hohem Niveau, das sich mit gesellschaftlichen und kulturellen Problemen befaßte. Diese bis heute erscheinende Zeitschrift wurde vom damaligen Erzbischof von Krakau Adam Kardinal Sapieha gegründet, der im Polen des XX. Jahrhunderts zu den herausragendsten Persönlichkeiten gehörte. Nota bene, eben dieser Erzbischof hat 1946 Karol Wojtyła, den jetzigen Johannes Paul II., zum Priester geweiht. Neben diesem Wochenblatt entstand im Jahre 1947 die Monatsschrift *Znak;* von diesem Namen leitet sich die Bezeichnung für die gesamte Bewegung der katholischen Intelligenz in Nachkriegspolen ab. In beiden erwähnten Zeitschriften (und nur in ihnen) veröffentlichte ein Geistlicher unter Pseudonym all seine literarischen Werke – Gedichte, Dramen, Essays – und zwar über 30 Jahre hindurch, zunächst als Priester, dann als Bischof, Erzbischof und Kardinal bis zu dem Moment, da er zum Papst gewählt wurde. Erst dann gab Karol Wojtyła die Zustimmung zur Bekanntgabe seiner Identität, die er gegenüber den Lesern der katholischen Presse so lange Zeit hinter einem Pseudonym verborgen hatte. Neben den erwähnten Zeitschriften ist die angesehenste Zeitschrift der weltlichen, mit der Kirche verbundenen Katholiken die Monatsschrift *Więź (Bande),* die seit 1957 in Warschau herausgegeben wird. Der *Tygodnik Powszechny* hatte früher eine Auflage von 50000 Exemplaren, gegenwärtig (1986) liegt sie bei 80000. Die Monatsschriften *Znak* und *Więź* haben jeweils eine Auflage von 70000. Das steht in keinem Verhältnis zur Nachfrage auf dem Lesermarkt. Die Auflagenhöhe dieser Zeitschriften wird vom kommunistischen Staat limitiert, sie könnte ohne diese Beschränkungen um das 30 oder 40fache gesteigert werden. Die kommunistischen Behörden gestatten außerdem, daß in Polen einige wissenschaftliche Zeitschriften theologischen Charakters erscheinen, die für einen sehr kleinen Leserkreis bestimmt sind, und deren Auflagenhöhe um ein mehrfaches niedriger liegt als die Gesamtzahl der Priester in Polen. Diese Zeitschriften sind in der Praxis nur in Bibliotheken zugänglich. Darüber hinaus erscheinen in zweien (der insgesamt 27) katholischen Diözesen, in Posen und in Kattowitz, kirchliche Diözesanwochenblätter in Auflagen von 90000 bzw. 60000 Exemplaren, die im Prinzip im ganzen Land erhältlich, jedoch wegen der Disproportion zwischen Auflagenhöhe und Nachfrage ebenfalls schwer zugänglich sind. 1986 erscheinen auch in einigen anderen Diözesen (Warschau, Breslau, Danzig, Tschenstochau) Diözesanblätter in beschränkter Auflagenhöhe. Die Dominikaner in Posen geben eine angesehene Monatsschrift für Zeitprobleme mit dem Titel *W drodze (Unterwegs)* heraus, die in einer Auflage von 3500 Exemplaren erscheint. Will man sich vergegenwärtigen, was derart niedrige Auflagen in der Praxis in Polen bedeuten, so braucht man nur darauf hinzuweisen, daß die Subskription eines neuen Abonnenten bei all den erwähnten Zeitschriften nur dann akzeptiert wird, wenn ein altes Abonnement (zumeist durch den Tod des Abonnenten) erloschen ist, und daß auf jeden freien Platz (auf die Möglichkeit, ein Exemplar zu abonnieren) – abhängig vom Titel der Zeitschrift – eine Schlange von einigen hundert bis zu mehr als 2000 Personen wartet.

In Polen gilt bis heute die staatliche Präventivzensur. Das bedeutet in der Praxis, daß die Vertreter des kommunistischen Apparats vor dem Druck entscheiden, was in einer katholischen Zeitung veröffentlicht werden darf und was ihrer Meinung nach dort nicht veröffentlicht werden darf. Sie streichen ganze Artikel oder Teile davon, ja sogar einzelne Sätze und Wörter. Gegen diese Entscheidung gibt es in der Praxis keine Einspruchsmöglichkeit, und die staatliche Druckerei (andere Druckereien gibt es in Polen nicht) druckt eine Zeitschrift erst, nachdem sie den Stempel (die Genehmigung) der Zensurbehörde auf den Korrekturbögen erhalten hat. In dieser Situation kommt es zu dem unvermeidlichen Phänomen, daß eine Autozensur bei den Publizisten selbst entsteht. Will man bestimmte Inhalte wiedergeben, muß man eine Form finden, die nach Meinung der Kommunisten zulässig und nach der Meinung des Autors keine Lüge ist. Man akzeptiert folglich generell in der Praxis den Grundsatz, daß nur darüber geschrieben wird, worüber man schreiben »kann«. Man greift somit zum Mittel des Auslassens, schreibt aber nicht die Unwahrheit. Und so ist es nicht erstaunlich, daß die Katholische Kirche in Polen in dieser Situation großes Gewicht auf eine vernünftige Beschränkung der Eingriffe des Staats in die gedruckten Texte legt. Der polnische Episkopat hat in offiziellen Erklärungen mehrfach seine Stimme zum Thema der Freiheit für katholische Publikationen erhoben. Hier ging es sowohl um den Abbau der Beschränkungen des Inhalts, als auch um die Zulassung neuer katholischer Zeitschriften sowie um die Auflagenerhöhung bei bereits existierenden Zeitschriften.

Wie sehen die Redakteure und Mitarbeiter der katholischen Presse in Polen ihre Aufgaben in dieser Situation? Neben der Information über Ereignisse im kirchlichen Leben und religiöse Feierlichkeiten, was in der katholischen Presse selbstverständlich ist, existieren hier die folgenden Problemgruppen:

1) Die marxistischen Kreise postulieren den Atheismus als das Erziehungsziel der Gesellschaft. Die katholische Presse widmet der Problematik der Erziehung im Geiste der Grundsätze des Evangeliums und der Lehre der Kirche besondere Aufmerksamkeit. Das gilt ebenso für soziale Probleme wie für das Familienleben und die Ausbildung der akademischen und der Schuljugend, einschließlich der Probleme der Unterrichtsprogramme, für die Ethik der Arbeit und die Verhaltensnormen und wechselseitigen Beziehungen zwischen den Menschen im Alltagsleben.

2) Anknüpfend an die spezifische historische Tradition des polnischen Volkes und der Katholischen Kirche in Polen – die ich oben erwähnt habe – lenken katholische Publizisten und Schriftsteller die Aufmerksamkeit ganz besonders auf alle positiven, aus dieser Tradition hervorgehenden Werte. Dabei betonen sie die Verbindung Polens zum lateinischen Zivilisations- und Kulturkreis – die von der Katholischen Kirche seit tausend Jahren gefestigt werden wird –, die historische Rolle der Kirche bei der Entwicklung von Bildung und Wissenschaft in Polen,

den Anteil der Kirche an der Verteidigung der Freiheit des Menschen und an der Verteidigung der nationalen Identität in den schwierigen Perioden der historischen Prüfung.

3) Die katholischen Publizisten messen der Einheit der europäischen Kultur in ihren grundlegenden Werten große Bedeutung zu und verteidigen das Prinzip der Einheit der polnischen Literatur, wo immer diese auch geschrieben wurde. Dieses Prinzip ist bei den Kommunisten nicht wohlgelitten, die es 30 Jahre lang nicht zuließen, daß in Polen viele außerordentlich wertvolle Werke polnischer Schriftsteller und Moralisten veröffentlicht wurden, die außerhalb Polens schrieben, z.B. in den Vereinigten Staaten oder in Großbritannien. Ein krasses und extremes Beispiel für diesen Stand der Dinge ist der Fall Czesław Miłosz, der zuletzt den Nobelpreis für Literatur erhielt. Czesław Miłosz, ein herausragender Essayist, Poet, Philosoph und Moralist, Professor an der Universität Berkeley, der in polnischer Sprache schreibt, wurde seit 30 Jahren nur im Ausland gedruckt, und seine Bücher waren in Polen verboten. Nur in der katholischen Presse gelang es von Zeit zu Zeit, einige seiner Gedichte oder Fragmente seiner polnischen Neuübersetzungen des Alten Testaments zu veröffentlichen. Nachdem man ihm jedoch den Nobelpreis zuerkannt hatte (was zeitlich genau mit der Periode positiver Veränderungen in Polen zusammenfiel), entschlossen sich die kommunistischen Behörden, einige, wenn auch nicht alle seine Werke in Polen drucken zu lassen. Als die polnischen Arbeiter jedoch im Herbst 1980 in Danzig ein Denkmal für ihre von der Polizei zehn Jahre zuvor ermordeten Kollegen bauten, versahen sie dieses Denkmal mit der letzten Strophe des Psalms 29: *»Der Herr wird seinem Volk Kraft geben, der Herr wird sein Volk segnen mit Frieden«* – in der neuen polnischen Übersetzung von Czesław Miłosz. Im Empfinden des polnischen Volks war dies ein schönes, jedoch sich von selbst verstehendes Beispiel der seelischen Bindung zwischen einem humanistisch-katholischen Schriftsteller und den um ihre Menschenrechte kämpfenden polnischen Arbeitern. An eben diesem Denkmal ist auch ein anderer Text angebracht, das Fragment eines originellen Gedichts von Miłosz: *»Du, der du einem armen Menschen Unrecht zugefügt hast, sei nicht ruhigen Gewissens: Der Dichter vergißt nicht«* – ein Ausdruck der tiefen Verwurzelung der polnischen Poesie im Geiste des Gebots der Nächstenliebe und der acht Seligpreisungen aus der Bergpredigt.

4) Ton, Stil und Sprache der mit der Kirche verbundenen katholischen Presse in Polen sind deutlich von Ton, Stil und Sprache der gesamten Regierungspresse abgesetzt. Die wesentliche Eigenschaft der katholischen Presse ist die ins Auge fallende besondere Art der Betrachtung der Dinge, die Vermittlerrolle im Falle sozialer Spannungen, der Versuch zur praktischen Realisierung des Prinzips der Achtung vor dem Menschen (folglich auch vor dem Menschen als Leser), die Schlichtheit und die Wahrheit. Und wenn auch nicht die ganze Wahrheit, so doch *nur* die Wahrheit.

Um zu veranschaulichen, wie ich das verstehe, möchte ich hier ein charakteristisches Beispiel aus der leidvollen Geschichte der polnischen katholischen Presse im kommunistischen System anführen. Als Josef Stalin 1953 gestorben war, mußten in der gesamten Presse Osteuropas Nekrologe und Lobeshymnen erscheinen. Die einzige Zeitung – nicht nur in Polen, sondern im ganzen Sowjetblock –, deren Redakteur es ablehnte, in seinem Blatt ein Loblied auf den Tyrannen erscheinen zu lassen, war der katholische *Tygodnik Powszechny* in Krakau. Dieser Redakteur war Jerzy Turowicz, und bereits damals veröffentlichte der knapp über dreißig Jahre alte Priester Karol Wojtyła seine literarischen Werke im *Tygodnik Powszechny*. Das Blatt wurde damals von den Kommunisten geschlossen und der Agenturgruppe der prokommunistischen Katholiken PAX als Eigentum übergeben. Der unabhängige *Tygodnik Powszechny* erschien erst nach mehr als drei Jahren wieder, Ende 1956, nachdem Kardinal Wyszyński, der Primas von Polen, aus kommunistischer Haft entlassen worden war. Chefredakteur der Zeitung blieb weiterhin Jerzy Turowicz und er ist es auch bis heute. Die wahre Geschichte davon, wie unsere Zeitung bestraft wurde, weil sie sich weigerte, einen Panegyrikus zu Ehren des Tyrannen zu veröffentlichen, und die würdevolle Haltung ihrer Redakteure, die man ihrer Arbeit und der Mittel zur Aufrechterhaltung der Existenz beraubte, hält man heute in Polen für eines der schönen Beispiele der Treue gegenüber dem eigenen Gewissen und des Verantwortungsgefühls gegenüber der Gesellschaft, das eine Gruppe polnischer katholischer Journalisten bewiesen hat.

Ein Kreis angesehener katholischer Journalisten erarbeitete im Herbst 1977 Thesen zum Thema ›Die katholische Presse im Dienste des Menschen‹ – die als offizielles Dokument der polnischen Katholiken auf dem XI. Internationalen Katholischen Pressekongreß in Wien vorgelegt wurden. Dort hieß es u.a.:

»Die Lebenskraft der Katholischen Kirche in Polen, von der wir oft mit Hochachtung sprechen hören, ist auch die Lebenskraft des christlichen Denkens. Das christliche Denken hat seine Anwesenheit in der nationalen Kultur bestätigt und befestigt. Die katholischen Zeitungen und Zeitschriften haben an diesem Werk keinen geringen Anteil. In ihrem Umkreis haben sich Vereinigungen insbesondere der katholischen weltlichen Intelligenz gebildet, die intellektuelle Aufgaben übernehmen müssen, die anderswo von wissenschaftlichen Instituten wahrgenommen werden: die Erforschung der neuen Lebensbedingungen und die Untersuchung ihres Einflusses auf das geistige Antlitz der Gesellschaft, aber auch das schöpferische Reagieren auf diese neuen Bedingungen, das an christlichen Werten orientiert ist. Wir beobachten in unserer Kultur charakteristische Prozesse: Eine Wende in Richtung auf religiöse Werte, die nicht notwendig in eine konfessionelle Formel eingeschlossen sind, jedoch die tiefsten Sehnsüchte und Bedürfnisse des Menschen zum Ausdruck bringen. Die katholischen Zeitungen und Zeitschriften bilden die einzige Plattform, auf der dieser Umschwung zum Ausdruck gebracht werden kann.

Gleichzeitig erfüllt die katholische Presse Aufgaben sehr grundsätzlicher Natur. Der Mensch, der mit dem Relativismus der offiziell anerkannten, doch oftmals bald wieder verworfenen Werte konfrontiert wird, wird in der Orientierung auf absolute Werte einen festen und ständigen Halt finden. Das geschriebene Wort, das von Gott und von der unveräußerlichen Würde des Menschen Zeugnis ablegt, wird zu solch einem festen und ständigen Halt. Angesichts der ungeheuren Probleme im Bereich der Erziehung, die mit zivilisatorischen und demographischen Veränderungen verbunden sind, bewirkt die Festigkeit des erzieherischen Fundaments, das die Kirche gewährt, daß die Funktion der katholischen Presse in diesem Abschnitt auf ein ungeheuer großes Bedürfnis stößt. Der Dienst an der Familie ist das grundlegende Element des Dienstes am Menschen.

Die gesellschaftliche Funktion der katholischen Presse besteht unter unseren Verhältnissen darin, die Subjektivität der Gesellschaft zu wecken und zu fördern, das Gefühl dafür zu fördern, daß der Mensch nicht nur ein Element der Produktion, sondern ihr Ziel ist, und ebenfalls das Empfinden dafür zu fördern, daß die Gesellschaft nicht das Eigentum des Staates ist, daß sie subjektive Rechte besitzt, die der Staat respektieren muß. Angesichts der Bestrebungen zur Uniformierung der Gesellschaft ist die katholische Presse ein Faktor des Pluralismus der Kultur und muß mit den Werten, die sie dem Leser vermittelt, Zeugnis davon ablegen, was das Christentum zur menschlichen Kultur beiträgt.

Die Bedrohung der Kultur durch die Uniformierung ist heute bei weitem subtiler und ernster als die scharfe und vulgäre atheistische oder laizistische Propaganda. Das wird zu einem Hauptproblem für die Einflußmöglichkeiten des Katholizismus durch das geschriebene Wort, das bei den der einseitigen Pression der Massenmedien ausgesetzten Menschen die Fähigkeit ausbilden muß, sich für die richtigen Werte zu entscheiden. Das ist ein universelles Problem, das unter unseren Verhältnissen ebenso aktuell wie besonders schwer zu lösen ist.«

Die gegenwärtig in Polen vor sich gehenden Veränderungen erfordern auch einen bestimmten Kommentar. Katholische Journalisten, Literaten und Gelehrte – weltliche und geistliche – spielen bei diesen Veränderungen eine sehr bedeutende Rolle. Das wesentliche Charakteristikum ihrer Haltung ist das Handeln nicht gegen etwas, sondern für etwas: das positive, nicht das negative Handeln. Charakteristisches Element des Anteils, den die katholischen Männer der Feder an dem haben, was gewöhnlich als die Oppositionsbewegung bezeichnet wird, ist der Kampf für die aus dem Naturrecht hervorgehenden Menschenrechte: für das Leben und die Würde des Menschen, für die Würde und die ungehinderte Entwicklung der Familie, für das Recht auf die eigene, spezifische Haltung in Fragen der Weltanschauung und Erziehung in einem von Kommunisten regierten Staat, für die Freiheit der Wissenschaft. Das sind keine neuen Bestrebungen, sie haben sich in den letzten Jahren lediglich verstärkt. Und als im Januar 1978 60 Personen – Literaten, Journalisten, Künstler, Gelehrte verschiedener Disziplinen, denen sich später andere anschlossen – in Warschau die Gründung der sog. Gesellschaft für Wissenschftliche Kurse, d.h. der nichtregistrierten »Fliegenden Universität« bekanntgaben, da spielten im Kreise der Gründer und Lehrbeauftragten dieser Universität katholische Literaten und Intellektuelle eine sehr große Rolle. Unter ihnen gab es Priester und weltliche Personen, große Schriftsteller der alten Generation wie den ein Jahr später verstorbenen Antonii Gołubiew oder Hanna Malewska, und es gab unter ihnen auch Leute, die ihre literarische und journalistische Arbeit in der katholischen Presse oder in katholischen Verlagen erst in den letzten Jahren aufgenommen hatten. Gruppen zur Selbstbildung begannen mit ihrer Arbeit, Vorlesungen und Seminare zu ausgewählten Problemen der neuesten Geschichte, der Soziologie und Ökonomie, der Philosophie und Kulturgeschichte wurden ins Leben gerufen. Grundsatz der Organisatoren dieser Kurse war das Motto: *»Ohne Suche nach der Wahrheit über die Welt und sich selbst kann die schöpferische und selbständige Haltung des Menschen nicht ausgebildet werden.«* Gegen die Tätigkeit der »Fliegenden Universität« griffen die kommunistischen Behörden von Anfang an zum Mittel der Verfolgung. Die Polizei drang mehrfach in Privatwohnungen ein, wo die Vorlesungen abgehalten wurden, und sprengte sie. Einige der akademischen Lehrer wurden auf administrativem Wege zur Verantwortung gezogen und bestraft. Das zwang den Kreis von Intellektuellen jedoch nicht in die Knie, die die Vorlesungen trotz ungeheurer Schwierigkeiten fortsetzten und Skripten dieser Vorlesungen herausgaben, weil sie auf dem Standpunkt standen, daß ihre Tätigkeit zwar nicht legalisiert, jedoch legal war. Illegal hingegen war ihre Beschränkung und Behinderung durch den Staat, denn das stand im Widerspruch zu den auch von der Regierung der Volksrepublik Polen eingegangenen Verpflichtungen auf der Konferenz von Helsinki, wie auch zu den Prinzipien der Internationalen Charta der Menschenrechte. Bevor noch die massenhaften Protestaktionen der Arbeiter im Jahre 1980 erfolgten, veröffentlichte die Gesellschaft für Wissenschaftliche Kurse einen Brief in Form eines Aufrufs an alle polnischen Lehrer und Pädagogen, der sie auf die Deformation und die Verlogenheit des Bildungssystems hinwies. Es lohnt sich, daraus die charakteristische Diagnose zu zitieren, die das im Bereich der Weitergabe von Wissen über historische Fakten herrschende Übel anprangerte: »Man muß die Aufmerksamkeit auf die Mängel lenken, die bei uns bestehen, wenn es um die Vermittlung von Wissen über all die Völker geht, die einmal unsere Nachbarn waren oder es noch sind: die Litauer, Weißrussen, Ukrainer, Russen, Tschechen, Slowaken, Deutsche und Ungarn. Die Geschichte hat uns verbunden und getrennt, manchmal verbrüdert und bisweilen in schmerzlichen Gegensatz zueinander gestellt. Man darf auch nicht das Schicksal der Juden und ihren Beitrag zur polnischen Kultur vergessen – sie waren ein Volk, das mitten unter uns lebte. Die Schule muß eine vernünftige Einstellung zu den mit uns zusammenlebenden Minderheitsvölkern sowie das Gefühl der Partnerschaft und der Freundschaft zu unseren Nachbarvölkern entwickeln helfen. Gegenstand von Verfälschungen sowohl im Geschichtsunterricht als auch in anderen geisteswissenschaftlichen Disziplinen sind die Rolle und die Bedeutung der Religion im Leben des Menschen und in der Entwicklung der Zivilisation. In seinem Stellenwert herabgesetzt wird der Platz des Christentums in der europäischen und polnischen Kulturgeschichte, sowie die große Rolle der Katholischen Kirche, aber auch die Rolle der anderen Kirchen und Konfessionen in der nationalen Geschichte. Das führt dazu, daß das Gefühl für die enge Verbindung der unter dem Einfluß des Christentums gestalteten Kultur mit unserer nationalen Identität aus dem Bewußtsein der Jugend eliminiert wird, und es führt auch dazu, daß das Gefühl für die enge Verbindung Polens mit der europäischen Kulturgeschichte schwächer und schwächer wird.«

Diese warnende Stimme der Gründer der »Fliegenden Universität« wurde schon nach einigen Monaten zum Element eines vom ganzen Volk getragenen Programms, das Veränderungen im Bereich des kulturellen Lebens, aber auch im Unterricht und in der Erziehung der Jugend forderte.

Die markanteste Richtlinie für die Zukunft, aber auch die umfassendste für alle katholischen Journalisten und Schriftsteller, sind die Worte des Gebets, die in der Homilie des Heiligen Vaters Johannes Paul II. enthalten waren, die er im Zentrum Warschaus am 2. Juni 1979 am ersten Tag der Pilgerfahrt des Papstes nach Polen verkündete. Johannes Paul II. schloß damals seine Homilie mit den Worten: *»Sende aus Deinen Geist! Sende aus Deinen Geist! Und erneuere das Angesicht der Erde!«* Und mit erhobener Stimme fügte er hinzu, wobei er das erste Wort betonte: *dieser* Erde! Zur Erneuerung des Angesichts der Erde, auf der wir leben – der polnischen Erde – beizutragen, ist für die polnischen katholischen Literaten ein ständiges moralisches, menschliches und berufliches Gebot. Von dieser Verpflichtung kann uns niemand befreien.

# Die Freiheit spricht polnisch

*Gespräche über die Freiheit mit Thilo Koch.*
*Das Gespräch wurde im Februar 1981 in Kopenhagen geführt und 1986 unwesentlich korrigiert.*

THILO KOCH: Herr Bartoszewski, Ihr Heimatland Polen hat in seiner Geschichte seine ganz besonderen Erfahrungen gemacht mit der Freiheit und mit der Unterdrückung. Wie beurteilt ein Pole heute, inmitten einer neuen kritischen Situation seines Landes, die leidvolle Geschichte Polens unter dem Aspekt der Freiheit?

WŁADYSŁAW BARTOSZEWSKI: Das ist ein sehr verwickelter Fall. Polen, meine Heimat, ist das einzige europäische Land, welches bis zum 18. Jahrhundert relativ viel freier gelebt hat als viele andere Länder in Europa. Man kann Polen Ende des 18. Jahrhunderts nur mit dem Frankreich jener Zeit vergleichen, wenn es um Normen der Freiheit ging, um die in der Verfassung festgelegten Normen der Freiheit (die polnische Verfassung vom 3. Mai 1791 war die erste europäische moderne Verfassung). Das Königreich Polen war eine Wahl-Monarchie. Bis zum 18. Jahrhundert haben die Polen ihre Könige gewählt, selbstverständlich nicht alle Polen, sondern nur die herrschenden Schichten, die überall in Europa damals die Rolle der Vertreter der Völker gespielt haben. In jener Zeit waren in anderen Ländern, benachbarten und nicht benachbarten, die Könige absolute Herrscher, die sich alles leisten konnten gegenüber ihren Untertanen. Nicht nur das Volk, auch Aristokraten zitterten, nehmen wir Rußland, vor dem Zaren. In Polen aber wurden die Könige gewählt, konnten den Thron nicht vererben. Die fortschrittlichen Tendenzen der damaligen polnischen führenden Gelehrten waren ein Anlaß für die Trennungslinie, die schmerzliche, nämlich die Liquidierung des polnischen Staates. Die Freiheit der Polen erregte Neid – in einer Zeit, da die Staatsräson überall diktierte, was der einzelne zu tun oder zu lassen hatte. Und dann plötzlich, nach dieser relativ großen Freiheit, sind für Polen in ungefähr acht Generationen die Zeiten der totalen Unfreiheiten gekommen. 1795, nach zwei vorherigen Teilungen Polens, wurde Polen total liquidiert als selbständiger Staat und geteilt in drei verschiedene Teile, Randgebiete der drei damaligen europäischen Großmächte, nämlich Preußen, Rußland und Österreich-Ungarn.

T. K.: Das hatte nicht nur politische, sondern auch religiöse Folgen.

W. B.: Natürlich, es war auch ein religiöser Kampf. Im 19. Jahrhundert übte im protestantischen Preußen der Protestantismus eine Vormachtstellung aus – ich erinnere an den Kulturkampf. Im Zaren-Rußland spielte die Orthodoxie eine sehr große staatliche Rolle. Die Polen in Rußland und Preußen waren römisch-katholisch, sprachen eine fremde Sprache – eine doppelt ungute Lage. Nur in Österreich-Ungarn hat ein Teil des damaligen polnischen Volkes, der damaligen polnischen Gesellschaft, man kann sagen, relativ frei gelebt. Nur dort war die Möglichkeit zu entscheiden, in welcher Sprache jemand leben, in welcher Weise er sich weltanschaulich und politisch orientieren wollte. Im gewissen Rahmen selbstverständlich, aber im damaligen Österreich-Ungarn war dieser Rahmen ziemlich weit.

T. K.: Herr Bartoszewski, Heinrich Heine hat einmal gesagt, wenn das erste Wort des Polen Vaterland ist, dann ist das zweite Freiheit. Hat er das richtig gesehen?

W. B.: Ja, ich glaube dieses Wort von Heinrich Heine hat bei uns bis heute volle Aktualität. In Polen waren diese Begriffe Vaterland und Freiheit schon aus der Geschichte eine unauflösliche Einheit. Die Freiheit des Vaterlandes führte bei uns in die Freiheit des Individuums. Meine Eltern waren vor dem Ersten Weltkrieg in Warschau, im Zentrum Polens, gezwungen Russisch in der Schule zu lernen, wohlgemerkt, Russisch war Unterrichtssprache. In Preußen und im Zaren-Rußland wurden keine polnischen Volksschulen, Oberschulen oder höhere Lehranstalten geduldet mit Polnisch als Unterrichtssprache. Nur in Österreich-Ungarn war es besser, das zeigt, wie eng verbunden die nationale Unfreiheit war mit der Familienunfreiheit und individuellen Unfreiheit der Polen. In der eigenen Sprache sich unterscheiden zu können von anderen – im öffentlichen Leben, auch im Büro, auch im Amt, in eigener Sprache drucken zu können und in eigener Sprache denken zu können, das sind, glaube ich, zumindest in der Neuzeit in Europa, primäre Rechte.

T. K.: Herr Bartoszewski, Sie sprachen von Ihren Eltern. Haben Sie noch Erinnerung an die Zeit vor dem Ersten Weltkrieg?

W. B.: Geboren 1922 in Warschau, wurde ich erzogen in den

Jahren, in der Generation, welche die Begriffe der nationalen Unfreiheit nur von Lesebüchern und Erzählungen der vorigen Generation kennengelernt hat. Das war für uns so bis zum Ausbruch des Zweiten Weltkrieges. 1939 brachte dann die Wende, die neue Aufteilung. Nationalsozialismus hier, Stalinismus dort – man muß wohl keinem Europäer erklären, wie eng damals die Unfreiheit der Völker mit der Unfreiheit der individuellen Bürger verbunden war: in Deutschland, in der Sowjetunion und somit auch in Polen.

T. K.: Man weiß auch außerhalb Polens, Herr Bartoszewski, wie mutig und bedingungslos Sie stets für die Freiheit eingetreten sind. Woher nehmen Sie die Kraft dazu?

W. B.: Ehrlich gesagt, ich weiß selbst nicht, aus welcher Quelle ich meine Kräfte schöpfe. Man kann wohl einfach so sagen: Hier stehe ich, ich kann nicht anders, Gott helfe mir.

T. K.: Wie Luther, aber Sie sind ein Katholik.

W. B.: Ja, ich bin ein Katholik. Ich bin erzogen in einer liberal-katholischen bürgerlichen Familie in Warschau. Ich bin erzogen in Achtung vor den Andersgläubigen, z. B. vor den Juden, auch vor den Ungläubigen. Sie wissen, das war nicht die Regel damals in Mittel- und Osteuropa.

T. K.: Es gab viel Antisemitismus nicht nur in Deutschland.

W. B.: Ja, im ganzen damaligen Europa. Nicht nur in einem Land, in vielen Ländern, obwohl nicht immer mit solch extremen Folgen wie dem Holocaust im sogenannten »Dritten Reich« der Nazis. Aber gewisse Gefühle der Entfremdung, der nationalen Überheblichkeit gegenüber anderen Völkern waren nicht fremd auch den Polen, Tschechen, Ungarn, Rumänen, Litauern und vielen anderen, auch den Franzosen nicht.

T. K.: Das Stolzsein auf ein Vaterland und auf die Freiheit dieses Vaterlandes kann durchaus einschließen, daß man die Freiheit anderer nicht so respektiert, wie man die eigene respektiert sehen möchte. Das aber ist in Polen nicht der Fall gewesen?

W. B.: Ich unterscheide ganz eindeutig zwischen Nationalismus und Patriotismus. Patriot ist der Mensch, dem sein Volk besonders nahe steht, der auch bereit ist, sich für sein Volk, für seine Gesellschaft im Notfall zu opfern. Nationalist ist der Mensch, der überzeugt ist, daß sein Volk etwas Besseres und Wichtigeres an sich ist als andere Völker, und der bereit ist, das auch in der Praxis zu demonstrieren, auf verschiedene Weise und nicht immer auf moralische Weise. Ich darf nicht als Pole denken, daß ein Russe, Tscheche, Litauer oder Deutscher etwas Schlechteres, etwas Ungutes an sich ist, denn es gibt keine guten oder unguten Völker, es gibt jedoch gute und ungute Erziehung, richtige und falsche Glaubenssätze oder Ideale.

T. K.: Herr Bartoszewski, Sie haben Ihrer persönlichen Überzeugung wegen gelitten, Sie sind lange in Haft gewesen.

W. B.: Ja, 7 Monate lang in dem nationalsozialistischen Konzentrationslager Auschwitz – im Jahre 1940/41. Nach der Entlassung war ich in der polnischen Widerstandsbewegung. Aber das finde ich wieder charakteristisch für meine Einstellung und für meine Gedankenart. Sagt man so?

T. K.: Denkungsart.

W. B.: Ja, ich habe mich geopfert für die Opfer, schon damals wie heute. Ich habe mit anderen gleichgesinnten Leuten verschiedener Weltanschauung eine Organisation für verfolgte Juden mitgegründet im besetzten Polen. Außerdem habe ich den politisch Verfolgten geholfen. Häftlingen der Gestapo in Gefängnissen und in Lagern, und ich habe historisches Material gesammelt, das auf illegalen Wegen des polnischen nationalen Widerstandes nach London überliefert worden ist.

T. K.: Wie war es dann nach 1945?

W. B.: Die Änderung der Lage war nicht nur eine Änderung des Staatssystems. Die ganze Welt unserer Begriffe wurde auf den Kopf gestellt. Tausende von Leuten, die für die Freiheit, für die Unabhängigkeit Polens gekämpft hatten – zum Teil Seite an Seite mit Sozialisten und links gesinnten Intellektuellen – sind in Stalins Gefängnisse geworfen worden. Das ist heute eine anerkannte Tatsache, zeitgeschichtliche Erfahrung. Damals aber haben wir diese Erfahrung erlitten und erstritten. Obwohl immer eindeutig demokratisch und gegen alle extremen Neigungen und Gruppen, gegen extrem rechte wie extrem linke gesinnt, habe auch ich mich in kommunistischen Gefängnissen befunden, insgesamt 6 Jahre und 7 Monate lang war ich inhaftiert, verurteilt, dann entlassen und für unschuldig erkannt. Aber das war so im Falle hunderttausender anderer politisch Verfolgter: in Polen, in der Tschechoslowakei, auch in Ungarn, teilweise auch in Rußland. Nach dem XX. Parteitag mit Chruschtschows Abrechnung gegenüber Stalin, erst danach wurden wir anerkannt als unschuldig Verurteilte, man kann sagen »rehabilitiert«. Ich war nie Mitglied der Partei und daher war für mich deren »unschuldig« keine Aufhebung irgendeiner Schuld, die ich nie anerkannt habe. Oder es müßte Schuld heißen, für die Freiheit des Vaterlandes zu kämpfen und für die Menschenrechte ...

T. K.: Herr Bartoszewski, wir führen dieses Gespräch in der dänischen Hauptstadt Kopenhagen anläßlich einer Tagung des internationalen P.E.N., der Schriftstellervereinigung. Sie kehren von hier nach Warschau zurück, nachdem Sie einige westeuropäische Länder gesehen haben. Mit welchen Gefühlen kehren Sie zurück nach Warschau, in dieser Situation, wo in Polen die Freiheit gerade auch jetzt wieder einen Kampf führt, der auf des Messers Schneide steht?

W. B.: Nun, ich kehre zurück nicht enttäuscht, weil ich nicht zum ersten Mal im Westen bin. Ich bin in den letzten 15 Jahren ein Dutzend Mal im Westen gewesen, in verschiedenen Ländern – in der Bundesrepublik, in Österreich, aber auch in den Vereinigten Staaten, in England und Israel. Also aufgrund dieser Vergleichsmöglichkeiten aus dem letzten Jahrzehnt treffe ich die Feststellung: im Westen redet man sehr viel über die Freiheit, über den Begriff der Freiheit, über Menschenrechte. Andererseits ist das zu wenig verbunden mit der Erfahrung und mit der Praxis der Freiheit gegenüber denen, die die Freiheit bedrohen. Gerade im deutschen Volk gibt es doch genug Leute, die aufgrund persönlicher Erfahrung mehr wissen über den Wert der Freiheit als andere. Sie begreifen, wie sehr die Freiheit bedingt ist und bedroht ist durch verschiedene politische und außenpolitische Aktivitäten. Bei uns Polen ist die Freiheit die Sache des ganzen Volkes. Auch für die Arbeiter, die nur die Volksschule absolviert haben, ist der Begriff Freiheit nicht abstrakt. Freiheit ist z.B. die Freiheit, sich solidarisieren zu können, sich vereinigen zu können, frei die persönliche Meinung äußern zu können, frei lernen zu können, frei Schulprogramme festlegen zu können. Für uns Polen, denke ich, gibt es eine charakteristische Verbundenheit mit der Tradition, denn man kann sagen, der Pole ist ein Mensch, bei welchem Nationalbewußtsein gleich Geschichtsbewußtsein ist. Und aus dieser Quelle schöpft er seinen unbändigen Freiheitswillen. Der ist ein Teil unseres Lebens wie die Luft, ohne Freiheit können wir nicht atmen.

T. K.: Und Sie haben den Eindruck, daß man neuerdings in Polen tiefer atmen kann als vorher?

W. B.: Ich bin fest davon überzeugt. In Polen hat man sowieso immer tiefer geatmet als woanders, im Vergleich zu vielen anderen Völkern Europas, wo verschiedene diktatorische, halbautoritäre, viertelautoritäre Systeme dem Menschen die Freiheit nicht gewähren. Die Erneuerungsbewegung in Polen ist authentisch. Sie kommt von unten, egal aus welchen gesellschaftlichen Schichten oder Klassen, aus welchen Generationen die Leute kommen – darin sind sie sich einig, daß diese Erneuerungsbewegung uns noch mehr Atem und Luft gebracht hat in unser Haus. Ich bin überzeugt: es gibt kein Zurück.

T. K.: Herr Bartoszewski, wir haben viel gesehen in unserem Leben, wir sind gleich alt. Wir haben auch gesehen, gar nicht so lange zurück – 1968 – da gab es ähnliche Gedanken, Wünsche, Vorstellungen, Überzeugungen in der Tschechoslowakei: »Prager Frühling«. Wie unterscheidet sich, was damals in der Tschechoslowakei passiert ist, von dem, was heute in Polen vor sich geht?

W. B.: Ich bin kein Politiker, ich bin Schriftsteller und Zeithistoriker. Meine Meinungen sind nur meine subjektiven Meinungen und kein Ergebnis von Forschung. Ich sehe hier aber wesentliche Verschiedenheiten, tiefgreifende Verschiedenheiten. In der Tschechoslowakei haben wir es zu tun gehabt mit einer begrenzten Reformbewegung innerhalb der Partei, die meisten reformwilligen Leute waren Parteimitglieder, Zentralkomitee-Mitglieder, führende Schriftsteller, Journalisten, Rundfunkleute, fast ausschließlich Leute, tief engagiert vorher in der Partei. In Polen aber ist die Erneuerungsbewegung von unten gekommen, von der Arbeiterschaft, von den Massen. Das sollte gerade die Marxisten nachdenklich machen. Und diese Erneuerungsbewegung ist kein Trick, keine Absicht, etwas drinnen in der Partei zu reformieren, sondern das ist eine authentische Volksbewegung. Und diese Volksbewegung hat auch in der Partei, in gewissen Kreisen der Partei, sage ich besser, Verständnis gefunden. Vor allem aufgrund der bitteren Erkenntnis, daß drinnen in der Partei verschiedene Prozesse verfault waren. Daß drinnen in der Partei grobe Fehler begangen wurden, nicht nur politischer Natur, taktischer Natur, sondern grobe Fehler im Verhalten gegenüber den Menschen, in der Behandlung der Menschen. Bei unserem südlichen Nachbarn hat im August 1968 die Arbeiterschaft im wesentlichen nicht mitgemacht mit der Reformbewegung. Und war damals die kommunistische Partei in der Tschechoslowakei bedroht? Die polnische Partei ist nicht bedroht, wir wünschen in Polen eine möglichst gesunde, aktionsfähige kommunistische Partei, die sich an die Verfassung hält.

Die Leute, die Parteimitglieder sind, sitzen doch auf demselben Karren, sie leben an demselben Punkt der Landkarte und sie verstehen ebenso gut wie die Millionen der Arbeiter und Angestellten, daß man doch nationale Identität verteidigen und bewahren kann und außerdem im militärischen und wirtschaftlichen und politischen Sinn im Ostblock bleiben kann.

T. K.: Die Ereignisse in Polen sind sicher mitbestimmt durch die besonders bedeutsame Rolle der katholischen Kirche in Polen. Wie sehen Sie das?

W. B.: Die bedeutsame Rolle der katholischen Kirche in Polen wäre unverständlich für die Europäer, die nicht die Geschichte der katholischen Kirche in Polen kennen. Also ganz kurz, man muß sagen: Ähnlich wie die Sprache, die Literatur, war die Religion, die römisch-katholische Religion, also auch die römisch-katholische Kirche, ein Einigungsfaktor der polnischen Gesellschaft in der Zeit des Nichtexistierens des polnischen Staates von 1795 bis 1918. Nur diese Faktoren, also die Sprache und die Literatur und die Kirche, die gemeinsame Religion haben die Polen unter drei verschiedenen Systemen zusammengehalten.

T. K.: Unter der Fremdherrschaft von Preußen, Rußland und Österreich.

W. B.: Ja. Und aus dieser Erfahrung entstand auch die besondere Rolle der römisch-katholischen Kirche in Polen. Auch in den Kreisen der Arbeiterschaft, sowohl wie der Intellektuellen. In Polen ist es nie zu solcher Entfremdung der Intellektuellen von der katholischen Kirche gekommen wie im 19. Jahrhundert oder Anfang des 20. Jahrhunderts in Frankreich und Deutschland. Die polnische Intelligenz stand in den letzten Jahrzehnten nie im scharfen Spannungsverhältnis zur Kirche. Dazu noch ein wichtiger zeit-historischer Faktor: Im Zweiten Weltkrieg war die polnische römisch-katholische Kirche die einzige römisch-katholische Landeskirche, wenn man das so nennen darf, im von Hitler besetzten Europa, die sich eindeutig, absolut und ausnahmslos auf die Seite der Bevölkerung, der Gesellschaft, der arbeitenden Massen gestellt hat. Es hat keine Kollaborateure – weder Kaplane noch Bischöfe – aus der Kirchenmitte gegeben. Infolgedessen sind über 2600 römisch-katholische Priester umgebracht worden. Aber das hat die ganze polnische Gesellschaft, auch die Ungläubigen, so eng mit der Priesterschaft, mit der Kirche und allen ihren Institutionen verbunden.

T. K.: Das war vor 1945?

W. B.: Ja, in den Jahren 1939 bis 1945.

T. K.: Und wie war es nach 1945?

W. B.: Nach 1945 war die Kirche wiederum ein Faktor der nationalen Identität. Die Kirche hat bei uns die Stalinzeit überdauert, relativ unversehrt. Obwohl Hunderte von Priestern, Pfarrern, Bischöfen in Haft waren, hat sie nicht nachgegeben. Und nach dem sogenannten »polnischen Oktober« – wir haben in Polen verschiedene Monate, die denkwürdig sind! –, also nach dem polnischen Oktober 1956 (das war gleichzeitig der blutige Monat für Ungarn gewesen), hat die Kirche, nach der Entlassung aus der Haft des Kardinal-Primas von Polen, wiederum eine sehr große erzieherische Rolle gespielt – als Ausgleichsfaktor, als Vermittler im Notfall. Das war wiederum zu spüren in den letzten Monaten 1980 und in den ersten Monaten 1981.

T. K.: Ich möchte, wenn Sie erlauben, noch auf zwei Namen zu sprechen kommen: Czesław Miłosz und Karol Wojtyła. Ein Pole ist heute Papst der römisch-katholischen Kirche in Rom. Wie beurteilen Sie diese Tatsache, was bedeutet das besonders für die Freiheit Polens?

W. B.: Ich kenne zufällig beide Herren persönlich. Fangen wir bei der Literatur an. Wenn es um Czesłwa Miłosz geht, finden die denkenden Leute in Polen etwas Merkwürdiges und sehr Tröstendes in der Entwicklung, die Miłosz bis zum Nobel-Preis gebracht hat. Im 19. Jahrhundert sahen die Polen ihre namhaftesten Schriftsteller meistens als Emigranten in Frankreich. Unser »Goethe«: Mickiewicz, unser »Schiller«: Slowacki, auch Norwid, Krasinski und viele andere, haben die allerwichtigsten Werke ihres Lebens nicht in Polen geschrieben. Dazu kommt die Mehrzahl der polnischen Dichter, die nicht polnische Staatsbürger waren. Also fast die ganze polnische Literatur des 19. und Anfang des 20. Jahrhunderts wurde entweder von Emigranten geschrieben oder von Polen, die fremde Staatsbürger waren. Das ist etwas Merkwürdiges. Aber im Fall Miłosz wiederholt sich das auf ganz andere Weise. Miłosz war politisch und ideologisch aus Polen verbannt. Miłosz war in Polen bis 1980 nicht genehmigt. Dreißig Jahre lang sind keine Werke von Miłosz in Polen gedruckt worden. Nur in der »unterirdischen« Verlagsanstalt »NOWA« waren fünf seiner Bücher in den letzten Jahren gedruckt und veröffentlicht worden. Dank dieser Veröffentlichungen haben mindestens ein paar Tausend Leute der jüngeren Generation Miłosz kennengelernt. Jetzt ist Miłosz in Polen eine der größten Persönlichkeiten, und die Leitung des polnischen Staates und der polnischen Partei haben ihm herzliche Telegramme nach der Verleihung des Nobel-Preises geschickt. Also kann man wie in der Fabel sagen: »Die Wahrheit hat gesiegt« ...

T. K.: ... Und die Freiheit!

W. B.: Und die Freiheit.

Was den Papst betrifft, so ist das indirekt ein bißchen mit Czesław Miłosz verbunden. Miłosz hat sich sofort aus Stockholm, nach den Feierlichkeiten zur Überreichung des Nobel-Preises, auf Einladung des Papstes nach Rom begeben und mit ihm lange gesprochen. Dieser Papst, Karol Wojtyła aus Krakau, geboren in der kleinen Stadt Wadowice im ehemaligen West-Galizien, war, ehe er Papst geworden ist, schon Philosoph, Dichter, Schauspieler, Regisseur, also ein Mensch, der die Welt auf eine andere Art gesehen hat als der durchschnittliche Theologe. Dieser Papst hat eine ausgeprägte Individualität. Ich bin schon überzeugt: Er wird der größte Papst der römisch-katholischen Kirche im 20. Jahrhundert. Die Größe des Menschen bedeutet aber nicht Konfliktlosigkeit.

T. K.: Sie wollen sagen, in der Persönlichkeit Karol Wojtyłas stecken schwere Konflikte?

W. B.: Darüber möchte ich nichts sagen. Aber ich bin der Meinung, auch aus eigenem Erleben, daß ein tief veranlagter Mensch – und ich wäre kein Schriftsteller und Zeithistoriker, wenn ich dies nicht annehmen würde – ein tief veranlagter Mensch bleibt in allen seinen Widersprüchen: auch wenn er Papst wird.

T. K.: Herr Bartoszewski, ich knüpfe an den Anfang unseres Gespräches an und bitte Sie, mir zu erlauben zu sagen: Sicherlich ist eine der Sprachen, in denen die Freiheit redet, die polnische Sprache.

## Die Gesellschaft für Wissenschaftliche Kurse (TKN)
## Ein Interview mit Władysław Bartoszewski

Im März 1984 besuchte Professor Władysław Bartoszewski Ann Arbor, wo er einige Vorträge hielt und mit den Mitgliedern der Fakultät der Universität Michigan sowie mit Vertretern lokaler jüdischer Organisationen zusammentraf. Während seines Aufenthalts hatte Professor Bartoszewski die Freundlichkeit, den *Studium Papers* ein Interview zum Thema der Gesellschaft für akademische Kurse zu geben. Das Interview führte Marek Nowak in polnischer Sprache und übersetzte es anschließend ins Englische.

Studium Papers: Professor Bartoszewski, die Gesellschaft für Wissenschaftliche Kurse wurde im Januar 1978 gegründet. Sie waren einer der Gründer. Würden Sie bitte erklären, auf wessen Initiative und unter welchen Umständen die Gesellschaft gegründet wurde?

Władysław Bartoszewski: Der erste Schritt zur Gründung der Gesellschaft bestand darin, eine Reihe von Vorlesungen ohne Titel oder formale Struktur ins Leben zu rufen. Diese Initiative erfolgte einige Zeit vor dem Januar 1978, das heißt zu Beginn des Studienjahrs 1977/78. Mit einer Vorlesungsreihe in Warschauer Privatwohnungen wurde im November begonnen. Zu den Themen gehörten politische und Wirtschaftsgeschichte, Ideologiegeschichte im modernen Polen, die Entwicklung des polnischen politischen Denkens sowie kulturelle und soziale Traditionen in Polen aus historischer, soziologischer und ökonomischer Perspektive.

Die Vorlesungsreihe wurde zu einer Zeit ins Leben gerufen, als ich in den Vereinigten Staaten war – während des Novembers und der ersten Dezembertage des Jahres 1977. Folglich war ich bei den anfänglichen Bemühungen weder Zeuge noch Teilnehmer. Die erste Folge von Vorlesungen hielten Tadeusz Kowalik, ein Ökonom, Adam Michnik, ein junger Historiker, Bohdan Cywinski, ein Historiker, Soziologe und Literaturkritiker, Tomasz Burek, ein Literaturkritiker und der Soziologe Andrzej Tyszka. Die Vorlesungsreihe wurde informell als »Fliegende Universität« bezeichnet und so verknüpfte man sie mit der Warschauer Tradition geheimer Zirkel für Bildung und

Aufklärung im ausgehenden 19. und frühen 20. Jahrhundert bis zum Ersten Weltkrieg. Während dieser Periode gestattete das zaristische Rußland keinerlei Unterricht in polnischer Geschichte, Literatur und anderen Fächern, die einen Bezug zu polnischen kulturellen, nationalen und sozialen Traditionen hatten. Der Begriff oder die Bezeichnung »fliegend« ging darauf zurück, daß der Versammlungsort immer wieder in andere Wohnungen verlegt wurde, um die zaristischen Geheimagenten irrezuführen.

Unter den Initiatoren dieser Vorlesungsreihe, die noch nicht der TKN angeschlossen war, waren Akademiker und Intellektuelle, zumeist aus Warschau, die ein breites ideologisches Meinungsspektrum repräsentierten. Unter ihnen waren Leute, die sich als Sozialisten bezeichneten, obwohl sie nicht Mitglied irgendeiner linksgerichteten Partei waren. Beteiligt waren Katholiken, ja sogar katholische Aktivisten wie Bohdan Cywinski, der jahrelang Chefredakteur der katholischen Monatsschrift *ZNAK* war, einer Zeitschrift, die in sehr enger Verbindung zum Erzbischof von Krakau, Kardinal Wojtyla stand, der auch dort als Autor in Erscheinung trat. Es gab auch Leute mit einem streng marxistischen Hintergrund wie Tadeusz Kowalik, ein hochangesehener Ökonom. Wie man sieht, handelte es sich um eine recht heterogene Gruppe. Schließlich bestand sie auch aus Vertretern verschiedener Generationen – die einen waren über dreißig, die anderen über fünfzig Jahre alt. Das einigende Band für alle war die einmal erkannte Notwendigkeit, zu handeln.

Geht man auf den zweiten Teil der Frage nach den Umständen ein, so kann man eine kurze oder eine mehr in die Tiefe gehende Antwort geben. Das Gesamtgebiet aller Entwicklungen in Polen bildete den Hintergrund für das Zustandekommen der Gesellschaft. Man darf nicht vergessen, daß die demokratischen und liberalen Bewegungen, die eine Ausdehnung der Freiheit anstrebten, 1975 in Polen schon deutlich in Erscheinung getreten waren.

An dieser Stelle möchte ich auf ein vieldiskutiertes und kontroverses Thema unter den Polen zu sprechen kommen – die Schlußakte der KSZE von Helsinki. Wie man weiß, standen viele Polen, wahrscheinlich die Mehrheit der politisch denkenden Polen, auf dem Standpunkt, daß die Übereinkunft von Helsinki die Spaltung Europas und damit den Status quo bestätigt hat. Einige polnische Intellektuelle jedoch traten für die Idee ein, die Polen sollten die ehrliche Erfüllung der in der Übereinkunft von Helsinki enthaltenen international anerkannten Normen fordern. Das heißt, wenn es im Rahmen der sogenannten »Korb III«-Bestimmungen, die die Menschenrechte zum Gegenstand hatten, möglich war, den Umfang der Freiheiten zu steigern, dann sollten die Polen die genaue Einhaltung dieser Bestimmungen hartnäckig, friedlich, gewaltfrei, aber unter Anwendung sozialen Drucks anstreben. Es wurde der Versuch unternommen, die Redefreiheit auszudehnen, die Willkür der Zensur einzuschränken sowie unabhängige literarische und wissenschaftliche Werke zu schreiben und zu publizieren. Man hoffte, die menschlichen Freiheiten generell auszudehnen, die Religionsfreiheit, das Recht auf abweichende Ansichten ebenso wie das Recht, sich frei zu bewegen, das heißt, ins Ausland zu reisen.

Die Beschlüsse von Helsinki werden heute selten mit dem in Verbindung gebracht, was man als oppositionelle Bewegung in Polen bezeichnet. Das gilt besonders für die außerhalb ihrer Heimat lebenden Polen. Die Beschlüsse hatten jedoch große Bedeutung. Es ist kein Zufall, daß gegen Ende des Jahres 1975, wenige Monate nach der Konferenz von Helsinki, einer der ersten Proteste – der Brief der 59 – veröffentlicht wurde. Es ist auch kein Zufall, daß im Winter 1975/76 einige weitere Briefe publiziert und viele andere an die Behörden der Volksrepublik Polen gerichtet wurden, darunter auch an den Staatsrat und das Parlament, um gegen geplante Änderungen der Verfassung zu protestieren. Diese Änderungen hätten das polnische Regierungssystem eng an die Doktrin der Kommunistischen Partei gekettet und die Volksrepublik Polen noch enger an den Sowjetblock gebunden. Obwohl es sich nur um formale Änderungen handelte, schlossen sich die Menschen zur Opposition gegen die Einführung derart willkürlicher und umfassender Änderungen zusammen, die die Wünsche der polnischen Gesellschaft ignorierten. Die Opposition berief sich auf jene Rechte, die unter anderem auch die offiziellen Vertreter der Volksrepublik Polen in Helsinki durch ihre Unterschrift anerkannt und garantiert hatten. Die Beschlüsse von Helsinki waren ein wichtiger Faktor bei der Gründung der Gesellschaft für Wissenschaftliche Kurse.

Ein weiterer Faktor bei der Gründung der Gesellschaft waren die Existenz und das praktische Funktionieren einer Selbsthilfe- und Oppositionsbewegung im Jahre 1977. Ihren ersten sichtbaren Ausdruck fand sie im Komitee zur Verteidigung der Arbeiter (KOR), das gegründet wurde, um soziale Solidarität mit den unterdrückten Arbeitern in Ursus, Radom und anderen Fabriken zu dokumentieren, wo die Repression nach den Ereignissen des Juni 1976 einsetzte. Andere Gruppen von Studenten, Intellektuellen und Arbeitern schlossen sich in mehreren polnischen Städten zusammen, um mit ähnlicher Zielrichtung zu arbeiten. Einige Monate nach der Gründung des KOR wurde die Bewegung zur Verteidigung der Menschen- und Bürgerrechte (ROPCiO) ins Leben gerufen. Gleichzeitig mit KOR schloß sich eine Gruppe junger katholischer Intellektueller in Lublin zusammen und gab sich für ihre Aktivitäten und Publikationen den Namen »Spotkania« (Begegnungen). Der Name selbst sollte auf den Wunsch nach Begegnungen, nach Dialogen zwischen den Menschen hinweisen. Dabei sprechen wir natürlich von Menschen mit unterschiedlichen Ansichten, denn wenn die Ansichten identisch sind, besteht kein Bedarf nach einem Dialog. Hier ging es um Begegnungen zwischen Menschen mit bestimmten gemeinsamen Zielen, die aber unterschiedliche Mittel sahen, um diese Ziele zu erreichen. Ihr Endziel war ohne Frage die völlige Respektierung der Menschenrechte in einem freien Land, kurzfristig jedoch strebten sie danach, die Freiheiten im Rahmen der Zwänge der gegebenen Möglichkeiten auszudehnen.

Neben Spotkania, KOR, ROPCiO oder besser in Zusammenarbeit mit diesen Organisationen bzw. Gruppen entwickelt sich 1976 und 1977 ein unabhängiges Verlagswesen. Ich würde es nicht als geheimes, sondern einfach als unabhängiges Verlagswesen bezeichnen, weil es kaum angebracht ist, von Geheimhaltung zu sprechen, wenn viele, obgleich nicht alle dieser Publikationen unter dem Namen der Autoren erscheinen. Die Verleger dieser Editionen konnten ebenfalls leicht identifiziert werden, ohne daß sie namentlich genannt wurden. Es war allgemein bekannt, um welche Personen es hier ging, und ihr Aufenthaltsort war insbesondere für die Polizei kein Geheimnis.

Dies also waren die Umstände, die der Gründung einer organisierten Bewegung zur Selbsterziehung und Bildung voraufgingen. Ohne die Erwähnung dieser Umstände wäre es schwer zu verstehen, wie es mit einem Male dazu kam, daß mehrere höchst unterschiedliche Vorlesungsreihen in zahlreichen Privatwohnungen abgehalten werden konnten – zunächst in Warschau und später in anderen Städten – mit einer stattlichen Anzahl von Lehrenden und Lernenden.

S. P.: Was waren die Ziele der TKN? Bestand das primäre

Ziel darin, ein Gegengewicht gegen die wissentlich falschen Darstellungen und Beschränkungen zu schaffen, unter denen das Bildungssystem aus politischen und ideologischen Gründen zu leiden hatte, oder gab es auch die Intention, der Tendenz zur Einengung der Studiengänge auf hochspezialisierte Fachgebiete entgegenzuwirken?

W. B.: Uns kam es entscheidend darauf an, die in den Lehrprogrammen für Volks-, Ober- und Hochschulen weitverbreiteten Fehler zu korrigieren, besonders wenn es um weltanschaulich relevante Bereiche ging. Es war notwendig, Lücken in der Geschichts- und Literaturwissenschaft zu füllen, die daraus resultierten, daß man bestimmte historische Fakten ausgespart und bestimmte Namen und Werke beim Unterricht über polnische Emigrantenliteratur ausgelassen hatte. Auch in der Philosophie und Soziologie war es erforderlich, Wissen darüber zu verbreiten, was in der gelehrten Welt außerhalb Polens vor sich ging, was erreicht war, welche neuen Theorien entwickelt wurden. Natürlich stimmt es, daß in Polen, obwohl vielleicht weniger ausgeprägt als im Westen, eine Tendenz zur engen Spezialisierung herrscht. Ein oft erzählter Witz sagt, daß wir in naher Zukunft dahin gelangen werden, daß die eine Hälfte unserer Ingenieure auf Schrauben mit Rechtsgewinde, die andere aber auf Schrauben mit Linksgewinde spezialisiert ist. Vielleicht ist es nicht ganz so schlimm, doch in Wirklichkeit haben wir es auch in Polen, besonders in der Biologie und den technischen Disziplinen und bis zu einem gewissen Grade auch auf anderen Gebieten, zu einem hohen Grad von Spezialisierung gebracht. Doch diese Tatsache allein rechtfertigt nicht all die Schwierigkeiten und Risiken, die damit verbunden waren, eine Vorlesungsreihe in Privatwohnungen ins Leben zu rufen. Unter normalen, freiheitlichen Umständen ist es möglich, verschiedene Typen von Kursen oder zusätzliche Unterrichtsprogramme an den örtlichen Universitäten oder Hochschulen zu organisieren, so daß die Studenten – wie in anderen Ländern auch – eine bessere Allgemeinbildung erhalten. In jeder Nation gibt es Menschen, die obgleich Ökonomen, Zahnärzte usw. von Beruf, auch an Astronomie, Physik, Geologie, Reisen, Geographie, Literatur oder Fremdsprachen interessiert sind und das zusätzliche Wissen auf diesen Gebieten ohne Schwierigkeiten erwerben können.

Das Hauptmotiv zur Gründung der TKN war, die Lücken zu füllen, die das in Osteuropa herrschende politische System durch seine Behandlung der Sozial- und Geisteswissenschaften sowie aller anderen Disziplinen, die den individuellen Charakter, den geistigen Habitus und die Weltanschauung der Menschen formen, hervorgerufen hatte.

Ein Beispiel hierfür waren die Entstellungen der Wahrheit und die Auslassungen bei der Darstellung von Polens Unabhängigkeitskampf im Jahre 1914 und des Kampfs für seine nationalen Grenzen. Eines der Ziele des Ersten Weltkriegs, wie sie von Präsident Wilson formuliert wurden, war die Wiederherstellung eines freien und unabhängigen Polens mit einem Zugang zum Meer. Wilsons Vorschlag aber definierte weder Polens Grenzen noch die anderen Elemente seiner nationalen Existenz im einzelnen. Nach dem Ende des Ersten Weltkriegs wurde der polnische Staat unverzüglich mit dem Problem konfrontiert, sich gegen das gewalttätige und militärisch hochüberlegene Sowjetrußland verteidigen zu müssen, das danach strebte, Europa zu erobern und zu revolutionieren und dabei bis zur Weichsel vordrang. Die Schlacht um Warschau, der der angesehene britische Autor, Lord Aberdon, unter den wichtigsten Schlachten der Weltgeschichte den 18. Platz zuerkannte, stoppte die Rote Armee im August 1920 an der Weichsel. Wäre sie weiter nach Westen vorgedrungen, so hätte das aller Wahrscheinlichkeit nach zu einem revolutionierten Deutschland und eventuell zu Revolutionen in anderen europäischen Ländern geführt. Diese Schlacht war damals ein außerordentlich bedeutsames Ereignis. Die Haltung der Polen zu jener Zeit, die eindeutige Parteinahme all der Freiwilligen, die sich aus Studenten, Bauern und Arbeitern rekrutierten, für die Regierung der Nationalen Einheit unter dem Bauernführer Wincenty Witos und für die militärische Führung unter Józef Piłsudski – war ein Ausdruck der Einheit unter allen Polen. Wahrscheinlich war es bis zum Jahr 1939 das letzte Mal, daß solch eine nationale Einheit zur Verteidigung der polnischen Unabhängigkeit, die ja gleichzeitig den Interessen der europäischen Freiheit diente, gegeben war. Die offizielle polnische Historiographie und die darauf basierenden Unterrichtsprogramme haben diese Ereignisse völlig verfälscht oder ignoriert.

Ein anderes Beispiel für offizielle Verdrehungen und Verfälschungen von Tatsachen ist die Geschichte der Vorgeschichte des Zweiten Weltkriegs. Der Pakt zwischen Hitler und Stalin, der zur Folge hatte, daß Ostmitteleuropa geteilt wurde, die Annexion der baltischen Staaten und halb Polens durch die

Sowjets und der sowjetische Einfluß auf dem Balkan – all diese Fakten wurden in den polnischen Unterrichtsprogrammen entweder verdreht oder gänzlich ignoriert. Die Leiden der osteuropäischen Völker, darunter Millionen polnischer Bürger, nicht nur Polen, sondern auch Weißrussen und Ukrainer, die in Massen tief nach Rußland, nach Sibirien oder Kasachstan deportiert wurden, die Ermordung von vierzehneinhalbtausend polnischen Offizieren in Katyn – all diese Fakten wurden einer ganzen Generation von Polen in den Schulen verschwiegen.

Im Licht der Menschenrechtsgarantie, des Rechts auf Bildung, auf Nachrichten und den ungehinderten Fluß von Informationen war es notwendig, den Menschen die Möglichkeit zu geben, ihren Horizont zu erweitern. Die Ziele der TKN waren nicht unbedingt auf die Geschichte beschränkt, sondern schlossen auch die Literaturwissenschaft ein, wo zum Beispiel solche polnischen Dichter wie Miłosz und Gombrowicz der jungen Generation in Polen – von ihren Namen einmal abgesehen – im wesentlichen unbekannt waren.

Im Lauf der letzten Jahrzehnte haben die Welt der Philosophie und der Ökonomie viele Entwicklungen durchgemacht, die das Gesicht dieser Disziplinen verändert haben. Von der Katholischen Universität Lublin, der einzigen privaten höheren Lehranstalt im gesamten Ostblock, und einigen isolierten Professoren einmal abgesehen, haben die staatlichen Institutionen in Polen formell die marxistische Doktrin propagiert. Wenn man sich seine Weltanschauung bildet, ist es wichtig, Kenntnisse der Ideengeschichte zu haben, man muß wissen, was Liberalismus, Demokratie und Parlamentarismus sind, was die Traditionen spezifischer geistiger Strömungen des XIX. Jahrhunderts waren, als sich die modernen Staaten Europas herausbildeten. Darüber konnte man in polnischen Schulen nur sehr wenig lernen, es sei denn in verfälschter Form. Das waren einige der unterschiedlichen Gründe, aus denen wir die TKN ins Leben gerufen haben.

S. P.: Was war Ihre Rolle bei der Gründung der TKN?

W. B.: Wie ich erwähnt habe, geht die Entstehungsgeschichte der Vorlesungen bis zum November 1977 zurück, zu dieser Zeit aber war ich nicht in Polen. Von den Vorlesungen in Warschau erfuhr ich aus der ausländischen Presse, als ich in den USA und in Großbritannien war. Nach Polen kehrte ich unmittelbar vor Weihnachten 1977 zurück, und nach den Feiertagen traten Kollegen von der Polnischen Akademie der Wissenschaften und von der Universität Warschau an mich heran und schlugen vor, ich sollte mich ihnen anschließen und gemeinsam mit ihnen eine Gründungsdeklaration der Gesellschaft für Wissenschaftliche Kurse unterzeichnen, die in der Presse veröffentlicht werden sollte. Die Gesellschaft sollte nicht nur für die Organisation von Vorlesungen zuständig sein, sondern sollte auch einzelne Wissenschaftler unterstützen und Stipendien für Leute besorgen, die unpopuläre oder den Behörden mißliebige Forschungsgegenstände bearbeiteten. Sie sollte auch Leute unterstützen, die sich in prekärer Lage befanden oder von den Behörden seit ihren Studententagen oder ersten Berufsjahren an der Universität als politisch unzuverlässig eingestuft waren. Darüber hinaus setzte sich die Gesellschaft das Ziel, Kontakte zum Ausland zu knüpfen sowie Stipendien und Forschungsliteratur zu besorgen, deren Erwerb von offiziellen Institutionen nicht unterstützt wurde. Schließlich sollte sie auch auf verlegerischem Gebiet aktiv werden, d.h. Texte und Kopien bearbeiten und herausgeben, um so weitaus bessere Möglichkeiten dafür zu schaffen, den in den Vorlesungen präsentierten Stoff unter Hunderten oder Tausenden von Menschen in anderen Städten zu verbreiten, die keinen direkten Zugang zu den Vorlesungen hatten. Da er auf diese Weise ständig über die Entwicklung weltweit gültiger Bildungskonzepte unterrichtet wurde, konnte der einzelne Leser von den vorbereiteten Texten und Abschriften profitieren.

Meine Rolle bei der Errichtung der TKN begann damit, daß ich eine gemeinsame Deklaration mitunterzeichnete, die die Gründung der Gesellschaft öffentlich bekanntmachte. Die von 58 Personen unterzeichnete Deklaration wurde an die offizielle Presse weitergeleitet und von dieser natürlich nicht veröffentlicht. Sie wurde auch der unabhängigen Presse zugesandt und am Schwarzen Brett von Hochschulen und Instituten angeschlagen. Ich war damals einer der 58 Leute, die die TKN gegründet haben. Doch meine hauptsächliche Rolle als ein Mitbegründer der TKN war nicht die eines Mitunterzeichners der Gründungsdeklaration, sondern die, einer von zwölf Dozenten zu sein, die ganz zu Beginn, d.h. von den ersten Wochen des Jahres 1978 an, eine Vorlesungsreihe in Privatwohnungen ins Leben riefen und diese Vorlesungen in den Jahren 1978 und 1979 ohne Unterbrechung abhielten.

Unter den Unterzeichnern der Gründungsdeklaration waren Mathematiker, Physiker, Astronomen und Wissenschaftler anderer Fachgebiete, die auf Vorlesungen in Privatwohnungen nicht angewiesen waren, weil ihre Disziplinen in offiziellen Hörsälen unterrichtet werden konnten. Ihre Fachgebiete wurden von der kommunistischen Regierung als nicht politisch betrachtet, obwohl es ja oft strittig ist, was politisch ist und was nicht. Diese Leute unterzeichneten die Deklaration und gaben ihren anerkannten und angesehenen Namen dafür her. Damit brachten sie ihre Solidarität mit ihren Kollegen – den Soziologen, Philosophen, Ökonomen, Literaturwissenschaftlern und Historikern – zum Ausdruck. Und folglich bildeten sich zwei Gruppen heraus – die Unterzeichner der Deklaration, die eine moralische und soziale Verantwortung für diese Initiative auf sich nahmen, und die Gruppe aktiver Dozenten. Das ist analog zu einer Situation, in der eine Gruppe von Menschen eine Universität oder Stiftung ins Leben ruft, während später nur eine ausgesuchte Gruppe von Leuten tatsächlich in dieser Universität oder Stiftung arbeitet.

Als Dozent begann ich mit dem systematischen Unterricht in der politischen Geschichte Polens von 1939–1945, das heißt, vom Ribbentrop-Molotow-Pakt bis zum Potsdamer Abkommen. In den offiziellen polnischen Lehrplänen hat gerade diese Periode unter der Verdrehung und Auslassung von Tatsachen zu leiden. Gleichzeitig wurden Themen wie die Probleme der Machtstruktur, Probleme des gesellschaftlichen Lebens und der gesellschaftlichen Erziehung, gesellschaftliche Probleme der Naturwissenschaften und sogar Themen wie die Filmkunst, an der ja heute viele Menschen interessiert sind, von den TKN-Spezialisten einer kritischen Analyse unterzogen. Wenn ich ein Fazit ziehe, glaube ich, daß meine Rolle bei der TKN aus zwei Teilen bestand: in der Unterzeichnung der öffentlich bekanntgegebenen Gründungsdeklaration und in der aktiven Rolle eines Dozenten.

S. P.: Waren Sie neben den Vorlesungen zur politischen Geschichte Polens noch für andere Dinge im Rahmen der TKN zuständig?

W. B.: Für andere Dinge war ich nicht zuständig, doch ich nahm wie alle Unterzeichner der TKN-Deklaration, besonders soweit sie in Warschau lebten, an den regelmäßigen Plenarsitzungen der Gesellschaft teil. Die Anzahl der Unterzeichner nahm mit der Zeit zu, so daß wir am Ende mehr als die ursprünglichen 58 waren. An den Sitzungen nahmen ziemlich viele Leute teil und diskutierten organisatorische und programmatische Fragen, wie auch soziale und kulturelle Probleme. Oftmals wurden auf diesen Sitzungen spezifische Aufgaben an einzelne Mitglieder übertragen. Auf einer der Plenarsitzungen des Jahres 1979 wurde ein umfangreicher Brief verfaßt, der sich an Lehrer und Erzieher richtete. Es handelte sich um ein langes Dokument, das zehn bis zwölf Schreibmaschinenseiten umfaßte. Das Dokument sollte die besondere moralische Verpflichtung von Lehrern und Erziehern, die sie infolge ihres Berufs zu tragen hatten, nachdrücklich unterstreichen. Der Brief zielte in erster Linie darauf ab, die Hochschullehrer moralisch zu unterstützen, die einem großen Druck von seiten der Parteibürokratie ausgesetzt waren. Der Brief nahm eine Bestandsaufnahme des polnischen Bildungswesens vor, betonte die wichtige Rolle der Erziehung bei der Bekämpfung des Bösen und formulierte in diesem Rahmen auch einige sehr bedeutende programmatische und ideologische Empfehlungen. Die Generalversammlung der Gesellschaft für Wissenschaftliche Kurse wählte eine kleine Gruppe ihrer Mitglieder aus und beauftragte sie damit, den Text zu verfassen, zu publizieren und ihn im Namen der Gesellschaft zu unterzeichnen. Ich hatte die Ehre, ein Mitglied dieser kleinen, auserlesenen Gruppe zu sein. Neben mir gehörten zu dieser Gruppe Leute mit höchst unterschiedlichen Ansichten – Władysław Bienkowski, Marian Brandys, Stanisław Hartman, Władysław Kunicki-Goldfinger, Marian Małowist, Tadeusz Mazowiecki, Jan Jozef Szczepański und Jacek Woźniakowski. Diese Gruppe unterzeichnete das Dokument im Namen der gesamten TKN. Auswahlkriterium für diese Gruppe war, daß die Namen ihrer Mitglieder in ganz Polen bekannt und anerkannt waren.

S. P.: Noch eine zusätzliche Frage zur »Fliegenden Universität«, erinnern die TKN-Aktivitäten nicht an die Freie Polnische Universität in den Zwischenkriegsjahren oder an die Tätigkeit der geheimen Universität während der Nazi-Okkupation?

W. B.: Man sollte, auch wenn das oft geschieht, die Bestrebungen der TKN nicht mit der Aktivität der geheimen Universität während der deutschen Okkupation gleichsetzen. Man sollte das aus historischen wie aus moralischen Gründen nicht tun. Das Vermächtnis der geheimen Universität während des Zweiten Weltkriegs ist unermeßlich groß, doch durch die bloße Teilnahme an ihr nahmen Studenten, Dozenten und Hörer das Risiko auf sich, ins Konzentrationslager verschleppt, von der Gestapo gefoltert oder sogar getötet zu werden. Ich denke, als

TKN-Dozent würde ich mehr für mich in Anspruch nehmen, als mir zukommt, wollte ich versuchen, Parallelen zur Kriegssituation herzustellen, die weit größere Risiken und schwierigere Umstände in sich barg. Trotz aller Beschränkungen der Freiheit im kommunistischen Polen setzte sich keiner der Teilnehmer an den TKN-Vorlesungen dem Risiko der Folter oder des Todes aus, nur weil er die Vorlesungen besuchte; gewisse Unannehmlichkeiten ja, doch keine extremen Konsequenzen, und das ist ein ganz erheblicher Unterschied.

Respekt vor den menschlichen Tragödien und den Leiden, die die Teilnahme an den geheimen Studien während der deutschen Okkupation nach sich zogen, ist ein weiterer Grund, die beiden Situationen nicht gleichzusetzen. Des weiteren wurden zu den geheimen Universitätsstudien nur Leute zugelassen, die das Abitur bestanden hatten. Folglich war diese Universität geschlossen oder auf einen bestimmten Personenkreis beschränkt; man mußte sich auf ein Hauptfach spezialisieren, obwohl einige Leute auch mehrere Fächer studierten. Auf der anderen Seite war die Gesellschaft für Wissenschaftliche Kurse offen. Jeder konnte die Vorlesungen besuchen – Studenten, Abiturienten oder Schüler, Hausfrauen sowie Leute, deren Beruf nichts mit dem Gegenstand der Vorlesung zu tun hatte. Man konnte die Kurse wie jeden öffentlichen Vortrag in der freien Welt besuchen. Die Leute konnten sich unabhängig von ihrer Vorbildung oder sonstigen Vorbereitung einschreiben. Sie konnten Fragen stellen und Erklärungen erwarten, selbst wenn ihre Qualifikation dafür eigentlich nicht ausreichte. Es war eine demokratische und moderne Form der Bildung für jedermann, die viel stärker – wie das in der Frage bereits angedeutet wurde – an die Freie Polnische Universität der Zwischenkriegsperiode erinnerte; denn auch dort akzeptierte man Nichtabiturienten auf Probe, manchmal sogar, wenn sie nur einige Oberschulklassen absolviert hatten. Nur wenn sie akademische Grade erwerben und entsprechende Prüfungen ablegen wollten, mußten sie ein Abiturszeugnis vorlegen, das jedoch keine Vorbedingung für die Einschreibung in die Universität war.

Wie ich vorher ausführte, erinnerte die Gesellschaft auch an die »Fliegende Universität«, die ihre Tätigkeit im russischen Teil Polens im 19. Jahrhundert entfaltete. Vorlesungsgegenstände der Universität waren soziale, philosophische, politische und historische Probleme, die in den offiziellen Lehrplänen fehlten. Aus einer historischen Perspektive würde ich ohne Zögern eine

Analogie zwischen der Gesellschaft für Wissenschaftliche Kurse und den Bemühungen zur Selbsterziehung und Bildung vor, aber nicht während des Zweiten Weltkriegs herstellen.

S. P.: Wie wurden die Dozenten rekrutiert und waren sie Repressionen von seiten der Behörden ausgesetzt?

W. B.: Ich würde sagen, daß die Rekrutierung der Dozenten auf informelle Weise erfolgte, sozusagen auf freundschaftlicher Basis. Normalerweise war das Sekretariat der Gesellschaft, geleitet von dem jungen Soziologen Andrzej Celinski, für organisatorische Dinge zuständig. Er war Assistenzprofessor der Soziologie, knapp dreißig Jahre alt, und war von der Universität Warschau relegiert worden. Wir haben es seiner Energie und seinen Bemühungen zu verdanken, daß die ersten Vorlesungen organisiert wurden. Später waren es einige Kollegen unserer Dozenten, Professoren oder Literaten, die sich freiwillig für Vorlesungen zur Verfügung stellten.

Ein erhebliches Problem für die TKN bestand darin, dem Dozentenmangel außerhalb Warschaus abzuhelfen. Die mit den notwendigen Reisen und dem Zeitmangel verbundenen Schwierigkeiten schufen Probleme bei der Organisation von Vorlesungen nicht nur im nahegelegenen Łódź, sondern auch in weiter entfernten Städten wie Breslau, Posen oder Krakau. Es war oft schwierig, geeignete Dozenten zu finden, denn die Hörer erwarteten gewöhnlich bekannte Persönlichkeiten, die anerkannte Autoritäten auf ihrem Gebiet waren. Oft mutete man den Dozenten zu, in abgelegene akademische Zentren und manchmal in Orte zu reisen, in denen es kein akademisches Leben gab.

Waren die Dozenten Repressionen von seiten der polnischen Behörden ausgesetzt? Ja. Die Repressionen waren von unterschiedlicher Art, manchmal waren sie sehr hart. Junge Leute oder auch Menschen, die politisch in besonderer Ungnade standen oder von der politischen Polizei besonders gehaßt wurden, hatten die schlimmsten Konsequenzen auszustehen. Die Vorlesungen von Adam Michnik und Jacek Kuroń wurden einige Male gesprengt und endeten schließlich in Faustkämpfen. Einige Leute wurden in Kurońs Wohnung schwer zusammengeschlagen, darunter auch sein Sohn, ein Student im ersten Studienjahr, der eine Gehirnerschütterung davontrug. In anderen Fällen kam es zu verbalen Angriffen, zum Herumstoßen der Leute, zu Schlägen, polizeilicher Registrierung, Vorladungen bei der Polizei und den Behörden für innere Sicherheit, Haussuchungen, Belästigungen auf der Straße, Belästigungen der Familie, fristloser Entlassung aus dem Arbeitsverhältnis oder Drohung damit, besonders gegenüber jungen Leuten. Bei Professoren oder Akademikern waren die Repressionen weniger sichtbar. Sie nahmen die Form von Verhaftungen auf dem Weg zur Vorlesung an, wobei man den Dozenten zur Polizeistation brachte und ihn dort einige Stunden festhielt. Oft wurden Leute, die in andere Städte reisten, festgenommen und einige hielt man über Nacht in polizeilichem Gewahrsam, um sie an der Abhaltung ihrer Vorlesung zu hindern. Es gab auch andere Formen der Repression, die sich gegen jene richteten, die Räumlichkeiten für die Vorlesungen zur Verfügung stellten. Das waren Menschen unterschiedlichster Art – Witwen, Pensionäre, manchmal junge Leute und manchmal Familien. Die Repressionen nahmen gewöhnlich die Form eines Schnellverfahrens vor dem Gericht zur Aburteilung von Vergehen an. Das ist eine Institution, die jugendliche Rowdies bestraft, wenn sie Ruhe und Ordnung stören und sich irgendwelcher Vergehen schuldig machen, wie z.B. jemanden zu verprügeln. Wer seine Wohnung für Vorlesungen zur Verfügung stellte, wurde demnach wie ein Rowdy bestraft. Man verurteilte diese Leute zu Geld-, bisweilen zu Haftstrafen. Die Geldstrafen reichten bis zu 5000 Złoty, was zu jener Zeit dem Monatsgehalt eines Arbeitnehmers mit Abitur oder sogar eines Akademikers entsprach. Mit anderen Worten, die Strafen waren recht empfindlich.

Als es zu formellen Anklagen und nicht nur zu Belästigungen kam, hatte ich die Ehre, der einzige TKN-Dozent zu sein, den man vor Gericht stellte. 1979 stand ich vor dem Schnellgericht zur Aburteilung von Vergehen im Mokotow-Bezirk Warschaus. Als ich gegen das Urteil des Gerichts in Mokotow Berufung bei der nächsten und letzten Instanz einlegte, d.h. beim Gericht der Stadt Warschau, wurde ich zu einer Geldstrafe von 5000 Złoty verurteilt, weil ich eine Vorlesung über den polnischen Untergrundstaat während des Zweiten Weltkriegs gehalten hatte. Ich versuchte damals, die Geldstrafe in eine Haftstrafe umwandeln zu lassen, doch mein Antrag wurde abgelehnt. Im Falle unserer Assistenten, jüngerer Leute, waren Repressionen dieser Art sehr viel häufiger anzutreffen, und nach einigen Monaten wurden die TKN-Aktivitäten regelrecht berüchtigt. Es verging kaum eine Woche, ohne daß irgendjemand von uns Repressionen ausgesetzt war.

S. P.: Könnten Sie vielleicht die Typen von Vorlesungen und

Seminaren beschreiben, zum Beispiel die Themen und die Anzahl der Vorlesungen?

W. B.: Da ich keinerlei schriftliche Unterlagen bei mir habe, muß ich mich ausschließlich auf mein Gedächtnis verlassen. Folglich kann ich keine komplette Liste aller Vorlesungen vorlegen. Der Aneks Verlag in London plant, in naher Zukunft ein Buch über die Tätigkeit der Gesellschaft für Wissenschaftliche Kurse herauszubringen. Das Buch soll eine Auswahl von Vorlesungstexten wie auch Informationen über organisatorische Fragen enthalten. Da mir diese Materialien nicht vorliegen, muß ich mich auf das beschränken, woran ich mich erinnern kann. Das erste Studienjahr der TKN-Vorlesungen dauerte nur einige Monate, beginnend mit dem November 1977, als die Vorlesungen anfingen, und dann vom Februar 1978 – unter den Auspizien der TKN – bis zum Mai 1978. Insgesamt wurden 120 Vorlesungen gehalten. Bestimmte Vorlesungen wurden nur einmal gehalten, aber es gab dreizehn Vorlesungsreihen, die wiederholt stattfanden. Ungefähr 1200 Hörer nahmen an den Vorlesungen teil. Es wurden keine Hörerkarten ausgegeben und keine Anwesenheitslisten geführt, so daß die Anzahl der Hörer nur grob geschätzt werden konnte – z.B. 30, 35 oder 50 pro Vorlesung. Niemand wurde nach seinem Namen gefragt, und so las ich vor Hörern, deren Namen ich nur in Ausnahmefällen kannte. Bis auf den heutigen Tag kommen Leute zu mir, an die ich mich überhaupt nicht erinnern kann, und geben sich als frühere Hörer meiner Vorlesungen zu erkennen.

Was die Typen der Vorlesungen anbelangt, so habe ich die generellen Themen bereits in meinen voraufgegangenen Antworten erwähnt. Wenn wir mehr ins einzelne gehen, so wurden in den ersten beiden Semestern, d.h. im Studienjahr 1977/78, u.a. folgende Themen behandelt: Adam Michnik: ›Aus der Geschichte Volkspolens‹, Tadeusz Kowalik: ›Wirtschaftsgeschichte und Geschichte des ökonomischen Denkens im modernen Polen‹; Jerzy Jedlicki: ›Moderne politische Ideologien‹, Jan Strzelecki: ›Rückblick auf die entscheidenden politischen Diskussionen in den ersten drei Nachkriegsjahrzehnten‹, Bohdan Cywiński: ›Die Polnische Frage im politischen und sozialen Bewußtsein zur Zeit der Teilungen‹, Tomasz Burek: ›Die Literatur als Ausdruck sozialen Bewußtseins‹ (das ist besonders interessant, weil Tomasz Burek der Sohn von Wincenty Burek ist, einem äußerst radikalen Bauerndichter der Vorkriegszeit, der selbst als Forscher am Institut für Literarische Studien tätig war), Andrzej Tyszka: ›Traditionen und praktische Gestaltung der sozialistischen Kultur‹. Die Vorlesung ›Soziale Probleme in Bildung und Erziehung‹ hielt Adam Stanowski von der Katholischen Universität Lublin; Irena Nowakowa, eine Soziologin, las zum Thema ›Zentralisierte Machtstruktur und gesellschaftliches Leben‹; Stefan Amsterdamski, ein Wissenschaftsphilosoph, las über ›Gesellschaftliche Probleme der Naturwissenschaften‹; Andrzej Werner, ein Literatur- und Kunstkritiker, sprach über ›Das ideologische Antlitz des polnischen Films‹; Jacek Kuroń las über ›Gesellschaft und Bildung‹; Wiktor Woroszylski, ein russischer Slavist und Literaturfachmann, befaßte sich mit ›Ausgewählten Entwicklungen und Problemen in der modernen russischen Literatur‹, und ich selbst schließlich las über die ›Politische Geschichte des modernen Polen‹.

Seminare für kleinere Gruppen von maximal zwölf Personen wurden ebenfalls organisiert und regelmäßig abgehalten. Die Hörer, die zumindest im vierten oder fünften Studienjahr standen, nahmen an Seminaren zur politischen Ideengeschichte, Ideologiegeschichte, Philosophie und Soziologie teil. Obwohl in der Teilnehmerzahl beschränkt, waren die Seminare von großer Bedeutung.

S. P.: Befaßten sich die Vorlesungen auch mit der Geschichte der polnisch-ukrainischen, der polnisch-litauischen und der polnisch-weißrussischen Beziehungen? Sind diese Fragen innerhalb der polnischen Oppositionsbewegung oder für die polnische Gesellschaft allgemein überhaupt von Interesse?

W. B.: Diese Dinge stoßen bei den anspruchsvolleren Oppositionsbewegungen zweifellos auf Interesse. Dabei denke ich primär an Leute, die an den Problemen der Vergangenheit und der Zukunft interessiert sind, und nicht nur am Widerstand im Rahmen der Tagespolitik. Das gilt nicht nur für Intellektuelle, sondern auch für junge Arbeiter, die Wissenslücken haben und Fragen zu diesen Dingen stellen möchten. Diese Themen sind von besonderem Interesse für jene Menschen, die familiäre Bande dorthin aufweisen oder in Gebieten geboren wurden, wo die ethnisch polnische Bevölkerung in Harmonie oder im Konflikt mit der ukrainischen, weißrussischen oder – in geringerem Maße – mit der ethnisch litauischen Bevölkerung lebte. Die polnisch-ukrainischen Beziehungen zum Beispiel wurden in den Publikationen der Polnischen Liga für Unabhängigkeit, PPN, behandelt, der einzigen geheimen Organisation, deren Gründer und Organisatoren unbekannt waren, und deren Publikationen in den Jahren 1977–81 in Universitären und Intellektuellenkreisen zirkulierten. Aber soweit ich mich erinnere, gab es zu diesen Themen in den ersten drei oder vier Semestern der TKN-Tätigkeit keine regelmäßigen Vorlesungen. Einige dieser Probleme wurden im Rahmen anderer Themen diskutiert. So befaßte sich die »Geschichte Volkspolens« zum Beispiel mit der Umsiedlung der Ukrainer aus Polen im Jahre 1945. Nationalitätenprobleme, die sich aus den Änderungen der polnischen Grenzen ergaben, wurden behandelt, doch gesonderte Kurse über die polnisch-ukrainischen, polnisch-weißrussischen und polnisch-litauischen Beziehungen gehörten in den ersten Jahren ihres Bestehens nicht zum Unterrichtsprogramm der TKN.

S. P.: Es ist bekannt, wie sehr Sie sich während des Zweiten Weltkriegs für die Juden eingesetzt haben. Inwieweit war das polnisch-jüdische Verhältnis ein Thema für Vorlesungen und Forschungen im Rahmen der TKN?

W. B.: Es war Vorlesungsthema bei mindestens zwei Kursen. Ich persönlich hielt mehrere Vorlesungen über polnisch-jüdische Beziehungen, die sich mit der Periode von 1918 bis zum Ende des Holocausts, d.h. bis zum Ende des Zweiten Weltkriegs befaßten. Die Vorlesungen zogen 70 bis 80 Hörer an, was für eine Warschauer Privatwohnung unter polnischen Verhältnissen eine außerordentlich große Zahl war. Die Vorlesungen wurden auf Band genommen, und die Tonbänder dann in Umlauf gebracht. Es gab sogar Pläne, die Vorlesung zu publizieren, doch das wurde nie getan oder besser gesagt, es wurde nicht rasch genug getan. Darüber hinaus kamen die polnisch-jüdischen Beziehungen in den Vorlesungen über die Geschichte Volkspolens zur Sprache. Gesonderte Themen waren auch Politik und Antagonismus Volkspolens, die Erfahrung der stalinistisch geprägten Jahre, wie auch des Jahres 1967/68, sowie nationale Politik und soziale Verhaltensweisen. Was die Forschung anbelangt, so waren mehrere TKN-Dozenten 1981 damit befaßt, eine wissenschaftliche Konferenz über die Ereignisse von 1968 zu organisieren. Doch tatsächlich wurde die Konferenz nicht unter der Leitung der TKN organisiert, sondern sie fand in der Periode von Solidarność und des Freien Verbands Gelehrter Gesellschaften statt und wurde an der Universität Warschau abgehalten. Die Tagung bestand weitgehend aus Vorträgen von Fachleuten, die vor dieser Zeit TKN-Dozenten waren.

S. P.: Wieviele Hörer nahmen an den TKN-Vorlesungen teil?

Stammten sie primär aus intellektuellen Kreisen oder waren es auch Leute aus dem Milieu der Arbeiterklasse? Wieviele Leute besuchten Ihre Vorlesungen?

W. B.: Ich habe bereits einige Schätzungen für das erste Studienjahr gegeben. Insgesamt waren es ungefähr 1200 Hörer, die an den TKN-Vorlesungen im ersten Jahr des Bestehens dieser Institution teilnahmen. Bei den einzelnen Vorlesungen variierte die Teilnehmerzahl, abhängig vom Gegenstand und Abhaltungsort. Typisch waren ein bis zu einigen Dutzend Hörern, manchmal waren es bis zu hundert. Meine Vorlesungen und die von Adam Michnik hingen thematisch eng zusammen, da ich die polnische Geschichte bis 1945 behandelte, und Michnik die Geschichte Volkspolens, also die Zeit nach 1945. Vom Sekretariat der Gesellschaft für Wissenschaftliche Kurse hörte ich, daß diese Vorlesungen, Michniks und meine, den größten Zulauf hatten. Da die Teilnehmerzahl mit jedem Monat stieg, mußten wir die Vorlesungen in größere Räume verlegen. Wir hatten niemals weniger als 50 oder 60 Hörer, einmal hatte ich sogar über 100.

Kam die Zuhörerschaft aus der Intelligenzija oder aus der Arbeiterklasse? Wie erwähnt brauchte niemand seine Personalien anzugeben, was hieß, daß niemand zu sagen brauchte, wer er war oder wie er hieß. Jemand konnte ebensogut Arbeiter, Student oder auch Polizeispitzel sein, was ganz sicher bisweilen der Fall war. Ich denke jedoch, daß die meisten Hörer Oberschüler oder Studenten waren. Ob diese Studenten nun aus Intellektuellen-, Arbeiter- oder Bauernfamilien stammten, ist sehr schwer zu sagen. Wenn jemand jedoch sein Abitur gemacht hat und die Universität besucht, dann erwirbt er den Status eines Studenten, und letzten Endes ist es dann gleichgültig, wer seine Eltern sind. Ich denke, es wäre unmöglich, hierzu genauere Angaben zu machen. Wenn wir nur von den kleineren Diskussionsrunden oder Seminaren sprechen, so waren die Teilnehmer Studenten oder Akademiker und keine Arbeiter. Der Grund für ihre Teilnahme an diesen Seminaren lag in dem Wunsch, bestimmte Themen ihres Fachgebiets, die von gemeinsamem Interesse waren, gründlich zu diskutieren, wozu sie im Laufe ihrer normalen Studien keine Gelegenheit hatten.

S. P.: Organisierte die TKN Symposien oder publizierte sie wissenschaftliche Zeitschriften oder Bücher?

W. B.: Ja. Es gab mehrere TKN-Symposien, die vor Gründung der Solidarność organisiert wurden. Es gab auch einige, die während der Solidarność–Periode organisiert wurden, obwohl die Bestrebungen der Menschen zu dieser Zeit bereits in mannigfaltige Richtungen gelenkt wurden. Fast alle TKN-Mitglieder, wenn nicht sogar alle, waren mit vielen anderen Dingen beschäftigt, einige waren in der Solidarność selbst aktiv oder auch in den erneuerten Gelehrten Gesellschaften und konnten daher der TKN weniger Zeit widmen. Gleichzeitig nahm die Notwendigkeit zu TKN-Aktivitäten ab. Schließlich war die Idee der TKN allgemein anerkannt. Die Prinzipien, für die die Gesellschaft im Bildungs- und Erziehungswesen eintrat, erreichten Tausende von Menschen. Gemeinsam mit anderen hatten wir einen Stein ins Rollen gebracht und dadurch einen Erdrutsch ausgelöst, der eine ständig wachsende Zahl von Menschen in immer wieder neuen Städten und Gemeinden einschloß. Dennoch gab es einige sehr bedeutende vor der Gründung der Solidarność abgehaltene Symposien, die auf sehr hohem geistigen Niveau standen. Ein Beispiel war das Symposion über die Sprache der Propaganda – das erste seiner Art – das die Methoden analysierte, mit Hilfe derer man die polnische Sprache manipuliert, um Begriffe zu schaffen, die in der Praxis – im wirklichen Leben – eine Bedeutung hatten, eine andere aber in ihrer schriftlichen Form. Diese von sehr bekannten polnischen Linguisten, Soziologen und Literaturwissenschaftlern durchgeführte Analyse richtete relevante Fragen an viele Soziologen und Politikwissenschaftler, deren Forschungsgegenstand die Probleme des Ostblocks sind. Es ging zum Beispiel darum, wie der Geist des Menschen manipuliert wird, und wie seine Psyche beeinflußt werden kann. Die Ergebnisse dieses Symposions wurden von der TKN veröffentlicht.

Hat die TKN Zeitschriften oder Bücher veröffentlicht? Einige Vorlesungstexte sind im Druck erschienen. Leider kann ich mich nicht an alle erinnern. Die erste TKN-Vorlesung, die im Druck erschien, war meine Vorlesung über den polnischen Untergrundstaat, die in mehreren polnischen Städten viermal nachgedruckt wurde. Bohdan Cywinskis Vorlesung über die Vorkriegsprobleme des katholischen Lebens in Polen wurde ebenfalls publiziert; das gleiche gilt für bestimmte Vorlesungen zur Ideengeschichte und einige Forschungsberichte von Symposien. Einige Texte waren zur Veröffentlichung fertiggestellt, erblickten jedoch niemals das Licht der Welt; wieder andere wurden nicht unter Federführung der TKN, sondern von unabhängigen Verlagen veröffentlicht.

S. P.: Wo und wann wurden diese Publikationen gedruckt?

W. B.: Nun, das ist wohl eher eine Frage für die politische Polizei in Polen. Die Publikationen wurden in erster Linie in Universitätsstädten in Untergrundwerkstätten hergestellt, d.h. in geheimen Druckerei- und Kopierbetrieben, die die Sicherheitsbehörden in Volkspolen nur schwer entdecken konnten oder bis auf den heutigen Tag nicht entdeckt haben.

Wie? Unter strikter Einhaltung konspirativer Methoden und durch die allmähliche Vervollkommnung der technischen Prozesse. Es begann mit sehr primitiven, nicht immer lesbaren Abzügen, die mit einer Vervielfältigungsmaschine produziert wurden. Am Ende wurde mit einer Offsetmaschine gedruckt, was die Qualität natürlich steigerte. Jeder Monat brachte weitere Verbesserungen mit sich.

Die Auflagenhöhe war unterschiedlich. In einigen Fällen erreichte sie einige tausend Exemplare, die von Hand zu Hand gingen. Man darf nicht vergessen, daß viele dieser Publikationen auch nach einem Verfahren vervielfältigt wurden, das international als Raubdruck bezeichnet wird, sich jedoch unter den in Polen herrschenden Verhältnissen als sehr zweckmäßig erwies. Verschiedene Gruppen von Leuten druckten Texte einfach neu oder tippten sie mit der Schreibmaschine ab oder stellten auf eigene Faust Abzüge mit einem Vervielfältigungsgerät her. Man weiß nicht, welches Ausmaß diese Aktivitäten hatten und auf welche Städte sie sich erstreckten. Manchmal gelangten diese Ausgaben bis zu mir, und ich sah, daß meine Vorlesungen in irgendeiner Provinzstadt neu gedruckt worden waren. Ähnliche Erfahrungen machten auch meine TKN-Kollegen. Da zumindest einige der Vorlesungen von den Hörern auf Band genommen wurden, wogegen wir nichts einzuwenden hatten, entzog sich die Verbreitung der Texte durch Überspielung auf Tonbänder oder Herstellung schriftlicher Kopien völlig unserer Kontrolle. Wenn wir all diese Fragen erörtern, d.h. die Anzahl der Hörer wie auch die Methoden der Publikation und Verbreitung, so muß ich meine Antworten dahingehend modifizieren, daß die Schätzungen nur auf den Informationen beruhen, die den TKN-Organisatoren zugänglich waren. Darüber hinaus gibt es sicherlich eine große Dunkelziffer, man kann einfach nicht sagen, wieviele Kopien und Tonbänder angefertigt wurden und unter wieviel Menschen sie kursiert haben.

S. P.: Hat die TKN ausländische Dozenten zu Vorträgen unter der Ägide der TKN eingeladen? Und falls ja, wurden derartige Vorträge tatsächlich gehalten?

W. B.: Ich weiß nicht, ob die TKN Leute aus dem Ausland zu Vorträgen in Polen eingeladen hat. Ich kenne jedoch Fälle, in denen sich ausländische Gäste, die mit der TKN sympathisierten und gerade in Polen waren, gern dazu bereit erklärten, Vorträge im Rahmen der TKN zu halten. Ich erinnere mich an einen Vortrag unter der Ägide der TKN in Warschau, den der schwedische Professor und Sozialdemokrat Stan Johansson gehalten hat. Natürlich konnten solche Vorträge in der Praxis nur auf Englisch oder Deutsch vor Hörern gehalten werden, die dieser Sprachen mächtig waren. Es versteht sich fast von selbst, daß ein Soziologieprofessor der Universität Stockholm westeuropäische Sprachen beherrschte, und daß seine Hörer mit Sicherheit nicht Schwedisch konnten. Ich hörte auch von einigen Kontakten zwischen ausländischen Schriftstellern und Journalisten und Krakauer Repräsentanten der nichtoffiziellen Bewegung für Bildung und Erziehung. Doch Einzelheiten hierzu sind mir nicht präsent, und um keine ungenauen oder falschen Informationen zu verbreiten, möchte ich mich auf das Beispiel des Soziologieprofessors Stan Johansson aus Stockholm beschränken.

S. P.: Wie war die Haltung des Episkopats zur TKN? Hat der Primas Kardinal Wyszyński die TKN-Aktivitäten unterstützt? Ich erinnere mich, daß Kardinal Wojtyla der »Fliegenden Universität« erlaubt hat, ein Kloster in Krakau, das den Nonnen des Norbertinerordens gehörte, für Unterrichtszwecke zu nutzen. Haben sich andere Bischöfe ähnlich verhalten?

W. B.: Man sollte nicht vergessen, daß unter den Unterzeichnern der TKN-Deklaration Leute wie Jacek Wozniakowski waren, Professor an der Katholischen Universität Lublin sowie Direktor und Chefredakteur des Verlags *Znak* in Krakau; Adam Stanowski, Soziologe und Dozent an der Katholischen Universität Lublin, Zdzislaw Szpakowski, Mitglied der Redaktion der Zeitschrift *Wiez;* Bohdan Cywiński, den ich bereits mehrfach erwähnt habe, Redaktionsmitglied der Monatsschrift *Znak;* und schließlich ich selbst, Redaktionsmitglied des *Tygodnik Powszechny* und Dozent für Zeitgeschichte an der Katholischen Universität Lublin. Das waren Leute, die von der Öffentlichkeit zu Recht oder zu Unrecht mit katholischen Kreisen gleichgesetzt wurden, obwohl sie auf eigene Verantwortung und nicht im Namen der Institutionen handelten, wo sie beruflich tätig waren. Der Episkopat zog das zweifellos in Betracht. Darüber hinaus legte Primas Kardinal Wyszynski großen Wert darauf, traditionelle nationale und kulturelle Werte zu erhalten. Er war der TKN sehr gewogen und in einigen seiner Verkündigungen sprach er in Wendungen des kirchlichen Wortschatzes von dem Prinzip und dem Recht, Wissen ungehindert zu erwerben. Im März 1978 gab der Episkopat ein Communiqué heraus, das eine besondere Mißbilligung aller Bestrebungen enthielt, den menschlichen Geist im freien Schaffen kultureller Werte zu behindern. Es traf folgende Feststellung, die ich jetzt zitiere: »Die Kirche wird all jene Initiativen unterstützen, die danach streben, die Kultur, die Kreativität des menschlichen Geistes und die Geschichte der Nation in ihrer wahren Gestalt zu offenbaren, denn die Nation hat ein Recht, die objektive Wahrheit über sich selbst zu erfahren.« Offenkundig war die TKN nicht namentlich erwähnt, doch da das Communiqué parallel zu den TKN-Aktivitäten erschien, bedeutete es für uns eine große Bestätigung. Die Kirche ließ sich nicht darauf ein, bestimmte Vorlesungsreihen oder Dozenten zu unterstützen, doch sie erinnerte – wie sie es oft in ihrer Geschichte getan hatte – nachdrücklich an das Recht des Menschen auf ungeschmälertes Wissen und widersetzte sich folglich den diesbezüglichen Restriktionen. Es ist bekannt, daß Primas Kardinal Stefan Wyszinski genau zu dieser Zeit einen Brief an den Minister Kazimierz Kąkol, Chef des Ministeriums für Religiöse Angelegenheiten schrieb, in dem er unzweideutig und namentlich auf die Gesellschaft für Wissenschaftliche Kurse und die in Privatwohnungen abgehaltenen Vorlesungen einging. Er bezeichnete die Vorlesungen zur Geschichte und zu den nationalen Traditionen als einen augenfälligen Beweis für das Bedürfnis junger Menschen sich selbst zu bilden und als Erfüllung menschlicher Bestrebungen, die der Mühe wert sind. Man muß daher sagen, daß der Episkopat in der Person solcher Repräsentanten wie des Vorsitzenden des Episkopats, des Primas von Polen, wie auch seines Stellvertreters, des damaligen Erzbischofs von Krakau, Kardinal Wojtyła, eine sehr eindeutige Haltung eingenommen hat. Was andere Bischöfe anbelangt, so müssen wir berücksichtigen, daß die TKN-Aktivitäten im wesentlichen auf einige wenige Universitätsstädte konzentriert waren. Daher ist es schwierig, generell über alle Bischöfe zu sprechen, deren Zahl in Polen zwischen siebzig und achtzig beträgt. Am besten würde man wohl die Aktionen einzelner

Bischöfe analysieren. Ich habe jedoch nicht genügend Material, um solch eine Einschätzung vorzunehmen. Ich kann zweifelsfrei feststellen, daß die Bischöfe in Warschau, Krakau und Breslau unseren Aktivitäten ausgesprochen wohlgesonnen waren. Wenn ich andere Bischöfe nicht erwähne, so nicht deshalb, weil ich glaube, daß sie anders dachten, sondern nur weil ich nicht genug Informationen über die anderen Landesteile habe.

S. P.: Es hatte den Anschein, daß die Behörden die TKN-Aktivitäten eine Zeitlang toleriert haben. Stimmen Sie dieser Meinung zu, und wenn ja, was waren die Gründe für diese Toleranz?

W. B.: Wissen Sie, wenn es darum geht, die Taktik der Behörden zu analysieren, bin ich eigentlich kein Fachmann. Ich bin weder Politikwissenschaftler noch Experte in Psychologie, doch ich glaube, daß die Behörden die TKN gerade in der Anfangsphase unterschätzt haben und die Größe und die rasche Verbreitung der Bewegung verkannten. Nachdem sich die Bewegung jedoch entwickelte, und sich ihre Angehörigen als ernstzunehmende Gruppe ehrgeiziger Leute erwiesen hatten, die in mehreren Städten operierte, begannen die Behörden bald mit Gegenmaßnahmen, die in erster Linie in der Belästigung der Hörer bestanden. Die Toleranzperiode dauerte jedenfalls nicht sehr lange, vielleicht zwei oder drei Monate. Da unsere Versammlungen für jedermann offen waren, bestanden die Belästigungen auch in der Einschleusung organisierter Gruppen von »Diskutanten«. Das hätte schön sein können, ja es hätte sogar zu einer interessanten Lektion im demokratischen Denken führen können, doch stattdessen schrien und pfiffen diese Gruppen, stampften mit den Füßen und gaben provokative Erklärungen ab. Wenn sie – oftmals zu Unrecht – meinten, der Dozent sei Jude, gaben sie antisemitische Äußerungen von sich. Sie waren keine Gruppe von Diskutanten mit anderer Weltanschauung, sondern einfach Banden von Unruhestiftern, die man umgangssprachlich als Strolche oder Rowdies bezeichnen würde. Die Organisatoren waren hilflos, sie konnten diese Banden nicht darin hindern, die Versammlungen zu sprengen. Wie ich bereits erwähnte, kam es sogar zu Faustkämpfen.

Möglicherweise betrachteten bestimmte Leute im Regierungsapparat die Vorlesungen in Privatwohnungen als das kleinere Übel im Vergleich zu anderen politischen Aktivitäten, besonders weil man diese Versammlungen kontrollieren konnte. Jeder konnte die Wohnungen betreten, sich dort hinsetzen und zuhören, auch die Repräsentanten der Behörden. Das war jedoch die Periode der sogenannten begrenzten Toleranz, die sehr kurze Zeit dauerte. 1979 wurde die Liste der TKN-Dozenten dramatisch auf sehr wenige Personen reduziert, und ich war der einzige Dozent, der im November 1979 in Warschau noch immer öffentliche Vorlesungen hielt. Später wurden die Vorlesungen auf Seminare beschränkt; sehr kleine Gruppen von Leuten, die sich alle untereinander kannten, kamen in Privatwohnungen zusammen. Im Studienjahr 1979/80 wurden diese Seminare noch immer abgehalten.

S. P.: Glauben Sie, daß die Aktivität der TKN zur Gründung von Solidarność beigetragen hat, und ist die TKN ihrerseits durch Solidarność beeinflußt worden?

W. B.: Ich würde die Frage nicht so formulieren, daß ich versuchte, einen Zusammenhang zwischen den TKN-Aktivitäten und der Gründung der Solidarność im Sinne von Ursache und Wirkung herzustellen. Es ist aber sicherlich richtig, daß die TKN-Aktivitäten eine Rolle bei der Herausbildung und Stärkung gewisser geistiger Grundlagen innerhalb bestimmter Gruppen von Aktivisten spielten. Dabei denke ich an Studenten, bewußtere Arbeiter, Angehörige der technischen Intelligenz und junge Leute, die eine wichtige Rolle bei der Gründung von Untergruppen der Solidarność in verschiedenen Landesteilen spielten. Die Gründung von Solidarność war nicht das Resultat von Vorlesungen in Privatwohnungen, aber bestimmte Entwicklungen – darunter auch die Vorlesungen – trugen zur Strukturierung von Elementen bei, aus denen ein Klima entstand, das es ermöglichte, die ersten entschlossenen Forderungen zu stellen und die Zusammenarbeit zwischen Intellektuellen und Arbeitern zu fördern. Nachdem Solidarność fest im gesellschaftlichen Leben etabliert war, hat diese Bewegung die TKN-Aktivitäten nicht beeinflußt. Man könnte eher sagen, daß die TKN-Aktivität insgesamt in Frage gestellt wurde. TKN-Mitglieder aber übten gemeinsam viele unterschiedliche Aktivitäten im Rahmen der Solidarność aus, z. B. als Berater oder als Dozenten an den Arbeiteruniversitäten, die von Solidarność in Fabriken überall im Lande gegründet wurden. Ich selbst hielt Vorträge in der Fabrik von Ursus, während meine Freunde dort und in vielen anderen Fabriken unterrichteten. Ich hielt Kurse für Studenten der unterschiedlichsten Fachrichtungen ab, darunter auch für Sport- und Musikstudenten. Mit der Gründung von Solidarność ging die TKN zu anderen Formen der Aktivität über. Eingerichtet wurde eine Gruppe oder ein Stab von Dozenten, der telephonische oder schriftliche Anfragen von Untergruppen der Solidarność nach geeigneten Rednern beantwortete, die zu den Arbeitern über bestimmte Themen sprechen sollten. Ich habe solche Vorträge in mehreren Städten gehalten und konnte persönlich beobachten, wie diese Dinge abliefen. Das war ein Beispiel dafür, wie sich Solidarność die zuvor erworbenen Erfahrungen der TKN und die durch sie geschaffenen Organisationsmuster zunutze machte.

S. P.: Was waren Ihrer Meinung nach die größten Leistungen der TKN, und worin bestanden auf der anderen Seite ihre größten Mängel?

W. B.: Die größte Leistung war, die Barriere der Angst zu durchbrechen und Leute mit dem Ziel zusammenzubringen, sich gestützt auf die eigenen Kräfte weiterzubilden und sich von dieser Absicht durch nichts abbringen zu lassen. Das brachte eine qualitative Änderung im Hinblick auf bestimmte Grundhaltungen mit sich.

Andererseits konnte die TKN ihren Pflichten in vielen Teilen des Landes nicht nachkommen, das galt nicht nur für kleinere Städte, sondern sogar für akademische Zentren wie Stettin und Białystok. Zum zweiten war die Anzahl der Themen begrenzt, so daß man dem großen Interesse und dem Bedarf an Vorlesungen in keiner Weise gerecht werden konnte. Dasselbe könnte man im Hinblick auf die Anzahl der Dozenten sagen, die nur bei etwa einem Dutzend lag. Für eine Nation wie Polen mit 36 Millionen Einwohnern, von denen Millionen ein starkes Interesse am politischen und öffentlichen Leben und auch an Geschichte haben, war das bei weitem zu wenig. Die TKN war eher ein Modell oder ein Muster dafür, wie man bestimmte Barrieren durchbricht und neue Wege öffnet. Mit Sicherheit war sie nicht die Institution, die die universellen Hoffnungen erfüllen konnte, die die Menschen hegten.

S. P.: Hat das Kriegsrecht die TKN-Aktivitäten völlig beseitigt?

W. B.: Soweit ich weiß, wurden fast alle aktiven TKN-Dozenten oder zumindest 80 Prozent von ihnen in Lager, Internierungszentren oder in Gefängnisse verbracht. Sie hatten kurze oder lange Haftstrafen zu verbüßen, von einigen Monaten bis zu Jahren. Der organisatorische Kern der TKN, darunter auch ihr Generalsekretär, landete in Lagern, nicht unbedingt wegen der TKN-Aktivität – Gründe wurden ohnehin nie genannt –, sondern weil diese Leute im öffentlichen Leben aktiv gewesen waren. Ich denke aber, daß die gegenwärtige Bildungsbewegung, die Kommission für Bildung, bis zu einem gewissen Grade von der TKN-Erfahrung zehrt.

Ich möchte hier noch anfügen, daß nach meiner Kenntnis alle TKN-Dozenten, die sich plötzlich in Internierungszentren wiederfanden, dort Vorträge für ihre Kameraden hielten. In einigen Lagern gab es mehrere von ihnen, z. B. im Lager von Jaworze, nahe bei Drawsko in Westpommern befanden sich zehn TKN-Dozenten. Das Lager war Schauplatz systematischer Bemühungen zur Weiterbildung der Häftlinge, hier wurden Dutzende von Vorträgen gehalten. Ich selbst hielt während meiner fast fünf Monate dauernden Internierung ungefähr siebzig Vorlesungsstunden ab. Meine Kollegen hielten ebenfalls viele Vorträge. Das war natürlich nur ein Signal, ein Existenzbeweis. Der polnische Dichter Słowacki hat einmal gesagt – »und als das Schiff sank, saß ich auf dem Mast«. Das bedeutet, obwohl das Schiff sinkt, werde ich bis zum bitteren Ende Lebenszeichen von mir geben – ich existiere ja noch immer.

S. P.: Ich danke Ihnen herzlich.

W. B.: Ich danke Ihnen.

Einem Kreis von Menschen guten Willens gegenüber, der zudem in der Suche nach Methoden und Handlungsmodellen für die Herstellung ehrlicher Beziehungen zwischen unseren beiden Völkern konkrete Ergebnisse aufzuweisen hat, erübrigt sich es wohl, die Notwendigkeit weiterer Bemühungen in dieser Richtung eigens zu begründen.

Die Tatsache, daß wir heute hier zusammen sind, zeigt doch u.a., daß wir im Verständnis des moralischen Gewichts der Aufgabe, der wir uns aus freien Stücken widmen, übereinstimmen. Auch die gegenseitige Hochachtung, das Wohlwollen, der gute Wille, das Bemühen, sich in die Denkweise und in gewisse psychologische Bedingtheiten wechselseitig hineinzuversetzen, stehen in unserem Falle außer Frage. Uns allen liegt doch irgendetwas auf der Seele: persönliche Erfahrungen, Beobachtungen und Bedenken, das Gefühl, den Zeitgenossen wie den Nachfahren moralisch verpflichtet zu sein, vielleicht auch eine Schuld den Kriegsopfern gegenüber.

Möglich, daß die Situation unserer deutschen Gäste in mancherlei Hinsicht hier noch schwieriger und verwickelter ist als die unsrige, wenngleich – gewiß aus anderen Gründen – auch wir es ganz sicher nicht leicht und einfach haben. Ich möchte in diesem Zusammenhang mit Nachdruck betonen, daß ich bewußt darauf verzichte, von dieser und jener Seite zu sprechen, wo es darum geht, über unsere bisherigen Beziehungen, d.h. über die Beziehungen zwischen Znak und Pax Christi, nachzudenken. Hier gibt es nach meinem Verständnis weder eine deutsche noch eine polnische ›Seite‹; hier gibt es nur eine Gemeinschaft von Menschen, die ähnlich fragen und dasselbe schwere Ziel anstreben. Von zwei voneinander getrennten Seiten kann man eher in einem anderen Sinne sprechen: auf der einen Seite jene Deutschen und Polen, die um die Notwendigkeit einer echt-menschlichen Verständigung wissen, die bereit sind, dafür zu arbeiten und sich dafür abzuplagen, und auf der anderen Seite jene Deutschen und Polen, die das bislang nicht für erforderlich hielten, die Notwendigkeit nicht fühlen oder sie gar in Abrede stellen.

Die Bemerkungen, die ich im folgenden machen möchte, beziehen sich auf die Art der tragischen Belastungen der deutsch-polnischen Beziehungen der jüngsten Vergangenheit und zwar in dem Sinne, was davon unbedingt gewußt werden soll, was kein Ausweichen zuläßt, und das deswegen nicht, weil es hier um allgemeine Wahrheiten geht, etwa um die Vergiftung der menschlichen Natur als solcher oder um die ständige Wiederkehr des Bösen (ja des Verbrechens) im Verhalten der Gesellschaften und Staaten anderen Gesellschaften und Staaten gegenüber, sei es vor langer Zeit, sei es in naher Vergangenheit, sei es heute. Es scheint zudem die Gefahr zu drohen, daß man sich übermäßig weit von den Fakten entfernt und konkrete Details verloren gehen, das, was an einem bestimmten Ort zu einer bestimmten Zeit in einer bestimmten Absicht geschehen ist. Daher ist es wohl nötig, bestimmte Feststellungen, die mit unserer gemeinsamen Vergangenheit zu tun haben, zu skizzieren und in eine Ordnung zu bringen. Mir schwebt dabei ein Kanon eines notwendigen Minimalwissens vor, der die Ereignisse umfaßt, die 30 oder 40 Jahre zurückliegen, Ereignisse, die nicht nur über das Schicksal von Millionen von Menschen, auch nicht nur der Deutschen und Polen, sondern das ganzer Völker entschieden. Trotz der militärischen Entscheidung des Zweiten Weltkriegs im Mai 1945 ging doch die Saat des Bösen auf und vergiftete grundlegende Normen für die Beziehungen zwischen den Menschen und den Völkern, und das in gewissem Maße bis zum heutigen Tag; denken wir nur an die Situation der Menschen, an die psychologischen, sozialen und politischen Folgen dessen, was in Mitteleuropa in den 30er und 40er Jahren unseres so herrlich zivilisierten Jahrhunderts geschah.

Mindestens seit neun Jahren, d.h. seit meiner ersten Reise in die Bundesrepublik Deutschland und aufgrund meiner dort gemachten Beobachtungen, bin ich – ähnlich wie manche meiner erfahreneren Kollegen – darum bemüht, die Aufmerksamkeit der polnischen Öffentlichkeit, insbesondere die der Leser des *Tygodnik Powszechny*, darauf zu lenken, wie verwickelt die Einstellung der damaligen jungen deutschen Generation zum Problem der deutsch-polnischen Beziehungen war, und daß es notwendig sei, sich im Blick auf die Motive des Denkens und Handelns westlich der Elbe von jedem Schema frei zu machen. Doch andererseits festigen Beobachtungen und Erfahrungen dieser Reise und weiterer Aufenthalte in Deutschland, zudem zahlreiche Gespräche mit Deutschen, die sich in Polen besuchsweise aufhielten, auch die Analyse von Buch- und Pressepublikationen in mir die Meinung, daß manche grundlegenden Elemente, ohne die unsere Aufgabe in ihrer Kompliziertheit überhaupt nicht verstanden werden kann, nicht vergessen werden dürfen, wollen wir einen neuen und besseren Anfang setzen.

Zu einem solchen Kanon eines notwendigen Minimalwissens gehören folgende Fakten:

– 1933 übertrug das deutsche Volk aus Gründen, die hier nicht zur Debatte stehen, den Nationalsozialisten in freien parlamentarischen Wahlen die Regierungsgewalt. Die Hitlerpartei erreichte diesen Durchbruch und ihren politischen Aufstieg völlig legal, ohne Revolution, als Ergebnis einer Mehrheits- und nicht einer Minderheitsentscheidung, ohne jede Einmischung fremder Kräfte oder Mächte, wie dies im 20. Jahrhundert gar nicht selten in anderen Ländern der Fall war, denen ein politisches System mit Gewalt gegen den Willen des Volkes aufgezwungen wurde.

– Die deutsche Regierung vertrat 1933 ein ganz klar formuliertes ideologisches Konzept; die Grundlagen (ja selbst eine Reihe deutlicher Absichten) der nationalsozialistischen Bewegung waren bekannt oder doch für jeden, der sich dafür interessierte, zugänglich.

– Die Regierung des Deutschen Reiches erfreute sich auch in den folgenden Jahren der entschiedenen und überzeugten Unterstützung seitens der überwiegenden Mehrheit des deutschen Volkes und dies, obwohl sie viele evident unmenschliche Züge hatte, wie z. B. die Errichtung von Konzentrationslagern für andersdenkende Deutsche. Auch die einander folgenden Aggressionshandlungen des Dritten Reiches gegen die Tschechoslowakei, gegen Österreich und gegen Litauen (Memel) fanden im deutschen Volk die gleiche ungeheuchelte und massive Unterstützung.

– Auch die Einführung und Durchführung einer unmenschlichen Gesetzgebung, wie z. B. die Verkündigung der zweifellos in ihrem Sinn verbrecherischen ›Nürnberger Gesetze‹ vom 15. September 1933 fanden im deutschen Volk denselben Rückhalt.

– In den 30er Jahren wurde zudem seitens der NSDAP und der Reichsregierung im vollen Einverständnis mit dem deutschen Volk eine demoralisierende nationalistische Hetze betrieben, durch die die deutsche Minderheit in der Tschechoslowakei und später in Polen in ihrer Stimmung und in ihren Ansichten mit dem Ziel manipuliert wurde, spektakuläre politische Wirkungen zu erzielen und Eroberungen zu rechtfertigen. Viele einfache Menschen, denen die Politik fern lag und die bis dahin loyale Bürger der Länder waren, in denen sie lebten und wirkten, gerieten so in moralische Konfliktsituationen. Auf tragische Weise wurde für viele dieser Menschen dies zur Ursache jener Schicksalsverstrickung im Jahre 1945.

Selbst die wiederholt proklamierten Parolen nationalsozialistischer Doktrin wurden auf augenfällige Weise manipuliert; ein klares Beispiel hierfür ist der Übergang von einem radikalen Antikommunismus zu einem Pakt mit der UdSSR im August und September 1939, als sich dies als hilfreich und notwendig erwies, und dann später der Bruch dieses Abkommens und die Aggression im Juni 1941.

– Polen wurde im September 1939 das erste Opfer einer unverhohlenen und durch keinen Vorwand mehr gerechtfertigten Aggression, wie das noch beim Einmarsch in Österreich und in die Tschechoslowakei der Fall gewesen war. Diese Aggression geschah seitens der legalen deutschen Regierung mit Unterstützung der öffentlichen Meinung. Immer war es das Ziel von Kriegshandlungen, auf dem Wege der Eroberung für sich territoriale und materielle (insbesondere ökonomische) Vorteile zu gewinnen. Eine ähnliche Konzeption verfolgten auch Hitler und die Regierung des Dritten Reiches während des Zweiten Weltkrieges gegenüber Frankreich, Belgien, Holland, Dänemark, Norwegen und anderen Staaten. Allein gegenüber Polen und dem polnischen Volk galt eine andere Konzeption, die man nur mit der gegenüber der jüdischen Bevölkerung in Europa vergleichen kann. Ziel des Einfalls in Polen war die Ausrottung, war die völlige Vernichtung, war der Völkermord.

Bereits auf einer Besprechung mit Befehlshabern der Wehrmacht vom 22. August 1939 stellte Hitler fest, die Hauptaufgabe sei nicht die Eroberung, sondern »die Zerstörung« Polens und er forderte von den »Offizieren und Soldaten der Wehrmacht« ein brutales Vorgehen; ohne jede Spur von Mitleid sollten sie die Polen töten und das Land in Schutt verwandeln. Folge dieser Befehle und ihrer strikten Einhaltung waren die tausendfachen Verbrechen an der polnischen Zivilbevölkerung noch während der Dauer der Kampfhandlungen, u. a. die Bombardierung offener Städte, kleiner Städtchen und einzelner Siedlungen, ein Präzedenzfall, der sich an der deutschen Bevölkerung furchtbar rächen sollte, als sich nach einigen Jahren das Kräfteverhältnis der am Kriege beteiligten Staaten umkehrte.

– Die Besetzung Polens hatte nichts zu tun mit den für solche

Fälle vorgesehenen Normen internationalen Rechts und der Gesetzgebung zivilisierter Völker. Sie läßt sich, was die angewandten Methoden und die Folgen betrifft, auch nicht sinnvollerweise mit der Besetzung irgendeines anderen Staates in Europa vergleichen. Der deutsche Leser verfügt heute zu diesem traurigen Thema über ein von deutschen Historikern erarbeitetes umfangreiches und verläßliches Material, und sei es nur die grundlegende Arbeit von Prof. Martin Broszat vom Münchener Institut für Zeitgeschichte *Nationalsozialistische Polenpolitik 1933–1945*. Es ist allerdings offensichtlich, daß das Vorhandensein und die Verfügbarkeit gewisser Quellen und wertvoller historischer Erarbeitung nicht im geringsten ihrer Kenntnis und Verbreitung im gesellschaftlichen Bewußtsein entspricht. Den Mann auf der Straße erreichen eher unsolide, manchmal demagogische, ja selbst aggressive Publikationen.

– Die Okkupation zeigt für Juden und Polen in unserem Land eine traurige Bilanz:

Nur im besetzten Polen waren alle Hochschulen und allgemeinbildenden Oberschulen geschlossen. Nur im besetzten Polen war jede wissenschaftliche und künstlerische Tätigkeit verboten.

Die Vernichtung polnischen Kulturguts währte (in den einzelnen Städten und Ortschaften) bis in die letzten Stunden der Okkupation. Hitlers Staat brach bereits zusammen, Hunderttausende fielen in Deutschland den Bomben und anderen Kriegseinwirkungen zum Opfer, als im Januar 1945 entschiedene Nazis beim Herannahen der Front noch Zeit genug fanden, um vor dem Rückzug beispielsweise große polnische Bibliotheken, wie die öffentliche Bibliothek der Stadt Warschau, zu verbrennen. Es war das ein konsequenter, infernaler Zerstörungswille. Das Bewußtsein davon ist in der polnischen Gesellschaft lebendig, und es gibt auch keinen einsehbaren Grund, daß all dies im Sinne eines Faktenwissens vergessen oder mit Stillschweigen übergangen werden sollte. Diese nihilistische Einstellung zur Situation, dieses ›après nous le déluge‹, vor allem aber die absolut unmenschliche Haltung seitens der nationalsozialistischen Machthaber verschonten nicht einmal die eigene Bevölkerung. Bei einer Betrachtung des sehr schweren und menschlich gesehen tragischen Geschicks der Heimatvertriebenen darf nicht vergessen werden, daß es sich dabei in erster Linie – wenn es um das Gebiet innerhalb der gegenwärtigen Grenzen des polnischen Staates geht – um Flüchtlinge und durch die legale Macht des deutschen Staates Zwangsevakuierte handelt. Und haben wir den Mut, daran zu erinnern, wie die Situation in Ostpreußen, Pommern und Schlesien während des Winters 1944/45 aussah?

Die weiteren Aktionen, Menschen deutscher Nationalität aus dem Gebiet zu entfernen, das aufgrund des seitens der Großmächte in Potsdam abgeschlossenen Vertrages sich nun innerhalb der Grenzen des gegenwärtigen polnischen Staates befindet, war in der Tat bereits eine Vertreibung. Unabhängig davon, daß die gesellschaftliche Integration dieser Kategorie Deutscher in Deutschland in einem gewissen Maße gelungen ist, woran u.a. die christlichen Kirchen einen großen Anteil haben, muß man sagen, daß dieser Teil des deutschen Volkes einen sehr hohen Preis für die verbrecherische Praxis des Dritten Reiches zahlte, dessen Regierung sich – wie wir wissen – tatsächlich der Unterstützung durch das Volk erfreuen konnte.

Als Christen kennen wir nicht den Begriff der Kollektivschuld. Ganz recht: eine Kollektivschuld gibt es nicht. Aber es gibt doch so etwas wie Kollektivursachen; und es gibt Kollektivwirkungen der nationalsozialistischen Vergangenheit. Auch gibt es eine Kollektivscham. Aus diesem Grund erwachsen oft die Minderwertigkeitsgefühle, die sehr dicht an Überempfindlichkeit und Aggression grenzen können.

Ich glaube, es war im ganzen gesehen nicht so sehr politisch als vielmehr moralisch begründet, daß die einander folgenden Regierungen der Bundesrepublik nach 1949 diese als Nachfolgestatut des Dritten Reiches verstanden und daher ein großes Gewicht darauf legten, in den Grenzen des Möglichen das den Heimatvertriebenen widerfahrene Unrecht wiedergutzumachen, ein Unrecht, das diese als Folge des durch das Dritte Reich verschuldeten Zweiten Weltkriegs betroffen hatte.

Das polnische Volk bringt in seiner Masse für das Los der vom Krieg betroffenen Menschen wohl weit mehr christliches und humanes Verständnis auf als viele andere weniger leidgeprüfte Nationen. Die polnische Gesellschaft hatte auch keinerlei Einfluß auf die letzte Entscheidung über die politische Gestalt der Nachkriegslandschaft in diesem Teil Europas; diese Entscheidung wurde allein von den Großmächten gefällt, zunächst in Teheran, dann 1945 in Potsdam. Man dachte jedoch – ohne Rücksicht auf die programmatischen politischen Ansichten – bereits im Kriege an eine bedeutende territoriale Entschädigung des polnischen Nachkriegsstaates im Norden und Westen für die empfindlichen Einbußen, die Polen seitens des Aggressors erlitten hatte. Der Lauf der Ereignisse brachte es mit sich – gedacht ist an die Polenpolitik des Dritten Reiches und die spätere Entscheidung der Großmächte –, daß der polnische Staat, der dem Deutschen Reich vom 1. September 1939 an bis in die letzten Kriegsstunden hinein einen erbitterten Widerstand geleistet hatte, aus diesem Krieg mit einem Verlust von 6 Millionen ermordeter und gefallener Bürger und ca. 80000 $km^2$ Bodenfläche hervorging. Diese Bilanz ist – wie man sieht – für einen Siegerstaat, der um eine gerechte Sache kämpfte, eher tragisch.

In der Geschichte soll man nicht mit dem Wörtchen ›wenn‹ operieren, denn das führt zu keinen exakten und wissenschaftlich wie politisch brauchbaren Schlüssen. Aber bei einer einfachen, rein menschlichen Überlegung mancher Probleme der Geschichte unserer Völker in den letzten 40 Jahren – und das besonders in Gesprächen mit Deutschen unseres Vertrauens – können wir uns nicht für einen Moment der bitteren Reflexion entziehen: wenn 1933 und in den folgenden Jahren die Regierung des Dritten Reiches nicht jene unaufhaltsame Lawine der Ereignisse in Gang gebracht hätte, dann wäre das Leben von Millionen Polen und Deutschen gerettet worden. Mehr noch: das Leben unserer beiden Völker und ihrer Staatswesen sowie das noch vieler anderer Völker und Staaten wäre anders verlaufen und hätte bis heute eine andere Gestalt gewonnen.

Bei dem Versuch solch bitterer Bilanz sollte man jedoch auch fragen: was weiter und wie? – Der gute Wille und das große Bemühen gerade seitens der deutschen Sektion von Pax Christi um eine Bewältigung der schlechten Vergangenheit im Verhältnis unserer beiden Völker veranlassen mich, offenherzig zu reden.

Die polnische Gesellschaft anno 1974 hat zur Bundesrepublik Deutschland keine feindliche Einstellung; es gibt auch keine allgemeine Abneigung Ihrem Land gegenüber. Dagegen besteht – verständlicherweise – ein ziemliches Mißtrauen, auch ein weitgehendes Unverständnis; doch finden in der öffentlichen Meinung die wirtschaftlichen und technischen Leistungen der Bundesrepublik Anerkennung und in Kreisen der Intelligenz registriert man mit Zufriedenheit jedes positive Zeichen im Bereich der Theologie, des künstlerischen Schaffens, der gesellschaftlichen Tätigkeit. Kontakte zur Bundesrepublik sind nicht unpopulär; niemand, der das Positive bei Ihnen wahrnimmt, wird deswegen schief angesehen oder gerät in einen schlechten Ruf. Das gilt keineswegs nur und vor allem für die Jugend. Im Gegenteil: viele aus der vom Krieg betroffenen Generation suchen aus ideellen, zumeist katholischen Beweggründen eine Plattform für den Dialog und sind bestrebt, eventuelle Unterschiede im Denken und in der Sicht der Probleme seitens der Deutschen zu verstehen.

Nur: das alles hat nichts zu tun und kann nichts zu tun haben mit einer Verdrängung der Vergangenheit, damit, die Tatsachen vom Tisch zu fegen als habe es sie nie gegeben. Wir wollen miteinander reden und einander verstehen trotz dieser Vergangenheit und auch deswegen, weil sie eine schreckliche Lehre ist. Wir wollen, daß unsere deutchen Freunde oder jene, die uns wirklich nahe sein möchten, begreifen, daß nichts von dem, was war, per non est behandelt werden kann. Daher legen wir ein so großes Gewicht auf die Gestaltung der deutschen Schulbücher zur neuesten Geschichte, darauf, was jeder Junge und was jedes Mädchen in der Deutschen Bundesrepublik über Polen für den Zeitraum 1939–45 und über die deutsch-polnischen Beziehungen ganz allgemein erfährt. Daher sehen wir in der Frage der Entschädigung der Opfer der Konzentrationslager nicht nur ein ökonomisches, sondern vor allem ein moralisches Zeichen, ein Zeichen des guten Willens.

Es fehlt heute nicht an Deutschen, die sich bewußt sind, daß nächst der ›Endlösung der Judenfrage‹ das polnische Problem als historische Hypothek auf dem deutschen Volk lastet, ob es dies wahrhaben will oder nicht. Es gibt aber auch solche, die bemüht sind, eben das mit politischen Parolen zu übertönen und die aus schwarz weiß machen. Und es gibt schon Stimmen, die selbst die Verbrechen von Auschwitz leugnen, wo doch ganz Auschwitz nur pars pro toto für eine bestimmte historische Situation repräsentativ ist und diese zur Erscheinung bringt; die Verbrechen im Zweiten Weltkrieg waren – wie man weiß – leider nicht auf Auschwitz beschränkt.

Der Brief der polnischen Bischöfe an ihre deutschen Amtsbrüder vom November 1965 ging über den damaligen durchschnittlichen gesellschaftlichen Bewußtseinsstand und die moralische Reife der polnischen Katholiken weit hinaus. Doch in den folgenden Jahren gewannen die polnischen Katholiken in ihrer überwiegenden Mehrheit den Standpunkt jenes weitsichtigen Aktes seitens des Polnischen Episkopats. Die Antwort der deutschen Bischöfe spiegelte in gewisser Weise den moralischen

Reifegrad der deutschen Katholiken. Es ist unsere Hoffnung, daß die folgenden neun Jahre auch hier große Veränderungen erbrachten zugunsten der Bewältigung der Vergangenheit und der Versöhnung, wofür Sie und wir arbeiten.

## Tradition und Zukunft im Denken von Polen und Deutschen – einige Bemerkungen zur Lage

Auszüge der Rede vor der Vollversammlung des Zentralkomitees der deutschen Katholiken am 11./12. 11. 1983

Drei Wochen vor dem letzten Konklave, am 24. September 1978, hat der damalige Erzbischof von Krakau, Kardinal Karol Wojtyła, im Dom von München gepredigt: »Wir wollen alle gemeinsam diesem Rufe folgen, der Stimme des Evangeliums, die zu uns im Zeugnis von Menschen unseres Jahrhunderts spricht. Wir sind, geliebte Brüder und Schwestern, gemeinsam in den Weinberg gerufen. Wir kennen den Wert und den Preis eines jeden Menschenlebens, des deutschen wie des polnischen; wir wissen es, dank dieses Rufes. Lasset uns unser Leben dem Evangelium gemäß gestalten. Lasset uns dem Evangelium die Gestalt unseres Lebens geben – mag es auch noch so unbeholfen geschehen.

Schauen wir auf die Geschichte unserer Völker und suchen wir den Weg zueinander, den Weg, auf den Gott uns ruft.«

Knapp sechs Monate später hat derselbe Mensch, als Papst Johannes Paul II., in der ersten Enzyklika seines Pontifikats *Redemptor Hominis* auf universelle Weise diesen Weg genauer bezeichnet und näher beschrieben, insbesondere in dem dritten Teil der Enzyklika ›Der erlöste Mensch und seine Situation in der Welt von heute‹.

In dieser päpstlichen Lehre haben die polnischen Leser – nicht nur gläubige Katholiken, sondern weite Kreise der polnischen Gesellschaft Anno Domini 1979 – die wortwörtliche Bestätigung ihrer menschlichen und nationalen Rechte und Bestrebungen gefunden: frei, würdig und im Frieden leben zu können. Die Worte des Papstes, der in Erinnerung rief, daß sich »fast alle heutigen Staaten« verpflichtet haben, die Menschenrechte zu beachten, die »in der ganzen Welt zum Grundprinzip aller Bemühungen um das Wohl der Menschen werden«, haben die polnischen Katholiken sehr ernst genommen und verstanden. Ebenso die päpstliche Mahnung: »Letztlich führt sich der Frieden zurück auf die Achtung der unverletzlichen Menschenrechte – opus iustitiae pax –, während der Krieg aus der Verletzung dieser Rechte entsteht und noch größere derartige

Verletzungen nach sich zieht. Wenn die Menschenrechte in Friedenszeiten verletzt werden, ist dies besonders schmerzlich und stellt unter dem Gesichtspunkt des Fortschritts ein unverständliches Phänomen des Kampfes gegen den Menschen dar, das auf keine Weise mit irgendeinem Programm, das sich selbst als ›humanistisch‹ bezeichnet, in Einklang gebracht werden kann.«

Im polnischen Denken an die Vergangenheit und über die Zukunft ist der Begriff des Friedens in der Hierarchie der moralischen Werte tief verwurzelt und andererseits ist diese Hierarchie eindeutig durch die jahrhundertelange katholische Tradition geprägt. Der Frieden gehört für die Polen ohne Zweifel zu den kostbarsten Gütern der Menschheit. Die Begriffe Vaterland und Freiheit bilden für einen Polen weiter – wie vorher – eine unauflösliche Einheit.

»Die Besonderheit des Geschichtsbewußtseins ist die intellektuelle und gefühlsmäßige Fähigkeit des Menschen, politische Lebensvorgänge im Bereich seiner Umwelt in historische Zusammenhänge einzuordnen, zu begreifen und sich insoweit dann auch mit ihnen zu identifizieren ...« schreibt ein deutscher Historiker, Dr. Hans Helmut Kuhnke[1], und stellt fest: »Die gegenwärtige und zukünftige notwendige Ordnung menschlicher Gemeinschaft kann auf Dauer nicht auf abstrakten, nur rationalen Prinzipien, also losgelöst vom geschichtlichen Ursprung, aufgebaut werden. Staaten und Völker ohne Geschichtsbewußtsein gibt es nicht.«

In seinem wissenschaftlichen Beitrag über ›Geschichtsbewußtsein in Polen‹ behauptet mit Recht Dr. Richard Breyer vom Johann-Gottfried-Herder-Institut in Marburg: »Es ist, als ob die aktiv gewordene Arbeiterschaft sehr bewußt und eindeutig Lehren aus der Geschichte gezogen hat; ihr Gewerkschaftsführer beschwor die tragischen bewaffneten Kämpfe seiner Väter und mahnte, den Notstand der Nation in gewaltloser Zucht zu überstehen, um neue nationale Tragödien zu verhindern.«[2]

Die Juroren des Friedensnobelpreises 1983 haben gerade diese Eigenschaften von Lech Wałęsa – denn er ist doch der hier erwähnte »Gewerkschaftsführer« – richtig beurteilt und gewürdigt. Es ist an der Zeit, sich die Frage zu stellen, ob und wenn ja, wie das polnische Geschichtsbewußtsein die polnisch-deutschen Beziehungen zur Zeit beeinflußt oder mitgestaltet. Wie sehen die patriotisch denkenden Polen, katholischen Polen, also die überzeugende Mehrheit der jetzigen polnischen Gesellschaft, unsere Beziehungen in der Zukunft?

Hier muß man zunächst mit voller Klarheit feststellen: Infolge des hohen natürlichen Zuwachses der Bevölkerung und des frühzeitigen Todes der älteren, in der Zeit des Krieges hart geprüften Generation, haben zur Zeit ungefähr zwei Drittel des polnischen Volkes, die nach dem Zweiten Weltkrieg oder in der Zeit des Krieges geboren worden sind, keine persönlichen Erfahrungen und Erlebnisse aus der in der polnisch-deutschen Geschichte kritischen Epoche. Die überwiegende Mehrheit der jetzigen Polen ist also in dem Staat zwischen Bug und Oder, zwischen Tatragebirge und Ostseeküste geboren oder erzogen worden. Die Mehrheit dieser Leute weiß auch genau, daß ihr Leben und ihr Schicksal durch die Folgen des Zweiten Weltkrieges bedingt sind, womöglich bis zum Ende ihres Lebens. Trotzdem schaut man jetzt auf die Ursachen und grausamen Erfahrungen der Nation im Zweiten Weltkrieg ohne ein so starkes persönliches Engagement wie vorher. Es versteht sich aber von selbst, daß die Existenz Polens in den jetzigen Grenzen außer Diskussion bleibt.

In dem Deutschlandbild der gegenwärtigen Polen sind aber große Veränderungen vor sich gegangen. Das moralisch erschreckende Sprichwort »Solange die Welt besteht, wird der Deutsche nie dem Polen ein Bruder sein« verliert mit jedem Jahr mehr an Bedeutung. Man muß aber auch eindeutig klar sagen, daß in Polen die Überzeugung weiterexistiert – und das nicht nur in der offiziellen Propaganda –, die Bundesrepublik und nicht weniger die Deutsche Demokratische Republik würden, wenn das Weltkräfteverhältnis die gegenwärtigen Realitäten in Europa nicht schützte, nicht unbedingt darauf verzichten, diese mit Gewalt zu verändern. Diese Gedanken kommen nicht aus dem Feindbild des »bösen Deutschen«, vielmehr aus der Unsicherheit des hart geprüften polnischen Volkes. Man will Vertrauen haben, aber nicht nur die Schatten der Vergangenheit, auch die psychologischen und politischen Erwägungen der zeitgenössischen deutschen Denker zwingen zum Nachdenken. Niemand anderer als Golo Mann hat in seiner weitbekannten *Deutschen Geschichte des 19. und 20. Jahrhunderts* überlegt: »Die Struktur der Gesellschaft hat sich geändert; ob auch die tiefsten Charakterzüge, wer kann es wissen? Was den deutschen Charakter seit hundert Jahren bezeichnete, war seine Ungeformtheit, seine Unberechenbarkeit. Er konnte einmal hochvernünftig und friedlich erscheinen; und dann wieder, plötzlich, ganz anders. Friedrich Nietzsche hat vom ›Täuschevolk‹ gesprochen.

Und schon haben wir Publizisten, die empfehlen, zu einer Politik der nationalen Autonomie zurückzukehren, die großen Machtblöcke oder die Stücke der sich auflösenden Machtblöcke gegeneinander auszuspielen und im rechten Augenblick die Polen aus ihren »wiedergewonnenen Gebieten« zu vertreiben.

– Wenn das möglich wäre und getan würde, so wären auch ganz andere Dinge möglich und würden auch ganz andere Dinge getan werden. Bei den ›Grenzen von 1937‹ würde man so wenig stehen bleiben, wie man 1939 bei ihnen stehen blieb.

– Wird das sein?

Ich weiß es nicht. Ich weiß, daß es auch für einen Deutschen nicht wünschenswert ist. Ein zweites ›Großdeutschland‹ würde die Deutschen selber so wenig glücklich machen, wie das erste sie machte, von anderen Völkern zu schweigen.«[3]

Die riesige materielle und moralische Hilfe des deutschen Volkes, der Kirchen und der Menschen in den Jahren 1980–1981–1982 bis heute ist in Polen überall sehr geschätzt worden und war für die breite Masse ein eindeutiger und überzeugender Beweis der freundlichen, humanen und brüderlichen Einstellung und Haltung zahlreicher deutscher Familien und Menschen aus der Bundesrepublik. Das Ausmaß der psychologischen Wirkung dieser Hilfe kann man nicht überschätzen! Wenn man die Psyche der Polen versteht, kann man erst die Wichtigkeit der Beweise dieses guten Willens und dieser menschlichen Solidarität richtig beurteilen. Und diese Aktivität deutscherseits hat sich gerade in der Zeit entwickelt, in der die Äußerungen gewisser offizieller Vertreter der damaligen deutschen Politik (1981–1982) die Leute in Polen mehr gekränkt als erfreut haben. Die richtige Beurteilung dieser Lage kann man in einem Heft von Reinhold Lehmann und Rudolf Hammerschmidt: *Kein Frieden ohne Freiheit,* 1982 herausgegeben von der Pressestelle der Deutschen Bischofskonferenz finden. Dort hat Reinhold Lehmann in seinem Artikel ›Das polnische Experiment geht weiter‹ das Problem anschaulich geschildert: »Die Polen verstehen ihren Kampf nach der alten Parole: ›für unsere und euere Freiheit‹. Man wird in wenigen Jahren besser verstehen, warum die Polen ihren Kampf um mehr Freiheit auch als einen Kampf für unsere Freiheit verstehen. Aber: Was an Hilfe nach Polen hineinrollt, rollt in Kategorien der Solidarität und der Freiheit wieder zu uns zurück. Denn die polnische Krise macht nicht nur die gesamte östliche Krise sichtbar, sondern auch die tiefe Krise des Westens.

Noch lange wird man in Polen über die Hilfe der Deutschen sprechen, die ungerufen kam. In Polen denkt man in langen Zeitabständen, in geschichtlichen Kategorien, in die Vergangenheit zurückgewandt, aber auch in die Zukunft.

Daß dies langfristig mit Frieden zu tun hat, mit Frieden, der in den Köpfen und Herzen der Menschen beginnt, das ist der ›Neuen Friedensbewegung‹ zu spät einsichtig geworden. Sie hatte hier eine Chance gehabt, den Druck von der Straße in die Parlamente hinein in ein Zeichen der Freiheit zu verwandeln, ohne die Friede nicht möglich ist. Sie hat versäumt, ein geistiges und materielles Zeichen für Polen zu geben.«

Am Rande dieser Bemerkung darf man feststellen, daß der durchschnittliche Pole das einseitige Interesse der überwiegenden Mehrheit der deutschen Friedensbewegung für die Dritte Welt bei gleichzeitigem Mangel an Interesse z.B. für die Lage der polnischen Arbeiter oder für die Probleme der litauischen Katholiken kaum begreifen kann.

Die seriöse historische Diskussion über die gemeinsame europäische Zukunft der Polen und der Deutschen hat in den letzten Jahren – Ende der siebziger und Anfang der achtziger Jahre – in Polen wichtige Impulse bekommen. Die Zeit der relativen Freiheit in den 15 bis 16 Monaten der gesellschaftlichen geistigen Selbstverwaltung war an der Weichsel auch in diesem Sachkomplex fruchtbar gewesen. Die größte, vielleicht historische, Rolle spielte hier und wird womöglich weiterspielen die Aussage des Dozenten Jan Józef Lipski, eines polnischen Literaturwissenschaftlers (geb. 1926, Kriegsteilnehmer), der in einem hervorragenden Essay ›Zwei Vaterländer – zwei Patriotismen‹ mit großem Mut »heiße Eisen« angepackt hat – die Problematik der Vaterlandsliebe, des berechtigten Patriotismus und andererseits des Nationalismus und der Xenophobie der Polen.

Lipskis Behauptungen waren und bleiben in vielen Punkten umstritten; jedoch hat sich bisher niemand in Polen mit solcher Ehrlichkeit und moralischen Empfindlichkeit unter anderem zum Problem der polnisch-deutschen Beziehungen in der neuesten Zeit geäußert[4]. »Fremdenfeindlichkeit und nationaler Größenwahn nähren und stützen sich gegenseitig«, sagt Lipski. »Wir wissen, was Polen seitens der Russen und der Deutschen erlitten hat, das kann aber die Überschreitung der Grenzen von

Dummheit und Haß gegenüber diesen Völkern nicht rechtfertigen; durch Dummheit und Haß schadet ein Mensch und ein Volk vor allem sich selbst. ... Moralische Probleme zu übersehen, bloß weil es so bequem ist, ist moralisch verderblich und verwerflich ...

Es mußte aber der Augenblick kommen – wenn wir im Bereich der christlichen Ethik und der westeuropäischen Zivilisation bleiben wollen –, um zu sagen: ›Wir vergeben, und wir bitten um Vergebung.‹ In einer Lage, da das Volk geknechtet war, sagte dies die höchste unabhängige moralische Autorität, die uns geblieben ist: die polnische Kirche. Diesen Satz müssen wir – ungeachtet aller Ressentiments, die auf tatsächlich erlittenem Unrecht beruhen – als den unseren anerkennen. Um ihn zu übernehmen, genügt bereits sein moralischer Inhalt. Aber neben dem moralischen hat er auch einen nationalen und kulturellen Inhalt: Als eine Nation, die sich dem westlichen Mittelmeer-Kulturkreis zugehörig fühlt, träumen wir von einer Rückkehr in unser größeres Vaterland Europa. Daher die Notwendigkeit einer Aussöhnung mit den Deutschen, die schon in diesem Europa sind und darin bleiben werden. Daß die polnischen Bischöfe ihren deutschen Amtsbrüdern die Hand entgegenstreckten, war die mutigste und weitblickendste Tat der polnischen Nachkriegsgeschichte.

Der Appell des polnischen Episkopats an den deutschen stellt vor allem ein Problem, das sich nicht umgehen läßt, wenn man dem Christentum treu bleiben will: das Problem auch unserer Schuld gegenüber den Deutschen. Den Polen scheint eine solche Darstellung der Dinge unerträglich – und das ist auch unschwer zu verstehen, denn die Proportionen sind absolut unvergleichlich. Man darf sich aber nicht mit einer Bagatellisierung der eigenen Schuld abfinden, selbst dann nicht, wenn sie unvergleichlich viel geringer ist als die fremde.

Wir haben uns daran beteiligt, Millionen Menschen ihrer Heimat zu berauben, von denen die einen sicherlich sich schuldig gemacht haben, indem sie Hitler unterstützten, die anderen, indem sie seine Verbrechen tatenlos geschehen ließen, andere nur dadurch, daß sie sich nicht zu dem Heroismus eines Kampfes gegen die furchtbare Maschinerie aufraffen konnten, und das in einer Lage, als ihr Staat Krieg führte. Das uns angetane Böse, auch das größte, ist aber keine Rechtfertigung und darf auch keine sein für das Böse, das wir selbst anderen zugefügt haben; die Aussiedlung der Menschen aus ihrer Heimat kann bestenfalls ein kleineres Übel sein, niemals eine gute Tat. Sicherlich wäre es ungerecht, wenn ein Volk, überfallen von zwei Räubern, zusätzlich noch alle Kosten dafür zahlen sollte. Die Wahl eines Auswegs, der, wie es scheint, eine geringere Ungerechtigkeit ist, die Wahl des kleineren Übels darf dennoch nicht unempfindlich machen gegen sittliche Probleme. Das Böse ist Böses und nicht Gutes, selbst wenn es ein geringeres und nicht zu vermeidendes Böses ist. Denn so ist es nun einmal: Entweder will man Christ sein – oder nicht; wenn man einer ist, weiß man, daß der Grundsatz der Sippenhaft nichts mit der Ethik zu tun hat, zu der wir uns bekennen; daß, selbst wenn wir das kleinere Übel wählen mußten, wir es nicht ein Gutes nennen dürfen; daß Böses zufügen sittliche Verpflichtungen auferlegt, auch wenn der, dem wir Böses antun, uns hundertmal mehr Böses zugefügt hat und sich obendrein nicht allzu stark zur Wiedergutmachung genötigt fühlt.

Der Grundsatz geringerer Ungerechtigkeit, die Notwendigkeit, das Leben für Millionen Polen einzurichten, die zwangsweise ihre Heimat in den Ostgebieten der Zweiten Republik verlassen hatten, ist im übrigen die einzige Rechtfertigung für das, was geschehen ist. Auf keinen Fall ist es gerechtfertigt durch geschichtliche Gründe, die sehr zweifelhaft sind. . . .

In Polen spukt der Mythos vom ›Drang nach Osten‹, der von der dummen und verbrecherischen Mythologie des wilhelminischen Deutschland übernommen wurde. Mit seiner Verbreitung durch die polnische Publizistik hat sich einmal Antoni Gołubiew im *Tygodnik Powszechny* in einem viel zu wenig beachteten Artikel auseinandergesetzt: er müßte zur Grundlektüre der polnischen Intelligenz gehören. Es ist bekannt, daß die Westgrenze der Ersten Republik Jahrhunderte hindurch eine der friedlichsten und stabilsten in Europa gewesen ist. Die Eroberungen des Kreuzritterstaates haben kaum einen Bruchteil der mittelalterlichen deutschen Geschichte ausgemacht.

Dagegen schreibt man bei uns nicht gern davon und erinnert sich nicht gern daran, was wir zivilisatorisch und kulturell den Deutschen verdanken. . . .«

Und zum Schluß: »Die Furcht und das Mißtrauen, die ein großer Teil der Polen den Deutschen gegenüber empfinden, sind verständlich. Es wäre leichtsinnig, sich darauf zu verlassen, daß in Deutschland im Verhältnis zu uns die Giftstoffe des Nationalismus spurlos verschwunden seien, die von der Bismarck-Wilhelminischen Ära – und, wenn einer will, auch schon früher, vom Beginn des 19. Jahrhunderts an – zutage traten. Es fehlt nicht an Fakten – die im übrigen durch unsere amtliche Propaganda über ihr tatsächliches Verhältnis im Leben des heutigen Deutschland aufgebauscht werden –, die dafür sprechen, daß wir eine mögliche Bereitschaft eines Teiles der Deutschen zu einem Rückfall verfolgen müssen. Gleichzeitig aber müssen wir alles tun, was möglich ist, um von unserer Seite die besten Voraussetzungen zu schaffen für eine Versöhnung unserer Völker. Vor allem müssen wir manches in uns selbst und in unserem geschichtlichen Bewußtsein ändern, damit dieses möglich wird.«

Gegen den Autor dieses Textes war im Winter 1981/82 eine wilde Propaganda in den kommunistischen Massenmedien in Polen entfesselt worden. Er wurde fast des »Landesverrates« beschuldigt. Professor Gotthold Rhode, ein weitbekannter deutscher Historiker, äußert die Überzeugung, daß Lipskis Gedanken zum Problem der Überwindung der Klischees im historischen Denken »gewiß mehr zu einer echten Verständigung der Völker beitragen können, als es Deklarationen und offizielle Besuche zu tun vermögen. Der großen Tradition humanitären Denkens in Polen, die im 16. Jahrhundert mit den ersten gedruckten Werken in polnischer Sprache beginnt, wird hier ein neues wichtiges Glied hinzugefügt«.

Ich teile voll diese Meinung Professor Rhodes und bin tief überzeugt, daß die von Lipski vorgeschlagene Dialogebene für uns, Christen und Katholiken, eine richtige Ebene des weiteren Dialogs und der weiteren Annäherung der Polen und der Deutschen ist und sein könnte. Andererseits möchten wir die tief moralisch begründete Mahnung von Karl Jaspers in Erinnerung behalten, der schon 1960 gesagt hat[5]: »Die Besinnung verlangt die Anerkennung der Folgen eines Krieges, für dessen Anzettelung durch den Hitlerstaat und Durchführung durch die Generäle wir als Bürger des Staates, der dieses tat, haften. Nach dem verbrecherischen Unrecht der Heraufführung dieser Weltkatastrophe, die wir nicht, vor allem nicht vor 1933, mit allen Kräften verhindert haben, sind wir, die wir mit dem Hitlerstaat nichts Böses taten, vielleicht selber zu den Verfolgten gehörten, nicht moralisch schuldig, müssen aber politisch mithaften. Haftung ist nicht Schuld. Ertragen der Folgen ist nicht Strafe. Man kann sich nicht auf ein Recht berufen, das sich von etwas ableitet, das durch solchen Krieg unwiderruflich zerstört ist.

Die Würde des vernünftigen Menschen liegt darin, daß er sich eingesteht, was geschehen und was getan ist. Die Würdelosigkeit bloßen Lebens liegt darin, einen Strich unter das Vergangene zu machen, zu vergessen und weiterzuleben aus dem bloßen Anspruch gegenwärtigen Daseins. Die Würdelosigkeit steigert sich, wenn die sogenannte Bewältigung der Vergangenheit in Forderungen an andere endet.«

Offen gesagt: ich sehe die wichtige Aufgabe der deutschen und der polnischen Patrioten ihrer Länder, bewußter Europäer und Katholiken, in der vollen moralischen Unterstützung der Gedanken, die ebenso von Lipski wie von Jaspers – von Menschen also, die Mut hatten, harte moralische Forderungen dem eigenen Volke zu stellen – formuliert worden sind, im Interesse der besseren zukünftigen europäischen Ordnung und des zukünftigen Miteinanderlebens der weiteren Generationen unserer beiden Völker im 21. Jahrhundert und nachher.

[1] H. H. Kuhnke, ›Die Rolle der Stiftungen und das Geschichtsbewußtsein‹, in: *Geschichte und Geschichtsbewußtsein*, Hrsg. O. Hauser, Göttingen-Zürich 1981.

[2] R. Breyer, ›Das Geschichtsbewußtsein der Polen‹, in: *Geschichte und Geschichtsbewußtsein*, Hrsg. O. Hauser, Göttingen-Zürich 1981.

[3] Golo Mann, *Deutsche Geschichte des 19. und 20. Jahrhunderts*, Frankfurt 1982, S. 1045–1046.

[4] Der vollständige Text des Essays von Lipski siehe: *Kontinent* 22, Juli 1982, mit der Einführung von Gotthold Rhode.

[5] K. Jaspers, *Freiheit und Wiedervereinigung. Über Aufgaben deutscher Politik*, München 1960.

Was ist Europa, wie ist der Begriff Europa zu verstehen. Hierzulande nämlich, aber auch in mehreren anderen Ländern, neigt man dazu, Europa lediglich als politisch-wirtschaftliche Gemeinschaft westlich der Elbe und einiger neutraler Staaten, wie die Schweiz, Österreich oder Schweden, anzusehen. Rein geographisch genommen ist Europa eine Halbinsel Asiens von der Größe von rund 10 Millionen Quadratkilometern (unter Berücksichtigung des europäischen Teils der Sowjetunion), auf welcher über 500 Millionen Menschen leben. Rund 169 Millionen dieser Menschen sprechen romanische Sprachen, 181 Millionen germanische; 206 Millionen Europäer dagegen sprechen slawische Sprachen. Konfessionell gesehen leben in Europa 251 Millionen Katholiken, 116 Millionen Protestanten und 134 Millionen orthodoxe Christen. Quer durch Europa läuft aber, entlang der Elbe, eine politische Trennungslinie völlig zufällig und künstlich, die Völker isolieren soll, die in differenten Staatssystemen zu leben haben. Der gesunde Menschenverstand sagt uns aber, daß die Einwohner von Budapest und Prag, von Warschau und Krakau, von Leipzig und Dresden nicht weniger als die Leute, die in Wien, München, Paris oder Stockholm leben, ein Recht haben, sich als Miterben der europäischen Tradition zu fühlen. Als Christen und als Menschen in dem in den beiden Weltkriegen hart geprüften Weltteil Europa sind wir also verpflichtet, diese Trennungslinie auf jede mögliche Weise zu *überwinden* und die Folgen dieser Trennung im Rahmen des Möglichen zu *mildern*.

Falls jemand der Meinung wäre, daß hier – wegen der politischen Machtverhältnisse – kaum Chancen einer solchen Aktivität bestehen – zumindest in absehbarer Zeit –, dem darf man mit den Worten eines österreichischen christlichen Politikers, Erhard Busek, antworten – der vor den Europawahlen 1984 geschrieben hat:

»Realpolitik glaubt an die Realität der Macht, sie übersieht aber oft die Macht der Realität. *Geschichte* ist eine solche Realität, *gemeinsame Kultur* ist eine Realität. Daher ist also dieses Europa tatsächlich Realität, und wir wollen es daher ohne Illusionen suchen.«

Es ist auch eine Realität festzustellen, daß außer der Europäischen Gemeinschaft so etwas wie eine *europäische Gemeinsamkeit* existiert. Man soll diese europäische Gemeinsamkeit im Historischen und Geistigen, die dem europäischen Raum immer verbunden war, wach erhalten. Die europäische Gemeinsamkeit im Geistigen, im Denken, in der Wissenschaft, in der Kultur, in der Kunst, darf und *wird* auch die Verschiedenheit der politischen, wirtschaftlichen und sozialen Systeme überdauern. Das liegt an uns allen, das liegt auch an den betroffenen Menschen in den autoritären Systemen. Denn keine Trennungslinie und keine politische Teilung kann von sich selbst die tief verwurzelte gemeinsame Harmonie der Werte abschaffen. Ob die Bevölkerung einer Gruppe der Länder die Gemeinsamkeit anerkennt oder anstrebt, das bestimmt *allein* ihr Bewußtsein von sich selbst.

Ein gemeinsames Wertbewußtsein, eine gemeinsame Hierarchie der geistigen Werte, kann und soll hier eine entscheidende Rolle spielen.

Was bedeutet eigentlich: die Hierarchie der Werte? Für mich ist die ganze Kultur nichts anderes als – in erster Linie – die Hierarchie der Werte, obwohl sich diese Probleme natürlich auch in der Literatur, auf der Bühne, in der Musik, in der Bildhauerei usw. widerspiegeln. Die Gemeinsamkeit der Kultur ist also die Gemeinsamkeit der Hierarchie der Werte. Das unterscheidet die Kulturkreise voneinander, dadurch entsteht die Möglichkeit zur Annäherung oder zur Trennung. In diesem Sinn möchte ich auch sagen, das bedeutet nicht, daß eine Kultur höher steht und die andere niedriger; sie sind nur sehr different, weil die Hierarchie jeweils anders ist. Ich hätte nie gedacht, daß zum Beispiel die japanische Kultur oder die chinesische Kultur niedriger steht als etwa die französische oder die italienische, die römische, die deutsche oder die polnische Kultur. Nur die Hierarchie der Werte war anders gestaltet in der Erziehung (die Erziehung gehört ja auch zur Kultur) und in der Wissenschaft. All das, was die Hierarchie der Werte bildet, gehört zur Kultur. Und erst wenn wir diese Definition, diesen Begriff akzeptieren, können wir die Möglichkeit der Trennung oder der Annäherung, der Versöhnung oder – besser gesagt – der Überwindung der trennenden Faktoren verstehen. In dem Sinn liegt Oslo näher zu Madrid als Warschau zu Moskau. In dem Sinn liegt Stockholm näher zu Athen als Wilna (Litauen) zu Leningrad, obwohl das auf der Landkarte ganz anders aussieht.

Wenn man über Kultur spricht, soll man nicht zuviel über

Geopolitik nachdenken. Zwar gilt die geopolitische Lage in Europa viel mehr als früher, weil die Grenzen oft dichter geworden sind als in den sogenannten »guten alten Zeiten«, aber gleichzeitig bedingt die geopolitische Lage (oder wie man in meiner Heimat das scherzhaft formuliert: die geopolitische Lage ist eine Niederlage) viel, aber nicht alles, denn die gemeinsame Hierarchie der Werte hat dazu geführt, daß in einem philosophisch, wirtschaftlich und politisch anderen System, welches seit 1945 zum Beispiel an der Weichsel (und nicht nur an der Weichsel) regiert, es möglich war, einen römisch-katholischen Papst zu »züchten«, weil die Hierarchie der Werte unter Bischöfen, Kardinälen und innerhalb der ganzen katholischen Welt eine ähnliche war wie die der Leute, die diesen Menschen zum Papst gewählt haben. Also nicht die Entfernung, nicht die geographische Situation oder die geopolitische, sondern die gemeinsame Hierarchie der Werte spielt die Hauptrolle.

Und welche Werte sind so charakteristisch für die gemeinsame Aktivität, für das gemeinsame Leben? Erstens sind das die Begriffe, die die Rolle der Menschen in der Gesellschaft, im Staat und auch teilweise in der Geschichte betreffen. Ist der Mensch Werkzeug des Staates, ist er Eigentum der Herrscher? Oder ist er Mensch, friedlich gesinnt, weil er frei ist, denn ohne Freiheit gibt es keine Möglichkeiten, Frieden zu bewahren? Das ist eine alte europäische, abendländische Hierarchie der Werte, die schon aus dem 18. Jahrhundert stammt. Daß heute verschiedene Gruppen, Gruppierungen und Parteien in Westeuropa vielleicht auf diese Tradition vergessen und daß diese Gruppen oder Gruppierungen einen Frieden ohne Freiheit anstreben, das wird sich höchstwahrscheinlich in der Zukunft noch rächen. Jedenfalls schließt das nicht die Berechtigung und die Begründung aus, daß die gemeinsame Hierarchie der Werte der wichtigste Faktor der europäischen Einigkeit bleibt und ist.

Selbstverständlich kommt im heutigen Europa ein riesiger Nationalitätenstaat wie z.B. die alte Habsburger-Monarchie nicht in Frage, sehr wohl aber eine kulturelle Einheit der Völker gegen die Barbarei. Es kommt auch eine kulturelle Einheit der Völker gegen Mangel an Freiheit in Frage, gegen Entwürdigung der Menschen. Ich möchte hier vom Standpunkt eines politischen Schriftstellers darauf aufmerksam machen, daß die Meinungen über Freiheit differieren und die Idee der Freiheit in allen Staaten in der neuesten Geschichte different ist. Man kann selbstverständlich sagen, bei den Franzosen, bei den Engländern und noch mehr bei den Amerikanern haben diese Begriffe in der neueren Geschichte eine sehr große Rolle gespielt, aber ob zum Beispiel die Deutschen eine kulturelle Beziehung zur Freiheit gehabt haben oder nur zum Staat, das steht zur Diskussion – mit einer kleinen Ausnahme in der Vergangenheit: 1848. Wenn jemand als Mensch keine persönliche Einstellung und Beziehung zur Freiheit hat, und wenn ein Volk keine Beziehung zur Freiheit und zu Menschenrechten und Menschenwürde hat, dann hat dieser Mensch, diese Gruppe oder dieses Volk schon einen Teil seiner Freiheit verloren; und danach kann es sein, daß er auch einen Teil seiner Würde verliert.

Genau diesen Gedanken finden wir in der bekannten Ansprache des Papstes Johannes Paul II. in Santiago de Compostela (bei der Europa-Feier) am 9. November 1982:

»Trotz blutiger Konflikte zwischen den Völkern Europas und trotz der geistigen Krisen, die das Leben des Kontinents erschüttert haben – bis zu den ersten Fragen, die sich dem Gewissen unserer Zeit über seine Zukunft stellen –, muß man nach zwei Jahrtausenden seiner Geschichte zugeben, daß die europäische Identität ohne das Christentum nicht verständlich ist, daß gerade in ihm sich jene gemeinsamen Wurzeln finden, aus denen die Zivilsation des Kontinents erwachsen ist, seine Kultur, seine Dynamik, seine Unternehmungslust, seine Fähigkeit zur konstruktiven Ausbreitung auch in andere Kontinente, kurz alles, was seinen Ruhm ausmacht.

Auch in unserer Zeit bleibt die Seele Europas geeint, weil es über seinen gemeinsamen Ursprung hinaus von den gleichen christlichen und humanen Werten lebt wie beispielsweise der Würde der menschlichen Person, dem echten Gefühl für Gerechtigkeit und Freiheit, der Arbeitsamkeit, dem Unternehmungsgeist, der Liebe zur Familie, der Achtung vor dem Leben, der Toleranz, dem Wunsch zur Zusammenarbeit und zum Frieden, die seine charakteristischen Merkmale sind und es kennzeichnen.«

Im Rahmen einer so verstandenen gemeinsamen Hierarchie der Werte kann auch ein kleineres Volk und ein kleinerer Staat eine große geistige Rolle spielen. Riesige Machtblöcke und autoritäre Systeme scheitern moralisch oder werden im Lauf der Zeit scheitern. Wir brauchen im Europa von morgen die Gemeinschaft freier Völker und freier Staaten, die geistige – also kulturelle und wissenschaftliche – und auch die wirtschaftliche

Mitarbeit. Wir brauchen so etwas wie einen *europäischen Patriotismus,* das heißt:

erstens die Verbundenheit mit der geistigen und kulturellen Tradition des eigenen Volkes;

zweitens das Mitgefühl mit den Nachbarvölkern;

drittens mit der ganzen Menschheit. Es ist ein langer Weg zum tieferen, reifen europäischen Patriotismus.

Aber, wie Johannes Paul II. am Ende seines schon angeführten europäischen Appells gesagt hat:

»Wenn Europa eins ist und es bei entsprechender Berücksichtigung aller seiner Unterschiede, einschließlich der verschiedenen politischen Systeme, auch sein kann; wenn Europa wieder im sozialen Leben mit der Kraft denkt, die in einigen Grundsatzerklärungen wie denen der Allgemeinen Erklärung der Menschenrechte, der europäischen Deklaration der Menschenrechte, der Schlußakte der Konferenz für Sicherheit und Zusammenarbeit in Europa zum Ausdruck kommt; wenn Europa wieder in einem mehr von der Religion bestimmten Leben mit der gebührenden Achtung und Ehrfurcht vor Gott, in dem jedes Recht und jede Gerechtigkeit gründet, handelt; wenn Europa wieder seine Tore Christus öffnet und keine Angst hat, die Grenzen der Staaten, die wirtschaftlichen und politischen Systeme, die weiten Bereiche der Kultur, der Zivilisation und des Fortschritts seiner rettenden Macht zu öffnen, dann wird seine Zukunft nicht von Unsicherheit und Furcht beherrscht sein, sondern sich einer neuen Epoche des Lebens, des inneren und des äußeren, öffnen zum Segen der ganzen Welt und entscheidend für sie, die ständig von den Wolken des Krieges und einem möglichen Orkan atomarer Massenvernichtung bedroht ist.«

Wenn man schon diskutiert über die Werte der Kultur, über die Möglichkeit der Versöhnung, dann ist es eine Gemeinsamkeit der Menschen, es ist auch eine konkrete weltpolitische Lage, die die Grenzen des Möglichen bedingt. Wir wissen alle, daß ein einziger Staatsmann in der Welt den Zweiten Weltkrieg gewonnen hat, nämlich Stalin. Alle seine Ideen sind realisiert worden, aber kein Mensch in der Welt gewinnt für die Ewigkeit. Er gewinnt für Generationen, gewinnt für Jahrzehnte, gewinnt von Fall zu Fall auch für Jahrhunderte, aber nie für die Ewigkeit. Und wenn Sie an den Bereich der Kultur denken, so dauern die menschliche Kultur und die Gemeinsamkeit des Denkens an; diese Sachen sind viel dauerhafter als alle politischen Trennungen. Lassen wir uns nicht verrückt machen. Wir dürfen den Politikern auf der Welt nicht erlauben, uns zu trennen.

Meine Erfahrungen sind die Erfahrungen eines Europäers, der jahrelang in der Hitler- und in der Stalin-Hölle gelebt hat und weiterleben wird. Diese Erfahrungen haben mich überzeugt, daß die Leute gezwungen sind, sich in gewissem Sinn anzupassen; aber wenn wir diese gemeinsame Hierarchie der Werte, der geistigen Werte, bewahren wollen, gibt es keine Macht von Kanonen und von Panzern und keine andere Macht, die uns dazu bringen kann, unsere eigene Geschichte, unsere Gesinnung, unser Bewußtsein zu verraten. Es gibt Schwächere und es gibt Stärkere, aber es gibt genügend Menschen, die die schweigende Mehrheit repräsentieren, die schweigende Mehrheit im Osten und die aus anderen Gründen schweigende Mehrheit im Westen (im Westen wird oft aus Feigheit geschwiegen oder weil kein Interesse vorhanden ist, die eigene Kultur für die Zukunft aufzubewahren).

Und nun zu guter Letzt:

Außer der großen politischen Geschichte existiert so etwas wie eine kleine Geschichte, die Geschichte des Alltags, die nationale und übernationale Gemeinsamkeit der Erlebnisse und das Bewußtsein der Bedrohungen, die Gemeinsamkeit der Vorstellungen über die Zukunft, das unmittelbare Verhältnis zur Geschichte. Was soll das bedeuten? Das unmittelbare Verhältnis zur Geschichte läßt sich einfacher übersetzen durch das Wort *Liebe*. Liebe zur Welt, zum Leben, zu seinen Mitmenschen, Liebe zur Heimat. Die Liebe läßt sich aber ebensowenig lernen wie lehren. Ebensowenig ist es möglich, Heimatliebe, Nächstenliebe oder Europaliebe zu lernen oder zu lehren.Die Liebe existiert trotzdem und wird immer existieren. Und sie ist stärker als die Kraft des Bösen ...

Europa in den dreißiger Jahren unseres Jahrhunderts: Großbritannien und Frankreich, große Zentren der Ideen und der menschlichen und politischen Kultur, Bollwerke der Demokratie, des Humanismus und der Humanität. Es waren Gesellschaften, die den kaum fünfzehn Jahre vergangenen Ersten Weltkrieg noch nicht vergessen hatten, der die Landkarte Europas veränderte. Versetzen wir uns in die damalige Zeit zurück. Auf der neuen Landkarte erschienen kleine und mittelgroße Staaten, die ihre staatliche Souveränität, ihre Unabhängigkeit sowie die Normen der eigenen Kultur und des innerstaatlichen Lebens bewahren wollten. Der größte unter ihnen ist Polen: über 34 Millionen Einwohner auf einer Fläche von 388 000 km². Aber da gibt es auch Ungarn und Österreich, die Tschechoslowakei, Finnland und die Baltischen Republiken – Litauen, Lettland und Estland. Und andere. Ihnen allen liegt am Frieden, der eine Erholung von den im Ersten Weltkrieg erlittenen Zerstörungen zuließe. Ihnen allen liegt an der politischen und wirtschaftlichen Festigung, an der Lösung vieler innerer Probleme im langwierigen Prozeß der Erziehung neuer Gesellschaften in freien, demokratischen Staaten.

Bei Hitlers Machtergreifung 1933 in Deutschland gab es nur wenige, ausgestattet mit besonderem Scharfblick, die die Bedrohung des Friedens in Europa und in der Welt erkannten. Die Mehrheit der Menschen und Politiker sah dies nicht oder wollte es nicht sehen. Und das nicht nur in den Jahren 1933–1934–1935–1936–1937, sondern sogar nach der Einverleibung Österreichs im März 1938, nach der politischen Erpressung des Münchner Abkommens vom Oktober 1938, der ›Kristallnacht‹ vom November 1938. Man glaubte, weil man das glauben wollte, daß eine Politik des größtmöglichen Nachgebens Hitler befriedigen und beruhigen würde. Und doch war es offensichtlich, daß sich das Dritte Reich zu einer Macht aufrüstete, daß sein Militärpotential zu Lande und in der Luft von Monat zu Monat wuchs. Man tröstete sich mit einem eventuellen Übergewicht der britischen Flotte. Aber vor allem wollte Westeuropa einen Frieden um jeden Preis, obwohl man eine solche Formulierung damals nicht verwendete.

Großbritanniens Premierminister Neville Chamberlain war

bei seiner Rückkehr 1938 aus München davon überzeugt, den Frieden gerettet zu haben: immerhin waren alle Forderungen des potentiellen Aggressors erfüllt worden. Der Katalog dieser Forderungen umfaßte bis zu diesem Zeitpunkt vor allem die Vereinigung der ethnisch deutschen Gebiete im Rahmen des nationalsozialistischen Staates. Der Winter 1938/39 brachte dann einen ständig wachsenden politischen Druck Deutschlands auf die Republik Polen, und der März 1939 die Liquidierung der Tschechoslowakischen Republik, die Einverleibung eines Teils dieses Staates als Protektorat Böhmen und Mähren in das Reich, die Gründung eines slowakischen Marionettenstaates, in dem das deutsche Militär wie zu Hause operieren konnte. Gleichzeitig kam es zu einer Intensivierung der Propaganda. Entgegen der Wirklichkeit und dem gesunden Menschenverstand ließ die Hitler-Propaganda verlauten, die Deutschen fühlten sich durch die angrenzenden, feindlich gesinnten Staaten sowie »gewisse politische Kräfte des Westens« und »das Weltjudentum« bedroht. Am 28. April 1939 verkündete Hitler den einseitigen Rücktritt von der polnisch-deutschen Nichtangriffsvereinbarung aus dem Jahre 1934 (gültig bis 1944) und vom britisch-deutschen Seevertrag, wobei er zum ersten Mal deutsche Gebietsansprüche gegenüber Polen öffentlich geltend machte. Schon einige Tage vorher (am 11. April 1939) hatte er allerdings die Richtlinien zur Durchführung des Planes »Fall Weiß« unterzeichnet. Er sah einen Überfall auf Polen ohne Kriegserklärung und die Vernichtung des polnischen Widerstandes vor einem eventuellen Kriegseintritt anderer Staaten vor.

Polen, ein wirtschaftlich schwacher Staat, der seine Unabhängigkeit erst vor zwanzig Jahren erlangt hatte, befand sich in einer wahrhaft tragischen Situation. Der Unterschied im Rüstungspotential zwischen Polen und dem Dritten Reich war enorm: In den Jahren 1934–1939 gab Polen unter größten Anstrenungen für die Rüstung eine Milliarde und 300 Millionen Dollar aus, während in der gleichen Zeit Deutschland für den gleichen Zweck mindestens 40 Milliarden Dollar aufwendete. Die Franzosen und Engländer dachten Jahre hindurch, daß ihr Friedenswille bekannt sei und daß von ihnen niemand eine militärische Bedrohung zu gewärtigen hätte, während andererseits niemand eine nicht provozierte militärische Aggression wagen würde. Am 5. Mai 1939 antwortete der polnische Außenminister im Parlament Adolf Hitler. Er sagte damals unter anderem:

»Der Frieden ist etwas Kostbares und Erstrebenswertes. Unsere Generation, in Kriegen ausgeblutet, verdient mit Sicherheit den Frieden. Der Frieden aber, wie alles auf der Welt, hat seinen Preis. Es gibt nur eine Sache im Leben der Menschen, Völker und Staaten, die unbezahlbar ist. Das ist die Ehre.«

Dieser Außenminister, Józef Beck, zählte damals in Polen nicht zu den besonders populären Politikern. Er stand in schlechtem Ansehen sowohl bei der Rechten als auch bei der Linken. Seine Aussage über den Preis des Friedens in der Kategorie der übergeordneten Werte verschaffte ihm aber die allgemeine Anerkennung des Volkes. Mit dieser Aussage solidarisierten sich die linke und die rechte Opposition, die polnischen Juden, Kirche und Bauern, Arbeiter und Intellektuelle. Indem Polen »Nein« sagte, nahm es als erster Staat in Europa am 1. September 1939 den Widerstand gegen die Hitler-Aggression auf. Anschließend war es ununterbrochen bis zum 8. Mai 1945 an den Kriegshandlungen des Zweiten Weltkrieges beteiligt und leistete dabei einen besonders hohen Blutzoll, prozentual gesehen den höchsten unter allen am Zweiten Weltkrieg beteiligten Staaten. Aber bis heute gibt es in Polen keinen einzigen bedeutenden Historiker oder Schriftsteller, der die Meinung vertreten würde, daß sich Polen 1939 anders hätte verhalten sollen, daß es den aussichtslosen Kampf nicht hätte aufnehmen sollen, daß es – um seinen Friedenswillen zu manifestieren – vor Hitlers politischen Forderungen hätte kapitulieren sollen.

Hitler sagte damals, es gehe ihm nur um Danzig und kleine Grenzkorrekturen. Die Historiker, auch die deutschen, zweifeln aufgrund der erhaltenen Archivunterlagen seit Jahren nicht mehr daran, daß es keinesfalls darum, sondern um die Eroberung Europas ging.

Seit diesen schrecklichen, blutigen und lehrreichen Ereignissen sind etwas mehr als 40 Jahre vergangen. Wer würde heute wagen, Hitlers Politik, noch vor seinen öffentlichen Attacken aus den Jahren 1938 und 1939, als Friedenspolitik zu beurteilen? Wer hält nicht jene für blind, die in edlem Streben nach Erhaltung des Friedens um jeden Preis bereit waren, in jeder Hinsicht nachzugeben? Zumindest waren sie bereit zu Zugeständnissen auf Kosten anderer, auf Kosten der Schwachen und Kleinen, solange dies nicht den eigenen Frieden und die eigene Bequemlichkeit traf. Wer würde heute den damaligen Standpunkt der polnischen Gesellschaft und der polnischen Regierung (die in dieser Sache konform gingen) als friedensfeindlich, als Bedrohung für den Frieden Europas und insbesondere der Menschheit beurteilen?

Damals betrachtete man das allerdings etwas anders, vor allem in Frankreich. Grenzenloser Egoismus und der Wille, weniger den Frieden als vielmehr die eigene Ruhe um jeden Preis zu wahren, führten dazu, daß, wie sich in den Jahren 1939–40 zeigte, eine der damals wichtigsten politischen und militärischen Mächte in Europa – Frankreich – keinerlei Willen zur Verteidigung der eigenen Freiheit zeigte. Sie zog die Ruhe und die Bequemlichkeit vor, die sie durch weitestgehende Zugeständnisse zu erlangen hoffte. Die Franzosen, die das Leben der Freiheit und die Ruhe dem Risiko vorzogen, wollten weder für Österreich noch das Sudetenland noch Danzig sterben. Als Folge dessen starben sie nicht einmal für Paris. Das französische Volk verlor für vier Jahre die Freiheit und brachte blutige Opfer. Seinen ins Wanken geratenen Stolz verkörperte danach ein Mann, den das französische Volk und die legale französische Regierung vorher zum Abenteurer und sogar zum Verräter erklärt hatten: General Charles de Gaulle, der – ähnlich wie die Polen – die Annahme des Friedens um jeden Preis von sich wies.

Den europäischen Pazifismus in den 30er Jahren kann man nicht als Friedensliebe bezeichnen, denn er wurde kritiklos und ohne Bezug zur realen geschichtlichen Situation betrieben und stellte somit einen eindeutigen Anreiz für Aggressoren dar; Leute vom Schlage Hitlers oder Stalins hielten ihn einfach für eine Dummheit und eine für sie nützliche Blindheit der westlichen Völker.

Hat die Menschheit seit damals gelernt, daß man keinen Frieden auf Gewalt gegenüber anderen Völkern aufbauen kann? Ist Winston Churchills Leitsatz ganz in Vergessenheit geraten: »Wer den Frieden der Ehre vorzieht, erntet erst die Unehre, dann den Krieg«?

Der Frieden gehört ohne Zweifel zu den kostbarsten Gütern der Menschheit. Niemand kann ihn mehr ersehnen als die Schwachen und Kleinen, d.h. gerade die, die immer besonders bedroht sind und sein werden. Aber wie jedes Gut muß auch der Frieden Gegenstand sorgsamer Maßnahmen und Bemühungen sein, die die Voraussetzungen, unter denen er möglich ist, sichern. Eine Schlüsselbedeutung kommt daher der Vergegenwärtigung dessen zu, was Frieden ist und was Frieden nicht ist. Wie verbessert man die Möglichkeiten für den Frieden, wie können sie verstärkt werden?

Der wahre Frieden kann nur in Wahrheit, Gerechtigkeit und Freiheit bestehen. Unter anderen Voraussetzungen kann von Frieden keine Rede sein. Höchstens von einer Vermeidung kriegerischer Handlungen, aber das ist nicht dasselbe. Die Bewahrung des Friedens erfordert aufmerksame Beobachtung und richtige Erkenntnis der Expansionstendenzen der Gewalt. Sie erfordert die scharfsinnige Voraussicht der unumgänglichen Konsequenzen dieser Expansion für den Einzelmenschen, die Gesellschaftsordnung, die humanistische Kultur und Zivilisation. Wie gegen jede drohende Krankheit muß man auch gegen die Bedrohung des Friedens eine entschiedene und wirksame prophylaktische Stellung einnehmen. Der Begriff »Frieden um jeden Preis« für eine Gruppe von Menschen, von Staaten oder eine Staatengruppe verhöhnt die Grundlagen der Freiheit und Demokratie. Dabei kann gar keine Rede von einer Vereinbarkeit mit der Realität sein. Schon der Begriff an sich bedeutet, sich jeder Brutalität unterzuordnen, damit auch Mord und Mordbefehl. Er bedeutet die Bereitschaft zur Kapitulation vor einer Aggression, ohne Rücksicht auf die Folgen, die sich daraus für andere ergeben könnten.

Das, was die Prediger für einen Frieden um jeden Preis als Akt der Vernunft, des pragmatischen Denkens, ja sogar der Menschenliebe erachten, ist in erster Linie die latente Bereitschaft, Tyrannei, Gewalt, Brutalität und vielleicht sogar das Verbrechen zur Vermeidung eines »größeren Übels« zu akzeptieren. Dieses größere Übel soll der Krieg sein, der nach Meinung der Vertreter solcher Theorien ausbrechen und die Menschheit vernichten muß, wenn diese kategorisch an der Forderung nach der Verteidigung von Freiheit und Würde des Menschen festhält. Indessen wecken gerade der Mangel an Freiheit und die Beschränkung der Rechte von Menschen, Menschengruppen, schwächeren Völkern und kleineren Staaten das Gefühl für Widerstand, Haß, Vergeltung und Aggression. Ein freier Mensch wie auch ein freies Volk – dies bezeugen mehrere historische Beispiele – ist für solche Gefühle weniger empfänglich.

Es gibt keine guten oder schlechten Völker, aber die Völker und Staaten haben in der Geschichte der Menschheit unterschiedliche Erfahrungen gemacht. Für mich als Pole und Historiker steht es außer Frage, daß das Schicksal Polens und der Polen immer, insbesondere in den letzten zweihundert Jahren, mit der Idee der Freiheit verbunden war. Man könnte auch behaupten, daß die Freiheitsidee in der Geschichte des französischen und englischen Volkes sichtbar ist und eine bedeutende Rolle bei der Entstehung der Vereinigten Staaten gespielt hat. Dagegen scheint es nicht zuzutreffen, daß das Schicksal des deutschen Volks, das vor allem durch den Staat geformt wurde, mit der Idee der Freiheit verbunden ist. Vielmehr scheint es so, daß in der jahrhundertelangen Geschichte der Deutschen eine kulturelle Beziehung zur Freiheit fehlt! Es ist verständlich, daß gerade die Deutschen, die im Namen einer tatsächlichen oder illusorischen Staatsgewalt blutige Opfer in Angriffskriegen gebracht haben, derzeit keinerlei Opfer zu bringen bereit sind. Es drängt sich jedoch die Frage auf, ob Menschen, Menschengruppen oder Völker, die nicht bereit sind, für ihre Ideen – auch für die leuchtende Idee des Friedens und der Freiheit – Opfer zu bringen, für andere glaubhaft sein können.

Man verwechsle nicht den Begriff Frieden mit dem der bequemen Ruhe. Es drängt sich die alte Feststellung auf, daß vollkommene Ruhe nur auf Friedhöfen herrscht, dies ist aber nicht die Ruhe freier und glücklicher Menschen, um die es uns geht.

Ganze Generationen hindurch haben viele Menschen in Europa (Polen, Russen, Juden und andere) in der Überzeugung gelitten und Opfer gebracht, daß der Sinn des Lebens mit der Hierarchie der geistigen Werte verbunden ist und daß es sich lohnt, nach einer Welt der Freiheit und des Stolzes für alle zu trachten. Man glaubte – vielleicht naiverweise –, Millionen namenloser Hitler-Opfer in den Konzentrationslagern und im Archipel Gulag könnten nicht vergeblich gewesen sein. Man glaubte, daß die Menschheit zur Besinnung gekommen sei und daß über das Schicksal von Menschen und Völkern nicht die Übermacht der Rüstung entscheidet (im wesentlichen spielt es hier keine Rolle, ob es sich um konventionelle, atomare, bakteriologische, chemische oder andere Waffen handelt).

Einer der hervorragendsten Männer der Gegenwart, ausgestattet mit einer überdurchschnittlichen Beobachtungsgabe für die Grundtendenzen im Leben der heutigen Menschheit, Karol Wojtyła, geboren 1920, der die ersten neunzehn Jahre seines Lebens in Freiheit zubrachte, die folgenden fünf Jahre unter der grausamen Hitler-Besatzung in Polen, dann dreiunddreißig Jahre unter den Bedingungen des »realen Sozialismus« in Osteuropa, um dann im Oktober 1978 an die Spitze der katholischen Weltkirche gestellt zu werden, widmete nicht zufällig seine erste Enzyklika »Redemptor hominis« dem Menschen, seiner Freiheit und seinem Stolz. Er sagte damals unter anderem, die Achtung der Menschenrechte in der ganzen Welt »bildet eine der grundlegenden Voraussetzungen für den sozialen und internationalen Frieden, wie Johannes XXIII., das II. Vatikanische Konzil und auch Paul VI. in besonderen Dokumenten dargelegt haben. Letztlich führt sich der Frieden zurück auf die Achtung der unverletzlichen Menschenrechte – opus iustitiae pax – während der Krieg aus der Verletzung dieser Rechte entsteht und noch größere derartige Verletzungen nach sich zieht. Wenn die Menschenrechte in Friedenszeiten verletzt werden, ist dies besonders schmerzlich und stellt unter dem Gesichtspunkt des Fortschritts ein unverständliches Phänomen des Kampfes gegen den Menschen dar, das auf keine Weise mit irgendeinem Programm, das sich selbst als ›humanistisch‹ bezeichnet, in Einklang gebracht werden kann. Wenn aber nun trotz dieser Voraussetzungen die Menschenrechte auf verschiedene Weise verletzt werden, wenn wir Zeugen von Konzentrationslagern, von Gewalt und Torturen, von Terrorismus und vielfältigen Diskriminierungen sind, so muß das eine Folge anderer Verbindungen sein, die die Wirksamkeit der humanistischen Voraussetzungen in jenen modernen Programmen und Systemen bedrohen oder oft auch zunichte machen.«

Sicherlich nicht zufällig hat Johannes Paul II. in seiner bekannten Predigt auf dem ehemaligen Lagergelände Auschwitz-Birkenau am 7. Juni 1979 wortwörtlich gesagt (was relativ selten zitiert wird): »Niemals kann sich ein Volk auf Kosten eines anderen entwickeln, um den Preis seiner Eroberung und Versklavung, um den Preis seiner Ausbeutung und seines Todes. Das sind Gedanken Johannes' XXIII. und Pauls VI. über den Frieden in der gegenwärtigen Welt.« Im tiefen Sinne der päpstlichen Gedanken gibt es also keinen wahren Frieden ohne Freiheit der Menschen, ohne Beachtung der Menschenwürde, ohne praktische Anerkennung und Realisierung der Menschenrechte.

Freier Mensch bedeutet selbstverständlich frei von Hunger, aber auch von Angst. Denn die Angst, eine der traurigen Erscheinungen unserer Epoche, ist das beste Unterdrückungsinstrument der Menschen in vielen Fällen gewesen. Die Angst erzeugt auch Aggressivität, und Aggressivität weckt wiederum Angstgefühle. Freiheit von Angst ist neben Freiheit des Glaubens und der Weltanschauung, Freiheit von Hunger, neben ökonomischer Freiheit der Völker eine der sogenannten »vier großen Freiheiten«, die schon im August 1941 formuliert waren in der Erklärung der Kriegsziele der Großen Alliierten im Zweiten Weltkrieg (»Atlantic Charta«).

Mit naiver, aber doch menschlich berechtigter Hoffnung haben damals hunderte Millionen Menschen in Europa, Amerika und woanders auf die Realisierung dieser Prinzipien gewartet. In der Zwischenzeit hatte die Wannsee-Konferenz stattgefunden, waren 6 Millionen Juden umgebracht worden, weitere Millionen Christen verschiedener Nationalität – Polen, Deutsche, Russen – wurden Opfer der Tragödie des sinnlosen Krieges und der Unmenschlichkeit.

Erst wenn man das alles in Erinnerung bringt, kann man verstehen, wieviel Mut wir brauchen, um an die Möglichkeit der tiefen Umwandlung der Menschen zu glauben. Aber es gibt einfach keine menschliche Alternative. In dieser Umwandlung der menschlichen Mentalität sollte sich ein Friedensbegriff formen, zu dem immanent die Menschenrechte in freien Gesellschaften gehören.

## Quellennachweis

»Zum Protokoll« (Aussage zum Protokoll, in: *Monatschrift Polen* 1968 Nr. 8, S. 28–29, 34). [Nachschrift zum Protokoll: aus dem Polnischen von Jens Reuter].

»Die Grundlagen der NS-Politik gegenüber Polen« (in: *Der Todesring um Warschau 1939–1944*, Warschau 1969, S. 15–16)

»Warschau 1939« (in: *Der Todesring um Warschau 1939–1944*, Warschau 1969, S. 17–32)

»Außerordentliche Befriedungsaktion« (in: *Der Todesring um Warschau 1939–1944*, Warschau 1969, S. 33–37)

»Palmiry« (in: *Der Todesring um Warschau 1939–1944*, Warschau 1969, S. 38–42, 83–85)

»Formen und Etappen der Ausrottung« (in: *Der Todesring um Warschau 1939–1944*, Warschau 1969, S. 350–355)

»Der Warschauer Alltag in den Jahren 1939–1945« (in: *Monatschrift Polen*, Warschau 1964 Nr. 12, S. 28b–30)

»Der polnische Untergrundstaat 1939–1945. Problemskizze« (*Polskie państwo podziemne 1939–1945*. Zarys problemu, Warszawa 1980). [Aus dem Polnischen von Jens Reuter].

»Das Antlitz der polnischen Kultur im Untergrund 1939–1945« (Oblicze kultury polskiej w konspiracji 1939–1945, in: *Inter arma non silent Musae. Wojna i kultura 1939–1945*, Praca zbiorowa pod red. Cz. Madajczyka, Warszawa 1982, S. 248–281). [Aus dem Polnischen von Nina Kozlowski].

»Konspirative Miłosz-Editionen in den Jahren der Okkupation« (Konspiracyjne edycje Miłosza w okresie okupacji, in: *Tygodnik Powszechny*, Kraków 1980, Nr. 50, S. 5–6). [Aus dem Polnischen von Jens Reuter].

»Die polnische Untergrundpresse in den Jahren 1939 bis 1945« (in: *Publizistik*, Konstanz 1967, H. 2/3, S. 148–157)

»Das geheime Verlagswesen in Warschau in den Jahren 1939–1944« (in: *Studia Warszawskie*. T. 17: Warszawa lat wojny i okupacji 1939–1944. Z. 3, Warszawa 1973, S. 385–396). [Aus dem Polnischen von Jens Reuter].

»Die christlichen Kirchen unter der deutschen Besatzung auf dem Gebiet des Generalgouvernements (GG)« (Kościoły chrzescijańskie pod okupacją niemiecką na terenie GG, in: *Tygodnik Powszechny*, Kraków 1978, Nr. 26, S. 1, 4). [Aus dem Polnischen von Jens Reuter].

»Gedanken zu den jüdisch-polnischen Beziehungen« (in: *Polin. A Journal of Polish-Jewish Studies*, Oxford 1986, Vol. I). [Aus dem Polnischen von Nina Kozlowski].

»Das Warschauer Ghetto« (in: *Zur Debatte, Themen der Katholischen Akademie in Bayern*, 1983 Nr. 3 Mai–Juni, S. 8–10.

»Der Hilfsrat für Juden in Warschau. Ein kaum bekanntes Kapitel in der Geschichte des Polnischen Untergrunds« (Żegota – zapomniana karta z dziejów polskiego podziemia, in: *Tygodnik Powszechny*, Kraków 1960 nr. 18, S. 4–5). [Aus dem Polnischen von Nina Kozlowski].

»Polnische literarische Judaica in konspirativen Publikationen der Jahre 1939–1944« (Polskie judaica literackie w publikacjach konspiracyjnych lat 1939–1944, in: *Twòrczośċ*, Warszawa 1962, Nr. 9, S. 48–62). [Aus dem Polnischen von Jens Reuter].

»Überlegungen zum Warschauer Aufstand« (Rozważania o powstaniu warszawskim, in: *Zeszyty Historyczne,* Paris 1984, H. 67, S. 3–16). [Aus dem Polnischen von Jens Reuter].

»Polen ist ein katholisches Land. Text eines Vortrags, gehalten im März 1981 in der Catholic Writers' Guild in London.« (Polska jest krajem katolickim, in: *Tydzień Polski,* London 1981, Nr. 15, S. 1, 3). [Aus dem Polnischen von Jens Reuter].

»Die Freiheit spricht polnisch«. Gespräch über die Freiheit mit Thilo Koch. Das Gespräch wurde im Februar 1981 in Kopenhagen geführt und 1986 unwesentlich korrigiert. (in: Thilo Koch/Hrsg/, *Freiheit, die ich meine,* München 1981). [Sport und Kultur-Verlag Mchn.].

»Die Gesellschaft für Wissenschaftliche Kurse«. Ein Interview mit Wladyslaw Bartoszewski (The Society for Academic Kurses. An Interview in: *Studium Papers,* Ann Arbor, USA, 1984, Nr. 3, July, S. 71–85). [Aus dem Amerikanischen von Jens Reuter].

»Die Vergangenheit bewältigen«. Ein Beitrag zur Diskussion bei einem deutsch-polnischen Seminar in Maków Podhalański im Jahre 1974. (in: *Auf dem Weg zur Versöhnung.* Deutsche und polnische Katholiken im Gespräch. Pax Christi Schriftenreihe Nr. 16, 1979).

»Tradition und Zukunft im Denken von Polen und Deutschen« (in: *Berichte und Dokumente – Zentralkomitee der deutschen Katholiken,* Bonn, H. 54, März 1984, S. 30–41).

»Europa = gemeinsame Hierarchie der Werte« (Kultur = Hierarchie der Werte, in: *Kultur als Versöhnung,* Wien 1984, *Schriftenreihe Standpunkte,* Band 3, Politische Akademie der ÖVP, S. 18–20) und: Europa – mehr als eine Hoffnung? (in: *Dem Leben trauen, weil Gott es mit uns lebt.* 88. Deutscher Katholikentag vom 4. bis 8. Juli 1984 in München. Dokumentation, Paderborn 1984, S. 689–691).

»Frieden um jeden Preis?« (in: Paul Schulmeister, Hrsg.: *Frieden – Sehnsucht nach einer glücklichen Welt,* München 1983, S. 105–107).

Die in die Sammlung aufgenommenen Beiträge sind größtenteils umgearbeitet und weichen infolgedessen häufig von der Erstfassung ab.